早稲田大学学術叢書 49

長沙走馬楼呉簡の研究

倉庫関連簿よりみる孫呉政権の地方財政

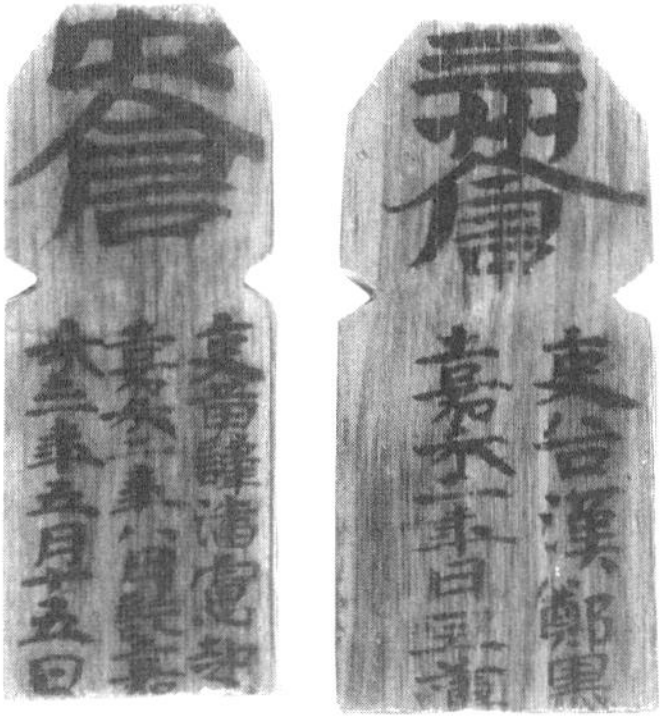

谷口建速
Takehaya Taniguchi

早稲田大学出版部

A Study of the Wu Bamboo and Wooden slips of Zoumalou: Local Finance in the Wu Dynasty as seen in the Account books of the Storehouses

TANIGUCHI Takehaya, PhD, is a part-time lecturer at Waseda University Honjo Senior High School.

First published in 2016 by
Waseda University Press Co., Ltd.
1-9-12 Nishiwaseda
Shinjuku-ku, Tokyo 169-0051
www.waseda-up.co.jp

ISBN978-4-657-16705-7

Printed in Japan

はしがき

一九九六年、湖南省長沙市市街地中心部の建築現場で発見された古井中から、総計一四万点にのぼる簡牘群が出土した。走馬楼呉簡である。この簡牘群は、三国呉初期の長沙郡臨湘侯国に関わる行政文書を主たる内容とする。二〇世紀初頭より発見された簡牘史料が秦漢時代の行政・制度・社会の研究に大きく貢献してきたように、走馬楼呉簡もまた孫呉政権の諸制度はもちろん、三世紀の湖南地域における基層社会の実態及びその統治のなどの具体的状況の解明に大きく寄与すると考えられている。特に、地方行政制度に関するこれほどまとまった史料群は類例が少なく、走馬楼呉簡の分析・検討に基づく知見を総合して復元される地方行政制度の諸相は、一つのモデルケースとして位置付けられよう。また、湖南省では近年、戦国楚から晋代に至る簡牘群が次々と出土しており、近い将来にはこれらを総合した通時代的な研究も可能となろう。

本書は、その一環として、走馬楼呉簡の地方穀倉や庫に関する記録や簿を主な史料とし、地方財政制度の構造の解明を試みるものである。走馬楼呉簡は現在（二〇一五年九月時点）、全体の三分の一程、約四万二〇〇〇点が公表されているが、その大部分は吏民の名籍や穀倉・庫の関連簿など簿籍類であり、税役や倉庫制度をはじめとする地方財政に関する詳細かつ膨大な情報が記録されている。ただし、もともと冊書であったこれらの簡牘は、土中で編綴が朽ち、また圧力によって積み重なった複数の簿籍の構成要素が混在した形で出土し、断簡零墨も少なくない。したがって、まずは簡牘群の全面的な整理・分類作業が必須である。本書ではその基礎作業の成果に基づいてこれらの簿籍類を総合的に分析・検討することで、当時の地方財政の諸相を解き明かしてゆく。

凡　例

一　本書で用いる走馬楼呉簡の簡番号及び釈文は、既刊の六書に依った。ただし、筆者自身の実見調査や写真図版の精査に基づいて釈文を改めたものもある。それらについては注を付した。

二　走馬楼呉簡中の竹簡については、句読点を付さずに釈文を掲げたが、段組みが複雑な大型木簡「田家莂」や長文の文書木牘については、整理組などの釈文表記に従い句読点を付した。

三　簡牘の文を引用する際に用いた符号は、それぞれ以下のことを示す。

①〼　簡牘がそれより上ないし下で断絶していることを示す。

②□　一文字分の判読不能の字がみえることを示す。

③……　判読不能の文字がいくつあるのか不明瞭であることを示す。

四　原簡において、簡首から数文字分の空格をあけて書き出されている場合は一字下げで表記した。また、簡を上下二本の編綴痕により三段に分けたうち、中段ないし下段から書き出されている場合は適宜の文字数を空けてから表記した。なお、多くの簡牘では編綴部分が空格となっているが、本書の釈文では当該部分を空格とはしていない。

目　次

序章

走馬楼呉簡の出土状況と研究の概要

第一節　走馬楼呉簡の出土状況と内容

湖南省の省都である長沙市は、省の中央部よりやや東北に位置する[一]。その市街地は、湘江と劉陽河が合流する沖積平野に形成され、西側を湘江、北側と東側を劉陽河に包まれるようにして広がっている。この地は、秦代に長沙郡治の湘県（前漢はじめに臨湘県に更名）が置かれて以来、地方の中心地として歴史を経てきた。前漢から三国時代にかけては、長沙王国の国都もしくは長沙郡の治所が置かれ（王莽期は塡蛮郡・撫睦県と更名）、三国時代以降も晉代に設置された湘州、隋代に設置された潭州などの治所が置かれた。走馬楼呉簡に関連する時期については、孫呉の黄武二年（二二三）に右将軍・左護軍の歩騭が臨湘県侯に封ぜられており、臨湘侯国である。呉簡中にも「歩侯」や「臨湘侯相」などの語が確認できる[二]。

　現在の長沙市市街地の中心部である五一広場周辺は、一九八七年以降頻繁に行なわれてきた商業施設の建設に伴う考古調査により、古来地方行政府の官衙が置かれた場所であることが明らかとなっている。一九八七年には、五一広場の地下商業施設の建設区域において、戦国時代から明清時代にいたる二〇基の古井群と、明代藩王府宮殿の台基が発見された。また二〇〇〇年六月には、五一広場東南の東牌楼新世紀商業ビル建築区域において、前漢時代の城壁跡が発見されている。このほか、当地に地方行政府が置かれたことをうかがわせるものとして、一九九六年に同じく五一広場東南の走馬楼区域において、前漢時代の「安楽未央」の文字瓦当、翌一九九七年には西北の科文商業ビル建設区域において、後漢時代の「府君高遷」の文字瓦当が出土している。後者は、この場所に郡の官衙が置かれていたことを示すものである。『水経注』によると、晉代以前の長沙郡治は臨湘県城内に置かれていた。[三]

　黄綱正・周英・周翰陶三氏は、戦国時代に「長沙城」が築かれていたとし、その範囲を東は現在の黄興路と蔡鍔路との間、西は下河街（太平街の西）、南は坡子街一帯、北は五一路と中山路との間と想定している（図序-1を参照）。[四]また何旭紅氏は、前漢時代に戦国期の長沙城を基礎として臨湘城が築かれ、長沙国都城の官署は臨湘城の南部に建てられたとする。[五]その具体的な範囲について陳先枢・金豫北両氏は、東は東牌楼を含む南陽街一帯、西は太平街・西長街、南は解放路、北は中山路と想定している。[六]走馬楼区を含む五一広場周辺は、そのほぼ中央に位置する。

　五一広場周辺では、出土文字史料も陸続と発見されている。一九九六年の走馬楼呉簡に端を発し、二〇〇三年に同じ走馬楼区で前漢中期の簡牘群（「走馬楼西漢簡」、約二万点）、二〇〇四年に隣接する東牌楼区で後漢後期の簡牘群（「東牌楼東漢簡」、二〇六点）、さらに二〇一〇年には五一広場で後漢中期の簡牘群（「五一広場東漢簡」、約一万点）が相次いで出土した。内容はいずれも郡県に関わる行政文書を主とする。[七]現段階では、走馬楼呉簡の三分の一ほどと東牌楼東漢簡の図録本が刊行されているほかは、各簡牘群の発掘簡報などで一部の内容を知ることができるのみであるが、全てが公表された際には、前漢代から三国呉に至る臨湘県・長沙郡の通時代的な研究が可能となろう。

それでは、走馬楼呉簡の出土状況を概観したい。

一九九六年七月、長沙市文物工作隊は、五一広場の東南に位置する湖南平和堂商業ビル建設区域（走馬楼建設区域）の事前発掘において、戦国時代から明清時代にかけての五七基の古井群を発見した。そのうちの第二二号井（以下、Ｊ22）から、三国呉の紀年を持つ大量の簡牘群が出土した。これが走馬楼呉簡である。

走馬楼呉簡が出土したＪ22は、不規則な円形の竪穴井戸で、発見された時点で既に北側の二分の一ほどが重機によって破壊されていた。残存する井口の直径は、南北三二〇cm、東西三一〇cmで、深さは五六〇cm、うち破壊された部分の深さは二二三～二七〇cmであった。井戸内の堆積物は、黄褐色泥土層（第一層）、簡牘層（第二層）、灰褐色土層（第三層）、木製の井戸枠及び黄褐色の塡土（第四層）の四層からなる（図序―2）。

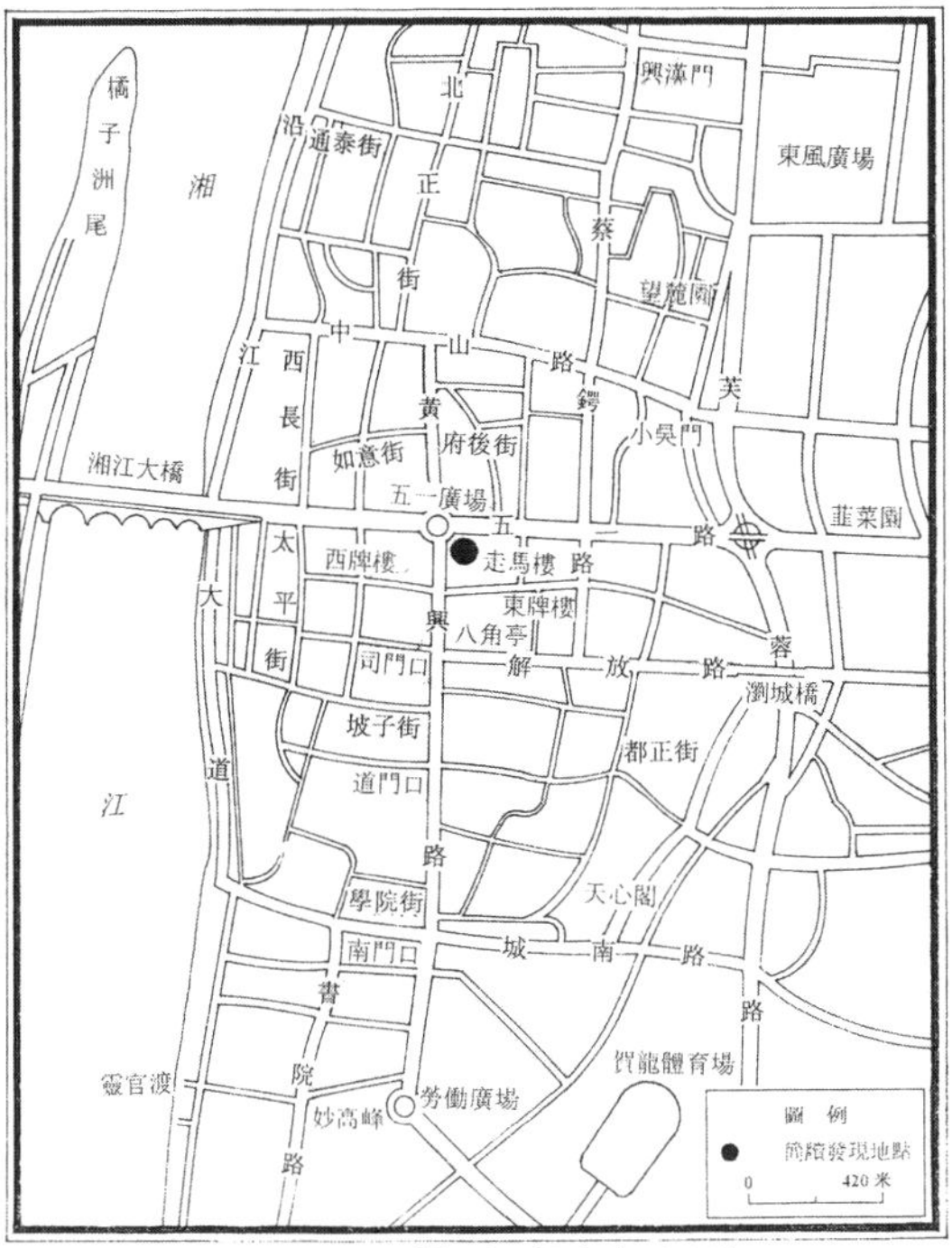

図序－1　五一広場周辺（「発掘報告」より）

簡牘群は、「簡牘層」と表現されるように、積み重なった状態で出土した（厚みは一〇～五六cm）。また、発見時点で井戸はかなり破壊されており、もとはこの簡牘層にあったと考えられる簡牘が多数、周囲の土中や既に廃棄場である湘湖漁場に運搬されていた建築廃土の中から回収された。井戸の破壊と他箇所からの回収という事情は、次項で述べるように、簡牘を総合

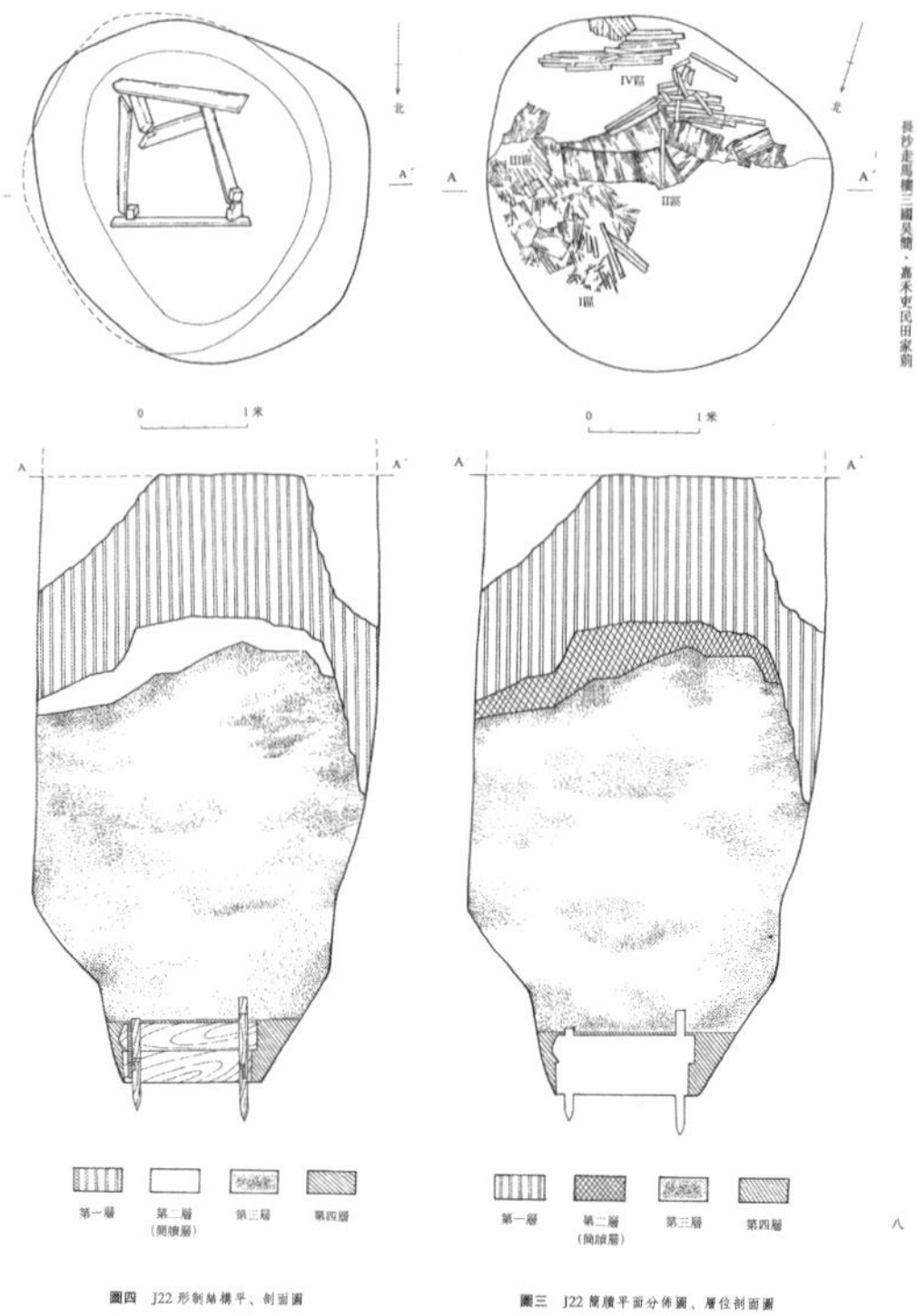

図序-2　J22断面図（同）

的に扱う上で重大な問題をはらんでいる。簡牘層のほか第三層からも、青磁器・陶器・銅器・鉄鈎・鉄刀・瓦・磚・銅銭などの遺物とともに、二〇点の簡牘が出土している。

簡牘群には、封検・簽牌（楬）・木牘・大木簡・小木簡・竹簡が含まれる。竹簡の材質はモウソウチク〔Phyllostachys pubescens〕、木製の簡牘は「杉」材（日本のスギではなく、コウヨウザン〔Cunninghamia lanceolata〕）である。整理者によると、総数約一四万点の簡牘のうち、文字のあるものは七・二万余、文字の跡があるものは三万余で、残りの四万点余は無文字である。また形状による内訳は、封検八枚、簽牌六八枚、木牘一六五枚、小木簡六〇枚、大木簡二五四八枚、竹簡一三万六七二九枚である。[八] 大半の竹簡・木簡には上下二条の編綴痕が確認でき、また図録本附録の「掲剝位置示意図」によると、「成巻」の状態で出土したものも多数確認できることから、これらの簡は冊書の形で井戸に入れられたと考えられる。

簡牘中には、後漢の中平二年（一八五）から孫呉の嘉禾六年（二三七）[九] までの紀年がみえる。元号としては「中平」（二年）・「建安」（二五～二七年）・「黄武」（元～七年）・「黄龍」（元～四年）・「嘉禾」（元～六年）を確認でき、うち一例のみの「中平二年」を除くと、全て長沙郡が孫呉政権の統治下に組み込まれた建安二〇年（二一五）以降のものである。紀年の問題で注目されるのが、後漢献帝の元号「建安」が、「廿七年」までみえることである。史書によると、建安二五年（二二〇）の正月に「建安」から「延康」に改元され、さらに一〇月に漢から魏への禅譲が行なわれたことに伴い、新たな元号「黄初」が立てられた。孫呉政権の主である孫権は、翌黄初二年（二二一）八月に呉王に封建され、また大将軍・使持節・督交州・領荊州牧事に任じられ、曹魏に臣従の態度を示していたが、黄初三年（二二二）一〇月に独自の元号「黄武」を立てて実質的に自立し[一〇]、さらに黄武八年（二二九）四月に帝位に即き「黄龍」と改元した。呉簡中には、孫権が曹魏から自立するまでの「延康」・「黄初」の元号はみられず、「建安廿六年」・「建安廿七年」の記載を確認できる。この事実は、唐・許嵩『建康実録』巻一・太祖上の建安二五年条に、「曹丕、漢に代わりて魏を稱し、黄初元年と號す、而れども（孫）權の江東、猶お建安と稱す」とあるのと合致し、孫呉政権の早い時期からの独立の意思を示す証拠として注目されている[一一]。

　簡牘の内容、及び出土地が臨湘県廷と長沙郡府の所在地に相当することから、簡牘群は概ね長沙郡ないし臨湘県の行政文書であると理解されている[一二]。また簡牘群が発見された古井は、地下倉庫としての役割を有していたと目されており、すなわち簡牘群は行政文書が一定の保存期間を過ぎたために廃棄されたものと考えられている[一三]。走馬楼呉簡出土以降、長沙市内で出土した走馬楼西漢簡・東牌楼東漢簡・五一広場東漢簡も古井中から発見されており、また二〇〇二年六月には、湖南省龍山県の里耶故城一号井から約三万六〇〇〇点の秦代簡牘（「里耶秦簡牘」）、二〇〇三年一二月には、湖南省郴州市蘇仙橋の四号井から約一四〇点の孫呉期の簡牘（「郴州呉簡」）、同一〇号井から約九四〇点の西晉代の簡牘（「郴州晉簡」）が発見されている。さらに二〇一三年六月には、湖南省益陽市兎子山の遺跡から計一五の古井が発掘され、戦国楚・秦・漢・孫呉の簡牘計五〇〇〇点以上が発見された[一四]。このように、湖南地域では古井が行政文書などの保管もしくは廃棄場として利用されていたとみられる。

整理組の「発掘報告」は、走馬楼呉簡を記載内容及び形状から次のように分類している。

（一）賦税に関する内容の簡牘
○「吏民田家莂」大木簡　○賦税類竹簡　○木牘（及び木簡）
（二）名籍に関する内容の簡牘
○竹簡　○木牘
（三）官文書に関する内容の簡牘
○竹簡　○木牘
（四）その他
名刺・信札・封検など

このうち「吏民田家莂」は、長さ四九・八～五六cm、幅二・六～五・五cmという文字通りの大型木簡である。また竹簡には、①長さ二五～二七cm、幅一・二～一・五cm、厚さ〇・一五～〇・一八cm、②長さ二二・二～二三・五cm、幅〇・五～一・二cm、厚さ〇・〇五～〇・一cmの二種の大きさがあるという。「発掘報告」では、大きさの違いと内容との関連については言及していないが、筆者は走馬楼呉簡の実見調査に基づく分析から、前者は官倉・官庫が賦税としての穀物・布・銭・獣皮などの物資を受領した際に作成された納入―受領記録（「賦税納入簡」と呼ばれる）のサイズであること、また後者は官倉・官庫の「月旦簿」（ひと月ごとの出納簿）や「吏民簿」などのサイズであり、こちらが簿籍の〝定型〟である可能性を指摘した。[一五] ②に含まれる簡の中でも、幅が一・〇cm以内のものと一・〇cm以上のものとでそれぞれ内容に傾向がみられる。大半の竹簡には編綴痕が確認でき、これらが簿籍として冊書の形で機能していたことが明らかである。

木牘は、記載内容の多寡によって幅は様々であるが、長さは竹簡の②と同様である。

呉の尺には二三・五cmと二四・二cmの二種があるが、[一六] 前者を基準とすると、多くの簡牘が一尺の簡となる。

整理組による分類は、「発掘報告」発表時までに整理作業が終了していた簡牘を対象としているため、以後に公表された簡牘には、この分類に入らないものもある。また、例えば竹簡の名籍類として「吏民簿」・「吏簿」・「吏父兄子弟簿」・「師佐簿」など様々なものを確認でき、さらなる細分化も可能である。しかし文字のある簡に限っても未だ半数ほどが公表された段階であり、また形状・内容などは複雑に絡んでいるため、「発掘報告」の分類を提示するに留めておく。本書で主に扱う穀倉・庫の簿や記録は、（一）の「賦税に関する内容の簡牘」の他、（三）の「官文書に関する内容の簡牘」のうち、穀物の貸借や軍糧督運に関係するものが含まれる。いずれも官倉・官庫によって作成された簿・記録であり、倉庫業務に関わる文書である。以下、本書では関連簡を総称する際は、倉庫関係簡（倉庫関係簿・記録）とする。


本節の最後に、走馬楼呉簡のテキストを紹介し、また発掘時の事情に由来する研究上の留意点について指摘しておきたい。

二〇一五年九月までに刊行されている走馬楼呉簡の図録本は、以下の六書である。

一　長沙市文物考古研究所・中國文物研究所・北京大學歴史學系、走馬樓簡牘整理組編『長沙走馬樓三國呉簡・嘉禾吏民田家莂』（文物出版社、一九九九年九月）

大型木簡「田家莂」二一四一点を収録する。また「発掘報告」も本書に収録されている。以下、『田家莂』。

二　同『長沙走馬樓三國呉簡・竹簡〔壱〕』（文物出版社、二〇〇三年一〇月）
整理段階で第一盆から第一四盆に分割保存された「採集簡」一〇五四五点を収録。以下、『竹簡壱』。
三　長沙簡牘博物館・中國文物研究所・北京大學歴史學系、走馬樓簡牘整理組編『長沙走馬樓三國呉簡・竹簡〔弐〕』（文物出版社、二〇〇七年一月）
第一五～二三盆に分割保存された「採集簡」九〇九一点を収録。以下、『竹簡弐』。
四　同『長沙走馬樓三國呉簡・竹簡〔參〕』（文物出版社、二〇〇八年一月）
第二三～三九盆に分割保存された「採集簡」八四一四点を収録。以下、『竹簡参』。
五　同『長沙走馬樓三國呉簡・竹簡〔肆〕』（文物出版社、二〇一一年一一月）
第一～五盆に分割保存された「発掘簡」五六一三点（木簡が数点含まれる）を収録。以下、『竹簡肆』。
六　長沙簡牘博物館・中国文化遺産研究院・北京大学歴史学系・故宮研究院古文献研究所『長沙走馬樓三國呉簡・竹簡〔柒〕』（文物出版社、二〇一三年一二月）
第一六～二〇盆に分割保存された「発掘簡」六一五三点を収録。以下、『竹簡柒』。
※本章末に〔参考一覧盆番号と整理番号、出版号の対照〕を提示した。

本書の釈文や簡牘番号は、基本的にこの六書に依った。ただし、筆者自身による実見調査や図録本の写真図版の精査に基づいて釈文を改めたものもあり、その場合は注を付した。また、右の図録本のほかにも、「発掘報告」や書道関連の図録本、展示会の図録本、釈読・整理作業に従事する研究者の論文で個別に紹介された簡牘もある。これらについては、その都度注記する。

呉簡中には、それ一点で内容が完結し、文書としての機能を有する木牘などもあるが、主要部分は、現在までに五書計三万九八一六点が公表されている竹簡群である。前述のように、その大半は本来、簿として冊書の形に編綴され機能していた。したがって、同一簿や関連簿の構成要素を収集して総合的に分析・検討することで、資料としての価値が高まる。しかし、大量の竹簡群は土中で綴じ紐が朽ち、積み重なった簿籍同士が混在し合った状態で出土しているため、まず整理・分類作業が必須となる。

この基礎作業を行なう上で留意すべき問題が、右の一覧にも示した「盆」番号である。整理組によると、簡牘群は整理の際にある程度の分量の塊ごとに計六五の「盆」に分けられて保管、保存処理を施された[一七]。その後、塊から一簡一簡丁寧に剥がして整理・記録され、図録本に収録・公表されている。既公表の図録本には、計四九の盆に保存された竹簡が収録されているが、盆番号は整理の過程で便宜的に振られたものであり、前後する盆番号であっても必ずしも関連しないという。確かに、図録本を通観すると、盆ごとに含まれる簡の内容に傾向がうかがえる。このため、関連記録の収集、簿の復元などの作業に当たっては、同一盆内の簡であることがまず重要となるのである。本書は、倉庫関係簿の整理・分類の成果に基づく分析・検討が中心となるが、この点を最重要視して基礎作業を行なっている。

また、出土状況の紹介の際に言及したが、簡牘の一部はＪ22発見時には既に廃棄されていた廃土中から回収された。それらは計三九の盆に保存されていたが、『竹簡参』の「前言」の中で、当該巻までの三書に収録された二万八〇五〇点の竹簡がこの「採集簡」に該当することが明らかにされた。本書の各章の元となる諸論考は、いずれも『竹簡参』までの収録簡を利用したものである。一方、その後に刊行された『竹簡肆』及び『竹簡柒』の収録簡は、全てＪ22内から出土した「発掘簡」であり、多くの簡について、出土時の位置関係が判明している。各書の巻末に収録された「出土示意図」などと対照することで簡の並びを想定でき、簿籍全体の復元もある程度のレベルまで可能なほどである。本書では、『竹簡参』までの「採集簡」を用いた検討を基本とし、『竹簡肆』・『竹簡柒』収録の「発掘簡」に関連記録がみられる事項については、新たに判明する事実と併せて確認・再検討する。

第二節　走馬楼呉簡研究の概要

走馬楼呉簡が発見されてから一九年経過し、これまでに六〇〇〇本以上の論考が発表されている。[一八] まず、研究史の大要を概観しておくと、以下のようになる。一九九六年一〇月に走馬楼呉簡が発見されると、その一報とともに、発掘・整理担当者によって数点の簡牘が紹介された。[一九] 特に一九九七年一月に胡平生・宋少華両氏の連名で発表された「新発現的長沙走馬楼簡牘的重大意義」は注目を集め、[二〇] 同年六月には簡牘の釈文を増補した「長沙走馬楼簡牘概述」が中国大陸・台湾・日本で同時に発表された。[二一] その後、さらに追加された公表簡牘に基づき、先駆的な研究が開始された。[二二]

研究史において最初の大きな転機となったのが、一九九九年五月に『文物』誌上に「発掘簡報」及び宋少華・王素・羅新三氏の連名による「長沙走馬楼簡牘整理的新収穫」（以下、「新収穫」）などが発表されたこと、[二三] また同年九月に「田家莂」の図録本が刊行されたことである。「新収穫」では、それまでに整理作業が完了した竹簡群の豊富な内容が紹介され、以後、簡牘中の語彙や諸制度について多角的に研究が進められるようになった。[二四] また「田家莂」は、二〇〇〇点以上のまとまった記録群であることから、後述するように文書自体の機能・性格や、諸々の記載事項に対して総合的な検討が進められてゆく。この間には、走馬楼呉簡の研究を目的とした研究会として、北京の「呉簡研討班」、日本の「長沙呉簡研究会」が発足している。後者では、「田家莂」の諸データを数値化し、網羅的な研究が進められた。[二五]

二度目の大きな転機は、二〇〇三年一〇月の『竹簡壱』刊行である。基本的な内容は既に「新収穫」で公表されていたが、一万五四五点という膨大な数が収録されたことにより、各事項についてより多くの事例に基づく分析・検討が可能となったのである。最も顕著な点は、既に「田家莂」に関して進められていた、簿や記録の総合的な検討が行なわれるようになったことである。特に、名籍類や賦税関連の記録や簿などに関し、書式に基づく整理・分類及び関連記録の収集が行なわれ、その成果に基づいて簡牘の内容面に対する深化した研究が進められている。[二六]

前述のように、二〇一二年一二月に刊行された『竹簡肆』以降の図録本は、「発掘簡」を収録し、中には多くの「成巻」が含まれている。近年は、その附録の「出土示意図」と合わせて簿全体の復元を想定した研究が増えており、新たな転機となりつつある。[二七]

以上が走馬楼呉簡研究の大まかな傾向であるが、その具体的内容は非常に多様であり、簡牘群の大部分を占める名籍と倉庫関連の簿・記録については、様々な観点からの多くの研究蓄積がある。本書は、倉庫関連の簿・記録を基礎とするため、以下、関連する研究状況を確認しておきたい。各章のテーマに関連する先行研究については、当該の章でも言及するため、基礎的な問題を中心に取り上げる。

「吏民田家莂」に関する研究

「田家莂」は、一九九九年九月に図録本として最も早くまとまって公表された。このため、文書としての機能・性格や、個々の記載事項など様々な観点から検討がなされている。本書では「田家莂」を主要史料として扱うことは少ないが、そこに記載される田地や丘、倉吏・庫吏などの問題は本書においても基礎的かつ重要な問題となるため、以下に研究状況を概観したい。まず「田家莂」を一点例示しておく。

☒劉里丘男子劉桓、佃田廿五町、凡卌畝、皆二年常限。其卅九畝旱、畝收布六寸六分。定收一畝、收米一斛二斗。畝收布二尺。其米一斛二斗、四年十二月十日付倉吏鄭黑。凡爲布二丈七尺七寸四分、四年十二月廿日付庫吏潘有。

其旱田畝收錢卅七、其熟畝收錢七十。凡爲錢一千五百一十三錢、四年十一月九日付庫吏潘有。嘉禾五年三月十日、

田戸曹史張惕・趙野・陳通校。（四・四八三）

「田家莂」の呼称は、表題の簡に「環樂二郷謹列嘉禾四年吏民田家莂如牒」（整理番号四・一）などとあることに由来する。簡中には、賦税の納入者（所属丘・姓名）・田地の状況（面積・田種・規定の賦税額）・賦税の納入状況（納入額・納入年月日・受領担当吏の姓名）・校閲（校閲者・校閲年月日）などの情報が記録されている。最上部に「𠔁」（同文を意味する符号）が記され、校閲者の名は別筆（署名）であり、表題にあるように「莂」（＝券書）の役割を果たしていた。各々一枚で内容が完結する文書記録であるが、上下二条の編綴痕が確認でき、冊書としてまとめられていたことが分かる。

「田家莂」の性格については早くから、（1）佃田租税券書（胡平生氏）[二八]、（2）租佃契約文書（邱東聯氏）[二九]、（3）租佃契約・賦税受領の証明書（高敏氏）という諸見解が出され[三〇]、租佃契約に関する文書とする見方が強かった。これに対し、李卿・蒋福亜両氏は、租佃契約文書ではなく、戸別の税帳であるとした[三一]。これらの説はいずれも本文書を納税側の民戸と徴税側の官府・官員が分有したとみなしているが、關尾史郎氏は、本文書は郷で作成され県に提出されたものであり、いずれも徴税側の郷と県が分有・保持したものであることを明らかにし、賦税納入の台帳であると性格付けている[三二]。

「田家莂」中にみえる田地すなわち「佃田」の性質については、先行研究の多くが「田家莂」を租佃契約文書とみなしていたため、国家の公田ないし租田地とする見方が強く、図録本の「嘉禾四年吏民田家莂解題」においても「官家田地」とされている[三三]。また、呉栄曾・曹硯農両氏は、屯田とする見解を提示している[三四]。これに対して侯旭東氏は、「佃」字を「租佃」と解するのは宋元時代からであり、「佃」字の本義は「治田」すなわち田地を耕作することである

と指摘し、官有地ではないとする。また竹簡の関連記録に「民田」・「民税田」という民の「私田」に関する記録がみえることを指摘する[三五]。

「田家莂」中には「佃田」の種別として、「常限田」・「余力田」・「火種田」及び「余力火種田」がみえる。「常限田」は、「二年常限田」とも表記され、「田家莂」中に最も広範にみられる田種である。熟田の場合は一畝ごとに米一・二斛を徴収され、当該田を「税田」、米を「税米」と記す事例もある。「二年」が嘉禾二年を指すのか、限額の期間を示すのか、また「常限」の対象が土地の面積であるのか、税額であるのかについて議論がなされてきたが、「田家莂」は嘉禾四年・五年の僅か二年分の記録であり、また同一人物に対する田額や税額が両年で相違がみられることなどの問題から、未だ定見は出されていない。現在の所、（1）国家が限額を規定した田（胡平生氏・邱東聯氏）[三六]、（2）畝数が固定され、二年間賦税の額が変わらない田（高敏氏）[三七]、とする説が提起されている。「余力田」は、「常限田」と対立する形で見え、熟田の場合嘉禾四年は畝ごとに米〇・四五六斛、五年は〇・四斛を徴収されている。文字通り余力のある農民が「常限田」の他に自力で開墾した田とみなす見解が多いが[三八]、阿部幸信氏は文献中にみえる「畬田」すなわち火を用いて開墾してから数年内の新田と見なしている[三九]。

「火種田」は嘉禾四年に一四例みえるのみで、「（常限の）火種田」と「余力火種田」とがある。熟田の場合の基本的な税率はともに余力田と同額であるが、「余力火種田」はさらに一斛当たり五升加算して徴収されている。その名称から、「火種田」は「火耕水耨」と結び付けて理解されているが、阿部氏は特に、後代に「刀耕火種」と呼ばれる山地型火田農法の田とみなしている。なお、阿部氏は「田家莂」中の田種分類について、「常限田」・「余力田」という耕作形態とは別の分類と、「火種田」という耕作形態に基づく分類の二種に分けられることを明らかにしている。

「田家莂」にみえる各種田の税額は表序―1の通り。

表序―1 「田家莂」にみえる各種田の税額

	嘉禾四年				嘉禾五年		
	常限熟田	余力熟田	火種熟田	旱田	常限熟田	余力熟田	旱田
米	一・二斛	〇・四五六斛	〇・四五六斛	―	一・二斛	〇・四斛	―
布	二尺	二尺	二尺	〇・六六尺	二尺	二尺	―
銭	七〇銭	七〇銭	七〇銭	三七銭	八〇銭	八〇銭	―

（注）嘉禾四年では、「州吏」の「租田」と「士」の田に優遇措置がとられている。

「丘」

「丘」は、郷以下の行政区画としてみえる。「田家莂」や賦税納入記録によると、「丘」に所属する吏民は郷に関わる賦税を納入している。一方、名籍によると、吏民は里に登録されており、名籍自体からは所属する「丘」はうかがえない。ただし、「居某丘」と、「丘」を居住地として示す記録もある。このような問題が呉簡中に内在する上、文献史料中には前後の時代において「丘」なる行政区画を見出せないことから、「田家莂」公表以来、「丘」と郷・里との関係、「丘」の機能・性格などについて多くの議論が行なわれてきた。最も早く「丘」について検討を加えた邱東聯氏は、「丘」は里同様に基層社会の組織であり、孫呉が勧農のために農民の自治組織に基づいて設置した人為的組織とした。その呼称は、「小土丘」を意味する「丘」が土地区画に転化されたとする。[四〇]また高敏氏は、一部の里と「丘」とが同名であることから、里＝「丘」という見解を提示した。[四一]里と「丘」が同名である事例は増加しているが、現段階では、里を遙かに上回る数の「丘」が確認されている。日本では、小嶋茂稔氏が、租税徴収のために人為的に設置された組織とする一方、[四二] 關尾史郎氏は、里が本籍地で「丘」が居住地であるとする。[四三] 宋超氏はこれらの見解を踏まえ、「丘」は自然形成に基づく賦税徴収のための単位、里は人為的に区画された戸籍登録の単位であり、両者は異なる系統に属するものとする。[四四] 于振波氏も、里と「丘」が行政系統を異にしているとみなし、呉簡中の里を民戸編制の単位であり居民区、「丘」を土地区画の単位であり耕作区と位置付けている。[四五] また阿部幸信氏は、「田家莂」中の各丘の田地の状況の詳細な分析から、丘ごとに田一枚の面積に著しいばらつきがあることを明らかにし、面積の広い田を有する「丘」は、多くが古くから開けた平坦な土地、狭い「丘」は、相対的に遅れて開けた傾斜地が多いと推測した。その上で、丘は自然集落でも自治組織でもなく、人為的に設けられた行政組織であると結論付け、その設置に在地社会内部への干渉を想定する。[四六]

近年では、侯旭東氏が『竹簡弐』の図録本巻末の「出土示意図」に基づき「広成郷嘉禾六年吏民簿」を復元し、そこにみえる人名を「田家莂」と比較検討することにより、郷及び里でまとめられた名籍中で各戸が「丘」ごとにまとめて提示されていることを明らかにしている。[四七] この見解によれば、郷―里―「丘」という関係が想定されよう。また『竹簡肆』以降の収録簡には、「田家莂」と共通する丘に関わる名籍が多く含まれており、さらなる検証が期待される。

なお走馬楼呉簡公表以来、「丘」は孫呉独自の制度ともみなされていたが、東牌楼東漢簡中に、同じく郷以下の地方行政区画の名称として「丘」がみえることから、少なくとも臨湘県周辺では、後漢後期以来の制度であることが判明している。[四八] また、五一広場東漢簡には多くの「丘」に関する記録を確認でき、そこでは「丘」が亭の系統に置かれているようである。[四九] さらには郴州呉簡及び晋簡中にも、郷・里・亭とともに「丘」字がみえる簡があり、孫呉以降も湖南地域で行なわれていた可能性が指摘されている。[五〇]

倉吏・庫吏・「邸閣」

「田家莂」や竹簡の賦税納入記録中には、賦税の納入先として「三州倉」・「州中倉」及び「庫」がみえる。両倉は穀物を、庫は布・銭・獣皮を受領・管理しているが、その機能や吏の性格については早くから検討が行なわれており、走馬楼呉簡の中で研究蓄積の豊富なテーマの一つである。ここでは、『竹簡壱』刊行以前における議論を整理しておく。

まず、走馬楼呉簡出土後間もなく『中国文物報』に掲載された李均明・宋少華・胡平生・何旭紅四氏の連名による紹介記事では、州中倉を荊州中倉すなわち州倉とする見解が提示された。[五一] また宋少華・王素・羅新三氏の連名による「新収穫」では、唐代の倉庫制度を参考として、長沙郡治である臨湘県には郡倉はあるが県倉はないという理解に基づき、二つの見解を提示する。一つは、「州」は「洲」に通じ、州中倉・三州倉はともに「洲」上に設けられた中継輸送のための転運倉であるとするもの。もう一つは、州中倉（「州」＝荊州）は荊州が臨湘県に派出した正倉、三州倉（「三州」＝呉の異称）は中央政府が臨湘県に派出した転運倉であるとするものである。これに対し胡平生氏は、三州倉吏の鄭黒が「田家莂」中で県吏としてみえることから、三州倉は県倉であり、中央政府の転運倉ではないとする。[五二] また安部聡一郎氏は、両倉が民の租税納入を受けていることについて、唐代の転運倉は直接民の租税納入を受ける倉としては機能していなかったことを指摘し、また三州倉吏・州中倉吏がともに「田家莂」中で県吏としてみえるため、両倉は臨湘侯国管下の倉であるとする。[五三] 伊藤敏雄氏はこれらの説を踏まえた上で、少なくとも簡牘と関わる側面では、三州倉・州中倉が共に県倉（臨湘侯国倉）として機能していたとする。また「田家莂」における各倉への米の納入状況の比較及び一部公表されていた竹簡中に三州倉から州中倉への米の輸送はみられるが逆はみられないことから、州中倉の方が三州倉よりも大規模かつ消費地に近い場所にあり、州中倉で穀物が不足した場合に三州倉から転送されたとする。[五四] なお、「田家莂」や竹簡の賦税納入記録中の「庫」についても、庫吏が「田家莂」中に「県吏」としてみえ

ることから、県庫とみなされている。[五五]

以上のように、両倉の機能を考える上で多くの重要な指摘がなされてきた。両倉及び庫の性格・機能や関係については、本書の第一部の諸論考で明らかにしてゆく。

また、穀倉関連の記録中に頻見するのが「邸閣」である。穀物納入記録では、倉吏と同様に「邸閣」の名の部分が自署になっており、穀物の受納業務において重要な役割を担っていたことが分かる。邸閣は『三国志』「魏志」巻二七・王基伝に、

> 其の年、尚書と爲り、出でて荊州刺史と爲り、揚烈將軍を加えられ、征南の王昶に隨いて呉を撃つ。基、別れて歩協を夷陵に襲い、協、門を閉じて自守す。基、示すに攻形を以てし、而して實は兵を分かちて雄父の邸閣を取り、米三十餘萬斛を收め、安北將軍譚正を虜とし、降數千口を納る。

とあり、また同「呉志」巻一・孫策伝裴松之注引『江表伝』に、

> 策、江を渡りて繇の牛渚營を攻め、盡く邸閣の糧穀・戰具を得。

とあるように、伝世文献中では「大規模な軍用倉庫」を示す語としてみえる。[五六] 走馬楼呉簡中の「邸閣」もまた倉庫と関連して見えるが、「邸閣董基」（嘉禾二・三年）・「邸閣李嵩」（嘉禾二・三年）・「邸閣郭拠」（黄龍二・三、嘉禾元・二年）とあるように、官名である。呉簡中の「邸閣」については、穀物納入記録中に「某年某月某日、某（人名）關邸閣某付倉吏某受」とみえる「關」字を巡って議論がある。「新収穫」は、「関」を関所とみなし、「関邸閣」は官設の

集積所であり、徴収・貯蔵・物資の中継輸送など多くの機能を兼ね備えているという見解を提示した。また劉聡氏は、関下倉内に設けられた邸閣であり、州中倉・三州倉に対応する二つの「関邸閣」組織があったとする。[五七] 黎石生氏も「關邸閣」を名詞に取り、「管邸閣」すなわち邸閣の主管者と理解する。[五八] これらの説に対し、關尾・伊藤両氏は、西北

表序−2　走馬楼呉簡にみえる「邸閣」・倉吏・庫吏[六一]

年号／官	「邸閣」	倉吏		庫吏	
		州中倉	三州倉	庫	西庫
黄龍二年	郭拠（州）	監賢			
黄龍三年	郭拠（州）	監賢・黄諱・潘慮			
嘉禾元年	郭拠（州）・李嵩（州）	監賢・黄諱・潘慮 區冑・逢曹	谷漢・鄭黒	殷連・潘有	
嘉禾二年	郭拠（州）・李嵩（州） 董基（三）	監賢・黄諱・潘慮	谷漢・鄭黒	殷連・潘有	
嘉禾三年	李嵩（州）・李嵩（州） 董基（三）	黄諱・潘慮	鄭黒	殷連・潘有	
嘉禾四年	張儷（西庫）	潘慮・李金	鄭黒	潘有・潘慎	江蓋・李従
嘉禾五年	郭拠（州）・馬統（州）	潘慮・張曼・郭勲 周棟・馬欽	孫儀	潘有・潘慎・ 潘宗	

出土簡牘の書式を参考に、「關」を動詞に取り、[五九]王素氏は、その具体的な意味を「關白」すなわち「知らせる」と解する[六〇]。「邸閣」は穀倉への穀物納入及び移送に関与するなど、地方穀倉の監督者としての性格を有している。なお、董基は三州倉、郭拠と李嵩は州中倉を担当し、うち董基は「田家莂」中に「州吏」として見えている。「邸閣」を含む、地方財政関連機構についても、第一部で検討する。

参考表として、走馬楼呉簡中に見える「邸閣」・倉吏・庫吏の一覧（表序―2）を提示しておく。

以上、本書の基礎となる先行研究を概観した。第二部で検討する諸々の穀物収入名目に関連する先行研究については、各章で提示しているため、そちらを参照されたい。最後に、本書の構成と内容を提示する。

第三節　本書の構成

本書の構成及び概要は以下の通りである。論じるテーマが財政機構に関するものと税役に関するものとに分けられるため、第一部を「財政機構編」、第二部を「税役編」とした。

第一部　財政機構編

第一章　「走馬楼呉簡における穀倉関係簿」

走馬楼呉簡の主要部分を構成する竹簡群は、もともとは簿として編綴されていたが、綴じ紐が朽ちてバラバラの状態で出土している。そのため、基礎的作業として穀倉関係の簿籍簡の整理・分類が必要となる。そこで、ひと月ごとの出納簿である「月旦簿」などの全体の構成を復元し、性格や機能を位置付け、当時の穀倉・穀物管理の具体的様相を明らかにする。また、文書行政の側面にも着目し、一件一件の納入記録からひと月ごとの出納簿に至るまでの、各倉における簿籍の作成過程を明らかにする。

第二章　「走馬楼呉簡よりみる孫呉政権の穀物搬出システム」

穀倉に集積される穀物の用途は、当該倉の性格を示している。そこで、複数の竹簡にわたる州中倉の穀物搬出記録の記載内容を復元し、各事項を分析することで、地方における穀物搬出システムを明らかにする。特に、穀物搬出の指示書や穀物の用途に着目し、州中倉の機能や地方の穀物運用に対する中央の監督体制の実態を明らかにする。

第三章　「穀物移送記録と穀物財政システム」

三州倉の穀物搬出記録（州中倉への移送記録）について、穀物の納入・移送の側面から検討し、三州倉・州中倉及び「邸閣」について、各機関の性格及び関係を位置付ける。また、走馬楼呉簡中には臨湘侯国外の穀倉に関する記録も散見するため、その検討により長沙郡の広域に及ぶ穀物運輸の様相を明らかにする。さらに、本章までに検討してきた穀物財政の枠組みをまとめて提示する。

第四章　「庫関係簿と財政系統」

穀倉と同じく地方財政の基層となる「庫」（所謂「財庫」）に集積される物資はいかなる形で管理・運用されたのか。簿籍整理の成果に基づき、「庫」における物資の流れ及び財政システムを明らかにする。特に、走馬楼呉簡中には県に関わる「庫」と郡級の「西庫」が確認できるため、両者の関係を明らかにする。

第二部　税役編

第五章　「「限米」と限田」

走馬楼呉簡中に見える穀物収入名目を整理すると、一般吏民に対する賦税目である「税米」・「租米」とともに最も多くみられるのが「限米」である。したがって、税体系の中でも重要な位置にあると考えられるが、「郵卒限米」・「私学限米」・「子弟限米」など、諸々の身分・職名を冠しており、その性格について諸説が並立している。そこで、納入記録と名籍とを総合的に分析し、「限米」の具体的性格を検証することで、孫呉政権の支配の一端を明らかにする。

第六章　「「塩米」――孫呉政権の塩鉄政策」

穀物関係簿・記録中には、「塩米」もしくは「塩賈米」すなわち塩の売却に基づく収入を確認できる。そこで、関連諸記録を総合的に分析・検討し、孫呉政権の塩政の実相を明らかにする。また、同じく官有物資の売却に由来する収入名目の「池賈米」・「醬賈米」・「鋘賈銭」についても検討を加える。

第七章　「「貸食米」と「種粻」――孫呉政権初期における穀物貸与業務」

穀物納入記録には、「還貸食米」すなわち貸与された穀物を吏民が返還納入した記録の一群が含まれている。そこで、関連記録の分析により具体的状況を検討し、孫呉政権の穀物貸与業務の実相を明らかにする。また「還貸食米」は賦税などの収入とは異なる〝収入〟であるため、両者が帳簿上どのように区別して管理されていたかについても検討を加える。

第八章　「「給役」と賦税」

第五章の「限米」の検討時に、名籍に注記される多くの「給役」の情報が確認された。「給役」負担者と賦税の関係はいかようであるのか。そこで、名籍と賦税納入記録を照らし合わせて分析することで、両者の関係を検討し、孫呉政権の税役面における民衆支配の実態の一端を明らかにする。

一　以下の走馬楼呉簡の発掘・出土状況は、「長沙走馬樓二十二號井發掘報告」（長沙市文物考古研究所・中國文物研究所・北京大學歴史學系、長沙走馬樓簡牘整理組（編）『長沙走馬樓三國呉簡　嘉禾吏民田家莂』文物出版社、一九九九年九月。長沙市文物工作隊・長沙市文物考古研究所（宋少華・何旭紅執筆）「長沙走馬樓J22發掘簡報」『文物』一九九九年第五期を改訂。以下、本書では「発掘報告」）及び宋少華・何旭紅「嘉禾一井傳専古—長沙走馬樓三國孫呉紀年簡牘發掘散記」（『文物天地』一九九七年第四期）に基づいた。また、簡牘群の性格などに関しては、「発掘報告」のほか王素「長沙走馬楼三国呉簡研究的回顧与展望」（『呉簡研究』第一輯、崇文書局、二〇〇四年七月）を参考とした。

二　『三国志』「呉志」巻七・歩騭伝に「黄武二年、遷右将軍左護軍、改臨湘侯」とある。歩氏の臨湘侯は、歩騭の死後、子の協、協の子の璣と三代続いたが、鳳凰元年（二七二）に歩協の弟の西陵督歩闡が城を挙げて晉に降伏した際、歩璣は弟の歩璿とともに人質として洛陽に送られ、晉によって江陵侯に改封された。その後歩璣は西陵に戻るが、西陵は楽郷都督陸抗の討伐を受けて陥落し、洛陽に残った歩璿を除き歩氏は滅ぼされた。

「歩侯」や「臨湘侯相」などの語は、呉簡中に次のようにみえる。

入嘉禾元年歩侯還民限米二斛　（参九〇五）

領黄龍三年将軍歩騭所還民限米一百八十六斛　（肆一一七八）

嘉禾二年十二月壬辰朔卅日辛酉臨湘侯相君丞　叩頭死罪敢言之（肆一四七六）

三　臨湘県城と長沙郡治との位置関係については、『水経注』巻三八・湘水条に次のようにある。県・郡・州及びそれぞれの旧治・新治に関する情報が混在するため、便宜的に①から⑤までの番号を付した。なお、『水経注』のテキストは、段熙仲点校・陳橋駅復校『水経注疏』（江蘇古籍出版社、一九九九年）を用いた。

①又逕船官西、湘州商舟之所次也。北對長沙郡、郡在水東、州城南、舊治在城中、後乃移此。

湘水左逕麓山東、上有故城、山北有白露水口、湘浦也。
②又右逕臨湘縣故城西、縣治湘水、濱臨川側、故即名焉。王莽改號撫陸。故楚南境之地也。秦滅楚、立長沙郡、即青陽之地也。秦始皇二十六年、令曰、荊王獻青陽以西。『漢書』鄒陽傳曰、「越水長沙、還舟青陽」。『注』張晏曰、「青陽、地名也」。蘇林曰、「青陽、長沙縣也」。漢高祖五年、以封呉芮爲長沙王、是城即芮築也。漢景帝二年、封唐姬子發爲王、都此、王莽之鎮蠻郡也。于『禹貢』則荊州之域。③晉懷帝以永嘉元年、分荊州湘中諸郡、立湘州、治此。④城之內、郡廨西有陶侃廟。云舊是賈誼宅地、中有一井、是誼所鑿、極小而深、上斂下大、其狀似壺。傍有一腳石牀、纔容一人坐、形制甚古。流俗相承、云誼宿所坐牀。又有大柑樹、亦云誼所誼植也。⑤城之西北有故市、北對臨湘縣之新治。

まず①によると、北流する湘水の東岸に船官があり、その北には長沙郡治がある。この長沙郡治は「州城」（湘州城）の南方にあるが、長沙郡の旧治すなわち晉代以前の治所は、「州城」内に置かれていた。続いて②によると、船官・長沙郡治から北流した湘水の東岸には臨湘県故城がある。③によると、ここは西晉の懐帝が永嘉元年に荊州を分割して湘州を立てた際に、州治となった。すなわちここが①の「州城」である。さらに⑤によると、臨湘県故城＝湘州城の西北には故市があり、そのさらに北には臨湘県の新治がある。以上より、三国時代の長沙郡治（旧治）は臨湘県故城内にあったことが分かる。なお④によると、臨湘県故城＝湘州城内にある「郡廨」の西には晉・陶侃の廟があり、もとは前漢・賈誼の故居であったという。賈誼故居は、五一広場地区に属する天心区太平街にあり、『水経注』の言う「郡廨」はその東に位置していたことになる。

四　黄綱正・周英・周翰陶『湘城滄桑之變』（湖南文藝出版社、一九九七年二月）。

五　何旭紅「長沙漢〝臨湘故城〟及其〝官署〟位置考析」（『南方文物』一九九八年第一期）。

六　陳先枢・金豫北『長沙地名古跡攬勝』（中国文聯出版社、二〇〇二年一〇月）。

七　走馬楼西漢簡については、長沙簡牘博物館・長沙市文物考古研究所聯合発掘組「二〇〇三年長沙走馬樓西漢簡牘重大考古發現」（中國文物研究所編『出土文献研究』第七輯、二〇〇五年）、東牌楼東漢簡については、長沙市文物考古研究所「長沙東牌樓七號井發掘報告」（長沙市文物考古研究所編『長沙東牌樓東漢簡牘』文物出版社、二〇〇六年五月）、五一広場東漢簡については、長沙市文物考古研究所「湖南長沙五一広場東漢簡牘發掘簡報」（『文物』二〇一三年第六期）を参照。

八　汪力工「略談長沙三国呉簡的清理与保護」（『中国文物報』二〇〇二年一二月一三日）による。

九　『三国志』「呉志」巻二・呉主伝の黄龍三年（二三一）条に「會稽南始平言嘉禾生。十二月丁卯、大赦、改明年元也」とあるのによると、嘉禾元年（二三二）は年初より元号が改められていることから、簡文中の「黄龍四年」は誤記の可能性がある。

一〇　『三国志』呉主伝の黄武元年（二二二）条に、「初權外託事魏、而誠心不款。魏乃遣侍中辛毗・尚書桓階往與盟誓、幷徵任子、權辭讓不受。秋九月、魏乃命曹休・張遼・臧霸出洞口、曹仁出濡須、曹真・夏侯尚・張郃・徐晃圍南郡。……（中略）……權遂改年、臨江拒守」とある。同「魏志」巻二・文帝紀の黄初三年（二二二）条には「是月（十月）、孫權復叛。復郢州爲荊州。帝自許昌南征、諸軍兵並進、權臨江拒守」とあり、魏の文帝は孫呉に対して南征を実施するにあたり、孫権が領荊州牧事であったために「郢州」と更名していた江北諸郡を「荊州」に戻している。また同巻二〇・文武世王公伝の楚王彪伝によると、同年に皇弟の弋陽王曹彪を「呉王」に転封しており、孫権が魏への従属から脱していることが明らかである。

一一　この問題に対して羅新氏は、当時の力関係を鑑みると孫呉が実際に魏と異なる元号を用いていたとは考えられず、自立の後、当該時期に関する記録を作成する際に「建安廿六年」・「建安廿七年」の年号を用いたと推測する（羅新「走馬樓呉簡中的建安紀年簡問題」『文物』二〇〇二年第一〇期）。確かに、走馬楼呉簡中の諸記録のうち年代が確定できるものはみな、孫呉が王朝となって以降の黄龍・嘉禾年間に作成されたものであり、「建安」及び「黄武」の元号は、「建安某年分の折咸米（折減米。輸送時などに喪失した穀物の補塡）を穀倉に納入する」などのように、過去のことを遡り記録したものに限定される。

一二　前掲注一の王素氏研究動態。出土当時は長沙郡の各曹の文書档案であると考えられていたが、整理の過程で臨湘県に関する竹簡が多数報告されたことから、現在では長沙郡と臨湘県（侯国）の両者に関する文書档案を含むとみなされている。また關尾史郎氏は、二〇〇五年までに公表された諸簡牘を全面的に整理し、その多くが臨湘侯国の田戸曹と関係があることから、走馬楼呉簡を臨湘侯国の田戸曹が廃棄した各種文書と位置付けている（關尾史郎「史料群としての長沙呉簡・試論」『木簡研究』第二七号、二〇〇五年一一月）。

一三　胡平生「細説長沙走馬楼簡牘（上・下）」（『人民日報』一九九七年三月二〇日・二二日）及び前掲注一の王素氏研究動態。王素氏は、『唐律疏議』巻一九・賊盗律「盗制書及官文書」条に「疏議曰、即盗應除文案者、依令。文案不須

常留者、毎三年一揀除……（後略）」とあるように、唐代では保存期間に年限のある文書は三年に一度廃棄するよう規定されていることから、孫呉にも同じような規定があったと推測している。胡平生氏は、廃棄という可能性のほか、流失を防ぐために厳重に保管された、という可能性も指摘している。また邱東聯氏は、走馬楼呉簡が廃棄されたのは呂壱事件（孫権の寵愛を受けた中書典校の呂壱が赤烏元年（二三八）頃から専権を振るい、多くの中央高官や地方長官が処分された事件）が原因であると推測する（邱東聯「長沙呉簡与呂壱事件—試析長沙呉簡的埋蔵原因」（『中国文物報』一九九九年一二月八日））。

一四　里耶秦簡の出土状況については、湖南省文物考古研究所・湘西土家族苗族自治州文物処・龍山県文物管理所「湖南龍山里耶戦國—秦代古城一号井發掘簡報」（『文物』二〇〇三年第一期）、湖南省文物考古研究所編『里耶發掘報告』（岳麓書社、二〇〇七年一月）を参照。郴州蘇仙橋出土の呉簡については、湖南省文物考古研究所・郴州市文物処「湖南郴州蘇仙橋J４三國呉簡」（『出土文献研究』第七輯、二〇〇五年一一月）、晉簡については、湖南省文物考古研究所・郴州市文物処「湖南郴州蘇仙橋遺址發掘簡報」（『湖南考古輯刊』第八集、二〇〇九年一二月）を参照。益陽兔子山出土の簡牘群については、「湖南益陽兔子山遺址発現楚国档案　属全国首次」（『長沙晩報』二〇一三年一一月二四日）などの報道記事が出ている。

一五　拙稿「竹簡の大きさについて」（長沙呉簡研究会編『長沙走馬楼出土呉簡に関する比較史料学的研究とそのデータベース化』平成一六年度～平成一八年度科学研究費補助金（基盤研究（B）16320096）研究成果報告書）、新潟大学、二〇〇七年三月）。

筆者は、①二〇〇五年三月と八月、②二〇〇九年一月と一二月及び二〇一一年三月、③二〇一四年三月と二〇一五年八月に、日本学術振興会科学研究費補助金・基盤研究によるプロジェクトの研究協力者として、走馬楼呉簡の実見調査に参加した。①は平成一六年度～平成一八年度科学研究費補助金・基盤研究（B）「長沙走馬楼出土呉簡に関する比較史料学的研究とそのデータベース化」（研究課題番号：16320096、代表者：關尾史郎）、②は平成二〇～二三年度科学研究費補助金・基盤研究（A）「出土資料群のデータベース化とそれを用いた中国古代史上の基層社会に関する多面的分析」（研究課題番号：20242019、代表者：關尾史郎）、③は平成二五～二八年度科学研究費補助金・基盤研究（A）「新出簡牘資料による漢魏交替期の地域社会と地方行政システムに関する総合的研究」（研究課題番号：25244033、代表者：關尾史郎）による調査である。

一六　王雲「魏晉南北朝時期的度量衡」（河南省計量局主編『中国古代度量衡論文集』中州古籍出版社、一九九〇年）、丘光明編著『中國歷代度量衡考』（科学出版社、一九九二年）。

一七　以下は、『竹簡壱』の「前言」及び「凡例」、『竹簡弐』・『竹簡参』・『竹簡肆』・『竹簡柒』の「凡例」に基づく。

一八　走馬楼呉簡研究に関するまとまった論著目録として、李進「長沙走馬樓呉簡研究論著目録」（『呉簡研究』第一輯、崇文書局、二〇〇四年）、陳爽「長沙走馬樓呉簡研究論著目録（續）」（『呉簡研究』第二輯、崇文書局、二〇〇六年）、凌文超「長沙走馬樓呉簡研究論著目録（三編）」（『呉簡研究』第三輯、（北京）中華書局、二〇一一年）、及び伊藤敏雄編「長沙走馬楼簡牘関係文献・記事一覧」（『嘉禾吏民田家莂研究――長沙呉簡研究報告・第1集』二〇〇一年七月）、同「長沙走馬楼簡牘関係文献・記事一覧」（2）（『長沙呉簡研究報告』第2集、二〇〇四年七月）、同「長沙走馬楼簡牘関係文献・記事一覧」（3）（『長沙呉簡研究報告』第3集、二〇〇七年三月）などがある。

一九　尹利民・李万寅・何旭紅・李鄂権「長沙呉簡：惊世考古大發現」（『長沙晩報』一九九六年一二月一五日第一版）。王素氏によると、最も早い報道は一九九六年一二月一一日に出版された国家文物局『文物要情』第一二六期である。日本では一九九七年二月に、市来弘志氏により中国国内での報道などが紹介された（「湖南省長沙市走馬楼出土三国呉簡について」『中国出土資料研究会会報』第五号、一九九七年二月）。

二〇　胡平生・宋少華「新発現的長沙走馬楼簡牘的重大意義」（『光明日報』一九九七年一月一四日。のち、『新華文摘』一九九七年第三期に再録）。

二一　胡平生・宋少華「長沙走馬楼簡牘概述」（『伝統文化与現代化』一九九七年第三期）。台湾では『中国上古秦漢学会通訊』（一九九七年第三期）誌上に掲載され、日本では門田明氏の翻訳により『中国出土資料研究会会報』第六号（一九九七年六月一一日）誌上に掲載された。

二二　この時期の代表的な議論として、三つの文書に関する胡平生氏と王素氏との論争がある。三文書とは、「録事掾潘琬白爲考実吏許廸割用余米事」・「右郎中竇通挙謝達爲私学文書」・「勧農掾番琬白爲吏陳晶挙番倚爲私学事」と呼ばれるもので、いずれも木牘である。胡平生「長沙走馬楼三国孫呉簡牘三文書考証」（『文物』一九九九年第五期）、王素「長沙走馬楼三国孫呉簡牘新文書新探」（『文物』一九九九年第九期）、胡平生「読長沙走馬楼簡牘札記」（一）・（二）・（三）（『光明日報』二〇〇三年三月二一日、四月七日、四月二一日第三版「歴史周刊」）、王素「孫呉時期無〝僧人〟称謂」・「〝私学〟及〝私学弟子〟均由逃亡戸口産生」・「〝若〟即〝諾〟可以作爲定論」（『光明日報』二〇〇〇年六月二三日、七

月二一日、八月二五日第三版「歴史周刊」）。

二三　王素・宋少華・羅新「長沙走馬楼簡牘整理的新収穫」（『文物』一九九九年第五期）。

二四　例えば、『歴史研究』二〇〇一年第四期に、呉簡研討班「走馬楼呉簡研究」として竹簡・木牘に関する七篇の読史札記が掲載された。王素「呉簡所見的〝調〟応是〝戸調〟」、羅新「呉簡中的〝督軍糧都尉〟簡」、孟彦弘「釈〝還民〟」、韓樹峰「呉簡中的口算銭」、侯旭東「三国呉簡両文書初探」、汪小烜「呉簡所見〝腫足〟解」、劉聡「呉簡中所見〝関邸閣〟試解」。

二五　「田家莂」のデータベース化作業の成果として、關尾史郎主編、阿部幸信・伊藤敏雄編『嘉禾吏民田家莂数値一覧（1）』（平成一六年度科学研究費補助金「長沙走馬楼出土呉簡に関する比較史料学的研究とそのデータベース化」資料叢刊、二〇〇五年三月）、關尾史郎（主編）／伊藤敏雄（編）『嘉禾吏民田家莂数値一覧』（Ⅱ）平成一八年度科学研究費補助金・基盤研究（B）「長沙走馬楼出土呉簡に関する比較史料学的研究とそのデータベース化」資料叢刊、二〇〇七年三月）が発表されている。またこうした諸数値のデータベース化に基づく研究成果として、阿部幸信「嘉禾吏民田家莂『丘』再攷」（『東洋史研究』六二―四、二〇〇四年三月）、同「小型竹簡と旱敗率よりみた「丘」」（『長沙呉簡研究報告』第二集、二〇〇四年七月）、伊藤敏雄「嘉禾吏民田家別における米納入状況と郷・丘」（『歴史研究』四三、二〇〇六年三月）などがある。

二六　『竹簡壱』刊行以降、竹簡群についても各研究者が膨大な記録を総合的に扱う研究が増えているが、代表的なものとして、于振波『走馬楼呉簡初探』（文津出版社、二〇〇四年一〇月）、同『走馬楼呉簡続探』（二〇〇七年二月）がある。特に後者は、二五〇〇点以上の名籍簡を性別、年齢などに基づいて整理し、統計を加えており、収録される九篇の論考は、いずれもこのデータに依拠したものである。

二七　『竹簡参』までの採集簡について「出土示意図」を利用した簿の復元に関する研究として、侯旭東「長沙走馬樓呉簡《竹簡》［貳］〝吏民人名年紀口食簿〟復原的初步研究」（『中華文史論叢』二〇〇九年一月）、及び凌文超氏の一連の研究がある（凌文超「走馬楼呉簡采集簡〝戸籍簿〟復元整理与研究―兼論呉簡〝戸籍簿〟的類型与功能」『呉簡研究』第三輯、二〇一一年六月、同「走馬樓呉簡庫錢帳簿體系復原整理與研究」第五届中國中古史青年聯誼會會議論文、北京首都師範大学、二〇一一年八月二七日、同「走馬樓呉簡舉私學簿整理與研究―兼論孫呉的占募」『文史』二〇一四年第二輯、同「走馬樓呉簡隱核新占民簿整理與研究―兼論孫呉戸籍的基本體例」『田餘慶先生九十華誕慶壽論文集』（北京）

中華書局、二〇一四年、同『走馬樓呉簡采集簿書整理與研究』広西師範大学出版社、二〇一五年四月)。
二八　胡平生「嘉禾四年吏民田家莂研究」(『中国出土資料研究』第五号、二〇〇一年三月)。
二九　邱東聯「長沙走馬楼呉簡中的佃田租税簡」(『船山学刊』一九九八年第一期)、同「長沙走馬楼佃田租税簡的初歩研究」(『江漢考古』一九九八年第四期)。
三〇　高敏「論〈吏民田家莂〉的契約与凭証二重性及其意義—読長沙走馬楼簡牘札記之二」(『鄭州大学学報』二〇〇〇年第四期、後に同『長沙走馬楼簡牘研究』広西師範大学出版社、二〇〇八年五月に収録)。
三一　李卿「〈長沙走馬楼三国呉簡・嘉禾吏民田家莂〉性質与内容分析」(『中国経済史研究』二〇〇二年第一期)、蒋福亜「有関〈嘉禾吏民田家莂〉性質的補充意見」(『南京暁庄学院学報』二〇〇二年第一期)。
三二　關尾史郎「吏民田家莂の性格と機能に関する一試論」(『嘉禾吏民田家莂研究—長沙呉簡研究報告・第一集』二〇〇一年七月)。
三三　前掲注二八～三〇の諸論文。
三四　呉栄曾「孫呉佃田初探」(長沙市文物考古研究所編『長沙三国呉簡暨百年来簡帛発現与研究国際学術研討会論文集』中華書局、二〇〇五年一二月)、曹硯農「従《長沙走馬楼三国呉簡・嘉禾吏民田家莂》看呉国在長沙郡的国家〝営田〟」(『長沙三国呉簡暨百年来簡帛発現与研究国際学術研討会論文集』所収)。
三五　侯旭東「走馬楼竹簡的限米与田畝記録」(『呉簡研究』第二輯、崇文書局、二〇〇六年九月)。
三六　前掲注二八胡平生氏論文及び二九邱東聯氏論文。
三七　高敏「《吏民田家莂》中所見〝餘力田〟・〝常限〟田等名称的涵義試析—読長沙走馬楼簡牘札記之三」(『鄭州大学学報・社会科学版』二〇〇〇年第五期、後に同『長沙走馬楼簡牘研究』広西師範大学出版社、二〇〇八年五月に収録)。
三八　前掲注二九邱東聯氏論文及び「嘉禾四年吏民田家莂解題」。
三九　阿部幸信「長沙走馬楼呉簡所見田種初探」(『嘉禾吏民田家莂研究—長沙呉簡研究報告・第一集』所収)。
四〇　前掲注二九邱東聯氏論文。
四一　高敏「従嘉禾年間《吏民田家莂》看長沙郡一帯的民情風俗与社会経済状況」(『中州月刊』二〇〇〇年第五期、後に同『長沙走馬楼簡牘研究』広西師範大学出版社、二〇〇八年五月に収録)。呉海燕「〝丘〟非〝郷〟而爲〝里〟辨」(『史学月刊』二〇〇三年第六期)も同様の立場をとる。

四二　小嶋茂稔「「丘」についての一試論」（『嘉禾吏民田家莂研究―長沙呉簡研究報告・第一集』所収）。

四三　關尾史郎「長沙呉簡所見「丘」をめぐる諸問題」（『嘉禾吏民田家莂研究―長沙呉簡研究報告・第一集』所収）。

四四　宋超「長沙走馬楼呉簡中的〝丘〟与〝里〟」（『長沙三国呉簡曁百年来簡帛発現与研究国際学術研討会論文集』所収）。

四五　于振波「走馬楼呉簡中里与丘」（『走馬楼呉簡初探』二〇〇四年一〇月）。

四六　前掲注二五阿部氏「嘉禾吏民田家莂「丘」再攷」。

四七　前掲注二七侯旭東氏論文。

四八　一例のみであるが、「度上丘郭☐」（簡番号八八）とある。

四九　前掲注七長沙市文物考古研究所「湖南長沙五一広場東漢簡牘発掘簡報」。

五〇　前掲注一四「湖南郴州蘇仙橋J4三国呉簡」、「湖南郴州蘇仙橋遺址発掘簡報」。

五一　長沙市文物工作隊・中国文物研究所古文献部（李均明・宋少華・胡平生・何旭紅執筆）「関於長沙出土三国東呉簡牘的数量和内容」（『中国文物報』一九九七年二月一六日、第三版）。

五二　前掲注二八胡平生氏論文。「田家莂」に「湛龍丘縣吏鄭黒」（四・四〇三）とみえる。

五三　安部聡一郎「嘉禾4年・5年吏民田家莂にみえる倉吏と丘」（『嘉禾吏民田家莂研究――長沙呉簡研究報告・第1集』所収）。州中倉吏である黄諱もまた、「田家莂」に「石下丘縣吏黄諱」（〇・一二）とみえる。

五四　伊藤敏雄「長沙走馬樓簡牘中の邸閣・州中倉・三州倉について」（『九州大学東洋史論集』三一、二〇〇三年四月）。

五五　「田家莂」中には庫吏として潘有・潘慎・潘宗の三人がみえ、うち潘有は「東丘縣吏潘有」（五・四一八）、潘慎は「[illegible]丘縣吏番慎」（五・九八一）・「☐丘縣吏潘慎」（五・一〇八二）とみえる。

五六　文献中の邸閣については、日野開三郎「邸閣――三国志・東夷伝用語解の二」（『日野開三郎東洋史学論集』第九巻・北東アジア国際交流史の研究上、三一書房、一九八四年。一九五二年初出）、佐久間吉也「晋代の邸閣について」（中国水利史研究会編『中国水利史論集』、国書刊行会、一九八一年）などがある。

五七　前掲注二四劉聰氏論文。

五八　黎石生「試論三国時期邸閣與關邸閣」（『鄭州大学学報』二〇〇一年第六期）。

五九　前掲注三一關尾氏論文、前掲注五四伊藤氏論文。

六〇　王素「日中長沙呉簡研究述評」（『長沙呉簡研究報告』第三集、二〇〇七年三月）。

張家山漢簡「二年律令」置吏律（第二一三簡～二一五簡）には、

郡守二千石官・縣・道官言邊變事急者、及吏遷徙・新爲官・屬尉・佐以上毋乘馬者、皆得爲駕傳。縣道官之計、各關屬所二千石官。其受恒秩氣稟、及求財用委輸、郡關其守、中關内史。受（授）爵及除人關於尉。都官自尉・内史以下毋治獄、獄無輕重關於正、郡關其守。

とあり、県・道は上計などを所属する郡や内史に「關」することが規定されている。整理小組は「關」字を「報告する」と解している。

六一　本表は、伊藤敏雄氏作成の「邸閣・倉吏・庫吏担当者一覧」（三訂版）を参考として作成した（「長沙呉簡中の邸閣・倉吏とその関係」『歴史研究』（大阪教育大学）第四九号、二〇一二年三月）。

【参考一覧　盆番号と整理番号、出版号の対照】

◎採集簡（建築廃土から回収されたもの）

第一盆	一～七六一（七六一）	第二盆	七六二～九六四（二〇三）
第三盆	九六五～一一二〇（一五六）	第四盆	一一二一～一三七六（二五六）
第五盆	一三七七～一七一六（三四〇）	第六盆	一七一七～二五〇三（七八七）
第七盆	二五〇四～二六六七（一六四）	第八盆	二六六八～二八五二（一八五）
第九盆	二八五三～四〇九二（一二四〇）	／	七一三六～七二三五（一〇〇）
第一〇盆	四〇九三～四三三四（二四二）	／	七二三六～七二七五（四〇）
第一一盆	四三三五～五一三五（八〇一）	第一二盆	五一三六～七一三五（二〇〇〇）
第一三盆	七二七六～八八九〇（一六一五）	第一四盆	八八九一～一〇五四五（一六五五）

以上『竹簡壹』

第一五盆	一〇五四六～一二〇八〇（一五三五）	弐一～一五三五
第一六盆	一二〇八一～一三三八五（一三〇五）	弐一五三六～二八四〇
第一七盆	一三三八六～一三九九二（六〇七）	弐二八四一～三四四七

第一八盆　一三九九三～一四三六〇（三六八）　弐三四四八～三八一五
第一九盆　一四三六一～一五八四九（一四八九）　弐三八一六～五三〇四
第二〇盆　一五八五〇～一七〇七九（一二三〇）　弐五三〇五～六五三四
第二一盆　一七〇八〇～一八七四四（一六六五）　弐六五三五～八一九九
第二二盆　一八七四五～一九四二一（六七七）　弐八二〇〇～八八七六
第二三盆a　一九四二二～一九六三六（二一五）　弐八八七七～九〇九一
以上『竹簡弐』
第二三盆b　一九六三七～二〇九四八（一三一二）　参一～一三一二
第二四盆　二〇九四九～二一八〇二（八五四）　参一三一三～二一六六
第二五盆　二一八〇三～二二二八二（四八〇）　参二一六七～二六四六
第二六盆　二二二八三～二二六〇六（三二四）　参二六四七～二九七〇
第二七盆　二二六〇七～二二八〇一（一九五）　参二九七一～三一六五
第二八盆　二二八〇二～二三〇〇三（二〇二）　参三一六六～三三六七
第二九盆　二三〇〇四～二三二一〇（二〇七）　参三三六八～三五七四
第三〇盆　二三二一一～二三四四三（二三三）　参三五七五～三八〇七
第三一盆　二三四四四～二三五二八（九五）　参三八〇八～三九〇二
第三二盆　二三五二九～二三九〇三（三六五）　参三九〇三～四二六七
第三三盆　二三九〇四～二四六三一（七二八）　参四二六八～四九九五
第三四盆　二四六三二～二五二四八（六一七）　参四九九六～五六一二
第三五盆　二五二四九～二五七二四（四七六）　参五六一三～六〇八八
第三六盆　二五七二五～二六〇八四（三六〇）　参六〇八九～六四四八
第三七盆　二六〇八五～二六九二四（八四〇）　参六四四九～七二八八
第三八盆　二六九二五～二七四〇四（四八〇）　参七二八九～七七六八

第三九盆　二七四〇五～二八〇五〇（六四六）　参七七六九～八四一四
以上『竹簡参』

◎発掘簡（J22内から発掘されたもの）
第一盆　三〇〇〇一～三〇九六〇（九六〇）　肆一～九六〇
第二盆　三〇九六一～三一六八〇（七二〇）　肆九六一～一六八〇
第三盆　三一六八一～三三一二〇（一四四〇）　肆一六八一～三一二〇
第四盆　三三一二一～三三九六〇（八四〇）　肆三一二一～三九六〇
第五盆　三三九六一～三五六一三（一五五二）　肆三九六一～五六一三
以上『竹簡肆』

第一六盆　四九一九九　柒一～一三八一
第一七盆　柒一三八二～二三七六
第一八盆　柒四二一二～六〇四八
第一九盆　柒四二一二～六〇四八
第二〇盆　～五五三五一　柒六〇四九～柒六一五三
以上『竹簡柒』

第一部

財政機構編

第一章

走馬楼呉簡における穀倉関係簿

はじめに

走馬楼呉簡は現在までに「嘉禾吏民田家莂」と題される大型木簡二一四一点（以下「田家莂」）と、竹簡計三万九八一六点（数点の木簡を含む）の図録本が刊行されている。既公表の簡牘には多くの名籍や財政関連の簿が含まれており、それらは孫呉の地方行政機構の構造と基層社会の状況及びその把握や統治のあり方、地方財政の運用などの具体的様相をうかがいうる史料である。ただし、もともと冊書の形であった簿籍類の簡牘は、土中で編綴が朽ち、積み重なった複数の簿籍の構成要素が混在する状態で出土し、図録本に収録されている。そのため、各簿籍の全体的な構成や内容、性質を知るためには、まず整理・分類さらには集成といった作業が必須である。

簡牘群のうち「田家莂」は、一簡一簡が券書でありかつ表題簡のもと冊書として編綴されていた納税者台帳であるが[一]、当該記録をまとめて収録した図録本の中では、年度ごと及び吏民が所属する「丘」ごとに並べて提示されている。「田家莂」が実際に「丘」ごとに列ねられていたのか否かは確定し難いが、このように一定の整理を経た上で収録されたことが以降の総合的な研究に資してきたことは疑いない。一方、竹簡は概ね整理番号順に収録されており、『竹簡壱』の刊行直後から研究者自身の手で整理・分類作業が進められてきた。例えば名籍関連の簡については、安部聡一郎氏や汪小烜氏らによる先駆的な整理・分類の研究が行なわれ、内容面の深化した議論の礎となっている。[二]また倉庫関係の記録や簿では、賦税納入時に作成された券書であり「田家莂」とも深く関係すると目されていた「賦税納入簡」が早くから注目され、關尾史郎氏や伊藤敏雄氏、侯旭東氏らにより、書式から簿の構成に至る詳細な検討が進められている。[三]しかし、呉簡中に含まれる他の様々な倉庫関係の記録や簿については、このような作業が十分になされているとは言い難い状況であった。[四]そこで本章では、穀倉に関する内容の簡牘について初歩的な整理作業を加えつつ、各簿の構成や関係について概括的に分析、検討する。

走馬楼呉簡には、穀倉ないし穀物に関する内容の簡が大量に含まれている。断簡零墨も少なくないが、書式に基づいて整理すると、これらの簡の大半は概ね次のような簿籍の構成要素に分類できる。

①表題簡　②集計簡（「右」簡・「集凡」簡）
③本文に相当する簡（「入」簡・「出」簡・「其」簡・「領」簡・「已入」簡・「未畢」簡など）
④上余簡　⑤今余簡　⑥「白」簡

竹簡の穀倉関係簿に関連するものとしては、他に木製の⑦「簽牌」（楬）が挙げられる。これらの構成要素は、永田英正氏や李天虹氏らが居延漢簡中の簿籍簡牘を分類・集成する上で提示したものと、ほぼ共通する。[五]永田氏は、簿籍の類は表題の簡と本文の簡とで構成されるとし、表題類として表題の簡及びそれに準ずる「右」・「凡」・「最凡」の書き出しではじまる帳尻の簡、付け札の楬を挙げ、集成の手がかりとした。また李天虹氏は、簿の基本的な構成要素として「籤牌・標題・正文・右類・凡類・呈報」を挙げ、「出入簿」の場合には、これに「上余・現余」を加えている。

表題簡や各簡の記載内容などから、走馬楼呉簡には様々な種類の穀倉関係簿が含まれていることが明らかであるが、各簿の構成要素を整理・分類する際に目安となるのが、簡番号及び盆番号である。整理組によると、竹簡は現場から塊の状態で取り出され、計六五の盆に分けて保管され保存処理を施された。その後、塊から一簡一簡丁寧に剝がして整理・記録されたのであるが、この盆番号は整理を行なった順に振られたもので、連続する盆同士であっても、必ずしも関連しないという。確かに、竹簡の図録本を通観すると、各盆に含まれる簡の内容にはそれぞれ傾向がうかがえる。すなわち、竹簡同士の関連や連続性を探るには、まず同一盆の簡ということが重要な要素となるのである。したがって本章では、同一簿の構成要素は、極力同一盆の竹簡を提示する。

第一節　穀倉関係簿の具体像——「月旦簿」と「四時簿」

本節では、「月旦簿」の全容と各構成要素の機能を概観し、走馬楼呉簡中の穀倉関係簿の具体像として提示する。

まず、その表題簡は次のようなものである。[六]

1　倉吏黄諱潘慮謹列所領襍米□麦七月旦簿　□（壱二三二一八）[七]

2　倉吏黄諱番慮謹列所領襍米八月旦簿　（壱二三五九）[八]

「倉吏黄諱・潘慮、謹みて領する所の襍米（□麦）の某月旦簿を列ぬ」とあるように、両簡のもとに編まれるのは、倉吏の黄諱・潘慮によって作成された、彼らが管轄する穀物の「月旦簿」である。黄諱・潘慮は、別の記録によると「州中倉」という穀倉の吏であり、当該簿は州中倉の月ごとの出納簿ということになる。これらの簿の作成年代は、後掲の関連記録によると、嘉禾元年（二三二）である。簡の大きさや様式についても確認しておくと、1は長さ二二・三cm、幅〇・七～〇・九cm、2は長さ二二・六cm、幅〇・七～〇・八cmであり、両簡とも文字は簡の最上部から書き出されている。また、1は「所」と「領」及び「旦」と「簿」、2は「列」と「所」の間に空格があけられ、その位置に上下二組の編綴痕を確認できる（2は「簿」字の下方にもう一組確認できる）。

1・2を含む採集簡の第六盆（壱一七一七～二五〇三）の簡番号を持つ竹簡の大部分は、書式及び記載内容に基づく整理・分類より、この州中倉の「月旦簿」の構成要素であると考えられる。以下、各構成要素を数点ずつ掲げ、それぞれについて簡潔に説明を加える。

（承余簡）

3　承七月旦簿餘領呉平斛米麦定合一萬九百九十四斛一斗八升五合　（壱二一二八）[9]

4　承六月旦簿餘呉平斛米一萬三千八百七十三斛五合　（壱二一八三）

（本文に相当する「入」簡・「出」簡）

5　入黄龍三年租米卅二斛六斗　⧄（壱一八九九）

6　入黄龍三年税米四百九十斛二斗九升　⧄（壱一九〇八）[一〇]

7　入郵卒黄龍二年限米一斛　已中（壱二〇七一）

8 入黄龍三年官所賣醤賈米廿四斛　☑（壹二三〇六）

9 出倉吏黄諱潘慮所領嘉禾元年税呉平斛米廿三斛四升爲稟斛米廿四斛被督軍糧（壹二一六九）

10 出倉吏黄諱潘慮所領黄龍三年税呉平斛米一百一十七斛四升爲稟斛米一百廿四斛（壹二三二七）[一一]

11 出倉吏黄諱番慮所領三年税呉平斛米卅三斛八九斗七合爲稟斛米卅七斛（壹二三三四）[一二]

（内訳簡）

12 其三千八百八十斛六斗四升黄龍三年税米　☑（壹二〇〇四）

13 其一千一百廿七斛三斗二升黄龍三年吏帥客限米（壹二〇三四）

14 其卅五斛七斗一升黄龍二年租米（壹二三三九）

15 其三斛五斗郡掾利焉黄龍二年屯田限米（壹二三八一）

（集計簡）

16 ●右八月入呉平斛米□合七百卌二斛一斗二升（壹二三四一）

17 右五月出呉平斛米四千一百卌一斛七斗七升合（壹二一五八）

18 ●集凡承餘新入呉平斛大麦一萬一千七百廿六斛三斗五合（壹二三〇二）[一三]

（「白」簡）

19 三月卅日倉吏黄諱潘慮白（壹二〇〇六）[一四]

20 ☑　七月卅日倉吏黄諱潘慮白（壹二三六九）[一五]

右に提示した諸簡及びこれらの類例は、完簡の場合はいずれも長さ二二〜二四㎝前後、幅一㎝弱の範囲にあり、この大きさが「月旦簿」を構成する諸簡の定型であったと考えられる。[一六]「発掘報告」によると、賦税関連の竹簡は長さ二五～二九㎝、幅一・二～一・五㎝のものと、長さ二二・二㎝～二三・五㎝、幅〇・五～一・二㎝のものとに大別できるが、「月旦簿」を構成する諸簡は後者に相当する。出土している呉の尺には二三・五㎝と二四・二㎝の二種がある[一七]が、前者を基準とすると、「月旦簿」はほぼ一尺の簡を用いて作成されていたことになる。なお、いずれの簡も、上下三分の一辺りにそれぞれ空格と編綴痕を確認でき、編綴痕の間隔はおおよそ七～八㎝である。

3・4は、冒頭に「承某月旦簿餘（某月旦簿の餘を承け……）」とあるように、前月の旦簿の帳尻（前月からの繰り越し）をうけ、新たに作成された当該の「月旦簿」のはじめに置かれた簡である[一八]。「承某月旦簿餘」に続いて、月はじめの時点で州中倉に集積されていた穀物の額が記録されている。「呉平斛」は穀物の単位であり、9～11の「出」簡にみえるように、稟給を目的とする穀物の搬出は、「呉平斛」米から「稟斛」米に換算した上で行なわれている（両者の換算比率はおおむね二四対二五）。于振波氏は、「呉平斛」を当時通行していた量制、「稟斛」を官府が食糧を配給する際に用いた量制とする[一九]。これらの簡が「月旦簿」のはじめに置かれることは、表題簡と「承余」簡の内容が連続する後掲28の事例からも明らかである。「承余」簡は、「月旦簿」のように定期的に継続して作成される簿特有の構成要素であるが、両簡にはそれぞれ「承六月旦簿」（＝七月旦簿の冒頭）・「承七月旦簿」（＝八月旦簿の冒頭）とあり、まさに1・2の表題と対応する。「承余」簡は、表題簡と同様に簡の最上部から文字が書き出されている。

5～11には簿の本文に相当する簡を挙げた。5～8は州中倉に納入された穀物についての記録であり、「入」字に続き穀物の収入としての年度と名目（以下、収入名目と呼ぶ）及び額が記録されている。呉簡中には、次節で提示するような納入者や納入年月日など詳細な情報を記した穀物納入の記録（所謂「賦税納入簡」）が大量に含まれているが、第六盆中の「入」簡はほぼ全て5～8の類の簡潔な書式のものである。また第六盆中には、例えば6の他に二点の「入黄龍三年税米」の記録（壱一七六四・壱二一五二）、5の他に二点の「入黄龍三年租米」の記録（壱二一八六・壱二三一七）が確認できる。「月旦簿」の性格と考え合わせるに、これらはそれぞれ異なる月の「月旦簿」の簡であり、

「(七月に納入された)黄龍三年度の税米」、「(八月に納入された)黄龍三年度の租米」などのように、各月における当該の収入名目の納入総額を記録したものであろう。16のような月ごとの納入の集計記録がみられることは、その証左である。収入の具体的内訳を探ることは本章の目的ではないが、第六盆中の「入」簡(納入記録)における収入名目を整理しておくと、表1─1のようになる。

表1─1　採集簡第六盆中の州中倉「月旦簿」における収入名目一覧

租米	税米	限米	佃禾准米	麦准米
鹽米(鹽賈米)	醬賈米(官所醬賈米)	池賈米		
臨居米(臨罟米)	收指米	僦米	加臧米	
折咸米(耗咸米)	漬米	湎米		

(注)これらの名目のほか、米ではなく豆・大麦や粢米(粢租米・限粢米など)・白米(税白米など)・旱米(税旱米など)の語もみえる。

9～11は搬出についての記録である。右には記録の冒頭に当たる簡のみを挙げたが、その文は複数の簡にわたり、①搬出した穀物の名目・額、②搬出に至る経緯(搬出を指示する文書など)、③穀物の用途・目的(搬出先の情報を含む)、④搬出先における穀物の授受の記録と具体的な情報が記されている。二簡目以降には次のような簡が続くが、本記録の全体については次章で詳細に分析・検討する。

21　五斛①一斗五升被②督軍糧都尉嘉禾元年六月廿九日癸亥書給③右郎中何宗所督武猛司馬陳陽所領吏□□

(壱二〇九五)

22　②被督軍糧都尉嘉禾元年六月廿九日癸亥書③給右郎中何宗所督別部司馬（壹二一七一）

23　③領③市士十四人嘉禾元年直起九月訖十一月其三人人月三斛五斗十二人人月二斛（壹一八一〇）

24　③所督軍邑君跳傳所領吏士卅三人嘉禾元年七月直人二斛④嘉禾□□（壹一八一五）

25　③元年九月奉④嘉禾元年九月一日付右倉曹史（壹一九六三）

26　③起嘉禾元年正月訖五月月五斛④嘉禾元年四月六日付吏寥慮（壹二三四七）[二〇]

5～11の「入」簡・「出」簡（搬出記録の冒頭の簡）は、いずれも簡の最上部から書き出されているが、21～26の搬出記録の二簡目以降は、冒頭を数文字分（二・〇～二・五㎝程度）空けてから書き出されるという特徴がある。搬出の記録は納入の記録に比べて詳細な情報が記されているが、編綴の部分が空格となっていること、穀物を受領した者の名が別筆（署名）ではないことから、搬出の際に作成された一次的な記録を書写したものあるいはそれに基づいて作成された二次的な記録であることが分かる。

12～15は内訳を記録する簡である。「其」字に続き、穀物の額と収入名目（収入としての年度と名目）が記録される。「承余」簡や帳尻の集計記録の簡など、穀物の総額を記録する簡の後に置かれ、その内訳を列挙する機能を有したのであろう。[二一] 次節で提示する「賦税総帳木牘」では、一行目に州中倉がある期間内に受領した穀物の総額が示され、二行目以降にその内訳が「其」字を冠して列挙されている。呉簡中には様々な内容の内訳記録を見出せるが、簡の大きさや書き出しの位置などにそれぞれ定型がある。第六盆のこのタイプの記録は、簡の上端から七～八㎝が空白であり、一本目の編綴痕の下から文字が書き出されるという特徴がある。すなわち、簡を上下二本の編綴により上・中・下の三段に分けるとすると、上段が空白で、中段から下段にかけて文字が記されている形になる。

16～18は、集計を記録する簡である。16・17は、文字通り右側に配列された諸簡の集計として置かれたものである。

「某月入」・「某月出」とあることから、「入」簡と「出」簡以下の搬出記録は、それぞれひと月分をまとめて配列されたことが明らかである。[二二] 第六盆の「右」簡は、冒頭を数文字分空けてから書き出されており、多くは「右」字の上に墨点（「●」印）が記されている。

「集凡」の二字よりはじまる18に類似するものとして、居延漢簡には「最凡」の二字からはじまる簡があり、総計・合計を示す簿の帳尻簡として位置付けられている。[二三] 走馬楼呉簡の「集凡」簡も、同様に帳尻簡としての性格を有していると考えられる。「集凡」に続く「承餘新入（餘を承け新たに入る）」という表現より、そこに記される額は月末時点での穀物残余数であり、この簡が居延漢簡における「現余」簡と同様の役割も備えていると考えられる。[二四] この「集凡」簡は、簡の最上部より書き出され、また「右」簡と同じく冒頭に墨点が記されている。

19・20は、上段と中段が空白で、下段に簿の作成月日と作成責任者及び「白」字が記されている。この位置は、「賦税総帳木牘」の最終行と共通する。したがって、当該簡も簿の最後に置かれ、同様の機能を有したのであろう。晦日の三〇日という日付は、まさに「月旦簿」の作成日として適切である。19は「四月旦簿」、20は2を表題とする「八月旦簿」の末尾に付けられたのであろう。また、倉吏の姓名の部分は別筆すなわち署名である。このことから、黄諱・潘慮は「月旦簿」作成の責任者として署名し、他の部分は別の者（書記官か）によって記されたと推測される。表題簡の「謹列」の二字、及び当該簡の「白」字より、これらの「月旦簿」が州中倉から上級機関に報告されたものであることが判明する。

以上、「月旦簿」の構成要素を確認してきた。第六盆中の簡には断簡零墨も少なくないが、例えば上部が断絶しているものでも、穀物の名目＋額で記載が終わっている場合は「入」簡である可能性が高く、穀物の額に続いて年度や名目が記されている場合は内訳記録の簡である可能性が高い、などと想定が可能であり、特に壱一七〇〇番台から二三〇〇番台の簡番号を持つ諸簡は、その大部分が右のものに比定できる。[二五] 簿の全体の構成は、

表題簡－上余簡＋内訳簡－納入簡＋納入の集計簡－搬出簡＋搬出の集計簡－集凡簡＋内訳簡－「白」簡
という形で配列されたのであろう（本章末に【参考】として全体の形式を提示した）。
また第六盆には、「月旦簿」と深く関連する次のような簡も認められる。

27　右倉曹史烝堂白　州中倉吏黄諱潘慮列起嘉禾元年▨（壱二〇三九）
　　正月一日訖三月卅日旦簿▨（壱一七七三）

28　▨倉曹史烝堂白　州中倉吏黄諱潘慮列起嘉禾元年四月（壱二二四三）
　　一日訖六月卅日旦簿□承三月餘襍領呉平斛米三萬（壱二三六四）

壱二〇三九と壱一七七三、壱二二四三と壱二三六四は、それぞれ簡番号が離れているものの、四簡とも他簡と比べて明らかに簡の幅が広いという共通の特徴があり、また編綴痕の位置がほぼ一致することから、連続すると想定した。[26] 27を書き下すと、「右倉曹史烝堂白す。州中倉吏黄諱・潘慮、嘉禾元年正月一日起り三月卅日に訖る旦簿を列ぬ」となる。この接続が妥当であれば、三ヶ月分の「月旦簿」をまとめたものが作成されていたことになる。両者はその表題ないし冒頭部分に当たると考えられ、壱二三六四には「承余」簡に相当する内容も続けて記されている。そこで「承ける」のは、「三月の餘」であり、まさに「四月一日」からはじまる旦簿のものとして適切である。27の正月から三月、28の四月から六月というまとめ方は、居延漢簡における「四時簿」に相当しよう。両者のもとに編まれるのは、嘉禾元年正月から六月にかけての「月旦簿」であり、1・2の七月・八月の月旦簿と連続する。すなわち、第六盆には少なくとも嘉禾元年正月から八月に至るまでの各出納簿の構成要素が含まれていることになる。居延漢簡には器物に関する複数の「月言簿」・「四時簿」が編綴された状態で出土した事例があるが、[二七] これらの州中倉の「月旦簿」と「四時簿」も同様に、①正月～三月（四時簿）、②四月～六月（四時簿）、③七月旦簿、④八月旦簿という形で列ねられていたのかもしれない（さらに九月及びそれ以降の分がひとまとまりとなっていた可能性もある）。また27・28の記載から、各「月旦簿」は州中倉吏から臨湘侯国の「右倉曹」に報告され、三ヶ月ごとにまとめられたこと、その上でさらに上級者ないし上級機関に報告されたことが分かる。なお、「右倉曹史烝堂」の「堂」字は、一字分以上の空格があけられた箇所に別筆で書き込まれたようであり、署名と考えられる。

以上に提示してきた簡はいずれも採集簡の第六盆のものであるが、同第一八盆（弐三四四八～三八一五）や発掘簡の第五盆（肆三九六一～五六一三）などにも州中倉に関する「月旦簿」の構成要素がまとまって確認でき、簡の大きさや書式、記載内容などはいずれも同様である。[二八] これらのほか、公表された簡牘のうち「月旦簿」に関連するものとして、簽牌（整理番号J22-2696）がある。[二九]

　　吏黄諱潘
29　中倉　慮嘉禾
　　三年月旦
（正）

　　簿起正月
中倉　訖五月十五
　　日所入
（背）

全体の釈文は、「中倉吏黄諱潘慮嘉禾三年月旦簿起正月訖五月十五日所入」となる。吏の黄諱・潘慮が共通することから分かるように、「中倉」は州中倉の略称もしくは別称である。[三〇] これらの簽牌は、「月旦簿」の送達時ないし保管時に付けられたものであろう。

最後に、各情報の「書かれ方」について確認したい。安部聡一郎氏や小林洋介氏は、名籍簡を分類する際、書式のみならず各情報の記される位置にも一定の原則があることを明らかにした。[三二] 例えば、二本の編綴痕を目安として竹簡を上中下に区切ると、『竹簡壱』収録の名籍簡のうち、戸主簡は上段の冒頭から、家族簡は中段の冒頭から書き出されるなどの特徴がある。

本節でみてきたように、「月旦簿」もまた構成要素ごとに書き出しの位置や記される場所に定型がある。改めて整理すると、表題簡・「承余」簡・「入」簡・搬出記録の冒頭の簡及び帳尻の「集凡」簡は、簡の最上部から書き出され、搬出記録の二簡目以降や納入・搬出の小計を示す「右」簡は、数文字分下げた位置から書き出されている。またともに集計の記録である「右」簡と「集凡」簡のはじめには、墨点が記されている。内訳記録の簡は中段から下段にかけて、「白」簡は下段に記されており、編綴部分が様式上の目安となっている。これらが冊書として編綴された状態では、情報のまとまりや区切りが明確となるようにレイアウトされていたことが分かる。それは、後世の紙に記された帳簿を想起させるものであり、秦漢時代より続く簿籍作成の技術の成熟度を示すものである。既に指摘してきたように、「月旦簿」の構成要素の諸簡は、基本的に編綴部分を空けて文字が記されており、はじめから冊書の一部となることを想定して作成されたものである。

以上本節では、走馬楼呉簡中の穀倉関連簿の具体像として、「月旦簿」及び「四時簿」の構成や情報の書かれ方についてみてきた。これらはそれぞれ、ひと月・三ヶ月分の穀物出納簿であり、穀倉管理業務上の基本的な帳簿である。そこに記される情報は、例えば収入名目ごとのひと月分の納入総額をまとめるなどした二次的な情報である。一方、走馬楼呉簡中には、一件一件の納入（穀倉側にとっては受領）に関する一次的な記録が大量に含まれている。次節ではそれらの簡について検討し、「月旦簿」中の納入記録へと情報がまとめられる過程を明らかにしたい。

第二節　穀物納入記録と「賦税総帳木牘」

走馬楼呉簡を通観し、最も多く見出せるのは「賦税納入記録」と呼ばれる次のような穀物納入（受領）の記録である。

（一）穀物納入記録（納入簡Ⅰ型）

30　入平郷嘉禾二年租米六斛胄畢⌸嘉禾二年十月廿八日東丘番有關邸閣董基付三州倉吏鄭黒受（壱三一二一）

31　入平郷嘉禾二年佃帥限米八斛七斗畢⌸嘉禾二年九月三日浸頃丘番瓊關邸閣董基付倉吏谷漢受（壱三一二三）

32　入西郷嘉禾二年税米三斛胄畢⌸嘉禾二年十月廿六日上俗丘男子朱旻關邸閣董基付三州倉吏鄭黒受（壱三三四二）

33　入廣成郷嘉禾二年税米二斛二斗胄畢⌸嘉禾二年十月廿八日周陵丘周兒關邸閣董基付三州倉吏鄭黒受（壱七二七八）

34　入都郷嘉禾二年税米一斛二斗⌸嘉禾三年正月十二日白石丘大男谷黒關邸閣李嵩付州中倉吏黄諱潘慮（弐三五九）

30～34の同類の簡は、断簡を含めるとほぼ全ての盆に満遍なくみられ、特に完簡は採集簡の第九盆（壱二八五三～四〇九二、壱七一三六～七二三五）・一二盆（壱五一三六～七一三五）・一三盆（壱七二七六～八八九〇）・一五盆（弐一～一五三五）・二六盆（参二六四七～二九七〇）・三〇盆（参三五七五～三八〇七）・三五盆（参五六一三～六〇八八）、発掘簡の第二盆（肆九六一〜一六八〇）・三盆（肆一六八一〜三一二〇）・四盆（肆三一二一〜三九六〇）・一七盆（柒一三八二〜二三七六）・一九盆（柒四二一二〜六〇四八）にまとまっている。また本章では扱わないが、銭・布帛・獣皮などを「庫」に納めた同類の記録も多数みられる。これらの簡は、前節で検討した「月旦簿」の構成要素とは形状が明らかに異なり、完簡のものは長さ二四〜二七cm、幅一cm以上とひと回り大きい。[三二] すなわち、先に提示した「発掘報告」の二種の竹簡のうち、大型の二五〜二九cm、幅一・二〜一・五cmのものがこれに相当しよう。30を書き下すと、次のようになる。

平郷の嘉禾二年の租米六斛を入る。胄畢。［同文符号］嘉禾二年十月廿八日、東丘の番有、邸閣董基に關し、三州倉に付す。吏鄭黒、受く。

当該の納入記録は、「𠔃」（同文を意味する符号）を挟んで前半に納入された穀物の情報（収入名目や額など）、後半に受領業務に関わる情報（受領年月日や関係者の姓名など）が記されている。[三三] このうち、邸閣と倉吏の名は別筆、すなわち署名である。同じように「入」字よりはじまる穀物納入に関する記録であっても、前節で確認した「月旦簿」のものに比べ詳細な情報が記されている。以下、便宜的に納入―受領の場で作成されたと考えられる30〜34のタイプのものをⅠ型、「月旦簿」の「入」簡など二次的な記録のものをⅡ型と呼ぶ。

納入簡Ⅰ型の重要な特徴は、同文符号と受領業務に携わった官吏（邸閣・倉吏）の署名である。官吏の署名は、これらが穀物納入の証明書としての機能を有していたことを示す。また同文符号は、「莂」（券書）としての機能を有していたことを示す。当該簡は左右二行に同じ内容を記したものを裁断して作成され、一方を受領者である穀倉が、もう一方を納入者が所属する郷が分有したと考えられている。[三四] 以上より、納入簡Ⅰ型は、一簡一簡がそれぞれ一次的な

文書として機能していたことが明らかである。[三五]

また走馬楼呉簡中には、次のような納入簡が確認できる。

35　入吏趙野還員口漬米五斛嘉禾二年十二月廿六日關邸閣李嵩付倉吏監賢受（壱三一一二）

36　入吏黄高二年鹽米廿二斛黄龍三年正月廿五日關邸閣郭據付倉吏監賢受（壱三一七一）

37　入男子蘇豪二年鹽米二百六斛黄龍二年三月廿日關邸閣郭據付倉吏監賢（壱九六五〇）

35～37の類例は第九盆に集中してみられる。これらの納入簡は、Ⅰ型と記載内容が類似するが、同文符号がなく、邸閣・倉吏の名も署名ではない。[三六]したがってこれらの簡は、「莂」や証明書としての機能は有しておらず、Ⅰ型など納入―受領の場で作成された一次的な文書を書写したもの、もしくはそれらを基にして作成された二次的な記録である。以下、便宜的にⅠ型に記載内容が近い35～37をⅡ型ａ、「月旦簿」の納入簡など簡潔な内容のものをⅡ型ｂと呼ぶ。なお、Ⅱ型ａの諸簡の大きさは、Ⅰ型ではなく「月旦簿」の構成要素の諸簡と近い。

では、Ⅱ型ａはⅠ型をそのまま書写したものなのであろうか。両者の書式上の違いとして、さらに次の二点を挙げることができる。一点目は、「郷」に関する記録の有無である。Ⅰ型は「平郷の嘉禾二年の租米」・「西郷の嘉禾二年の税米」とあるように、これらの穀物が郷を通じて吏民に賦課され徴収されたことをうかがわせる。一方、Ⅱ型ａでは郷の介在はうかがえない。二点目は、Ⅰ型では納入者に関する情報が後半に記されているが、Ⅱ型ａにはそれがないことである。Ⅱ型ａでは、納められた穀物の名目の部分に「吏趙野の還せし員口漬米」・「吏黄高の二年鹽米」などとあり、趙野・黄高らが納入者であることは示唆されているものの、基となる納入証明書において「誰が納めたのか」という情報が曖昧であったとは考え難い。

一点目の相違については、納められた穀物の性格の違いに由来する可能性がある。すなわち、Ⅱ型ａの納入簡にみえる穀物の名目は、「吏民に課せられた賦税ではない」という特徴が共通している。36・37の「鹽米」（42では鹽賈米）は、官有の塩を売却し、その代価である穀物を穀倉に納めたものである。[三七] 35は、「員口漬米」（員口の穀倉に保管されていたが、移送時に水に漬からせてしまった分の穀物）を補塡するため吏の趙野が納めたものである。こうした傾向が普遍的なものであるとすると、Ⅱ型ａ中に郷に関する記載がないことも了解し得る。一方、二点目の問題については、「鹽米」と同性格と思しき「鹽賈錢」を穀物で准入した納入記録が一点確認されており、そこでは同文符号の下に納入年月日とともに納入者が明記されている。したがって、35〜37のⅡ型ａは、Ⅰ型などの一次的な記録をやや省略した二次的な記録であると考えられる。[三八]

　納入簡Ⅰ型及びⅡ型ａの諸簡もまた、編綴痕及び次のような集計記録の簡の存在から、簿として列ねられていたことが明らかである。Ⅰ型の簿の復元については、侯旭東氏による専論がある。[三九] 重複する部分もあるが、行論の都合上、改めて簡潔に確認したい。

38　●右平郷入税米廿七斛二斗　☑　（壹三〇三二）
39　●右桑郷入私學限米卌四斛　（壹七三九一[四〇]）
40　●右諸郷入租米五十八斛六斗　（壹二八七四）
41　●右米廿二斛一斗五升員口漬米　（壹三〇三五）
42　右入鹽賈米八十二斛　（壹三四八五）

38〜40はⅠ型、41・42はⅡ型ａの集計記録である。その記載から、納入簡がどのように配列されたかがある程度想定できる。まずⅠ型は、二段階のまとめ方が確認できる。すなわち、38・39のように特定の郷の分をまとめたもの（「某郷入某米」）と、40のような諸郷分を一括したもの（「諸郷入某米」）である。これら二種の集計記録より、Ⅰ型の簡はまず「平郷分の租米」・「西郷分の租米」などと郷ごとにまとめられ、さらにそれらを一括する形で「諸郷の租米」としてまとめられたことが分かる。[四一] 一方、納入記録中に郷に関する情報が無いⅡ型aは、穀物の名目ごとにまとめられている。

38～42を含む集計記録の簡は、長さ二二～二三・五㎝、幅〇・七～一・〇㎝程度であり、本文の納入簡Ⅰ型よりもひと回り小さく、前節の「月旦簿」構成簡と同じサイズである。また、編綴痕の部分は空格となっており、納入簡を簿にまとめる際に改めて作成されたものである。一方、納入簡Ⅰ型には空格はなく、文字の上に編綴痕が重なっている。これらのことから、当該簡はあくまで証明書としての機能が第一義であったことが改めて確認されるのである。[四二] では、納入簡Ⅰ型を本文とする簿の表題簡は、どのようなものであろうか。次の43は、前後の簡の内容との関連からそれと推察されるものである。

43　倉吏鄭黒謹列故倉吏谷漢所度民還貸食連年襍米簿　〼（壱六五二二）

鄭黒と谷漢はともに三州倉の吏、「民還貸食」米は民が官から貸与された穀物を返還したものである。本簡は、三州倉吏の鄭黒が作成した、「故の倉吏谷漢の度りし所の民還貸食連年襍米簿」の表題である。「連年襍米」という表現から、そこに列ねられる民還貸食米は特定の年度・特定の名目に限られたものではないことが分かる。当該簡の前後（採集簡第一二盆の壱五〇〇〇～六〇〇〇番台の範囲）には、次のような民還貸食米に関する納入簡Ⅰ型及び集計記録の一群が確認できることから、同一簿の構成要素であると想定した。[四三]

44　入樂鄉民還所貸三年私學限禾准米四斛胄畢〓嘉禾二年九月廿九日領山丘謝⧄（壹五一九〇）

45　入樂鄉所貸黃龍三年私學限禾准米四斛二斗僦畢〓嘉禾二年九月卅日柚丘男子烝□關[邸]　⧄（壹五二八一）

46　右樂鄉民還所貸食黃龍三年私學限米五斛四斗　⧄（壹五四九一）

47　入平鄉嘉禾二年還所貸員口嘉禾元年漬米十斛六斗胄畢〓嘉禾二年十月十七日□□丘石門關⧄（壹五一七三）

48　右平鄉入民所貸員口漬米⧄（壹五二三六）

49　入平鄉民所貸黃龍三年稅米四斛五斗胄畢〓嘉禾二年十月廿二日□⧄（壹五二八二）

50　右平鄉入民所貸三年稅米四斛⧄（壹五二四一）

51　●集凡三州倉起九月一日訖卅日受嘉禾二年民所貸二三年□⧄（壹五二八八）

52　●集凡起八月一日訖卅日受嘉[禾]⧄（壹五三一五）

51・52の「集凡」記録より、納入簡Ⅰ型もひと月ごとにまとめられていたことが分かる。43が「民還貸食」米の納入簡Ⅰ型の簿の表題簡であるとすると、文言の酷似する次の簡も同じく納入簡Ⅰ型の表題簡であったと考えられる。

53　倉吏鄭黒謹列故倉吏谷□所度連年襍米簿　（壹三一六九）

この簡は、釈文では「倉吏鄭黒謹列故倉吏□□還所貸連年襍米一斛」とされているが、43を踏まえて写真図版を精査したところ、右のように読めることが確認できた。故倉吏の名の部分は文字が磨滅しているが、呉簡中に見える谷姓の三州倉吏は谷漢のみである。53の前後（第九盆）には、30〜32や38・39を含む租米・税米・限米など「襍米」の納入簡Ⅰ型や集計記録の一群が確認でき、この簡のもとにまとめられ、簿を構成していたと考えられる。43と53との違いは、43が貸与物の返還である「民還貸食」米の納入に特化した簿であるのに対し、53は賦税など通常の収入としての納入に関する簿ということになろう。ただし、43・53の「故の倉吏谷漢の度りし所（の連年雑米）」という表題は、例えば「三州倉の某月中に受領した（納入された）連年雑米」というようなまとめ方と比べると限定的であり、Ⅰ型の納入記録が常にこのようにまとめられたのかは確定し難い。あるいは、三州倉の主幹倉吏が谷漢から鄭黒に交代したことによる引き継ぎ業務や、谷漢が倉吏であった時期に不備が確認されたことによる監査のためなど、特殊な理由により作成された簿であるかもしれない。これらの集計記録・表題簡のほか、「月旦簿」と同様に簿の末尾には倉吏（43・53の場合は鄭黒）による「白」簡が置かれたと考えられる。なお、Ⅱ型aを本文とする簿の表題は、現段階では確認できない。

以上、納入簡Ⅰ型について検討し、それが簿としてまとめられるまでを確認してきた。主に『竹簡壱』収録の簡を対象として分析したため納入簡Ⅰ型は三州倉に関する記録や簿が中心となったが、34をはじめ州中倉に関するものについても同様である。

(二)「賦税総帳木牘」

納入簡Ⅰ型は、一件一件の納入—受領の記録であり、そこに記される情報は一次的なものである。それらが蓄積されることで、「月旦簿」中の二次的な情報を記録する納入簡Ⅱ型bの基礎データとなったことは想像に難くない。その過程を考える上で注目されるのが、次の「賦税総帳木牘」である。

54　州中倉吏郭勲馬欽張曼　周棟起正月廿一日訖廿三日受雜米九百五斛二斗四升

其二百九十斛二斗四升税米 其三斛二斗五升□米　　其一百九十四斛五斗四升八億錢米
其九十二斛九斗六升餘力租米　　其六十二斛三斗田畝布米
其一百五十一斛六斗吏佃客限米　　其卅二斛二升田畝錢準入米
其六十一斛八斗司馬黄松限米
其六斛一斗五升佃帥限米
其十二斛四斗五升四六佃吏限米
其四斗私學限米
其一斛新吏限米　　正月廿三日倉吏番慮白 四四

55　州中倉吏郭勲馬欽張曼周　棟起正月廿三日訖廿六日受　雜米三百卌八斛五斗八升
其十七斛九斗税米　　其十二斛私學限米
其廿一斛五斗二升租米　　其三斛四六佃吏限米
其廿二斛五斗餘力租米　　其廿斛三斗五升田畝布米
其二百卅二斛一斗一升八億錢米　　其十五斛七斗田畝錢米
其三斛五斗□民限米　　正月廿六日倉吏番慮白（J22-2499）

これらの木牘は、一定の期間内に州中倉の諸吏が受領した穀物の簿である。一行目にその総額が記され、二行目以降に名目ごとの内訳が「其」字を冠して列挙される。納入簡Ⅰ型と比較すると、既に個別の納入者はもちろん、郷に関する情報も省かれている。このことは、穀物管理の業務上、一旦集積された穀物については「どの郷から納められたのか」という情報の重要性が低かったことを示している。最終行には、作成日と責任者の倉吏の姓名（署名）及び「白」字が記される。この木牘は上中下の三段組になっており、内訳の情報は中段と下段の二段にそれぞれ一件ずつ、竹簡簿の「白」簡に相当する内容は竹簡と同様下段に記されるなど、様式の具体例としても重要な史料である。

「賦税総帳木牘」より、州中倉に納入された穀物の情報が数日ごとにまとめられ、上級機関に報告されていたことが判明する。木牘中には明記されていないが、「月旦簿」と同様、報告先は臨湘侯国の「右倉曹」と考えられる。納入簡Ⅰ型によって集積された情報に基づき、これらの木牘が作成されたのであろう。納入簡Ⅰ型は同日のものが頻見し、例えば侯旭東氏は「嘉禾二年十月廿五日」の納入簡として、二九点を挙げている。[四五] 納入が集中する時期には数日内に大量の記録簡が溜まることが想像されるが、それらを整理するために、「賦税総帳木牘」が作成されたとも考えられる。

このように、走馬楼呉簡中には、一件一件の納入記録である納入簡Ⅰ型、数日分の納入穀物の情報をまとめた「賦税総帳木牘」、そしてひと月分の出納情報をまとめた「月旦簿」と、三段階の記録が確認されたことになる。本節の最後に、三種の穀倉関係記録を、文書行政の面から改めて整理しておきたい。それぞれの記録・簿の作成過程と関係は次のようになろう。

①まず、穀倉に穀物が納入―受領される際に作成されるのが、納入簡Ⅰ型である。納入された穀物の名目と額・納入年月日・納入者や受領担当吏の姓名などの情報が詳細に記録される。このとき、同文の記録が複数作成され（冒頭が「入」のものと「出」のもの）、一方は穀倉に残され、もう一方は納入者側に渡され、「莂」としての機能を有した。

②納入簡Ⅰ型は穀倉で保管されるが、数日ごとに、これらに基づいて「賦税総帳木牘」が作成される。この木牘には、期間内に受領した穀物の総数と、穀物の名目ごとの内訳が記録される。木牘自体は、その都度上級機関に報告された。

③一方、搬出が行なわれると、搬出記録が作成される。搬出した穀物の名目と額、搬出先の情報などが詳しく記録される。

④穀倉では、ひと月ごとに「月旦簿」が作成される。これは、前月の繰越から月末の帳尻に至るまでの出納簿である。納入部分については、納入簡Ⅰ型ないし賦税総帳木牘などの情報に基づき、穀物名目ごとにひと月分の総額がまとめられる（納入簡Ⅱ型b）。搬出部分については、一件ごとの搬出記録の写しないしそれに基づく二次的記録が作成され、列ねられた。この「月旦簿」は、基本的な出納簿として穀倉から上級機関、すなわち臨湘侯国の右倉曹に報告された。[四六]

⑤「月旦簿」は、さらに三ヶ月ごとに情報がまとめられ、四時簿となる。表題部分に「右倉曹史某白」とあることから、まとめたのは倉曹である。この四時簿もまた、上級者ないし上級機関への報告を目的として作成された。[四七]

⑥納入簡Ⅰ型も、一定期間（ひと月程度）を目安としてまとめられ、集計簡や表題簡などを付けられて簿となり、上級機関に報告された。

以上、現時点で公表されている簡牘の中でという限定付きではあるが、穀倉への納入・搬出に関わる一次的な記録から「月旦簿」作成に至るまでの穀物に関する情報の展開を追った。これらの記録や簿は、穀倉におけるごく基本的な業務に関わるものである。一方、走馬楼呉簡には、ほかにも複数の穀倉関係簿ないし簿の構成要素が確認できる。

次節では、それらがどのような目的で作成されているかに着目し、情報抽出の多様性をうかがいたい。

第三節　多様な穀物簿と穀倉管理

前節までに、納入—受領の場で作成された一次的な記録である納入簡Ⅰ型、二次的な情報をまとめた納入簡Ⅱ型a・bと、三つのタイプの穀物納入簡について概観した。これらのほか、走馬楼呉簡には次のようなタイプの穀物納入簡が見出せる。

(一) 移送穀物簿

56　入三州倉運黄武七年吏帥客限米二斛　元年二月運　中（壱九五二二）

57　入三州倉運黄武五年佃卒限米廿斛　中（壱九五二三）

58　入三州倉運黄龍元年私學限米四百七十七斛六斗八升　其二百六十五斛二斗四升□□先入 二百一十二斛四斗四升後入合運　中（壱九五四八）

59　入三州倉運黄龍二年叛士限米卅四斛二斗　中（壱九六〇〇）

56〜59は、「三州倉の運びし黄武七年の吏帥客限米二斛を入る」(56)とあるように、三州倉から運搬された穀物の納入記録である。これらの簡は、長さ二三・五㎝前後、幅一㎝未満であり、「月旦簿」の納入簡と同様の大きさである。また文字は簡の最上部から記され、編綴痕の位置には空格があけられている。基本的な内容は穀物の収入名目と額であり、56や58のように、運搬の年月や「先入」・「後入」の内訳が記されるものもある。これらの点から、納入簡Ⅱ型bの亜種と位置付けられよう。このタイプの納入簡は、採集簡第一四盆の壱九五〇〇〜九六〇〇番台にまとまって見られ、次の表題を持つ簿の本文として機能していたと考えられる。

60　中倉謹列起嘉禾元年正月一日訖三年三月卅日受三州倉運黄龍二年租税米要簿　（壱九五四七）

61　中倉謹列起嘉禾元年四月一日訖二年三月卅日受三州倉□黄龍元年□税襍限米要簿　（壱九五九〇）[四八]

62　□□謹列起嘉禾元年正月一日訖三年三月卅日受三州倉運黄武五六七年襍米要簿　（壱九六一七）[四九]

62は簿の作成主体の部分が未読字であるが、60・61と同じく「中倉」であると類推される。すなわち、三簡は州中倉が作成した簿の表題であり、その内容は、特定期間内に州中倉が受領した「三州倉から運搬された穀物」に関するものである。56～59などの納入記録の記載が簡潔であることは、「要簿」という表現と対応している。[五〇]三点の表題簡は、期間が一致もしくは一部重複するが、[五一]対象とする穀物の収入名目の年度はそれぞれ黄武五・六・七年（二二六～二二八）・黄龍元年（二二九）・黄龍二年（二三〇）と異なっている。すなわち、三州倉から州中倉に運ばれた穀物のうち黄武五年や七年分の収入である56・57は62、黄龍元年分の収入である58は61、黄龍二年分の収入である59は60のもとに列ねられていたことになる。したがって各簿の本文は、年度の部分に基づき想定が可能である。[五二]

州中倉受三州倉運黄武五六七年襍米要簿（62及び56・57と関連）

入三州倉運郎中王毅黄武六年佃卒准米十八斛四斗　其十五斛黄武七年□□ 三斛四斗□□□□　（壱九五三〇）

入三州倉運司馬□□黄武七年佃禾准米六斛　元年二月運　（壱九五四一）

入三州倉運黄武七年税米十四斛五斗　（壱九五四二）

入三州倉運黄武五年税米五十四斛二斗　中（壱九六二八）

右五六七年襍米四百七十九斛一升　（壹九五三三）

州中倉受三州倉運黄龍元年□税襍限米要簿（61及び58と関連）

入三州倉運黄龍元年佃卒限米八十一斛三斗七升 其五十八斛八斗七升□□ 其廿二斛五斗□□□□　中　（壹九五一二）

入三州倉運黄龍元年新吏限米八十六斛九斗八升 ……先入 ……合運　（壹九五六八）

入[三][州][倉]運黄龍元年叛士限米…… 其廿七斛漢先受　[中]　（壹九六五七）

州中倉受三州倉運黄龍二年□税襍限米要簿（60及び59と関連）

入三州倉運黄龍二年粢租米二百卌一斛六斗 其百卌九斛五斗元年十一月運 九十二斛一斗二年六月入　（壹九五二七）

入三州倉運黄龍二年佃卒麦種五斛八斗　中　（壹九五二八）

入三州倉運黄龍二年鹽米廿一斛一斗四升　（壹九五三八）

入三州倉運黄龍二年吏帥客限米一百五十三斛五斗 其先入所受米八十九斛……合運 其六十三斛九斗一升後入……　（壹九五七四）

入三州倉運黄龍二年私學限米二百九十八斛九斗七升 □□先所受米二百六十斛九斗七升 其卌八斛後入　中　（壹九五八一）

入三州倉運黄龍二年佃卒限米一百六十七斛五斗 其百六十四斛七斗九升…… 二斛七斗一升……合運　（壹九六〇六）

入三州倉運黄龍二年□□□□三斛□斗二升　（壹九六一六）

入三州倉運黄龍二年税米一千八　〼　（壹九六二〇）

入三州倉運黄龍二年租米三〼　（壹九六四四）

入三州倉運黄龍二年粢租　〼　（壹九七九五）

右黄龍二年租税襍米二千四斛五斗一升麦五斛六斗豆二斛九斗　（壹九五四六）

これら三つの移送穀物簿のほか、第一四盆の壱九五〇〇～九六〇〇番台の範囲には、次の二点の表題簡及びその本文と考えられる諸簡が確認できる。[五三]

63　中倉謹列起嘉禾元年□月一日訖嘉禾三年四月卅日入黄龍元年二年襍米種領簿　（壱九五七五）

64　中倉謹列起五月一日訖卅日黄龍元三年襍米種領☐斛數簿　（壱九五四五）

63・64は60～62と同様に州中倉が作成した穀物簿であるが、こちらは三州倉から移送されたものではなく、州中倉に直接納められた穀物の簿である。63は三つの移送穀物簿と期間がほぼ重複し、64はそれに続く期間のものであり、密接に関連している。またこれらの簡の付近には、四月の日付を持つ州中倉吏黄諱・潘慮の「白」簡が複数確認でき、それぞれ60～63の簿のいずれかの末尾に置かれたものと考えられる。[五四]

以上の五つの簿より、州中倉では一定期間内に集積された穀物を①州中倉に直接納入されたものと、②三州倉から移送されたものとに区分し、さらに②は収入としての年度別に分けてそれぞれの簿を作成していたことが分かる。これらは「要簿」とあるように簡潔な内容ではあるが、極めて詳細な情報に区分され特化した簿が作成されていることは、穀倉における穀物管理の厳密さを示している。[五五]

続いて、表題簡は確認できていないが、簿の本文に相当する簡を三種挙げ、簿として抽出される情報の多様性をうかがいたい。

（二）内訳簡

第一節で指摘したように、呉簡中には様々な内訳記録の簡が確認され、その内容ごとに簡の大きさや書き出しの位置などに定型がある。例えば、次のようなものがある。

65　●其廿九斛民先入付三州倉吏谷漢出付船師車刀趙益運詣中倉關邸閣李嵩（壱三〇二一）

66　●其八斛二斗七升付三州倉關邸閣董基吏鄭黒受　中（壱三一〇六）

67　●其十四斛三斗民自入付州中倉關邸閣李嵩吏黄諱潘慮受　中（壱三六九七）

65～67は、穀物がどの倉にどのような過程を経て納入されたのか、という情報に焦点が当てられた内訳記録である。65は文が途切れているが、他の類例と同様、次の簡に「吏黄諱潘慮受」と続いたのであろう。こうした情報が記される内訳記録の簡は、長さ二四cm以上、幅一cm以上と「月旦簿」で挙げた内訳簡よりも若干大きく、冒頭を数文字分（二・五cm程度）空けてから書き出されている。同様の簡は、採集簡の第九盆などにまとまってみられる。具体的な内訳の内容としては、①（民が）三州倉に納めるもの（66など）、②「民が自ら」州中倉に納めるもの（67など）、③「民が先ず」三州倉に納めた後、船師によって州中倉まで運搬されるもの（65など）、の三種が確認できる。州中倉から三州倉への穀物の動きがみられないことは、前掲の移送穀物簿と合わせ、両倉の関係を示唆している。[五六] これらの簡は、何らかの総計を記す簡の後に列ねられたと考えられるが、州中倉・三州倉という個別の穀倉の範囲を超える情報であり、倉曹など上級の機関で作成された簿の構成要素であろう。

「月旦簿」の内訳簡や65～67のほか、呉簡中には次のような内訳簡も確認できる。

68　其卅一斛二斗嘉禾元年民貸食付倉吏黄諱番慮　中（壱九五六〇）
69　其廿九斛正領付倉吏黄諱番慮　中（壱九六七二）

これらの内訳記録は、長さ二四cm程度、幅一cm以上の大きさで、上段が空けられ、上方の編綴痕の下から文字が書き出されている。「正領」・「民貸食」の条件で区別されていることから、穀物がどのような名目で納められたのか（正式な収入であるのか、貸与の返還であるのか）の内訳を示すのであろう。

（三）「已入」簡と「未畢」簡

70　已入六百六十斛二斗　〼（壱一六八八）
71　已入七百廿七斛二斗四升……倉關邸閣李嵩吏監賢受　中（壱三二〇七[五七]）
72　已入一百一十七斛五斗五升　〼（壱六〇二八）
73　未畢一十二斛三斗七升　（壱一六六七）
74　未畢五百卅八斛四斗二升　（壱三〇五五）
75　未畢二萬八千九百七十七斛□斗□升三合　〼（壱三三七一）

「已入」・「未畢」とあるように、それぞれ簿内において、既に納入された分と未納分の小計を示すものである。両者はともに採集簡の第五盆や第九盆などに散見し、簡の大きさは長さ二四cm程度、幅一・〇cm以上とやや大きく、（二）で挙げた内訳簡と同様である。簡文は簡首より数文字分の空白をおいてから書き出されている。これらのうち71の後半には、「已入」分の七二七斛二斗四升が州中倉に納入されたものであることを示す記録が続いている。記載内容と簡番号の近さ、及び簡の大きさが共通することから、(二)で挙げた65~67のタイプの内訳簡は、「已入」簡の後に置かれ、その納入先や納入の経緯ごとの内訳を示した記録である可能性がある。

(四)「領」簡

76　領佃卒黄龍二年限米一斗二升七合　(壱一六九九)
77　領黄龍二年吏帥客限米六十三斛九斗一升　(壱三一三二)
78　領船師張栂朋等折咸米二百廿斛八斗九升四合　(壱九五六六)
79　領黄龍二年新吏限米廿斛□斗五升黄龍三年貸食付吏黄諱潘慮中　(壱九六三〇)

「領」字は「月旦簿」の表題簡や搬出簡にもみえ、穀倉や倉吏が「領する所の~」と表現されることから、「管轄下の(米)」を意味すると考えられる。[五八]すなわち、ある時点で穀倉(倉吏)の管轄下にある穀物の総数を、収入名目ごとに記録したものであろう。

これらのうち79では、管轄下の黄龍二年分の新吏限米が、黄龍三年分の貸食として州中倉吏の黄諱・潘慮に付されたことが記されているが、この後半部の記載は68・69のタイプの内訳簡と類似しており、両者が関連していたことを示唆する。

以上、簡潔ではあるが、穀物の納入先ごとの内訳記録、「貸食」と「正領」の内訳記録、「已入」簡と「未畢」簡、「領」簡について概観してきた。これらを本文とする簿の表題簡は現段階では確定し難いものの、その記載内容から、「已入」簡と穀物の納入先ごとの内訳記録、「領」簡と「貸食」・「正領」の内訳記録の関連がうかがえた。(二)~(四)はそれぞれ一部が同一盆の簡番号を有しており、合わせて同一簿を構成していた可能性もある。その場合、

「領」簡で名目ごとの全体の額を、うち既に納入されている分を「已入」簡、未納分を「未畢」簡で示し、内訳簡はそれらの納入され方を示したものと考えられる。

本節で概観してきた簿ないし構成要素から、穀倉運営上基礎的な出納簿以外にも、様々な情報に特化した記録や簿が確認された。このように、穀物の収入としての年度や名目、納入の経緯に至るまでの様々な情報に重点が置かれた簿・記録が見出せること、及びそれらが各穀倉や県の倉曹へ、さらにはその上級者ないし上級機関へと報告されていたことは、穀倉の運営がそれだけ厳密な管理体制のもとで行なわれていたことを示している。また、走馬楼呉簡中には、「折咸米」や「溺米」・「漬米」など、保管や運搬中に喪失した穀物の補塡に関する記録も多く確認できる。[五九]

80　入吏所備船師梅朋建安廿五年折咸米六斛　（壱二二六三）

81　其一百卅三斛五斗一升船師張盖何夌栂朋等折咸米　（壱二〇六七）

82　其十二斛一斗監運掾泅度漬[米]　（壱一七七八）

83　其廿七斛六斗付大男毛主運溲溺詭責未入　（壱三一四〇）

これらの記録によると、喪失した穀物は責任者が補塡することとなっており、83は未入分を責問したものである。

以上のような穀物管理のあり方は、秦漢代の厳重な倉庫運営を彷彿とさせる。秦代の雲夢睡虎地秦簡には、「效律」や「秦律十八種」の倉律・金布律・效律（独立してまとめられた「效律」と内容に重複がある）が含まれている。例えば「秦律十八種」效律には以下のような条文がある。

實官佐・史柀免・徙、官嗇夫必與去者效代者。節（即）官嗇夫免而效、不備、代者【與】居吏坐之。故吏弗效、新吏居之未盈歳、去者與居吏坐之、新吏弗坐。其盈歳、雖弗效、新吏與居吏坐之、去者弗坐、它如律。　效

（第一一九・一二〇簡）

（倉官の佐・史が免ぜられあるいは転任したならば、官嗇夫は必ずその前任者とともに後任の者と検査をせよ。その後、もし官嗇夫が免ぜられて検査を行ない、不備があったならば、後任の者が居吏とともに坐す。故吏が検査を行なわず、新たな吏が着任して一年未満で不備が発覚したならば、前任者が居吏とともに坐して新任の者は坐さない。一年以上経過していれば、検査が行われなかったとしても、新任の吏が居吏とともに坐し、前任者は坐さない。他は律の如くせよ）

倉扇（漏）荐歾（朽）禾粟、及積禾粟而敗之、其不可食者不盈百石以下、誶官嗇夫。百石以上到千石、貲官嗇夫一甲。過千石以上、貲官嗇夫二甲。令官嗇夫・冗吏共賞（償）敗禾粟。禾粟雖敗而尚可食殹（也）、程之、以其秏（耗）石數論負之。　效

（第一三一～一三三簡）

（倉で雨漏りがあり禾粟がダメになった場合、及び集積した禾粟が痛んでしまった場合、その不可食分が一〇〇石以下であれば、官嗇夫を誶す。一〇〇石から一〇〇〇石であれば、官嗇夫を貲一甲とする。一〇〇〇石以上であれば、官嗇夫を貲二甲とする。また官嗇夫と冗吏でその腐敗した分の禾粟を償わせよ。禾粟が傷んでしまったものの食べることが可能であればこれを量り、損耗分の石数に応じて罪を論じ負担させよ）

入禾、萬【石一積而】比黎之爲戸、籍之曰、其廥禾若干石、倉嗇夫某・佐某・史某・稟人某。是縣入之、縣嗇夫若丞及倉・郷相雜以封印之、而遺倉嗇夫及離邑倉佐主稟者各一戸、以氣（餼）人。其出禾、有（又）書其出者、如入禾然。　效

（第一三五～一三七簡）

（禾を納入する場合、万石を一積として、これを並べたものを戸とする。その籍には、「其の廥禾若干石、倉嗇夫某・佐某・史某・稟人某」と登記する。県が受け入れた場合は、県嗇夫もしくは丞が倉・郷の責任者とともにこれを封印し、倉嗇夫及び離邑の佐の稟を主る者にそれぞれ一戸を遺し、そこから人々に支給させる。禾を搬出する場合には、禾の納入と同じように記録せよ）

これらの条文によると、穀倉は厳重に管理され、「不備」や集積された穀物の腐敗などが発覚した場合には、問題発生の時期に応じて処罰されるべき責任者が明確に規定され、その罰則も額ごとに細かく規定されている。[六〇] また、西北辺境地域出土の漢代簡牘中には、倉庫関連の簿籍を多数確認できる。それらにより、辺境地域においても、倉庫管理は文書行政を通じて厳密に行なわれていたことが明らかとなっている。[六一] 走馬楼呉簡からうかがえる穀物管理のあり方は、秦漢代の倉庫運営の厳密性を継承しているといえよう。

では、こうした帳簿の監査はいかように行なわれていたのであろうか。次の木牘は、一定期間内にある倉吏が受領した穀物を、すぐに別の倉吏が料校したことを示す文書である。

84　料中倉吏李金起十月廿三日訖卅日受四年≪米＋粢≫租米卅六斛八斗六升九合
十月卅日史潘慮白（簡番号不明[六二]）

また、次の諸簡は、監査の主体やどの帳簿と関連するかなど不明確な部分はあるが、帳簿のチェックに関する記録である。[六三]

85　黄龍元年文入税呉平斛米四百九斛九斗五升料校不見前已列言吏詭責負者　（壹三三八七）

86　已列言詭責負者未有入　〼　（壹五九九三）

87　黄龍元年文入郡屯田民□呉平斛米一百六斛二斗料校不見前已列言詭責負者　（壹六二一七）

88　黄武五年文入租呉平斛米二百七十七斛六斗料校不見前已列言吏詭責負者□　（壹六六八八）

右の諸簡は概ね幅が広く、一見して簿籍簡とは異なる機能を有していたことが分かる。例えば85によれば、黄龍元年の文書には税呉平斛米を四百九斛九斗五升納入したとあるが、料校したところ確認できないため責任者を追及する旨が記されている。

以上のほか、これまでに提示してきた簡には、最下部に「中」字や「已中」と記されるものがある。「月旦簿」や移送穀物簿の納入簡など二次的な簡に記されることが多く、別筆であることから、何らかのチェックの符号と考えられる。この符号は庫関係の帳簿や名籍にも記され、赤字で記される場合もある。当該の問題については、伊藤敏雄氏の検討があり、点校・確認のため後入したものであることが明らかとなっている[六四]。

おわりに

本章では、走馬楼呉簡の穀倉関係簿について概観してきた。「月旦簿」や「移送穀物簿」などいくつかの簿については、構成要素の整理作業から全体像を提示できたと考える。本章の検討を援用することで、穀倉関係簡のかなりの部分について、性格を位置付けられると考えるが、全体的・網羅的な整理作業ないし集成作業は、なお今後の課題である。穀倉関係簿について、名籍簡と同様に情報の書かれ方にある程度の定型が確認できることは、当時の簿籍作成における技術的成熟をうかがわせるものである。

また、各記録簡・簿の関連という観点からも検討を試みた。現在公表されている簡牘から、という限定付きではあるが、一次的な納入記録から出納簿への情報の展開や、多様な情報抽出のあり方をうかがうことができた。穀倉業務の中ではごく基本的なものである穀物納入簿や「月旦簿」のほか、納入先の穀倉や移送を含む経緯ごと、あるいは収入としての名目及び年度ごとなど様々な項目・段階における記録・簿が作成され、報告されるということは、穀倉業務においてそれだけの多様なチェックが行なわれていたということであり、厳重さを反映するものである。このことは、次章で検討する穀物の用途及び中央政府による穀物財政の統制とも関連しよう。

次章以降では、穀物搬出記録および穀物移送記録の分析・検討から、地方における穀物財政機構の全体像および運営システムを明らかにしてゆく。

一　關尾史郎「吏民田家莂の性格と機能に関する一試論」（『嘉禾吏民田家莂研究――長沙呉簡研究報告・第1集』長沙呉簡研究会、二〇〇一年七月）。

二　安部聡一郎「長沙呉簡にみえる名籍の初歩的検討」（『長沙呉簡研究報告』第二集、長沙呉簡研究会、二〇〇四年七月）、同「試論走馬楼呉簡所見名籍的体式」（『呉簡研究』第二輯、二〇〇六年九月）、汪小烜「走馬楼呉簡戸籍初論」（『呉簡研究』第一輯、崇文書局、二〇〇四年七月）。また「師佐籍」に関する基礎的な研究として、韓樹峰「長沙走馬楼呉簡所見師佐籍考」（『呉簡研究』第二輯所収）がある。以降、名籍簡の書式などについては、小林洋介「正倉院籍帳と長沙走馬楼三国呉簡」（『史観』第一五三冊、二〇〇五年九月）、關尾史郎「史料群としての長沙呉簡・試論」（『木簡研究』第二七号、二〇〇五年一一月）、同「長沙呉簡中の名籍について――史料群としての長沙呉簡・試論（2）」（『唐代史研究』第九号、二〇〇六年七月）、同「長沙呉簡中の名籍について・補論――内訳簡の問題を中心として」（『人文科学研究』第一一九輯、二〇〇六年一一月）、鷲尾祐子「長沙走馬楼呉簡連記名籍簡の検討――家族の記録について」（中国古代史論叢編集委員会編『中国古代史論叢』第七集、立命館東洋史学会・立命館東洋史叢書、二〇一〇年）、石原逵平「長沙呉簡名籍考——書式と出土状況を中心に」（『中国出土資料研究』第一四号、二〇一〇年）などの諸研究があり、内容面の深化した議論に資している。

三　当該記録の書式などについては、前掲注一關尾氏論文、伊藤敏雄「長沙走馬楼簡牘中の邸閣・州中倉・三州倉について」（『九州大学東洋史論集』第三一号、二〇〇三年四月）、同「長沙走馬楼呉簡中の『邸閣』再検討——米納入簡の書式と併せて」（太田幸男・多田狷介編著『中国前近代史論集』汲古書院、二〇〇七年一二月）、同「長沙呉簡中の邸閣・倉吏とその関係」（『歴史研究』（大阪教育大学）第四九号、二〇一二年三月）、何佳「長沙走馬楼呉簡所見倉・庫及倉吏・庫吏的研究」（『簡牘学研究』第四輯、甘粛人民出版社、二〇〇四年）などの研究がある。また、庫に関係する同類の納入記録については、中村威也「獣皮納入簡から見た長沙の環境」（『長沙呉簡研究報告』第二集所収）、王子今「走馬楼簡的〝入皮〟記録」（『呉簡研究』第一輯所収）がある。
　倉庫関係簡の整理や復元を目的とした専論として、早くには侯旭東「長沙三国呉簡三州倉吏〝入米簿〟鈍原的初歩研究」（『呉簡研究』第二輯所収）がある。また、発掘簡である『竹簡肆』収録簡により、簿の構造などを明らかにしたものとして關尾史郎「出土状況よりみた長沙呉簡——『長沙走馬楼三国呉簡 竹簡』［肆］所収の賦税納入簡を中心として」（『中国出土資料研究』第一七号、二〇一三年三月）、同「長沙出土郷名不詳賦税納入簡に関する一試論——『長沙走馬楼三国呉簡 竹簡』［肆］所収簡を中心として」（『資料学研究』第一〇号、二〇一三年三月）がある。

四　近年はこのような研究は増加している。本章で分析・検討した「月旦簿」及び「四時簿」、移送穀物の「要簿」については、王素氏による研究がある（王素「長沙呉簡中的〝月旦簿〟与〝四時簿〟」『文物』二〇一〇年第二期、同「長沙呉簡中的〝要簿〟」『呉簡研究』第三輯、中華書局、二〇一一年六月）。凌文超氏は簿籍類の整理と復元の研究を精力的に進めており、一連の研究の中には庫に関する簿の復元研究が含まれている（凌文超「走馬樓呉簡庫錢帳簿體系復原整理與研究」第五届中國中古史青年聯誼會會議論文、北京首都師範大学、二〇一一年八月二七日、同『走馬樓呉簡采集簿書整理與研究』広西師範大学出版社、二〇一五年四月の第六章「庫布帳簿體系與孫呉戸調」・第七章「庫皮帳簿與孫呉的口筭調皮」など）。穀倉関連簿の復元についても鄧瑋光氏の一連の研究がある（鄧瑋光「走馬樓呉簡三州倉出米簡的復原與研究——兼論〝横向比較復原法〟的可行性」『文史』二〇一三年第一輯、同「對三州倉〝月旦簿〟的復原嘗試——兼論〝縦向比較復原法〟的可行性」『文史』二〇一四年第二輯）。これらのほか、倉庫関係の帳簿を網羅的に扱い、帳簿体系の復元を試みた研究として、陳明光「走馬楼呉簡所見孫呉官府倉庫帳簿体系試探」（『中華文史論叢』二〇〇九年第一期）がある。

五　永田英正「居延漢簡の集成一、二」（『東方学報』（京都）第四六・四七冊、一九七四年。のち同氏『居延漢簡の研究』同朋社、一九八九年に「居延漢簡の集成一」として収録）・同「居延漢簡の集成三」（『東方学報』（京都）第五一冊、一九七九年。同書に「居延漢簡の集成二」として収録）、李天虹『居延漢簡簿籍分類研究』（科学出版社、二〇〇三年九月）。

六　呉簡中には、1・2として提示した表題のほか、「三州倉謹列所領税米出用餘見正月旦簿」（参四五五九）・「主庫吏殷連謹列正月旦承餘新入布匹數簿」（肆一三四四）・「中倉吏黃諱潘慮謹列三年十月旦簿」（肆四七八六）など表現の異なる月旦簿の表題を確認できる。本書ではこれらの穀倉や庫のひと月分の出納をまとめた簿を「月旦簿」と呼ぶ。

　月旦簿については、『續漢書』百官志三・大司農条に、「大司農、卿一人、中二千石。本注曰、掌諸錢穀金帛諸貨幣。郡國四時上月旦見錢穀簿、其逋未畢、各具別之」とある。王素氏は、「月旦見簿」がこの種の簿の正式名称であると指摘する（前掲注四王素「長沙呉簡中的〝月旦簿〟与〝四時簿〟」）。

七　釈文は「倉吏黃諱潘慮謹列所領襍米□□七月旦簿　□」とし、また注で二字目の右半分を「皮」とするが、写真図版の精査及び実見調査により改めた。

八　釈文は「入倉吏黃諱番慮謹列所領襍米八月旦簿」とするが、実見調査により改めた。

九　釈文は「承七月旦簿餘領呉平斛米□□定合一萬九百九十四斛一斗八升五合」とするが、実見調査により改めた。

一〇　釈文には断簡記号がみえないが、下方は断絶している。

一一　釈文は「税」と「呉」の間に「米」字を入れるが、写真図版の精査により改めた。

一二　整理組が注で指摘しているように「八九」はいずれかが衍字であろう。写真図版からは確定し難いが、「八」と釈読されている部分は編綴痕の可能性もある。

一三　釈文が「呉平斛大麦」とするうちの「斛大」の部分は、文字の上に編綴痕が付着しており判読が難しい。実見調査では、「斛」と「大」の間にもう一文字が入り「呉平斛米大麦」と読める可能性が指摘されたが、確定できないため、注記に留めておく。

一四　釈文は「元年三月卅日倉吏黃諱潘慮白」とするが、写真図版の精査及び実見調査では「元年」の二字は確認できなかった。同様の記録では年を記さず月日のみの場合が多い。

一五　釈文は「☐……七月卅日倉吏黄諱潘慮」とするが、写真図版の精査及び実見調査により改めた。

一六　拙稿「竹簡の大きさについて」（長沙呉簡研究会編『長沙走馬楼出土呉簡に関する比較史料学的研究とそのデータベース化』平成一六年度～平成一八年度科学研究費補助金〔基盤研究（B）16320096〕研究成果報告書）、新潟大学、二〇〇七年三月）。筆者は、二〇〇五年三月と八月に、日本学術振興会平成一六年度～平成一八年度科学研究費補助金・基盤研究（B）「長沙走馬楼出土呉簡に関する比較史料学的研究とそのデータベース化」（研究課題番号：16320096、代表者：關尾史郎）の研究協力者として、走馬楼呉簡の実見調査に参加した。この調査で得られた「月旦簿」構成要素の計測データは以下の通り。

表題簡　長さ二二・三～二二・六㎝　幅〇・七～〇・九㎝　（二点。壱二三一八・壱二三五九）
承余簡　長さ二二・二～二三・二㎝　幅〇・八～一・〇㎝　（三点。壱二一二八・壱二一八三）
「入」簡　長さ二一・七㎝　幅〇・七㎝　（一点。壱二三七七）
「出」簡　長さ二二・一～二三・七㎝　幅〇・七～一・〇㎝　（一〇点。壱一七八二・壱一八二八・壱一八四一・壱二〇〇八・壱二〇一四・壱二〇一八・壱二〇二一・壱二〇六九・壱二二五七・壱二二六二）
「其」簡　長さ二三・五㎝　幅〇・七～〇・八㎝　（一点。壱二〇九二）
集凡簡　長さ二三・二㎝　幅〇・九㎝　（一点。壱一八二二）

これらの実見調査による計測値と写真図版の計測値を比較すると、いずれも写真図版の方が長さ〇・五㎝程度、幅〇・一～〇・二㎝程度大きい。ただし、実見した諸簡の中には写真図版よりも劣化が進んでいるものがあることから、写真図版は撮影時の原寸大であり、その後実物が乾燥などにより縮小している可能性もある。写真図版上では、第六盆の「月旦簿」の構成要素の諸簡はいずれも長さ二二・五～二四・五㎝、幅〇・七～一・一㎝の範囲にある。

一七　王雲「魏晉南北朝時期的度量衡」（河南省計量局主編『中国古代度量衡論文集』中州古籍出版社、一九九〇年）、丘光明編著『中國歴代度量衡考』（科学出版社、一九九二年）。胡平生・宋少華「長沙走馬楼簡牘概述」（『伝統文化与現代化』一九九七年第三期）は二四・二㎝の方を、關尾氏注一論文は二三・五㎝の方を基準として簡牘の尺寸を算出している。「月旦簿」のほか、名籍類など基本的な簿籍の構成要素の多くは後者の大きさである。

一八　居延漢簡では、同様の機能を有する簡は「上余」簡と呼ばれている。李天虹氏は次のような簡を「上余」簡と分類する。

受四月餘穀萬一千六百五十二石二斗三升少 其二百三千九百 ⊘（一一二・二〇）

受十月餘穀三百七十石三斗六升　⊘（EPT52：685）

一九　于振波「走馬樓呉簡習語考釋 二、平斛與稟斛」（『走馬樓呉簡初探』文津出版社、二〇〇四年一〇月）。また羅新氏は、于振波氏の議論を進め、「稟斛」を以前から長沙地方で行なわれている量制、「呉平斛」を三呉地方で行なわれている量制と性格付け、両者の換算を、長沙で新たな量制（呉平斛）が施行される過渡期の現象と位置付けている（羅新「也説呉平斛」『呉簡研究』第二輯所収）。

二〇　釈文は「起嘉禾元年正月訖五月月五斛嘉禾元年四月訖六月付吏寥慮」とするが、写真図版の精査及び実見調査により改めた。

二一　名籍の例であるが、小林洋介氏・關尾史郎氏は、集計簡の下に内訳簡が連ねられる構成を検討している。前掲注二小林氏論文及び關尾氏「長沙呉簡中の名籍について・補論——内訳簡の問題を中心として」を参照。

二二　第六盆中には次のような「右」簡も確認でき、他のまとめ方もなされていた可能性もある。

●右襍米二百五十斛⊘（壱一八五八）

二三　前掲注五永田氏論文。

二四　走馬楼呉簡中の銭に関する月旦簿では次のような「今余」簡が確認できる。

●今餘錢二萬四千二百九十　巳（壱五二五四）

●今餘錢二千　巳（壱五三七二）

第六盆中にはみえないが、州中倉の「月旦簿」にも「今余」簡があったと仮定すると、「集凡承餘新入」簡で月はじめから新たに納入された穀物を合わせた総計を提示し、その後に搬出の記録が列ねられ、最後に「今余」簡が置かれた構成が考えられる。

二五　第六盆には他に、「定領」の二字からはじまる書式の簡も確認され、これらも月旦簿の構成要素であった可能性がある。

●定領襍米一萬一千四百八十五斛八斗四升五合　（壱一七八〇）

定領米二萬一千廿□斛五斗八升六合　（壱二一二六）

これら「定領」簡は、「右」簡と同様に簡の冒頭を数文字分空けてから書き出されている。

二六　第六盆の大部分の簡は幅一cm未満（〇・七～〇・九cm）であるが、これら四簡の幅は一・二～一・五cmであり、写真図版の中でも一見して判別が可能である。壱二〇三九簡は、整理組の釈文では下方が断簡となっているが、「年」字を記した下端の右半が欠けているのみのようである。

なお、次の壱二三六五も幅が広く、壱二三六四と簡番号が連続するため、ともに編綴されていた可能性がある。

□應須□月簿……白（壱二三六五）

「右倉曹史」の烝堂については、「右倉田曹史烝堂白　嘉禾二年領租税襍限呉平斛米合八萬一千」（壱一六四一）という簡があり、嘉禾二年の時点では「右倉田曹史」であったことが分かる。

二七　永元年間の「広地南部候兵物簿」。七六枚の木簡から成る簿で、永元五年（九三）六月、同六年七月の「月言簿」、同七年六月の「四時簿」がつなぎ合わされている。整理番号は一二八・一、甲一。

二八　採集簡の第一八盆には、「中倉吏黄諱潘慮謹列八月旦簿　□」（弐三八三二）の表題簡をはじめとする月旦簿の構成要素が確認できる。「入」簡や搬出記録の簡などの記載によると、これらは嘉禾二年のものである。また発掘簡第五盆の肆四七〇〇～五一〇〇番台には、「中倉吏黄諱潘慮謹列黄龍三年十月旦簿」（肆四七三四）の表題簡をはじめとする黄龍三年の月旦簿の構成要素を確認できる。これらのほか、発掘簡第一六～一九盆の範囲にも月旦簿の構成要素が散見し、例えば「倉吏黄諱潘慮謹列五月旦簿」（柒一二〇六）・「中倉吏黄諱潘慮謹列六月旦簿」（柒四四七四）の表題簡をはじめとする構成要素が確認できる。

二九　29のほか、次の籤牌が公表されている。

中倉　吏黄諱潘慮 嘉禾二年月旦（正面）　中倉　簿（背面）（柒四七〇七）

三〇　東牌楼東漢簡には「中倉券也（正面）」・「南山郷嗇夫租券也（背面）」（整理番号一〇五）とある籤牌が確認でき、中倉（州中倉）が後漢以来の機構であることが判明している。

三一　前掲注二安部氏論文及び小林氏論文。

三二　前掲注一六拙稿。実見した八点（壱三二一三・壱三二二一・壱三二三三・壱三二四五・壱四七六四・壱七二九二・壱七二九六・壱七三四四）の計測データは、長さ二四・四～二五・九cm、幅〇・九～一・三cmである。写真図版では、二四・五～二六・五cmのものが多く、稀に二七cm以上のものが確認できる。

三三　賦税納入簡については前掲注一關尾氏論文及び前掲注三の諸論考があり、当該簡の内容・機能に関する以下の説明は、これらに依っている。
三四　前掲注一關尾氏論文などを参照。穀倉が分有する側は冒頭に「入」字、納入者が所属する郷が分有する側は「出」字が記された。分割の証左として、隣の簡に記された「〓」や「基」字（邸閣董基の署名部分）、「付倉吏鄭黒受」が入り込んでしまっている事例も確認できる。
三五　例に挙げたものはいずれも「邸閣」が受領業務に携わる事例であるが、嘉禾五年以降の事例には、「丞」・「主記」が携わるものもある。

入東郷嘉禾五年税米卌斛盈就畢〓嘉禾五年十二月九日劉里丘劉伯關丞皐紀付掾孫儀受（弐八二四七）
入東郷嘉禾五年税米十二斛〓嘉禾六年二月廿一日芓丘謝蘇關主記梅綜付掾孫儀受（弐八二六五）

三六　本章の元となる拙稿では、署名であるとしたが、伊藤敏雄氏の指摘を受け再確認したところ、別筆ではなさそうである。ここに訂正する。
三七　「鹽（賈）米」については、第二部第六章で検討する。また侯旭東「三国呉簡所見塩米初探」（『呉簡研究』第一輯所収）を参照。
三八　宋少華主編『湖南長沙三国呉簡（四）』（重慶出版社、二〇一〇年一月）に次の簡の写真図版と釈文が初めて収録された。その後、本簡は『竹簡柒』に収録された。

〼□□鹽賈錢九千八百九十准入米五斛三斗〓嘉禾五年十二月十七日掾蔡忠關邸閣馬統付倉吏郭勲馬欽（柒二九三〇）

三九　前掲三侯旭東氏論文。
四〇　釈文では墨点は付されていないが、写真図版の精査により冒頭に墨点を加えた。
四一　關尾氏は『竹簡壱』刊行以前より、I型aの納入簡は郷の情報が最初に記されていることから、郷ごとにまとめられていたと想定していた（前掲注一關尾氏論文）が、これらの「右」簡の存在は、それを裏付けるものである。なお、庫に関する同類の納入簡I型の集計記録には、「●右南郷入嘉禾二年布廿五匹三丈七尺」（壱六二五六）など38～40と同様のもののほか、「右茢廿五枚布合五十匹三丈二尺」（弐五三二一）・「右小武陵郷入嘉禾二年布茢卅八枚合一百七匹三丈九尺〼」（弐五五五七）などのように「茢」の枚数を記したものもある。
四二　前掲注一六拙稿「竹簡の大きさについて」を参照。

四三　本記録を含む、穀物貸与業務については、第二部第七章で検討する。
四四　整理番号は不明。毎日新聞社・財団法人毎日書道会編／西林昭一総合監修『湖南省出土古代文物展　古代中国の文字と至宝』（毎日新聞社・財団法人毎日書道会、二〇〇四年九月）に図版と釈文が掲載されている。なお、54は二行目以降の内訳を合計すると「九百五斛四斗二升」となり、計算に誤りがある。
四五　前掲注三侯旭東氏論文。
四六　第一節で挙げた27・28に類するものとして、次の簡がある。

右倉曹史烝堂白　三州倉吏谷漢列起嘉禾元年正月一（参四六一二）

本簡に続く簡を確定し難いため、三州倉吏谷漢が列ねたものが「月旦簿」であるのか否かは不明であるが、三州倉もまた臨湘侯国の右倉曹に簿を報告していたこと、すなわち右倉曹の管轄下にあったことが明らかである。右倉曹が州中倉と三州倉をともに管轄していたことは、次の木製の「莿」からもうかがえる。

右倉曹列言入五年郷粢米起正月九日訖十六日合六千二百一十三斛二斗八升與前刺通合四萬六千五百卌斛八斗二升
其□千斛㊅斗九升付州中倉吏張曼張欽□
其□千二百一十二斛五斗九升付吏孫義
嘉禾六年正月十九日従掾位烝循白（肆一四〇二）

本「莿」は、嘉禾六年正月九日から十六日までの八日間に、右倉曹が管轄する諸倉に納入された郷由来の雑米の総額と前「莿」との合計額、及び各倉で受領した内訳を報告するものである。三行目の吏孫義（孫儀）は「田家莂」中に三州倉吏としてみえることから、三州倉が州中倉と並列的に右倉曹の管轄下にあったことがうかがえる。
四七　關尾氏は、走馬楼呉簡を概ね田戸曹に集積された帳簿・文書であると性格付けている（前掲注二關尾氏「史料群としての長沙呉簡・試論」）。關尾氏の説に従えば、この「四時簿」の報告先は田戸曹となろう。
四八　「受」字は整理組の釈文では未読字であるが、写真図版により改めた。写真図版によると、本簡は上部が縦に割れており、「嘉禾元年四月一日」の「四」字は、「正」字の縦線が確認できない状態であるため「四」と釈読された可能性がある。また「二年三月卅日」の「二」字の上には編綴痕がかかっており、「三」字の可能性もある。この二点が改まると、例示した三点の表題はいずれも嘉禾元年四月一日から二年三月三〇日までの期間を対象としたものとなる。
四九　写真図版によると、本簡は上端が欠けており冒頭の文字は読めないが、「謹」字の上に「右」のような墨痕が確認でき、「倉」字の下の構成と考えられる。

五〇　本簿については、早くには侯旭東「呉簡所見〝折咸米〟補釈—兼論倉米的転運与吏的職務行為過失補償」（『呉簡研究』第二輯所収）に言及がある。

五一　前掲注四八で指摘したように、61も嘉禾元年正月一日から三年三月三〇日の期間を対象としたものである可能性がある。

五二　以下に提示したもののほか、穀物の収入名目の年度が不明のものとして、次の三点がある。

入三州倉運船師張盖栂朋□□折咸米一百七十五斛八斗□升　與所先受米五十八斛……　（壱九五一四）

入三州倉運新吏周囊米七十五斛四斗四升　中　（壱九五三四）

入三州倉運□□□□漬米一百一十二斛六斗八升　元年二月先運十二斛一斗　中　（壱九六二七）

また、若干簡番号は離れるものの、次の二簡も同一の簿の構成要素と考えられる。

入三州倉運黄龍二年郵卒限米十斛六斗　中　（壱九二九七）

●右黄龍元年租税限米一千六百七十五斛七斗六升　（壱九二七七）

五三　採集簡第一四盆の壱九五〇〇〜九六〇〇番台の範囲には、

入黄龍元年租米四斛九斗　（壱九六一五）

入黄龍二年租米九斛二斗　（壱九六二二）

入黄龍元年税米廿四斛九斗　（壱九六三五）

などのように「三州倉運」の四字を含まない納入簡Ⅱ型bが散見し、これらが当該の簿の本文に相当すると考えられる。

五四　これら五つの簿に関連する可能性が高い「白」簡として、次のものがある。

四月十一日倉吏黄諱番慮白　（壱九三二一）

四月十一日倉吏黄諱潘慮白　（壱九五五〇）

四月十一日倉吏黄諱潘慮白　（壱九六二二）

四月卅日倉吏黄諱潘慮☐　（壱九六三四）

整理組の釈文では、壱九五五〇と壱九六二二の日付部分はそれぞれ「……□十一日」と「……月十一日」、壱九三二一一・壱九五五〇・壱九六二二の最後の文字はそれぞれ「受」・「受」・「中」とされているが、写真図版を精査して改めた。
五五　三州倉から州中倉への穀物移送簡に関わる籤牌として、次のものがある。
中倉　所受三州倉運嘉禾元年雜米莂　（J22-2696）
ただし、「莂」という表現はⅠ型の納入簡を想起させ、当該の簿と対応するものかは確定し難い。
五六　両倉の関係については、第二章及び第三章で検討する。
五七　釈文では後半部分を「三州倉關邸閣李嵩吏監賢受中」とするが、監賢は州中倉吏、李嵩は州中倉と関連する「邸閣」である。そこで写真図版を確認すると、「倉」字の上の数文字分は文字が磨滅し読めない。そのため、本書では当該部分を「……」とした。
五八　侯旭東氏は、帳簿における「領」字の原義を〝記録〟とする（「走馬楼竹簡的限米与田畝記録—从〝田〟的類型与納〝米〟類型的関系説起」『呉簡研究』第二輯所収）。
五九　「折咸米」の専論として、王子今「走馬楼簡〝折咸米〟釈義」（『国際簡牘学会会刊』第三号、蘭台出版社、二〇〇一年）及び前掲注五〇侯旭東氏論文がある。また「漬米」・「没溺米」については、熊曲「呉簡折咸米・漬米・没溺米及相関問題」（『呉簡研究』第三輯所収）がある。
六〇　釈文は、睡虎地秦墓竹簡整理小組『睡虎地秦墓竹簡』（文物出版社、一九九〇年）によった。
六一　居延漢簡などより明らかとなる穀倉の運用については、冨谷至「食糧支給とその管理——漢代穀倉制度考証」（『文書行政の漢帝国』名古屋大学出版会、二〇一〇年三月）を参照。
六二　宋少華主編『湖南長沙三国呉簡（四）』（重慶出版社、二〇一〇年一月）に掲載。冒頭の文字は「科」と読まれているが、写真図版を確認し、改めた。本木牘は、伊藤敏雄「長沙呉簡中の生口売買と估銭徴収をめぐって」（『歴史研究』（大阪教育大学）第五〇号、二〇一三年三月）の中で「料白」文書木牘として紹介されている。
六三　李均明「走馬楼呉簡会計用語叢考」（『出土文献研究』第七輯、中国文物研究所、二〇〇五年一一月）。
六四　伊藤敏雄「長沙呉簡中の朱痕・朱筆・「中」字について」（『長沙呉簡研究 二〇〇九年度特刊』科学研究費補助金・基盤研究（A）「出土資料群のデータベース化とそれを用いた中国古代史上の基層社会に関する多面的分析」プロジェクト・三菱財団人文科学研究助成「新出土三国呉簡・西晋簡と地方行政システムの研究プロジェクト、二〇一〇年二月）、同「長沙呉簡中の朱痕・朱筆・「中」字について（その2）——二〇一一年三月の調査結果をもとに」（『長沙呉簡

研究報告　二〇一〇年特刊』科学研究費補助金・基盤研究（A）「出土資料群のデータベース化とそれを用いた中国古代史上の基層社会に関する多面的分析」プロジェクト、二〇一一年二月）。

【参考】穀倉の「月旦簿」の形式

倉吏某謹列所領粻米月旦簿
承餘某月旦簿餘呉平斛米若干
　其若干某米
　其若干某米
　其若干某米
入某米若干
入某米若干
入某米若干
●右某月入某米若干
出某米若干……
出某米若干……
出某米若干……
●右某月出某米若干
●集凡承餘新入呉平斛米若干
　其若干某米
　其若干某米
　其若干某米

某月某日倉吏某白

第二章

走馬楼呉簡よりみる孫呉政権の穀物搬出システム

はじめに

前章では、穀倉関係簿の整理・分類作業に基づき、「月日簿」などの構成を復原するとともに文書行政の側面から穀倉における穀物管理の厳密性を明らかにした。では、穀倉に集積された穀物は、具体的にはどのように用いられ、またその搬出はどのような指示系統で行なわれたのか。本章では、穀物搬出に関する内容の記録（以下、穀物搬出記録）に焦点を当て、地方の穀倉における搬出システムについて検討する。穀物搬出記録は、その文が複数の簡に渡るため、まずは全体像の復元を試みる。さらに諸々の記載事項を検討する過程で、地方穀倉における穀物搬出・支給のシステムがみえてこよう。特に「督軍糧都尉」及び「節度」という官について文献の記載とを併せて検討することで、地方の軍糧管理に対して中央の監督体制が存在し、機能していたことを明らかにする。また、穀物搬出記録が構成要素となっている簿籍やその作成時期、作成主体など、文書としての諸側面についても検討を加える。

第一節　穀物搬出記録の全体像

（一）「出」簡の分析

前章で提示したように、走馬楼呉簡中には、次のような「出」字よりはじまる諸簡を確認できる。

1　出倉吏黄諱潘慮所領黄龍三年税呉平斛米八十斛六斗四升爲稟斛米八十四斛（壹二一八四）
2　出倉吏黄諱潘慮所領黄龍三年税呉平斛米一百一十七斛四升爲稟斛米一百廿四斛（壹二二二七[一]）
3　出倉吏黄諱潘慮所領嘉禾元年官所賣醬賈呉平斛米[六][斛]九斗被督軍糧都尉（壹一八二八[二]）
4　出倉吏黄諱潘慮所領黄[龍]三年税呉平斛米五十七斛爲稟斛米六十斛被督（壹二〇五一[三]）
5　出倉吏黄諱潘慮所領嘉禾元年税呉平斛米廿三斛四升爲稟斛米廿四斛被督軍糧（壹二一六九）

1を書き下し、訳出すると、

倉吏の黄諱・潘慮の領する所の黄龍三年税呉平斛米八十斛六斗四升を稟斛米八十四斛と爲して出だす。

倉吏の黄諱・潘慮が管轄する黄龍三年（二三一）分の税呉平斛米八十斛六斗四升を稟斛米八十四斛に換算して搬出した。

となる。すなわち、穀倉からの穀物搬出に関する記録である。右の諸例からも明らかなように、このタイプの簡は次のような構成が共通し、一定の書式があるようである。

出＋倉吏姓名＋所領＋搬出する穀物の名目＋数量（＋……）

これらの簡はみな末尾まで文字が記され、3～5ではさらに内容が続いていることから、穀物搬出記録の文は複数の簡に渡ることが明らかである。記載内容の全体像については、李均明・宋少華両氏によっても提示されているが、[四]両氏の説明は簡潔であるため、本節では各構成要素の簡を改めて提示し、内容を分析する。以下、行論上の便のため、当該の簡を「出」簡と呼ぶ。[五]

「出」簡は長さ二三～二四㎝、幅一㎝弱であり、長さはほぼ呉尺の一尺に相当する。文字は簡の最上部から記され、上下各三分の一辺りに空格と編綴痕を確認できる。[六]注目すべきは、ほとんどの類例が特定の盆に集中していることである。このことは、記載内容全体の復元を試みる際、重要となる。本節では、採集簡の第六盆（壱一七一七～二五〇三）の簡番号を持つ簡を中心に分析する。このほか、発掘簡の第五盆（肆三九六一～五六一三）や第一七盆（柒一三八二～二三七六）などにも同種の記録が一定数まとまって確認できる。

後に続く諸簡の検討に入る前に、「出」簡の記載事項について二点確認しておきたい。まず倉吏についてであるが、「出」簡には、黄諱・潘慮（番慮）の二名がみえる。走馬楼呉簡中には、文書に深く関わる穀倉として三州倉・州中倉が頻見するが、黄諱・潘慮はともに州中倉の吏である。すなわち、いずれも州中倉からの穀物搬出に関する記録ということになる。

次に、搬出された穀物についてであるが、1・2・4・5では、「呉平斛」米を「稟斛」米に換算して搬出している。類例の「出」簡においても、そのほとんどで同様の換算が記される。この二種の単位について于振波氏は、「呉平斛」を当時通行していた量制、「稟斛」を官府が食糧を配給する際に用いた量制とする。[七] 両者の換算比率は、概ね二四対二五である。「呉平斛」の前に記される年号及び「税」や「官所賣醤賈」などの語は、穀物の納入に関する記録中に、

6　入黄龍三年税米四百九十斛二斗九升　（壱一九〇八）

7　入嘉禾元年官所賣醤賈米三斛九斗　已中　（壱二〇二三）

とあるように、「黄龍三年分の税米」・「嘉禾元年分の官の賣る所の醤賈米」という収入としての年度・名目を示している。1~5は特定の名目の穀物を搬出する事例であるが、複数の収入名目に由来する穀物を交えて搬出する場合には、次のように記されたのであろう。

8　出倉吏黄諱潘慮所領襍呉平斛米二千七十斛其二百斛郵卒黄龍三年限米　（壱一九一一）

9　出倉吏黄諱潘慮所領襍呉平斛米三千五百斛其一千九百☒　（壱二二三七）

10　米二百八十七斛七斗八升私學黄龍三年限米一百六斛□☒　（壱一七八五）

11　税米五十五斛五斗黄龍二年吏帥客限米卅八斛九斗黄龍三年限米九十七斛七斗　（壱二二一七）

12　元年税米一千二百斛黄龍三年□□米十五斛佃吏王毅黄武七年□□□　（壱二三一九）

8・9はともに大きな額の搬出記録であり、まず総額を「襍呉平斛米」として記し、以下に「其」字のもと内訳を

示している。これらの後には、10～12などの簡が続き、名目ごとの額の内訳が列記されたと考えられる。いずれも簡の冒頭より数文字分を空けてから記載がはじまっているが、これは次項にみる搬出記録の第二簡目以降の諸簡と同様の特徴である。また、類例はいずれも第六盆の簡番号を持つことから、繋がりを想定した。[八] このように、搬出記録中に「収入としての名目」が明記されていることは、帳簿上ではあるが、納入から搬出に至るまで、官が穀物を収入名目ごとに厳格に管理していたことを示している。

では、「出」簡以下にはどのような記載が続くのか。3～5の末尾には、それぞれ「被督軍糧都尉」・「被督」・「被督軍糧」とある。このような文字列は他にも、

13　出倉吏黄諱潘慮所領黄龍三年税呉平斛米卌六斛八斗爲稟斛米卌八斛被督（壹二〇一六）

14　出倉吏黄諱潘慮所領黄龍三年税呉平斛米廿二斛八斗爲稟斛米廿三斛被督（壹二二九三）

15　□□吏黄諱番慮所領嘉禾元年税呉平斛米十三斛四斗四升爲稟斛米十四斛被督軍（壹二三二二）

などと頻繁にみられる。そこで改めて確認すると、「出」簡と同じ第六盆に、冒頭が「被督軍糧都尉」・「糧都尉」・「都尉」といった文字列からはじまり、明らかに「出」簡の記載に続くと想定できる簡が散見する。次に、それらと「出」簡との繋がり、記載事項について検討する。

（二）「督軍糧都尉」簡

16　六十六斛被督軍糧都尉嘉禾元年六月廿九日癸亥書給右郎中何宗（壹一七八二）[九]

17 被督軍糧都尉黄龍元年四月廿九日辛亥書給監運掾□□□□（壱二〇五五）[一〇]

18 五斛一斗五升被督軍糧都尉嘉禾元年六月廿九日癸亥書給右郎中何宗所督武猛司馬陳陽所領吏□□
（壱二〇九五）

19 糧都尉嘉禾元年十一月十日壬申書付監運掾曹□等運詣集所嘉禾元年⊠（壱二一一二）[一一]

20 都尉嘉禾元年六月十四日戊申書付督軍司馬徐固所督都尉胡辰陳晉（壱二一一五）

21 被督軍糧都尉嘉禾元年六月廿九日癸亥書給右郎中何宗所督別部司馬（壱二一七一）

22 都尉嘉禾元年八月十一日甲辰書給將軍呂岱所部□□所□士四人及瑜合五人（壱二二五七）[一二]

以下、これらの簡を「督軍糧都尉」簡と呼ぶ。[一三]「出」簡と同様、長さ二三～二四cm、幅一cm弱の大きさである。簡の冒頭に数文字分（二・〇～二・五cm程度）の空白があることが特徴で、上下各三分の一辺りに空格と編綴痕が確認できる。これらの冒頭にある「被督軍糧都尉」・「糧都尉」・「都尉」は、3～5の末尾と同様、「被督軍糧都尉」という文字列の一部である。また16・18の冒頭には穀物の額が記されているが、これは「出」簡において「被督軍糧都尉」の前に（搬出された）穀物の額が記されることと共通する。以上のことから、「督軍糧都尉」簡は「出」簡と連続すると考えられるのである。両者がともに採集簡の第六盆に集中することも、有力な傍証となろう。

この「被督軍糧都尉」の文字列は、以下に「嘉禾元年六月廿九日癸亥書」・「黄龍元年四月廿九日辛亥書」などと続くことから、「督軍糧都尉の某年某月某日干支某某の書を被く」という内容の一部と考えられる。「被書」は、李均明氏が指摘するように文献史料中にしばしばみえる表現であり、[一四]走馬楼呉簡の文書木牘中にも「東郷の勧農掾殷連、書を被けて州吏の父兄の人名・年紀を条列し、簿を爲る」（J22-2543）などとあるように、上級官の指示書を受けることを示す語である。したがって、州中倉は「督軍糧都尉」の指示書を受けた上で穀物を搬出していたことが明らかと

なる。当該部分の書式は、

被＋督軍糧都尉＋年月日干支＋書＋給（もしくは付）＋穀物の搬出先ないし用途

となる。21を書き下し、訳出すると、

督軍糧都尉の嘉禾元年六月廿九日癸亥の書を被け、右郎中何宗の督する所の別部司馬……に給す

……嘉禾元年六月二十九日付の督軍糧都尉からの命令書を受け、右郎中何宗麾下の別部司馬（云々……次簡に続く）に穀物を支給した。

となる。すなわち当該部分には、州中倉が穀物搬出に至る経緯が記録されているのである。なお、少数ではあるが、次の両簡のように督軍糧都尉の書が介在しない事例も確認できる。

23　出倉吏黄諱潘慮所領黄龍三年税呉平斛米十斛被□倉曹史許進移給府□☑（壱二一八七）一五

24　出倉吏黄諱番慮所領税黄龍三年呉平斛米四斛爲稟斛米□斛給縣□□☑（壱二三五五）

督軍糧都尉の書に続き、16・17・18・21・22では支給を意味する「給」字、19・20では受け渡しを意味する「付」字が記され、さらに穀物の搬出先の官名や人名が記されている。「給」のものは当該官に関連する人員への稟給を目的とするものであり、「付」のものは当該官に穀物を受け渡した後、彼らが別の場所へ穀物を輸送することを目的と

するものである。これらの搬出穀物の具体的な用途については、第三節で検討する。

以上はみな採集簡の第六盆における事例であるが、採集簡第一九盆には、次のような類例が確認できる。

25　出倉吏黄諱潘慮所領嘉禾元年税呉平斛米八十六斛四斗為稟斛米九十斛邸閣右郎中（弐三八四五）

26　李嵩被督軍糧都尉嘉禾二年十月廿七日癸未□給討寇將軍闘稾所領軍將（弐三八三六）

27　出倉吏黄諱潘慮所領嘉禾元年税呉平斛米三斛八斗四升為稟斛米四斛邸閣右郎中（弐四〇四〇）

28　〼右郎中李嵩被督軍糧都尉□（弐四二〇六）

25～28の四簡は、これまでに提示してきた諸簡とほぼ同じ書式であるが、搬出する穀物の額と「督軍糧都尉の書」との間に「邸閣右郎中李嵩」の文字列が記されている。この場合、当該箇所の文は「倉吏黄諱・潘慮の領する所の某年某米若干を出だす。邸閣右郎中李嵩、督軍糧都尉の某年某月某日の書を被け、某所に給す……」となり、州中倉では、「邸閣右郎中の李嵩」が督軍糧都尉からの指示を受け、搬出に携わる場合があったことが分かる。[一六] 邸閣は、伝世文献中では「大規模な軍用倉庫」を示す語として頻見するが、[一七] 走馬楼呉簡中の「邸閣」は官名であり、前章で分析した納入簡Ⅰ型（後掲30）にみえるように、穀倉が穀物を受領する際に報告を受ける、いわば監督者としての役割を担っている。[一八] 李嵩は、州中倉の納入記録などに散見する、州中倉と関係の深い「邸閣」である。

さらに近年、新たな関連記録が公表された。次の二簡は、戴衛紅氏が走馬楼呉簡の整理・釈文担当者でもある王素氏から情報の提供を受けたとして釈文を紹介し、後に『竹簡柒』に収録され公表されたものである。[一九]

29　八合邸閣左郎中郭據被督軍糧都尉移右節度府嘉禾二年六月十一日己（柒二〇三五）

30　入郷嘉禾二年租米廿七斛冑畢〼嘉禾三年四月十九日領下丘民謝饒關邸閣郎中董基付三倉吏鄭黒受
（柒四三四一）

伊藤敏雄氏が指摘するように、両簡で重要な点は、李嵩と同様、これまで州中倉と関係の深い「邸閣」としてみえた郭據の官名が「邸閣左郎中」、三州倉と関係の深い「邸閣」としてみえた董基の官名が「邸閣郎中」と記されているることである。李嵩の事例と合わせるに、三人の「邸閣」の正式官名は「邸閣郎中」であったと考えられる。また、州中倉の二人の「邸閣」郭拠・李嵩がそれぞれ「邸閣左郎中」・「邸閣右郎中」であったことも確認された〔二〇〕。29は26と同様「督軍糧都尉」簡の類例であり、郭拠もまた穀物の搬出に携わっていたことが分かる。なお、29には「督軍糧都尉」と関連する官府として「右節度府」がみえるが、当該官については第四節で検討する。

25〜29の記録が確認されたことにより、州中倉から穀物を搬出する際に「邸閣郎中」が常に主体的に関わっていたのか（その場合、記載がない第六盆の記録では書式上省略されたことになる）、「邸閣郎中」が関与するケースが特殊であったのかが新たな問題となるが、現段階では確定し難い。第六盆の諸記録における「督軍糧都尉書」は、次節で検討するように黄龍三年（二三一）〜嘉禾元年（二三二）の日付を有し、また搬出が行なわれたのは嘉禾元年の各月であるのに対し、25〜29の「督軍糧都尉書」の日付は嘉禾二年である。両者の書式の相違は、文書の年度が異なるためである可能性もある。

（三）「督軍糧都尉」簡に続く簡

「督軍糧都尉」簡もまた文が中途であり、かつ文字が簡の末尾まで記されていることから、さらに文章が続くと想定される。その末尾には、搬出先の官名・人名や「所領吏□□」・「所部□□所□士四人及瑜合五人」などと、穀物支給の具体的対象が記される。「出」簡や「督軍糧都尉」簡の周辺、特に第六盆の範囲には、同様の文字列が冒頭に記され、「督軍糧都尉」簡に続くと考えられる諸簡が散見する。

31　領[帀]士十四人嘉禾元年[直][起]九月訖十一月其[三]人人月[二]斛五斗十二人人月二斛（壹一八一〇）
32　[所]督軍邑君跳傳所領吏士卅三人嘉禾元年七月直人二斛嘉禾□□（壹一八一五）
33　都尉兒福倉曹掾阮父所領師士九十人嘉禾元年六月直其卒六人人三斛廿二[人]〼（壹一九九三）
34　士四人稟起嘉禾元年四月訖七月其一人二斛□□三人人二斛……（壹二〇一四）
35　領吏士五十五人嘉禾元年八月直其卌九人人二斛五人皷史人一斛五斗一人□四斛（壹二二五一）
36　元年九月奉嘉禾元年九月一日付右倉曹史（壹一九六三）
37　〼[年]七月直人二斛嘉禾元年六月卅日付樊囂何盛〼（壹一九七〇）
38　起嘉禾元年正月訖五月月五斛嘉禾元年四月六日付吏㝸慮（壹二三四七）

「督軍糧都尉」簡と同様、これらの簡も長さ二三～二四㎝、幅一㎝弱の大きさであり、また簡首に数文字分の空白がある。穀物搬出記録では、二番目以降に置かれる簡は、冒頭に空白をおいて書き出されるのが定型なのであろう。各簡の上下三分の一辺りにはそれぞれ空格と編綴痕が確認できる。

31～35は、穀物の搬出先（官名や人名）に続く、穀物の具体的用途を記録した部分に相当し、穀物を発給する対象者（搬出先の官本人や、管轄する吏・師・士など）と目的（直・奉・稟・食）及びその期間などが詳細に記されている。

このうち31の大意は、

（搬出した穀物は、某官が）管轄する師士一四人の嘉禾元年九月から一一月までの三ヶ月分の「直」であり、その額は一四人のうち二人は月ごとに二斛五斗、一二人は二斛である。

となる。こうした穀物の発給先・用途については、第三節でまとめて分析する。

36～38では、搬出した穀物の用途が記された後に、穀物の搬出・受け渡しが行なわれた年月日と受領者の官名・姓名が記されており、穀物搬出記録の末尾に相当する。[一三] 例えば36の大意は、

（搬出した穀物は、某者の嘉禾）元年九月分の「奉」である。嘉禾元年九月一日に、右倉曹史に受け渡した。

となる。なお、37・38などにおける受領者の名の部分は別筆すなわち署名ではなく、またこれらの簡の編綴部分に空格が置かれていることからも、当該の穀物搬出記録は搬出ないし受け渡しの場で作成された一次的な記録ではなく、書写された二次的記録であることが明らかである。

以上、穀物搬出記録の全体像の復元を試み、大きく分けて四つの部分から構成されることを確認した。すなわち、①搬出する穀物の情報、②搬出に至る経緯の情報、③搬出の目的（搬出先の情報を含む）に関する情報、④穀物授受に関する情報、である。採集簡第六盆の諸簡についてその内容の基本的な形式を示すと、

①出＋倉吏姓名＋所領＋搬出する穀物の名目＋額

②＋被＋督軍糧都尉＋年月日干支＋書

③＋給＋搬出先＋目的・用途（もしくは＋付＋搬出先＋運詣＋目的地）

④＋年月日＋付＋受領者の官名ないし姓名

となる。先に言及したごとく、②は必ずしも「督軍糧都尉」に関わるもののみではなく（23など）、相当する部分自体がないもの（24）もある。また、①と②の間に穀物搬出の主体として「邸閣（左／右）郎中」がみえるもの、督軍糧都尉」と関わる官として「右節度府」がみえるものもある（29・69～72）。③の搬出目的・用途に関しては、官や人への稟給を目的とするもののほか、他箇所への輸送を目的とするもの（19・67・68など）がある。

なお、本章末に参考として「州中倉の穀物搬出記録一覧」を提示した。

第二節　穀物搬出記録の機能と「月旦簿」

では、これらの穀物搬出記録は具体的にどのような性格を有する記録であったのか。本節では、穀物搬出記録の文書としての側面について検討する。まず、次の簡の存在から、穀物搬出記録は複数がまとまった状態で機能していたことが明らかである。

39　右出県平斛米二千一百五十七斛□[斗]□[升]⧄（壱一九三五）

40　右五月出県平斛米四千一百卌一斛七斗七升□[合]（壱二一五八）

両簡は、簿籍における集計記録であり、文字通り右側に穀物搬出記録を複数列ねた後に置かれたのであろう。すなわち、穀物搬出記録は簿籍として機能していた。このことは、大部分が第六盆をはじめ特定の盆に集中することからも裏付けられる。ただし、当該記録のみを本文とする簿籍の構成要素（表題簡など）は見出せない。その一方で、次のような「月旦簿」の構成要素が頻見する。

○表題簡

41　倉吏黄諱潘慮謹列所領襍米□麦七月旦簿　□　（壱二二一八）[二三]

42　倉吏黄諱番慮謹列所領襍米八月旦簿　（壱二三五九）[二四]

○「承餘」簡

43　承七月旦簿餘領呉平斛米麦定合一萬九百九十四斛一斗八升五合　（壱二一二八）[二五]

44　承六月旦簿餘呉平斛米一萬三千八百七十三斛五合　（壱二一八三）

○穀物納入記録（本文）※前掲6・7を含む

45　入黄龍元年私學限米六斛　中　（壱一七六六）

46　入郵卒黄龍二年限米一斛　已中　（壱二〇七一）

47　入嘉禾元年粢租米二百七斛四斗七升　已中　（壱二二四八）

○「右」簡・「集凡」簡（集計記録）

48　●右四月新入呉平斛米□〼　（壱一七二四）

49　●右八月入呉平斛米□合七百冊二斛一斗二升　（壱二三四一）

50　●集凡承餘新入呉平斛米麦一萬一千七百廿六斛三斗五合　（壱二三〇二）[二六]

これらの諸簡で構成される「月旦簿」は、第一章で検討したように州中倉吏の黄諱・潘慮によって作成されたもので、彼らが管轄する穀物の月ごとの簿である。永田英正氏や李天虹氏は、居延漢簡を分類・集成する上で幾つかの簿籍の構成要素を提示したが、右に挙げたものはその多くと一致する。[二七] 簿の本文としては納入記録を挙げたが、「月旦簿」はその性格や関係記録の記載から、出納簿と考えるべきである。そこで、州中倉からの穀物搬出に関する簡を探すと、これまで検討してきた穀物搬出記録があるのみで、必然的にこれらが「月旦簿」の構成要素であったと想定されるのである。

また採集簡の第一二盆（壱五一三六～七一三五）には、銭に関する「庫」の「月旦簿」の構成要素がまとまっている。そこに同じく銭の搬出記録がみえることは、穀物搬出記録が「月旦簿」の一部であることを傍証しよう。

51　承四月旦簿餘嘉禾二年口筭錢七萬二百五十　（壱五三〇五）
52　入小武陵郷嘉禾二年口筭錢二萬　（壱五三五一）
53　●右二月旦承餘新入襍錢四萬三千七百九十　（壱五二一〇）
54　出具錢八萬一千爲行錢八萬五千二百[九]十五錢市嘉禾二年調布嘉禾三年正月卅　（壱五三五九）
55　出用　無　（壱五六二九）
56　右出行錢三萬五千二百九十四錢　（壱五六三七）
57　●今餘錢三千二百　　已　（壱五四五〇）

続いて、穀物搬出記録の作成時期であるが、第六盆の事例について各構成要素に記載される各種の年月日（①「督軍糧都尉」書の日付、②穀物の用途である「奉」・「直」などの期間、③授受の日付）を表にすると表2-1のようになる。[二八]

表2-1　穀物搬出簡各構成要素における年月情報

年	黄龍三年			嘉禾元年													不明
月	5	7	11	1	2	3	4	5	6	7	8	9	10	11	12	不明	全
督軍糧都尉書	1	1	2	–	–	1	3	2	8	–	4	–	–	7	1	2	1
穀物の用途	11			4	4	4	6	5	6	6	3	3	2	1	–	3	4
授受の日付	–	–	–	–	–	–	5	–	4	–	2	1	–	–	–	1	11

（注）「穀物の用途」は、数ヶ月に渡るものもあるため、延べ件数とする。また、黄龍三年分は延べ総数。

この表で注目すべきは、「「督軍糧都尉」書の日付」及び「穀物の用途」は黄龍三年（二三一）と嘉禾元年（二三二）の両年に渡る一方、文書の作成日に最も近いと思われる「授受の日付」は、全て嘉禾元年であるということである（年不明の一一例のうち七例は「嘉禾」・「元年」・「其年」であり、いずれも嘉禾元年の可能性が高い）。特に壹二三一四では、「穀物の用途」は「奉起黄龍三年二月訖四月」であるのに対し、穀物の授受は嘉禾年間に行なわれている。ちょうど簡の接続部分に当たるなどして年が不明確なものも少なくないが、この傾向は示唆的である。というのは、次の簡より、採集簡第六盆の「月旦簿」は嘉禾元年の文書であると考えられるためである。[二九]

58　右倉曹史烝堂白　州中倉吏黄諱潘慮列起嘉禾元年☐　（壹二〇三九）
　　正月一日訖三月卅日旦簿☐　（壹一七七三）

59　☐倉曹史烝堂白　州中倉吏黄諱潘慮列起嘉禾元年四月　（壹二二四三）
　　一日訖六月卅日旦簿□承三月餘襍領呉平斛米三萬　（壹二三六四）

各々二簡は、三ヶ月分の「月旦簿」をまとめた四時簿の表題に相当する。前掲の各「月旦簿」の表題簡は年号を示していないが、右の事例より「月旦簿」が嘉禾元年のものであると確認でき、穀物搬出記録がその構成要素であることを傍証しよう。[三〇]また、この記載から、州中倉が臨湘侯国の「右倉曹」の管轄下にあることも確認される。

最後に、本「月旦簿」の作成主体である州中倉について検討したい。州中倉及びその倉吏については、三州倉とともに「田家莂」にも頻見するため、早い時期から検討が進められており、それぞれの性格、両者の関係は、走馬楼呉簡の中でも研究蓄積のあるテーマの一つである。まず、竹簡の図録本が刊行される以前における議論は次のように整理される。

走馬楼呉簡出土後間もなく『中国文物報』に掲載された李均明・宋少華・胡平生・何旭紅四氏の連名による紹介記事では、州中倉を荊州中倉とする見解が提示された。[三一] また一九九九年五月の『文物』誌上に「発掘簡報」とともに掲載された宋少華・王素・羅新三氏の連名による「長沙走馬楼簡牘整理的新収穫」では、唐代の倉庫制度を参考とし、臨湘県は長沙郡治であるために郡倉はあるが県倉はないという理解に基づき、二つの見解を提示する。一つは、「州」は「洲」に通じ、州中倉・三州倉はともに「洲」上に設けられた中継輸送のための転運倉であるとするもの。もう一つは、州中倉（「州」＝荊州）は荊州が臨湘県に派出した正倉、三州倉（「三州」＝呉の異称）は中央政府が臨湘県に派出した転運倉であるとするものである。これに対して胡平生氏は、「田家莂」中に三州倉吏の鄭黒が「県吏」としてみえることから、三州倉は県倉であり、中央政府の転運倉ではないとする。[三二] 安部聡一郎氏は、転運倉は直接民の租税納入を受ける倉としては機能しなかったことを指摘し、また三州倉吏・州中倉吏がともに県吏であるため、両倉は臨湘侯国管下の倉であるとする。[三三] 伊藤敏雄氏はこれらの説を踏まえた上で、少なくとも簡牘と関わる側面では、三州倉・州中倉がともに県倉（臨湘侯国倉）として機能していたとする。また「田家莂」における各倉への米の納入状況の比較及び一部公表されている竹簡中に三州倉から州中倉への米の輸送はみられるが逆はみられないことから、州中倉の方が三州倉よりも大規模かつ消費地に近い場所にあり、州中倉で穀物が不足した場合に三州倉から転送されたとする。[三四]

このように、両倉の機能を考える上で多くの重要な指摘がなされてきた。以上の議論に対して『竹簡壱』収録の竹簡の内容を補足すると、州中倉に対して次のような位置付けを加えることができる。

60　入男子李明二年鹽米十斛黃龍三年十一月十日關邸閣郭據付倉吏監賢受（壹三一〇三）

61　▨……與郡倉吏監賢米一百▨（壹一九一九）

62　……八百布付庫吏……米百廿□斛付州中郡倉吏監賢（壹四七六一）

すなわち、州中倉吏としてみえる監賢が、「郡倉吏」としての身分を持ち、州中倉自体も「州中郡倉」と呼ばれていたことが判明するのである。このことから、王素氏は州中倉と三州倉は郡倉であり、州中倉は正倉、三州倉は郡級の転運倉であるとする。[三五]州中倉が郡級の機能を有していたことは、その収入名目に「鹽（賈）米」・「郡掾利焉屯田限米」など郡に関わるものがあることからも裏付けられる。[三六]ただし、前掲の諸論考が指摘するように、州中倉吏・三州倉吏の多くは「県吏」としてみえ、州中倉・三州倉はともに吏民の賦税納入を受領している。また、第七章で検討するように、両倉とも集積する穀物の一部を貧民に貸与し返還されたものを受領する業務を行なっている。これらは明らかに県倉としての業務である。さらには、前章及び本節でみてきたように、三州倉・州中倉が作成した穀物簿は臨湘侯国の右倉曹に報告されている。以上のことは、州中倉が県倉としての側面と郡倉としての側面を兼ね備えていたことを示している。

本節では、穀物搬出記録の性格に関わる諸問題について検討した。その結果、穀物搬出簡は県倉でありかつ郡級の機能も兼ね備える州中倉で作成されたもので、特に第六盆の簡番号を持つものについては、嘉禾元年に作成された「月旦簿」の一部であることを明らかにした。

第三節　穀物の用途の分析

本節では、第一節の復元作業の過程で得られた搬出先の諸情報を元に、州中倉の穀物の用途について分析する。まず、搬出先としてみえる官府及び穀物の具体的用途の情報をまとめ、一覧として提示する。穀物搬出記録は複数の簡に渡るため、一簡中に当該部分が完備している事例は稀である。そこで、①「督軍糧都尉の書」に続けて記されているもの（「給」字に続くものと「付」字に続くもの）と、②簡の頭から記されているものとに分けて提示する。

【搬出先】

a「給」字に続くもの

（イ）鎮南將軍呂岱関係

「將軍呂岱所部□□所□士四人及瑜合五人」（壱二二五七）・「呂侯都尉陳□□」（壱二三〇一）

「鎮南」（壱二三〇三）・「鎮南將」（壱二三五四）

（ロ）大常・劉陽侯

「大常都尉□□士胡客□」（壱一九五九）・「使持節劉陽侯兵曹王攀所領□□」（弐八二二二）[三七]

「大常劉陽侯兵曹王攀所□」（参二五〇七）・「大常□□吏士妻母□」（参二五二七）

（ハ）右郎中何宗関係

「右郎中何宗」（壱一七八二）・「右郎中何宗所督」（壱一九〇〇）

「右郎中何宗所督武猛司馬陳陽所領吏□□」（壱二〇九五）・「右郎中何宗所督別部司馬」（壱二一七一）

（ニ）右選曹尚書[三八]

「右選曹尚書□」（壱二一〇五）・「右選曹尚書郎貴借」（弐七三三七）

「右選曹尚書郎貴債所將……」（弐七七八八）・「中戸曹尚」（肆四九〇九）

「右選曹尚書郎貴倩所將諸」（柒二〇八五）

（ホ）典軍曹関係[三九]

「典軍　左金曹典事□□」（壱二〇〇八）・「典軍曹史許尚典事邵」（壱二〇六九）

（ヘ）「監運」関係官

「監運掾曹□□」（壱一八二三）・「監□掾□□□□」（壱二〇五五）

「監運掾□這所領師士」（壱二一〇七）・「監運掾章□□□」（壱二三一二）

「監運掾黄義□□」（壱二三七七）・「監運兵曹孫供所領吏士」（壱二四一九）

「監運兵曹徐華所□」（壱八七六二）・「監運掾」（弐四〇〇九）・「監運掾謝慎所」（弐六七〇〇）

「監運掾□遺」（参二〇九二）・「監運」（参二一三七）・「監運司馬訢□士□□□」（肆四一〇五）

「監運掾章禮士」（肆四八一五）・「監運掾劉憲士廿二人」（肆四八一八）

「監運掾黄禮所領書史尹仕□」（肆四九七六）・「□運都尉杜祐士」（肆五一三一）

「監運掾謝慎所領吏」（柒二〇七六）

（ト）その他

「督軍録事典事訖司馬□□」（壱一八三二）・「右」（壱一八五〇）・「郡干」（壱一九八七）＊

「前部□□」（壱二〇一八）・「兵曹阮範□□□□」（壱二〇三〇）・「監所領師」（壱二〇五八）

「武猛都尉□□□」（壱二二五五）・「作柏船匠師朱存朱□二人稟」（壱二二七九）

「縣□□□」（壱二三五五）＊・「討寇將軍鬪纛所領軍將」（弐三八三六）
「郎中貴清所將督史□」（弐三八六一）・「作柏船吏□」（弐三九八八）・「都尉」（弐四三二一）
「都尉向卿所領□吏」（弐七三六四）・「都尉周山所領吏士」（弐七三七二）
「都尉梁通所領吏士」（弐七三七八）・「武猛都尉所領吏士」（弐七四六三）・「縣卒」（弐七四九一）＊
「……軍吏」（弐七六二九）・「校尉右倉所□」（弐七九一二）・「侯相」（参二六三五）＊
「監池司馬趙斐李代等十人」（肆四〇九九）・「作珀耐船匠師朱哀朱□二人」（肆四一三七）
「都尉」（肆四一六三）・「大倉丞張□」（肆四七一三）・「都尉」（肆四七八〇）
「□□□都□所領都尉移□」（肆五〇〇〇）・「中書典校丁又」（柒七六）
「作柏船匠師鄭有朱徳二人」（柒七九）・「作柏船匠師」（柒一三〇四）
「右大倉曹都典典事劉旦孫高……」（柒二〇三六）・「侯相」（柒四一九四）＊
「郵□太守」（柒四二一二）＊・「右尉高賓」（柒四三八九）＊・「縣侯相□」（柒四四一六）＊

＊は「督軍糧都尉の書」の記載がみえないもの

b「付」字に続くもの

（へ）「監運」関係官

「監運掾曹□等運詣集所」（壱二一一二）・「監運掾□」（壱二二〇五）・「監運掾黄義運詣」（壱二三六八）
「監運掾楊遺運詣集」（肆四一一〇）・「監運掾楊遺運詣集所」（肆四一四五）
「監運兵曹陳謙運詣」（肆四七五二）・「監運司馬趙斐運詣集所」（肆四八二一）
「監運掾劉憲運詣集所」（肆四八二三）・「監運都尉□祐」（肆四九三八）

「監運司馬張難運詣集所」（肆四九七九）

（ト）その他

「□□倉曹陳治運詣集所」（壱一八七〇）・「督軍司馬徐玄所督都尉胡辰陳晉」（壱二一一五）

「後部樓船都尉護□□」（肆四〇五一）

c「付」・「給」字のいずれか不明のもの及び前簡からの続きとして、簡の冒頭に記されるもの

（イ）呂岱関係

「軍呂岱所領」（壱二三二六）・「呂岱所領都尉」（壱二三七八）

「呂岱所督都尉□□□陳綜司馬呂石等所領士衆」（弐七九四）

（ロ）大常・劉陽侯

「持節劉陽侯」（参一七一七）

（へ）「監運」関係官

「監運掾陳靚運詣集所」（壱一七五一）[四〇]・「運掾□都尉……」（肆五〇七九）

（ト）その他

「……陳仲書史蔡鬻等運詣集所」（壱一一五七）・「陳義所領吏帥客」（壱一三一六）

「□所督軍邑君跳傳所領吏士」（壱一八一五）・「楊昭所領吏士」（壱一九五二）

「□□司馬王祿所領吏士」（壱一九五四）・「都尉兒福倉曹掾阮父所領師士」（壱一九九三）

「□琦左別治兵曹典事袁潘二□事」（壱二〇二一）・「運詣集所」（壱二二四五）

「換士裘長二人」（壱二三〇九）・「兵曹黃忠所領十人」（弐三八七七）・「孫方吏士」（弐三八八〇）

「裨將軍孫□所領吏士」（弐四〇二八）・「□□朱忩朱□」（参一二六六）・「尉高覓」（参二六一〇）
「詣集所」（肆四〇四九）・「（栫師徐）和孫呂等」（柒二〇二二[41]）
「闕司馬□興書史周□」（柒二一〇三）

【具体的用途】

○「直」　三〇例
「吏士」（壱一八一五・壱三三五一・弐三八八〇・弐七三七二・弐七三七八・参八二一一）
「師士」（壱一八一〇・壱一九九三・参一九五〇）「栫師」（柒二〇二二）
「士」（柒三三六四）「〜士」（壱三三八六）「卒」（肆四一二〇）　個人名（肆四一三七・柒七九・柒二一〇三）
不明（壱一八四一・壱一八四七・壱一九七〇・壱二一八二・壱三三五〇・弐三八八三・弐七四九五・弐七五二〇・弐九〇七九・参二五二一・参五八三九・肆四六七〇・肆五一三七・柒三四四七）

○「奉」　一七例
個人及び官名（壱一九二〇・壱二〇二一・弐七三三七・参二六一〇・肆四一六三・肆四七一三・肆四九〇三・柒七六）
不明（壱一九六三・壱二一九七・壱三三一四・参七四五・肆五一四四・柒二一七五・柒二七七六・柒四一九一・柒四一九七）

○「稟」　七例
個人名（壱二二七九・壱二三〇九・参一二六六）「〜士」（壱二〇一四・肆四八一八）
不明（壱二〇〇〇・弐七三五七）

○「食」　四例

個人名（肆四〇九九）　不明（弐四〇六八・肆五〇〇二・柒二〇八〇）

まず、「督軍糧都尉の書」を介さず穀物を「給」している事例として、「郡干」（壱一九八七）・「縣□□□」（壱二三五五）・「縣卒」（弐七四九一）・「（縣）侯相」（参二六三五・柒四一九四・柒四四一六）・「郵□太守」（柒四二一二）・「右尉高賓」（柒四三八九）がある。以下に続く簡を確定することは困難であるが、例えば簡番号柒四〇〇〇番台の「侯相」・「郵□太守」・「右尉高賓」の事例は、その前後に搬出の目的を嘉禾元年中の「奉」であるとする記録が確認できる。[四二]これらは官員本人に対する俸禄支給の記録であると考えられる。「郵□太守」は写真図版のみからは釈読を確定し難いが、州中倉が臨湘侯国のみならず長沙郡の官員に対する俸禄を支給していたことを示唆するものであり、県倉と郡倉の機能を兼ね備えていたことを傍証するものである。

　これらを除く搬出記録の事例は、いずれも「師士」・「吏士」に対する発給もしくは「督軍糧都尉の書」に関する記述を伴うことから、軍関係である可能性が高い。次の二簡は、こうした搬出穀物の用途の大要を示唆するものである。

63　廿八斛九斗一升運送大屯及給稟諸將吏士餘米一萬三千卌六斛（壱一七三七）[四三]

64　大屯及給稟諸將吏士餘米一萬三千六百七十三斛□□□〼（壱二三〇四）[四四]

両簡の記載はともに文の途中からであるが、より完全に近い63を書き下すと、次のようになる。

……廿八斛九斗一升、大屯に運送し及び諸將の吏士に給稟す。餘の米は一萬三千三十六斛。

本簡は、まず搬出記録の総計的な額と用途を記し、その後に穀倉に残った額を提示していると思われる。搬出された穀物の用途としては、①「大屯に運送す」及び②「諸将の吏士に給稟す」を確認できるが、後者はまさに、一覧の大半を占める軍に対する糧穀支給を指すのであろう。

穀物の具体的な用途としては「直」・「奉」・「稟」・「食」の四者がみえ、どれも広義での「手当て・奉給」という意である。既公表の簡からは厳密な区別はし難いが、支給対象の明確な事例によると、「直」は「吏士」・「師士」などの軍の構成員、「奉」と「稟」は軍事官を含む官員個人や個人名と対応していることが多い。[四五]

以上によれば、州中倉から搬出された穀物の用途は、大半が「吏士」や「師士」すなわち軍の構成員の「手当て」であったことが分かる。[四六]では、これらは具体的にどのような軍なのであろうか。

（イ）の「鎮南将軍呂岱」は、『三国志』「呉志」巻一五に立伝されている。その記述から走馬楼呉簡の年代前後における事績を追うと、呂岱は、黄武末年の交州における士一族の反乱を平定し、南方を慰撫した功により番禺侯・鎮南将軍を拝した。その後、黄龍三年（二三一）より長沙郡の漚口に駐屯し、嘉禾三年（二三四）に陸口に移るが、その間に太常の潘濬らとともに、武陵蛮（五谿蛮）の討伐に当たっている。[四七]

（ロ）の「太常」・「劉陽侯」は、時期などから同巻一六に立伝されている潘濬のことと考えられる。伝の記載によれば、潘濬は黄龍元年（二二九）に呉王朝が成立すると少府・太常を歴任し、同年に建業へ遷都が行なわれると、旧都の武昌に軍を駐屯させ、陸遜とともに荊州方面を管掌した。五谿蛮が反乱を起こすと、孫権より仮節を授かり、諸将の軍五万人を率いてこれを討伐した（黄龍三年～嘉禾三年[四八]）。なお弐八二二三により、潘濬は当時「仮節」ではなく「使持節」であったことが明らかとなった。

走馬楼呉簡に呂岱や潘濬が登場するのは、この漚口に駐屯していた、もしくは武陵蛮の討伐に当たっていた時期のものであろう。呂岱の軍に対して穀物の搬出・支給を指示する「督軍糧都尉の書」の日付は、壱二三〇三・壱二三五四に「嘉禾元年六月十四戊申」、壱二二五七に「嘉禾元年八月十一日甲辰」とあり、まさにこの時期と重なる。「大常」の簡についても、参二五〇七に「嘉禾元年十二月卅日辛酉」とあり、この時期のものである。

呂岱が駐屯していた漚口は、穀水と漚江との合流地点で、臨湘県のはるか東南方、茶陵県の東に位置する。[四九] 武陵蛮討伐の根拠地がどこに置かれていたかは定かでないが、武陵郡内もしくは長沙郡を含む近隣と考えるのが妥当であろう。この漚口もしくは武陵郡近辺に駐屯する軍団に対して糧穀を出給するということは、州中倉が臨湘県を超えた機能を有することを意味し、前節で確認した郡級の倉としての側面を裏付ける。また、孫呉政権において、各地の軍に対する糧穀は、一部のみかつ有事の際のみかもしれないが、「督軍糧都尉」の指示により、駐屯地の属する、ないし付近の穀倉から支給されたことが確認される。

一方、63・64に記載される残りの部分、「運送大屯」の「大屯」については、ほかにも事例があるものの、具体的な意味を知ることは難しい。

65 ☐□□□稟長水日詣大屯□□□□□　☐（壱一〇四六）

66 □□今狩書言錢□□□□□孫賢等□核□□大屯及禁□銖租具錢一萬五千（壱四四二〇）

あるいは、搬出記録のうち二割ほどを占める、穀物運輸に関する記録が、「大屯」と関連しているのかもしれない。第一節で挙げた19（壱二一一二）は次のような内容であった。

……（督軍）糧都尉の嘉禾元年十一月十日乙丑の書（を被け）監運掾曹□等に付し、運びて集所に詣らしむ。嘉禾元年……

すなわち、「督軍糧都尉の書」をうけた州中倉が、監運掾の曹某らに穀物を預け、彼らがそれを「集所」に運んだことに関する記録である。「監運」は、その名称が示すように穀物などの運搬を監督する官であり、搬出記録中には「監運掾」・「監運兵曹」・「監運司馬」・「監運都尉」の諸官がみえる。一覧に示したように、監運関連官は搬出の対象として最も多くみえ、「給」字を伴う麾下の「吏士」に対する糧穀支給の事例も最多であるが、穀物を運搬したことを示す記録が一〇以上あり、同一簡中に確認できる運搬先はいずれも「集所」である。

さらに、穀物の運搬を示す記録の続きと思しき簡には次のようにあり、監運関連官などによる穀物運搬の実態をうかがえる。

67　運詣集所其年十二月十九日付柂師逜富陳奴　（壹二二四五《五〇》）

68　運詣武陵嘉禾二年六月十四日付兵曹典□□船師陳棟王買□□□□　（壹二〇八〇）

両簡の記載によると、州中倉から穀物を受け取ったのは「柂師」（＝舵師）や「船師」であり、彼らが「集所」まで運搬したのであろう。舟船による運搬が記されることで、湘江を中心とした臨湘侯国周辺の穀物運輸がイメージされる。「監運」関連官などによる「集所」などへの運搬に関する記録はみな「督軍糧都尉」書を伴っていることから、運搬目的で搬出された穀物も、やはり軍糧であったと見なせよう。これらの記録における穀物の運搬先のほとんどが「集所」であること、また一例のみかつ簡の状態が悪いものの、「出三千七百二萬四百五十斛七斗九升運詣集所給稟將□」（柒二二一六）という事例を確認できることから、63・64における「大屯」と「集所」が同一である可能性もある。

なお、68には、「運詣武陵」とある。簡の状態が悪く、写真図版では肝心な部分が判然としないが、武陵に運送していたとすれば、先にみた武陵蛮討伐との関係が想定でき、貴重な記録である。

以上の分析から、州中倉の穀物の用途として、①侯相をはじめとする臨湘侯国の官員に対する俸禄の出給、②臨湘県や長沙郡外に駐屯する軍に対する糧穀の出給、③「集所」への穀物運輸の三つを挙げることができる。①は県倉としての「通常」の業務と思われるが、類例は少ない。また、確定はし難いが、郡の官員に対する俸禄の支給は、郡倉としての側面を裏付けるものである。一方、搬出記録の大半を占めるのが②と③であり、③もまた「督軍糧都尉の書」によるものであることから、これらも軍糧としての搬出であったと考えられる。すなわち、州中倉に集積された穀物の大半は、軍糧として消費されたのである。また「集所」への運搬は、「監運」という機関が仲介的な役割を担っていたことが明らかとなった。

第四節　督軍糧都尉と節度

第一節の復元作業及び前節の分析の中で、穀倉から穀物を搬出する際に、「督軍糧都尉の書」が大きな役割を果たしていたことが確認された。では、この「督軍糧都尉」とは、いかなる官なのであろうか。その名称から、軍糧の監督を職掌とすることは分かるが、伝世文献にみえず、詳細は不明である。[五一] しかし、「督軍糧都尉」簡の類例と考えられる次の四簡は、その系統や性格について大きな示唆を与えてくれる。

69　軍糧都尉移右節度府黄龍三年十一月六日乙巳書[給][督]軍録事典事訖司[馬]□□（壱一八三二）

70　軍糧都尉移右節度府黄龍三年十一月十一日乙巳書給[典]軍（左金曹典事□□）（壱二〇〇八）[五二]

71　軍糧都尉移右節度府黄龍三年七月十八日戊子書給兵曹阮範□□□□〼（壱二〇三〇）[五三]

72　軍糧都尉移右節度府黄龍三年五月十七日丙寅書給典軍曹史許尚典事邵（壱二〇六九）

これらの簡には「（督）軍糧都尉の移りし右節度府の某年某月某日干支某某の書（を被け……）」とあり、州中倉が「督軍糧都尉」から受けた書は、もともと「右節度府」が「督軍糧都尉」に送ったものであること、すなわち「督軍糧都尉」が「右節度府」と文書をやり取りしていたことが確認できる。これらの記載及び第一節で提示した「邸閣郎中」に関する記録を総合すると、文書による穀物搬出の指示は次のような流れで行なわれたことが明らかとなる。

右節度府 → 督軍糧都尉 → （邸閣郎中）州中倉

勿論、「督軍糧都尉」から州中倉に直接指示がゆくのではなく、所属する臨湘侯国の倉曹など上級機関が間に入ると予想される。なお、第六盆において、搬出を指示する文書が黄龍三年付であるのは、右の四簡のみである。「節度」は、『三国志』「呉志」にもみえる官名で、以下の史料がある。

①『三国志』「呉志」巻一九・諸葛恪伝
（孫）權、甚だ之を異とし、試すに事を以てせんと欲し、節度を守らしむ。節度は軍の糧穀を掌り、文書繁猥にして、其の好むところに非ざるなり。

②①の記事に對する裴松之注引『江表伝』
（孫）權の呉王と爲るや、初めて節度の官を置き、軍糧を典掌せしむ。漢制に非ざるなり。初め、侍中・偏将

軍の徐詳を用う。詳、死すや、将に（諸葛）恪を用いんとす。

⑶同巻七・顧譚伝

赤烏中、（諸葛）恪に代わりて左節度と爲る。簿書を省みる毎に、未だ嘗て籌を下さず、徒だ指を屈げて心計するのみにして、盡く疑謬を發す。下吏此を以て之に服す。

これらの記述から、「節度」は（1）孫権が呉王となって初めて置いた官、すなわち孫呉政権独自の官であり、（2）諸軍団の糧穀の監督をつかさどっていた。その職務の一つとして帳簿のチェックを行なっていた。（3）左右の両官が置かれた、ということが分かる。走馬楼呉簡によれば、「督軍糧都尉」を介し、地方の穀倉に対して軍糧搬出の指示も行なっていた。また「右節度府」とあることから、左右両官が設置されていたことが改めて確認され、幕府的な官衙体制を取っていたことも分かる。

次に、「節度」の性格を考えるため、就任者が政権内でどのような立場にある人物であったのかをみてみたい。右の史料には、「節度」就任者として徐詳・諸葛恪・顧譚の三人がみえる。

徐詳は、呉郡烏程県の出身で、陳寿に「孫權の時、事業を幹興せし者なり」・「榱椽の佐」と評された人物である。後漢末に孫権が車騎将軍となると、同巻（『三国志』「呉志」巻一七）に立伝されている是儀や胡綜とともに軍事や国政全般の機密事項の処理に当たり、以降も孫権に直属する軍の長官や侍中など、近臣の官を歴任した。

顧譚は、呉郡呉県の大姓顧氏の出で、父の顧卲は若くして亡くなるが、祖父の顧雍は、孫権が会稽太守時の会稽郡丞、車騎将軍時の車騎将軍左司馬と補佐的な官を歴任、呉王国成立後も大理・奉常・尚書令を経て、最終的には丞相となった人物である。顧譚もまた、次代の側近候補として太子孫登の四友に選ばれ、「節度」就任以降も、選曹尚書や太常、平尚書事を歴任した。

諸葛恪は、孫権の賓客・補佐官から大将軍となった諸葛瑾の子である。若い頃から将領として活躍し、政治・軍事の柱であった陸遜の後任となるなど信任を受け、孫権の死去の際には後事を託されるまでに至った。第二代皇帝孫亮が即位すると、軍事・政治の権を一手に握り、最期はその専権が元で謀殺されてしまうが、伝に将領としての活躍の記載が多いことから、政権内での立場が徐詳や顧譚とは異なる人物のようにもみえる。しかし、先に挙げた②『江表伝』の続きには、次のようにある。

将に（諸葛）恪を用いんとす。諸葛亮、恪の（徐）詳に代わるを聞きて、書して陸遜に與えて曰く、「家兄（※諸葛瑾：筆者）年老いて、恪の性、疏たり。今、糧穀を典主せしめんとす。糧穀は軍の要たること最なり。僕、遠きに在りと雖も、竊かに用て安んぜず。足下、特に至尊に啓するを爲し、之を轉ぜしめよ」と。遜、以て權に白し、即ち恪を轉じて兵を領ぜしむ。

すなわち、その性質が「節度」として不適格であることから、将領に転任させられたというのである。「節度」就任以前、諸葛恪は顧譚らとともに次代の側近候補として、太子四友に選ばれていた。これらのことから考えると、「節度」に就任した三人はみな、孫権の信任を得、かつ（諸葛恪は将領に転じるまでであるが）軍を構えて各地に駐屯するのとは異なった、所謂近臣型の人物であったといえよう。[五四]

以上に検討した「節度」の職掌と就任者の政権における立場を考え合わせるに、「節度」は、諸軍団に対する糧穀支給のチェックを皇帝に近い立場で行う、監督者としての性格を持ち合わせていたのではないか。「督軍糧都尉」は、その名称や「節度」と文書をやり取りする関係から、羅新氏が想定するように、両者は統属関係にあった可能性が高い。[五五]糧穀の発給を州中倉などの地方穀倉に指示することで、諸将の財政を監督・統制していたのであろう。

なお、次の簡は「督郡糧都尉」の地位を示唆するものである。

73　部長沙督軍糧督□都尉□□書到□復……郡縣屯田（弐九九九）

本簡は記録としての性格は不明であるが、「書到」の文言から、文書の通達に関連する内容を有すると考えられる。注目されるのは、「督軍糧（都尉）」が「督□都尉」と併記されていることである。官名の一字は未読字であるが、走馬楼呉簡中に散見する「督軍都尉」である蓋然性が高い。[五六] 森本淳氏によると、三国時代、「督軍」は郡太守と並び称される郡レベルの軍事官であった。[五七] 走馬楼呉簡中にも「郡督軍都尉」（弐五四）の記載がみられる。この「督軍都尉」と「督軍糧都尉」が併記されているとすれば、「督軍糧都尉」もまた郡レベルの官であった可能性を指摘できよう。

孫呉政権はその草創期、一部の将領に対して奉邑を与え、費用を独自にまかなわせていた。濱口重國氏によると、その奉邑制は、呉王国・呉王朝の成立をきっかけに、個人の栄誉と私家の経済を顧慮する封爵制へと切り替えられていった。[五八] また藤家禮之助氏は、その切り替えの際に奉邑の多くが典農部屯田へと再編された、と指摘する。[五九] 孫呉の軍事制度に対して再検討を加えた石井仁氏は、同巻一一・呂範伝に、

初め、（孫）策、（呂）範をして財計を典主せしむ。（孫）権時に年少たりて、私かに従いて求むる有り。範、必ず關白し、敢て専許せず。

とあるように、初期の段階では「軍事組織に立脚したきわめて粗放な構造」を持っていた孫呉政権が、呉王国・呉王

朝の成立以降に「節度」や軍功の査定ならびに武官の人事を担当する「典軍」、軍事司法に関わる「執法」といった中央の軍制機構を設置することで、「文官優位の一元的な政治・軍事制度の確立」を指向していたとする。[六〇] これらは即ち、諸軍団に対する中央の統制が確立していく過程を示す動きである。「節度」及び「督軍糧都尉」の設置は、財政面での措置として、この流れの中に位置付けられよう。

孫呉政権の軍事制度については、「奉邑制」・「世兵制」・「軍団長職の世襲」といった事象が史書中に頻見することから、大川富士夫・川勝義雄両氏に代表されるように、諸将の独立性の側面を強調する理解がなされてきた。[六一] それに表裏する中央による統制という側面は、右の諸論考で指摘されるように、呉王国・呉王朝の成立以降に顕著となる。走馬楼呉簡の大半は黄龍～嘉禾年間の作成にかかわるものであり、まさにこうした政権の成立・確立期と対応するものである。「督軍糧都尉」・「節度」が登場するのは、孫権が皇帝となって間もない当時、地方における穀物の運用、特に軍糧の管理に対して中央の監督機関が存在・機能していたことを示しており、当該時期を象徴するものといえる。

おわりに

本章では、走馬楼呉簡の穀物搬出記録の検討から、地方の穀倉における穀物の搬出システムと、軍糧に対する中央の監督体制の存在を明らかにした。要点をまとめると、次のようになる。

①記載が数簡にわたる穀物搬出簡の全体像を、書式などに基づき復元した。その概要は第一節の末尾に提示した。

②竹簡の整理から、穀物搬出簡が「月旦簿」の一部であることを明らかにした。また第六盆収録のものについては、記載される年月日の分析から、これらが嘉禾元年に作成された文書であることを確認した。

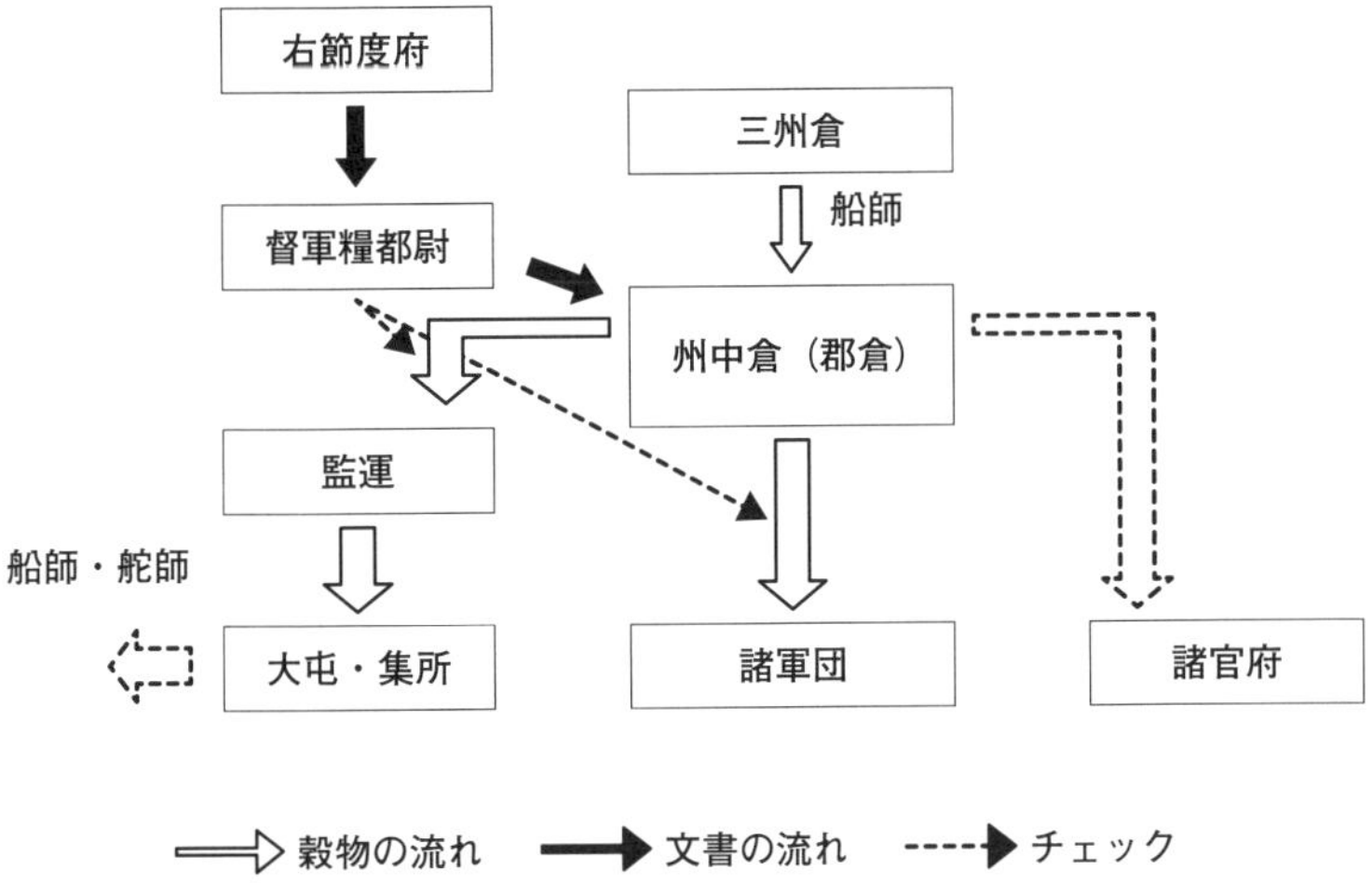

図２-１　走馬楼呉簡にみえる穀物搬出システム

③穀物搬出簡・「月旦簿」の作成主体である州中倉について、県倉としての側面のほか郡倉としての側面も有することを確認した。

④搬出先・用途の分析から、州中倉の穀物が主に軍の構成員の糧穀に用いられていたことを明らかにした。その一部が臨湘侯国外に駐屯する軍であることは、州中倉が郡規模の機能を有することを裏付ける。また、「監運」関係官が穀物の運送において仲介的役割を担っていたことも確認した。

⑤州中倉に対して穀物搬出を指示する「督軍糧都尉」と「節度」の検討から、当時の孫呉政権において、地方や軍の糧穀に対する中央政府の監督機関が機能していたことを明らかにした。

州中倉の搬出記録は、大半が軍への糧穀支給を目的としていた。臨湘侯国の官員に対する俸禄の出給などの事例は少なく、その内容には偏りがあるようにも思われるが、当該の記録はいずれも「月旦簿」の構成要素であり、「通常業務」としての記録であろう。すなわち、州中倉に集積された穀物は、当時の事情から軍糧としての性格が強く、その運用については郡県内のみならず中央政府の統制を受けていたことが明らかとなった。

以上、本章で検討した穀物搬出のシステムを図示すると、図2-1のようになる。

それでは、州中倉とともに文書の作成主体としてみえる三州倉に集積された穀物は、どのように利用されたのだろうか。走馬楼呉簡中には、本章で検討した記録とは異なる書式を有する穀物搬出記録が確認できる。次章ではそれらの記録を分析・検討し、本章での検討結果と併せ、三州倉・州中倉を中心とする走馬楼呉簡全体における穀物財政のシステムを復元したい。

一　釈文は「税米呉平斛米」とするが、写真図版を確認する限り、「税呉平斛米」である。本文中に提示した類例にみられるように、穀物搬出記録では当該部分は「年度+某呉平斛米」という表記であり、「年度+某米呉平斛米」という表記のものは確認できない。

二　釈文は「官所貸醤賈呉平斛米」とするが、写真図版を確認する限り、「貸」ではなく「賣」字である。走馬楼呉簡中には、「鹽賈米」・「醬賈米」など官有物資の売却による穀物の収入名目が散見する。これらの名目については、第六章で検討を加える。

三　釈文は「合爲稟斛米」とするが、写真図版を確認する限り、「合」字はみえない。

四　李均明「走馬樓呉簡會計用語叢考」（『出土文献研究』第七輯、中国文物研究所、二〇〇五年一一月）、宋少華「長沙三國呉簡保護整理與研究的新進展」（長沙市文物考古研究所編『長沙三國呉簡暨百年來簡帛發現與研究國際學術研討會論文集』中華書局、二〇〇五年一二月）。

五　断簡を含め、同様の簡として以下のものがある。
壱四八二・壱一一六七・壱一一七二・壱一三三一・壱一八二八・壱一八三三・壱一八三七・壱一八五二・壱一八五七・壱一八六五・壱一八七二・壱一九〇一・壱一九一一・壱一九三〇・壱一九三三・壱一九三八・壱一九六六・壱一九七四・壱一九八三・壱一九八七・壱一九九七・壱二〇〇七・壱二〇一六・壱二〇二八・壱二〇三一・壱二〇四九・壱二〇五一・壱二〇五九・壱二〇七七・壱二一一三・壱二一一四・壱二一三四・壱二一五三・壱二一六九・壱二一八四・壱二

一八七・壱二一九一・壱二二〇六・壱二二一一・壱二二一二・壱二二一六・壱二二一七・壱二二三七・壱二二四二・壱二二六一・壱二二八三・壱二二九一・壱二二九三・壱二二九六・壱二三〇八・壱二三二二・壱二三二四・壱二三三四・壱二三四三・壱二三四六・壱二三五五・壱二三九三・壱二三九五・壱二三九八・壱二四〇四・壱二四四二・壱二四五三・壱六二五一・壱七〇四三・壱七〇四七・弐三八三五・弐三八四五＊・弐三八五六＊・弐三九七五・弐四〇三六＊・弐四〇四〇＊・弐四二三三・弐四三〇八・弐四三七七・弐四三八五・弐四三九二・弐六六九九・弐六七〇四・弐七一三五・弐七三三二・弐七三三五・弐七四〇〇・弐七四八六・弐七四八八・弐七四九一・弐七五一八・弐七五二八・弐七六三一・弐七八〇八・弐七九七九・弐八〇二〇・弐九〇五二・弐九〇八三・参二七・参二六四・参二八六・参一七二〇・参二六三五・参五八三一・参七七三九・肆二九四五・肆四〇二一・肆四〇三一・肆四〇五二・肆四〇九六・肆四一一八・肆四一三六・肆四一七〇・肆四七五〇・肆四七八四・肆四八一六・肆四八二〇・肆四八二二・肆四八五〇・肆四八七四・肆四九〇二・肆四九〇四・肆四九四〇・肆四九七五・肆四九八〇・肆五〇〇六・肆五〇四九・肆五一一四・肆五一一六・肆五一九九・柒一二〇二・柒一五四一・柒一九九六・柒二〇一七・柒二〇三三・柒二〇四二＊・柒二〇六五＊・柒二〇七九＊・柒二三二七・柒二三七一＊・柒二七〇〇・柒三四二五・柒三四五七・柒四一九四・柒四二一二・柒四三八九・柒四四一六・柒四五五九・柒四六七五

＊を付したものは、後述する「右邸閣郎中李嵩」に関連するもの。

六　「発掘報告」によれば、竹簡は大きさから①長さ二五～二七cm、幅一・二～一・五cm、厚さ〇・一五～〇・一八cm、②長さ二二・二～二三・五cm、幅〇・五～一・二cm、厚さ〇・〇五～〇・一cmの二種に大別できる。また、筆者は二〇〇五年以来八度に渡り、文部科学省科学研究費プロジェクトの走馬楼呉簡の実見調査に参加し、竹簡の大きさや形状について検討してきた。その結果によると、これらの簡は②に相当する。拙稿「竹簡の大きさについて」『長沙走馬楼出土呉簡に関する比較史料学的研究とそのデータベース化』（平成一六年度～平成一八年度科学研究費補助金（基盤研究（B）課題番号16320096）研究成果報告書、二〇〇七年）を参照。

なお、王雲「魏晉南北朝時期的度量衡」（河南省軽量局主編『中国古代度量衡論文集』中州古籍出版社、一九九〇年、三三一～三三七頁）によると、呉尺には二三・五cmと二四・二cmの二種が確認されている。前者を基準とすると、これらの簡はほぼ一尺となる。

七　于振波「走馬樓呉簡習語考釋 二、平斛與稟斛」（『走馬樓呉簡初探』文津出版社、二〇〇四年一〇月）。また羅新氏は、

于振波氏の議論を進めて、「稟斛」を以前から長沙地方で行なわれている量制、「呉平斛」を三呉地方で行なわれている量制と性格付け、両者の換算を、長沙で新たな量制（呉平斛）が施行される過渡期の現象と位置付けている（「也説呉平斛」『呉簡研究』第二輯、崇文書局、二〇〇六年九月）。

八　第六盆及び発掘簡の第五盆には、次のような穀物の名目と額を列記した後に「被督軍糧都尉」の文字列が記される簡があり、これらの簡に続くと考えられる。

〼三千五百斛通合呉平斛米四千一十斛被督軍糧（壱二〇七七）

米一千五百六十斛醴陵倉吏謝仨米五十斛二斗通合呉平斛米六千斛被督（肆四一〇〇）

五十斛劉陽倉吏周春米七百八十斛通合呉平斛米一千四百八十斛被督軍糧（肆四九二〇）

九　釈文では「癸亥所書」とするが、写真図版を確認する限り、「所」字は確認できない。当該部分は、本文中でも示すように、「督軍糧都尉某年某月某日干支某某書」という文字列が記されるため、「所」字は入らないと考えられる。

一〇　釈文では「監」字の下を未読字とするが、写真図版により改めた。また、「黄龍」は写真図版では判然とせず、「嘉禾」の可能性がある。

一一　釈文では「諸集所」とするが、類例により改めた。この内容の簡は、当該部分の釈文が「詣」と「諸」とでまちまちである。本書では、「船師車刀趙益運詣中倉」（壱三〇二一）・「船師張瞻運詣中倉」（壱三〇八〇）などの類例から、「詣」に統一して読む。

一二　釈文では簡末の部分を「四人力□合五人」とするが、写真図版により改めた。なお胡平生氏は、後半部分を「呂岱部都□□□所將士四人力瑜合五人」と釈読する（胡平生「《長沙走馬樓三國呉簡》第二巻釋文校證」『出土文獻研究』第七輯）。

一三　同様の簡として、次のものがある。
壱一一四九＊・壱一一六九・壱一三七六＊・壱一七六〇・壱一七七二・壱一七八二・壱一八二三・壱一八三二・壱一八五〇・壱一八七〇・壱一九〇〇・壱一九一〇・壱一九四一・壱二〇〇八・壱二〇一八・壱二〇三〇・壱二〇五五・壱二〇五七・壱二〇五八・壱二〇六九・壱二〇九五・壱二一〇五・壱二一〇七・壱二一一二・壱二一二五・壱二一七一・壱二二〇五・壱二二一四・壱二二五五・壱二二五七・壱二二七九・壱二三〇一・壱二三〇三・壱二三一二・壱二三五四・壱二三六八・壱二三七七・壱二三八八・壱二四〇七・壱二四一九・壱二五〇一・壱八七六二・弐三八三六＊・弐三八六

一＊・弐三九三六＊・弐三九四〇＊・弐三九八八・弐四〇〇九・弐四二〇六＊・弐四三二一・弐六七〇〇・弐七三三七・弐七三六四・弐七三七二・弐七三七八・弐七四六三・弐七六二九・弐七七八八・弐七九一二・弐八二二三・弐八二二七・参二七五・参四〇四・参二一〇六・参二五〇七・参二五二七・参五八六一＊・参五九七五＊・参七九三三＊・参七九五一・肆四〇五一・肆四〇九九・肆四一〇〇・肆四一〇五・肆四一一〇・肆四一三七・肆四一四五・肆四一六三・肆四七一三・肆四七五二・肆四七八〇・肆四八一五・肆四八二一・肆四八二三・肆四八八二・肆四九〇九・肆四九二〇・肆四九三八・肆四九七六・肆四九七九・肆五〇〇〇・肆五一三一・肆五三四六・柒七六・柒七九・柒一〇三＊・柒一三〇四・柒二〇一九＊・柒二〇三一・柒二〇三五＊・柒二〇三六・柒二〇七六＊・柒二〇八五＊・柒二三四九・柒二八〇五？・柒三四九五・柒三四九六・柒四四七八＊

なお、この「督軍糧都尉」簡は、『竹簡壱』刊行以前により数枚が公表されており、王素氏ら（王素・宋少華・羅新「長沙走馬樓簡牘整理的新收穫」『文物』一九九九年第五期。以下、「新收穫」と略記）や羅新氏（「呉簡中的〝督軍糧都尉〟簡」『歴史研究』二〇〇一年第四期）が簡単な検討を行なっている。ただし諸氏は、「督軍糧都尉」簡を穀物搬出簡の一部としては扱っていない。

一四　前掲注四李均明氏論文。例えば、『三国志』「魏志」巻一一・胡昭伝に「建安二十三年、陸渾長張固被書調丁夫、當給漢中」、同巻二三・趙儼伝に「時被書差千二百兵往助漢中守、署督送之」とあり、「（上級官の）命令書を受け」という意味で使われている。

一五　釈文では穀物の数量を「七十斛」とし、「進」の下一字を未読字とする。写真図版では、この簡は真ん中で縦に割れており、復元時のミスであろうか、左右が一字分ズレた状態で接続、提示されている。ズレを直すと、このように読める。また宋少華氏は前掲注四論文にて、穀物の数量を「十斛」、後半部分を「被□倉曹許謝時□給府書」と釈読する。この論文は二〇〇一年の学会報告を元にしたものであり、破損以前の竹簡を釈読した可能性が高い。

一六　伊藤敏雄「長沙走馬楼呉簡中の「邸閣」再検討——米納入簡の書式と併せて」（太田幸男・多田狷介編『中国前近代史論集』汲古書院、二〇〇七年一二月）。

一七　文献中の邸閣については、日野開三郎「邸閣——三国志・東夷伝用語解の二」（『日野開三郎東洋史学論集』第九巻・北東アジア国際交流史の研究　上、三一書房、一九八四年。初出は一九五二年）、佐久間吉也「晋代の邸閣について」（中国水利史研究会編『中国水利史論集』、国書刊行会、一九八一年）を参照。

一八　王素（市来弘志訳）「中日における長沙呉簡研究の現段階」（『長沙呉簡研究報告』第三集、二〇〇七年三月）・伊藤氏前掲注一六論文を参照。

一九　戴衛紅「長沙走馬楼呉簡中軍糧調配問題初探」（『簡帛研究二〇〇七』広西師範大学出版社、二〇一〇年四月）。筆者も幸いにして、二〇一一年三月に長沙簡牘博物館で両簡を実見調査することができた。拙稿「穀物搬出記録の個別事例——「塩賈米」を中心として」（『長沙呉簡研究報告 二〇一〇年度特刊』科学研究費補助金・基盤研究（A）「出土資料群のデータベース化とそれを用いた中国古代史上の基層社会に関する多面的分析」プロジェクト、二〇一一年一二月）。

二〇　伊藤敏雄「長沙呉簡中の邸閣・倉吏とその関係」（『歴史研究』（大阪教育大学）第四九号、二〇一二年三月）。なお、孫正軍氏は、「邸閣」を職位、「郎中」を階位とする（孫正軍「走馬楼呉簡中的左、右郎中」『呉簡研究』第三輯、中華書局、二〇一一年六月）。

二一　釈文では「四月□訖六月」とするが、写真図版により「四月六日」と改めた。

二二　同様の簡として、以下のものがある。

穀物の具体的な用途が記される簡

壱一一五七・壱一三一六・壱一七五一・壱一八一〇・壱一八一五・壱一八四七・壱一九二〇・壱一九五二・壱一九五四・壱一九五九・壱一九九一・壱一九九三・壱二〇一四・壱二〇二一・壱二一四三・壱二一五九・壱二一八二・壱二二五一・壱二三〇九・壱二三一四・壱二三二六・壱二三七八・壱二三八六・壱二四〇八・弐七九四・弐三八七七・弐三八八〇・弐四〇二八・弐四〇六八・弐七三五七・弐七四九五・弐七八七九・弐九〇七九・参四四・参四二三・参七四五・参一二六六・参一七一七・参一九五〇・参二〇九二・参二一三七・参二六一〇・参五八三九・参八二一一・肆五〇六七・柒二〇六四・柒二一〇三・柒三四四七

末尾に相当する（穀物の授受についての情報が記される）簡

壱一七五六・壱一七七五・壱一七九三・壱一八三六・壱一八四一・壱一八四四・壱一九六三・壱一九七〇・壱二〇〇〇・壱二〇二四・壱二〇四五・壱二〇四六・壱二〇七九・壱二〇八〇・壱二一〇八・壱二一一二・壱二一四五・壱二一八九・壱二一九七・壱二二四五・壱二二五〇・壱二二六二・壱二二七一・壱二三四七・壱二三七四・壱二三八二・壱二四一六・壱二四五五・壱二四七五・弐三八八三・弐三八八九・弐三九一七・弐七三三九・弐七三四二・弐七三九一・弐七四八七・弐七四九二・弐七五一四・弐七五二〇・弐七五二五・弐七五四三・参二一六九・参二五

二一・肆四〇一一・肆四〇四九・肆四〇九七・肆四〇九八・肆四一二〇・肆四一三八・肆四七五一・肆四八一四・肆四八一七・肆四八九〇・肆四九〇三・肆五〇〇二・肆五〇七九・肆五一二三・肆五一三七・肆五一四四・柒一五三五・柒二〇一八・柒二〇二二・柒二〇三四・柒二〇八〇・柒二一七五・柒二三六四・柒二七七六・柒四一九一・柒四一九七・柒四九五六

二三　釈文では「米」の下二字は未読字。写真図版の精査及び実見調査により改めた。

二四　釈文では冒頭に「入」字を置くが、写真図版の精査及び実見調査により「倉」字の一部であると判断した。

二五　釈文では「米」の下に二つの未読字を想定するが、写真図版を確認する限り、「麦」一字のようである。

二六　写真図版により冒頭の墨点を補った。また釈文では「大麦」とするが、写真図版を確認すると「米麦」のようである。

二七　永田英正「居延漢簡の集成一、二」（『東方學報』（京都）第四六・四七冊、一九七四年。『居延漢簡の研究』同朋社、一九八九年に「居延漢簡の集成一」として収録）・同「居延漢簡の集成三」（『東方學報』（京都）第五一冊、一九七九年。同書に「居延漢簡の集成二」として収録）、李天虹『居延漢簡簿籍分類研究』（科学出版社、二〇〇三年九月）。うち、李氏が分類を行なう際に提示した簿籍の構成要素は次の通り。

①籤牌②表題簡③「上余」簡④正文（1）納入簡（2）搬出簡⑤「右」類⑥「凡」類⑦「現余」簡⑧呈報

二八　以下の三点は、写真図版の当該部分が判然としないため、表から除外した。①壱二〇五五（黄龍元年）、③壱一七五六（黄武元年）・壱二〇八〇（嘉禾二年）。

二九　「発掘報告」では次の籤牌（J22-2696）が紹介されており、嘉禾三年の「月旦簿」の存在が確認できる。

吏黄諱潘
中倉　盧嘉禾　（正）
三年月旦

簿起正月
中倉　訖五月十五　（背）
日所入

また、採集簡の第四盆（壱一一二一～壱一三七六）には、嘉禾二年・三年の紀年を持つ穀物搬出記録の構成要素が確認できる。

〼郎中李嵩被督軍糧都尉嘉禾三年二月卅日□（壱一一四九）

〼陳義領吏師客一百廿六人嘉禾二年十二月八日□〼（壱一三一六）

出倉吏黄諱番慮所領嘉禾二年□□〼（壱一三三二一）

三〇　「烝堂」の「堂」字は別筆であり、署名と考えられる。また第六盆には、「月旦簿」の最後に置かれたと考えられる簡が確認できる。

三月卅日倉吏黄諱潘慮白　（壱二〇〇六）

〼　七月卅日倉吏黄諱潘慮白　（壱二三六九）

両簡の倉吏の名は、署名のようにみえる。以上のことを含め、「月旦簿」については、第一章を参照。

三一　長沙市文物工作隊・中国文物研究所古文献部（李均明・宋少華・胡平生・何旭紅執筆）「関於長沙出土三国東呉簡牘的数量和内容」（『中国文物報』一九九七年二月一六日、第三版）。

三二　胡平生「嘉禾四年吏民田家莂研究」（『中國出土資料研究』五、二〇〇一年三月）。「田家莂」に「縣吏鄭黒」（四・四〇三）とある。

三三　安部聡一郎「嘉禾4年・5年吏民田家莂にみえる倉吏と丘」（『嘉禾吏民田家莂研究——長沙呉簡研究報告・第一集』）。「田家莂」に「縣吏黄諱」（〇・一二）とある。

三四　伊藤敏雄「長沙走馬楼簡牘中の邸閣・州中倉・三州倉について」（『九州大學東洋史論集』第三一号、二〇〇三年四月）。

三五　前掲注一八王素氏研究動向。

三六　州中倉に関わる簡に、次のようにある。

入吏黄高二年鹽米廿二斛黄龍三年正月廿五日關邸閣郭據付倉吏監賢受（壱三一七一）

其三斛五斗郡掾利焉黄龍二年屯田限米（壱一九七三）

「鹽（賈）米」は、官有の塩を賣却して米に換算し、財源としたもの。侯旭東氏は、壱三一七一の「吏黄高」が「田家莂」に郡吏としてみえる（四・五六九）ことなどに着目し、塩米を納めた吏がみな郡吏であったとする。このことは、塩米が郡に関わる財源であったことを示唆する（侯旭東「三國呉簡所見鹽米初探」北京呉簡研討班編『呉簡研究』第一輯、崇文書局、二〇〇四年七月）。「鹽（賈）米」については、本書の第二部第六章で検討する。

三七　釈文では「使持節樂陽侯兵曹王攀」とするが、写真図版の精査及び実見調査により改めた。

三八　『三国志』「呉志」巻一三・陸遜伝に「黄龍元年、拜上大將軍・右都護。是歳、權東巡建業。留太子・皇子及尚書九

官、徴遜輔太子、竝掌荊州及豫章三郡事・董督軍國」とあるように、孫権が建業に遷都した後も、尚書九官は長沙郡の北鄰である武昌（荊州の治所）に留め置かれた。選曹尚書は本来軍務につかないと思われるが、複数の簡に「右選曹尚書郎貴倩の将いる所の……」とあり、特に柒二〇八五では「督軍糧都尉の書」によって穀物が出給されていることから、当該時期には士卒を率いていたと考えられる。

なお、名籍簡には次のような尚書吏のものがあり、関連が注目される。

尚書吏劉露年廿八　（壱八四一六）
右尚書吏三戸　（壱八六一七）
尚書吏呂不年卅六　（壱八六三九）

三九　壱二〇六九簡の「許尚」は、穀物の受取人の部分に「金曹史」（壱一七五六）・「典軍曹史」（壱一七九三・壱二〇二四・壱二一八九）としてみえる。よって、壱二〇〇八簡の「典軍 左金曹典事」も許尚と関係がありそうである。

四〇　釈文では「監運掾陳靓□□□」とするが、写真図版の精査により改めた。

四一　この簡は「和孫呂等十一人嘉禾二年二月直人二斛其年二月十日付掩師徐和孫呂」とあり、「直」の対象者自身が穀物を受領している。

四二　例えば、柒四一九四と柒四一九一、柒四二一二と柒四一九七は簡番号が近接し、簡文も直接つながる可能性がある。

出倉吏黄諱潘慮所領嘉禾元年税呉平斛米五斛七斗六升爲稟斛米六斛給侯相嘉禾（柒四一九四）
元年十二月奉其年十二月廿七日付右倉曹掾烝脩（柒四一九一）
☑□□嘉禾元年税呉平斛米九斛六斗爲稟斛米十斛給郵□大守嘉（柒四二一二）
禾元年三月奉其年五月一日付左倉曹史區衍（柒四一九七）

四三　釈文では「吏士」の下の一字を未読字とするが、写真図版の精査により改めた。

四四　釈文では「諸將吏」の下に二つの未読字を想定するが、写真図版の精査により改めた。

四五　これらの「直」・「稟」などについては、戴衛紅氏の専論がある（戴衛紅「長沙走馬楼呉簡所見〝直〟・〝稟〟簡及相関問題初探」（『簡帛研究二〇〇八』広西師範大学出版社、二〇一〇年九月）。

四六　士卒に対する「直」については、『後漢書』巻四六・陳寵伝附子忠伝の李賢注に引く謝承『後漢書』に「(施延)到呉郡海鹽、取卒月直、賃作半路亭父以養其母」とみえる。また、東牌楼東漢簡にも、

出錢・雇東津卒五人四月直▨（整理番号一三〇）

とみえる。額が記載されていないため完成した文書ではない可能性もあるが、ここでは「直」が銭で支給されており、専ら穀物支給がみえる走馬楼呉簡との違いに注目される。

四七　「新収穫」は、壱二三〇一の「呂侯」も呂岱（番禺侯）のこととする。ここでは「新収穫」の理解に従うが、当時は安東中郎将・南昌侯の呂拠も武陵蛮の討伐に参加しており、長沙郡近辺に駐屯していた可能性がある（『三国志』「呉志」巻一一・呂範伝）。

四八　呉簡中の「大常」が太常＝潘濬であるという理解は「新収穫」以来なされてきたが、参二五〇七の「大常劉陽侯」の表記によって確定された。

四九　漚口は、走馬樓呉簡中にもみえる。

▨吏李珠到漚口市嘉禾元年布簿別列出□▨（壱三六八六）

この記録によると、吏の李珠が漚口で嘉禾元年の布を購入している。

五〇　釈文では「運諸集所」とするが、類例により「詣」に改めた。

五一　前掲注一三羅新氏論文が紹介するように、『三国志』「魏志」巻一一・王脩伝に「以脩爲督軍糧」、同巻二一・王粲伝附嵇康伝の裴松之注引『嵇氏譜』に、「康父昭、字子遠、督軍糧治書侍御史」、同巻二三・杜襲伝に「文帝即王位、賜爵關内侯。及踐阼、爲督軍糧御史、封武平侯。更爲督軍糧執法、入爲尚書」とあり、曹魏には「督軍糧」・「督軍糧治書侍御史」・「督軍糧御史」・「督軍糧執法」と、「督軍糧」を冠する官が存在したことが確認される。洪飴孫『三国職官表』はこれらを御史系統に列ね、戦時のみに置かれた官、とする。

走馬楼呉簡中にも、一例のみであるが「督軍糧御史」の官がみえ、「督軍糧都尉」との関連が注目される。

入□□□鄉□□里嘉禾元年税米□一斛㐅嘉禾元年十一月廿一日督軍糧御史勸□關邸閣郭據付倉吏黄諱番慮受

（弐三八四）

五二　釈文は「給典事」とするが、写真図版の精査により「給典軍」と改めた。

五三　釈文は「曹」字の上一字を未読字とするが、写真図版の精査により、「兵」字と改めた。

五四　ただし、これら諸伝の記述には時期的な矛盾もある。顧譚伝は、顧譚が諸葛恪の後を継いで「節度」に就任したのは赤烏中（二三八～二五〇年）とするが、同「呉志」巻二・呉主伝に「（嘉禾三年）秋八月、以諸葛恪爲丹楊太守、討山越」とあり、また同巻一九・諸葛恪伝の同一事件を記した部分に「（孫）権拝恪撫越将軍、領丹楊太守、授棨戟武騎三百」とあるように、諸葛恪は嘉禾三年（二三四）の時点で既に将領に転じている。更に諸葛恪は、同六年（二三七）にこの山越討伐を終えると威北将軍に昇進し、盧江に駐屯した。顧譚伝の記述に従うと、諸葛恪は将領に転じた後もしばらく「節度」官を掛け持ちしていたことになる。

五五　前掲注一三羅新氏論文。ただし羅新氏は、69～72などの資料は提示していない。なお、『三国職官表』は、職掌の関連からか、「節度」を大司農の箇所に置くが、「不屬司農」と注記している。

五六　例えば「記□護緒稟功曹□佐齎詣府勿失限日分別言郡督軍都尉」（弐五四）とあり、ここでは郡級の軍事官であることが分かる。

五七　森本淳「長沙呉簡からみる孫呉の下級軍事制度考初編」（『三国軍制と長沙呉簡』汲古書院、二〇一三年二月）。

五八　濱口重國「呉・蜀の兵制と兵戸制」（『山梨大学学芸学部研究報告』第九号、一九五八年。『秦漢隋唐史の研究上』東京大学出版会、一九六六年に収録）。

五九　藤家禮之助「孫呉の屯田制」（『東海大学紀要文学部』第四四号、一九八五年。『漢三国両晉南朝の田制と税制』東海大学出版会、一九八九年に収録）。

六〇　石井仁「孫呉軍制の再検討」（中国中世史研究会編『中国中世史研究続編』一九九五年一二月）。
また、『三国志』「呉志」巻一二・朱拠伝には「嘉禾中、始鑄大錢、一當五百。後據部曲應受三萬緡、工王遂詐而受之、典校呂壹疑據實取、考問主者、死於杖下、據哀其無辜、厚棺斂之。壹又表據吏爲據隱、故厚其殯。權數責問據、據無以自明、藉草待罪。數月、典軍吏劉助覺、言王遂所取、權大感寤、曰、「朱據見枉、況吏民乎」。乃窮治壹罪、賞助百萬」とあり、朱拠の軍団に中央からかなりの額の銭が支給されていたことが確認される。

六一　大川富士夫「孫呉政権の成立をめぐって」（『立正史学』第三一号、一九六七年。『六朝江南の豪族社会』雄山閣出版、一九八七年に収録）・同「孫呉政権と士大夫」（『立正大学文学部論叢』第三三号、一九六九年。同書に収録）、川勝義雄「貴族制社会と孫呉政権下の江南」（中国中世史研究会編『中国中世史研究』東海大学出版会、一九七〇年。後半部を「孫呉政権と江南の開発領主制」として『六朝貴族制社会の研究』岩波書店、一九八二年に再録）・同「孫呉政権の崩壊から江南貴族制へ」（『東方学報』（京都）第四四冊、一九七三年。同書に収録）などを参照。

【参考】 州中倉の穀物搬出記録一覧

出倉吏黄諱潘慮所領黄龍⧄（壱四八二）
⧄郎中李嵩被督軍糧都尉嘉禾三年二月卅日□（壱一一四九）
　……陳仲書史蔡𦣞等運詣集所嘉禾三年……⧄（壱一一五七）＊諸→詣
⧄黄諱潘慮所領嘉禾元年税呉平斛米⧄（壱一一六七）
　……被督軍糧都尉嘉禾□年⧄（壱一一六九）
出□吏黄諱潘慮所領……⧄（壱一一七二）
⧄陳義所領吏師客一百廿六人嘉禾二年十二月八日□⧄（壱一三一六）
出倉吏黄諱番慮所領嘉禾二年□□⧄（壱一三三一）
⧄□右郎中李嵩□被督軍糧⧄（壱一三七六）
　監運掾陳靚運詣集所□□二年三月十四日付書史謝越□師張矚陳中趙衡戴鵠（壱一七五一）＊
凡……斛黄武元年四月四日戊戌金曹史許尚□受（壱一七五六）
其三千八百斛□合□□七千六十斛被督軍糧都尉□嘉禾元年三月四日庚午書付（壱一七六〇）
尉嘉禾元年四月十五日⧄（壱一七七二）
禾元年四月四日付典□⧄（壱一七七五）
六十六斛被督軍糧都尉嘉禾元年六月廿九日癸亥書給右郎中何宗（壱一七八二）
⧄元年四月卅日付典軍曹史許尚受（壱一七九三）
　領而士十四人嘉禾元年直起九月訖十一月其三人人月三斛五斗十二人人月二斛（壱一八一〇）
　所督軍邑君跳傳所領吏士卅三人嘉禾元年七月直人二斛嘉禾□□（壱一八一五）
⧄……□□□書給監運掾曹□□（壱一八二三）
出倉吏黄諱潘慮所領嘉禾元年官所賣醤賈呉平斛米六斛九斗被督軍糧都尉（壱一八二八）＊
　軍糧都尉移右節度府黄龍三年十一月六日乙巳書給督軍録事典事訖司馬□□（壱一八三二）
出倉吏黄諱潘慮所領□□□池師朱𢘑……（壱一八三三）
元年四月十六日付書吏□⧄（壱一八三六）

⧄龍三年税呉平斛米廿三斛二斗為稟斛米廿四斛被督（壱一八三七）
　月直人二斛嘉禾元年六月十一日□□曹師曼　（壱一八四一）
⧄年十月十三日付船師鄭肅　（壱一八四四）
　九人嘉禾元年八月直人二斛嘉禾⧄（壱一八四七）
　都尉嘉禾元年十一月六日壬辰書給右⧄（壱一八五〇）
⧄呉平斛米一百卌四斛二斗四升為稟斛米一百卌四（壱一八五二）
出倉倉吏黄諱潘慮所領嘉禾元年税呉平⧄（壱一八五七）
出倉吏黄諱潘慮所領黄龍三年税⧄（壱一八六五）
⧄□米三百斛□□倉曹陳洽運詣集所嘉禾（壱一八七〇）
出倉吏黄諱潘慮所領黄龍三年税⧄（壱一八七二）
　□被督軍糧都尉嘉禾元年六月廿九日癸亥書給右郎中何宗所督⧄（壱一九〇〇）
出倉吏黄諱潘慮所領黄龍三年税呉平斛米六十三斛三斗六升為稟斛米（壱一九〇一）
　督軍糧都尉嘉禾元年八月⧄（壱一九一〇）
出倉吏黄諱潘慮所領襍呉平斛米二千七十斛其二百斛郵卒黄龍三年限米（壱一九一一）
　歆二人各一年奉起黄龍⧄（壱一九二〇）
⧄呉平斛米五十五斛六斗八升為稟斛米□⧄（壱一九三〇）
出倉吏黄諱潘慮所領黄龍⧄（壱一九三三）
出倉吏黄諱潘慮所領嘉禾⧄（壱一九三八）
⧄糧都尉嘉禾元年十二月二日⧄（壱一九四一）
　楊昭所領吏士六十二人嘉禾元⧄（壱一九五二）
⧄□□司馬王禄所領吏士七十二人嘉禾元年七月（壱一九五四）
⧄□所□書給大常都尉□□士胡客□（壱一九五九）
　元年九月奉嘉禾元年九月一日付右倉曹史□□（壱一九六三）＊名の部分は墨痕あり

出倉吏黄諱潘慮所領吏帥客……（壱一九六六）
⧄年七月直人二斛嘉禾元年六月卅日付樊嚚何盛⧄（壱一九七〇）
出倉吏黄諱潘慮所領黄龍□年呉平斛米廿五斛□斗□升為稟斛米廿六斛一斗一升（壱一九七四）
⧄□□官所賣醬賈呉平斛米七十四斛九斗七升被督軍糧（壱一九八三）＊
⧄六升為稟斛米十斛給郡干（壱一九八七）
⧄年二月訖嘉禾元年五月尚月三斛□月二斛嘉⧄（壱一九九一）
都尉兒福倉曹掾阮父所領師士九十人嘉禾元年六月直其卒六人人三斛廿二人⧄（壱一九九三）
出倉吏黄諱潘慮所領黄龍三年□呉平斛米一百五十二斛六斗四升□□⧄（壱一九九七）
二人各一年稟□□黄龍三年七……⧄（壱二〇〇〇）
出倉吏黄諱潘慮所領黄龍□⧄（壱二〇〇七）
軍糧都尉移右節度府黄龍三年十一月乙巳書給典事　左金倉典事□□（壱二〇〇八）
士四人稟起嘉禾元年四月訖七月其一人二斛□□三人人二斛……（壱二〇一四）
出倉吏黄諱潘慮所領黄龍三年税呉平斛米卌六斛八斗為稟斛米卌八斛被督（壱二〇一六）
卅五斛五斗被督軍糧都尉嘉禾元年四月九日甲寅書給前部□□（壱二〇一八）
□琦左別治兵曹典事袁潘二□事奉起黄龍三年□月□訖嘉禾元年七月人月（壱二〇二一）
二斛嘉禾元年四月四日付典軍曹史許尚□人陳□（壱二〇二四）
⧄三年税呉平斛米一百斛九斗四升四合為稟斛米一百⧄（壱二〇二八）
軍糧都尉移右節度府黄龍三年七月十八日戊子書給□曹阮範□□□⧄（壱二〇三〇）
出倉吏黄諱潘慮所領黄龍三年税呉平斛米一百六十五斛二斗為稟斛米⧄（壱二〇三一）＊
九日付郡……（壱二〇四五）
二斛嘉禾元年四月廿□日付佃吏□□（壱二〇四六）
⧄税呉平斛米二百□九斛四斗八升稟斛米二百（壱二〇四九）
出倉吏黄諱潘慮所領黄龍三年税呉平斛米五十七斛為稟斛米六十斛被督（壱二〇五一）＊
被督軍糧都尉黄龍元年四月廿九日辛亥書給監運掾□□□□（壱二〇五五）＊

督軍糧都尉移樓船倉書掾呉邦吏□□□□⧄（壱二〇五七）

⧄年五月廿八日癸巳書給監所領師（壱二〇五八）

出倉吏黄諱潘慮所領襍呉平斛米八千五百九十斛三斗一升□□□黄龍三年□□□⧄（壱二〇五九）
軍糧都尉移右節度府黄龍三年五月十七日丙寅書給典軍曹史許尚典事邵（壱二〇六九）

⧄三千五百斛通合呉平斛米四千一十斛被督軍糧（壱二〇七七）
□所嘉禾元年五月廿三日……將□□師……（壱二〇七九）
運詣武陵嘉禾二年六月十四日付兵曹典□□船師陳棟王買□□□（壱二〇八〇）

五斛一斗五升被督軍糧都尉嘉禾元年六月廿九日癸亥書給右郎中何宗所督武猛司馬陳陽所領吏□□（壱二〇九五）

禾元年十一月六日壬辰書給右選曹尚書□⧄（壱二一〇五）

都尉嘉禾元年十一月三日乙丑書給監運掾□這所領師士十二人□⧄（壱二一〇七）

十二日付書史張……（壱二一〇八）

糧都尉嘉禾元年十一月十日壬申書付監運掾曹□等運詣集所嘉禾元年⧄（壱二一一二）

出倉吏黄諱番慮所領襍呉平斛米二百一十斛合……斛九斗一升民還黄龍元年税（壱二一一三）

出倉吏黄諱潘慮所領黄⧄（壱二一一四）
斛其年十一月四日付杝師……（壱二一二一）

都尉嘉禾元年六月十四日戊申書付督軍司馬徐玄所督都尉胡辰陳晉（壱二一二五）

出倉吏黄諱番慮所領嘉禾元年……⧄（壱二一三四）
士張遠等卅四人嘉禾元年所□□□（壱二一四三）
日付書史胡丑杝師……（壱二一四五）

⧄潘慮所領……呉平斛米四斛八斗為稟斛米五斛……（壱二一五三）

⧄六十五人人月二斛五斗卌人人月三斛十五人人月（壱二一五九）

出倉吏黄諱潘慮所領嘉禾元年税呉平斛米廿三斛四升為稟斛米廿四斛被督軍糧（壱二一六九）
被督軍糧都尉嘉禾元年六月廿九日癸亥書給右郎中何宗所督別部司馬（壱二一七一）

十五人嘉禾元年七月直□□▨（壹二一八二）

出倉吏黄諱潘慮所領黄龍三年税呉平斛米八十斛六斗四升為稟斛米八十四斛（壹二一八四）

出倉吏黄諱潘慮所領黄龍三年税呉平斛米十斛被□倉曹史許進移給府□▨（壹二一八七）＊

日付典軍曹史許尚部人陳復（壹二一八九）＊凡↓日

出倉吏黄諱潘慮所領黄龍三年税呉平斛米七斛斗一升為稟斛米七斛□▨（壹二一九一）

元年五月奉其五月二日付吏……（壹二一九七）＊其の下に「年」字がある可能性（編綴）

▨書付監運掾□（壹二二〇五）

▨諱潘慮所領黄龍三年税呉▨（壹二二〇六）

▨諱潘慮所領呉平▨（壹二二一一）

▨平斛米十七斛□斗□升為稟斛▨（壹二二一二）

▨軍糧都尉嘉▨（壹二二一四）

出倉吏黄諱潘慮所領嘉禾元年税呉平斛米三□▨（壹二二一六）

出倉吏黄諱潘慮所領黄龍三年税呉平斛米一百一十七斛四升為稟斛米一百廿四斛（壹二二二七）＊

出倉吏黄諱潘慮所領襍呉平斛米三千五百斛其一千九百▨（壹二二三七）

出倉吏黄諱潘慮所領黄龍三年税呉平斛米十三斛二斗四升為稟斛米十三斛（壹二二四二）

運詣集所其年十二月十九日付杝師這富陳奴（壹二二四五）

八月直人二斛嘉禾元年八月十四日付東讓（壹二二五〇）

領吏士五十五人嘉禾元年八月直其卌九人人二斛五人皷史人一斛五斗一人□四斛（壹二二五一）

五斗被督軍糧都尉嘉禾元年八月九日壬寅書給武猛都尉□□□（壹二二五五）

都尉嘉禾元年八月十一日甲辰書給將軍呂岱所部□□所□士四人及瑜合五人（壹二二五七）＊

▨吏黄諱番慮所領黄龍三年▨（壹二二六一）

月一日訖七月卅日其一人人一斛五斗一人一斛嘉禾元年六月五日付倉貸?（壹二二六二）

▨□□斛嘉禾元年八月十一日付司馬□□□人鄭固（壹二二七一）

嘉禾元年六月一日乙巳書給作柏船匠師朱存朱□二人稟起嘉禾元年六（壹二二七九）

出倉吏黄諱潘慮所領黄龍三年税呉平斛米九斛六斗為稟斛米十斛⧄（壱二二八三）
⧄所領黄龍三年税呉平斛米四斛八斗為稟斛米五斛承⧄（壱二二九一）
出倉吏黄諱潘慮所領黄龍三年税呉平斛米廿二斛八斗為稟斛米廿三斛被督（壱二二九三）
⧄黄諱番慮所領嘉禾元年税呉平斛米一萬□□⧄（壱二二九六）
⧄……月廿二日丁亥書給呂侯都尉陳□□⧄（壱二三〇一）
三斗九升九勺被督軍糧都尉嘉禾元年六月十四戊申書給鎮南⧄（壱二三〇三）
⧄潘慮所領黄龍三年税呉平斛米二斛八斗四升為稟斛米四斛被督（壱二三〇八）
換士裘長二人稟起嘉禾元年六月訖十月……⧄（壱二三〇九）
被督軍糧都尉嘉禾元年四月十七日壬子書給監運掾章□□□（壱二三一二）
⧄□奉起黄龍三年二月訖四月月二斛嘉⧄（壱二三一四）
□□吏黄諱番慮所領嘉禾元年税呉平斛米十三斛四斗四升為稟斛米十四斛被督軍（壱二三二二）
□倉吏黄諱……税呉平斛米一千六百九十八……（壱二三二四）
軍呂岱所領□□□……⧄（壱二三二六）
出倉吏黄諱番慮所領三年税呉平斛米卅三斛八九斗七合為稟斛米卅七斛（壱二三三四）
出倉吏⧄（壱二三四三）
出倉吏黄諱番慮所領税黄龍二年呉平斛米十八斛九斗　⧄（壱二三四六）
起嘉禾元年正月訖五月月五斛嘉禾元年四月六日付吏廖慮（壱二三四七）＊
七斗九升九合九勺被督軍糧都尉嘉禾元年六月十四日戊申書給鎮南將（壱二三五四）
出倉吏黄諱番慮所領税黄龍三年呉平斛米四斛為稟斛米□斛給縣□□□⧄（壱二三五五）
⧄禾元年十一月廿六日戊子書付監運掾黄義督軍⧄（壱二三六八）
付書史張定……⧄（壱二三七四）
⧄月三日乙丑書給監運掾黄義□□⧄（壱二三七七）
呂岱所領都尉⧄（壱二三七八）
除小月嘉禾元年六月十五日付司馬黄升　（壱二三八二）

士七十五人嘉禾元年四月直其六人人二斛⍁（壹二三八六）
軍糧都尉嘉禾元年□月十三日□□書給……嘉禾元年（壹二三八八）
⍁升四合為稟斛米十九斛⍁（壹二三九三）
出倉吏黄諱潘慮⍁（壹二三九五）
出倉吏黄諱潘慮所領税呉平斛米三千二百五十斛其三千一百卌八斛□⍁（壹二三九八）
出倉吏黄諱潘慮所領黄龍三年税呉平斛米卅二斛一斗四升為稟斛米卅⍁（壹二四〇四）
糧都尉嘉禾元年十一月二日甲子書⍁（壹二四〇七）
⍁……領士卅七人嘉禾元年□月（壹二四〇八）
廿四日付□長……（壹二四一六）
⍁年八月十三日丙午書給監運兵曹孫供所領吏士三人（壹二四一九）
出倉吏黄諱潘慮所領税呉⍁（壹二四四二）
⍁……為稟斛米四斛被督軍糧（壹二四五三）
嘉禾元年十月十二日訖□年十月一日付右□□⍁（壹二四五五）
付杝師任圖誦岑（壹二四七五）
糧都尉嘉禾元⍁（壹二五〇一）
⍁平斛米九十七斛九斗二升為稟斛米九十二斛被督（壹六二五一）
出倉吏黄⍁（壹七〇四三）
出倉吏黄⍁（壹七〇四七）
⍁月六日丁未書給監運兵曹徐華所□⍁（壹八七六二）
⍁呂岱所督都尉□□陳綜司馬呂石等所領士衆（弐七九四）
出倉吏黄諱潘慮所領嘉禾元年税呉平斛米廿八斛八斗為稟⍁（弐三八三五）
李嵩被督軍糧都尉嘉禾二年十月廿七日癸未□給討寇將軍闘粛所領軍將（弐三八三六）
出倉吏黄諱潘慮所領嘉禾元年税呉平斛米八十六斛四斗為稟斛米九十斛邸閣右郎中（弐三八四五）
⍁□一千卌四斛七斗九升邸閣右郎中李嵩（弐三八五六）

李嵩被督軍糧都尉嘉禾二年十月十八日甲戌書給郎中貴清所將督史□（弐三八六一）

＊「督軍糧」と「嘉禾」との間は釈読されていないが、「都尉」の二字を確認できる。

兵曹黄忠所領十人嘉禾二年五月□〼（弐三八七七）

孫方吏士卌五人嘉禾二年十一月直其一人三斛卌二人人二斛二人皷史一斛五斗其（弐三八八〇）

陽嘉禾二年□□□月直月二斛其年〼（弐三八八三）

〼日付陽　（弐三八八九）

〼月十三日付杝師趙仁　（弐三九一七）

〼李嵩被督軍〼（弐三九三六）

嵩被監作部都尉散嘉禾二年十一月廿九日……給□□軍……（弐三九四〇）

〼倉吏黄諱潘慮所領襍呉平斛米七百九十五……〼（弐三九七五）

〼□乍書給作柏船吏□〼（弐三九八八）

〼嘉禾二年五月十二日辛未書給監運掾（弐四〇〇九）

〼子□□裨將軍孫□所領吏士□米（弐四〇二八）

出倉吏黄諱潘慮所領嘉禾二年税呉平斛米五百廿五斛七斗九升為稟斛米五百卌七斛七斗邸閣右（弐四〇三六）

出倉吏黄諱潘慮所領嘉禾元年税呉平斛米三斛八斗四升為稟斛米四斛邸閣右郎中（弐四〇四〇）

……人嘉禾二年六月食其九人人二斛五斗廿一人人二斛其〼（弐四〇六八）

〼右郎中李嵩被督軍糧都尉□（弐四二〇六）

〼……呉平斛米□斛□斗二升為稟斛米廿斛□斗一升〼（弐四二二三）

出倉吏黄諱潘慮所領嘉禾二年税呉平斛米□□〼（弐四三〇八）

〼糧都尉七月廿八日丙辰書給都尉〼（弐四三二一）

出倉吏□〼（弐四三七七）

出倉吏□〼（弐四三八五）

出倉吏□〼（弐四三九二）

出倉吏黄諱潘慮所領黄龍三年税呉平斛米二百五斛九斗二升為稟斛米二百一十（弐六六九九）

四斛五斗被督軍糧都尉嘉禾元年九月廿四日丙戌書給監運掾謝慎所　（弍六七〇〇）
☑所領所領嘉禾元年税呉平斛米卅斛九斗二升為稟斛米卅二斛被督軍　（弍六七〇四）
出倉吏黄諱潘慮所領□☑　（弍七一三五）
☑□所領嘉禾元年呉平斛米三斛八斗四升為稟斛米四斛被督軍　（弍七三三二）
出倉吏黄諱潘慮所領嘉禾元年税呉平斛米七十二斛九斗三升為稟☑　（弍七三三五）
☑嘉禾元年十月廿四日丙辰書給右選曹尚書郎貴借嘉禾元年十月奉　（弍七三三七）
人二斛其年十一月三日従士陳定　（弍七三三九）
□……斛其年十一月二日□書史郎　（弍七三四二）
☑嘉禾元年稟其一人七月二人□月用□訖十月卅日一人月三斛二人月二斛嘉禾　（弍七三五七）
都尉嘉禾元年十月二日甲子書給都尉向卿所領□吏☑　（弍七三六四）
☑糧都尉嘉禾元年十一月二日甲子書給都尉周山所領吏士十六人嘉禾元年十一月直　（弍七三七二）
☑年十一月二日甲子書給都尉梁通所領吏士九人嘉禾元年十二月直起　（弍七三七八）
☑□書史周則　（弍七三九一）
☑……米十七斛二斗□升為稟斛米十八斛被督軍糧　（弍七四〇〇）
督軍糧都尉嘉禾元年十月廿二日甲辰書給武猛都尉所領吏士七十七人　（弍七四六三）
☑□□所領嘉禾元年税呉平斛米五斛七斗六升為稟斛米六斛被督軍糧　（弍七四八六）
☑三年八月十三日付士□典　（弍七四八七）
出倉吏黄諱潘慮所領黄龍三年税呉平斛米三斛九斗四升為稟斛米四斛□□　（弍七四八八）
☑所領黄龍三年税呉平斛米四斛八斗為稟斛米五斛給縣卒　（弍七四九一）
三日付書史張默　（弍七四九二）
嘉禾元年十一月直其六十九人人二斛八人鼓史人一斛五斗□討奉米四斛其□☑　（弍七四九五）
其年十一月二日付書史周則　（弍七五一四）
出倉吏黄諱潘慮所領嘉禾二年税呉平斛米十三斛四斗四升為稟斛米十四斛被督軍　（弍七五一八）
元年八月直人月二斛嘉禾元年八月九日付周亥　（弍七五二〇）

⧄……月十二日付□馮　（弐七五二五）
出倉吏黄諱潘慮所領黄龍三年税呉平斛米一百五斛一斗二升為稟斛米一百九斛（弐七五二八）
⧄人二斛其年十一月二日付書史周則　⧄（弐七五四三）
　督軍糧都尉嘉禾元年八月八日辛丑書給……軍吏二人□□（弐七六二九）
⧄所領嘉禾元年税呉平斛米卌八斛為稟斛米五十斛被督軍糧□⧄（弐七六三一）
⧄丙辰書給右選尚書郎貴債所將……（弐七七八八）
出倉吏黄諱潘慮所領嘉禾⧄（弐七八〇八）
⧄領吏士廿五人□⧄（弐七八七九）
⧄月二日甲子書給校尉右倉所□⧄（弐七九一二）
⧄……斛米十六斛被督軍糧（弐七九七九）
⧄□斛米七十五斛被督（弐八〇二〇）
　□□書給使持節劉陽侯兵曹王攀所領□□⧄（弐八二二三）＊
　准稟斛米一千八百□斛□斗五合被督軍糧都⧄（弐八二二七）
出倉吏黄諱潘慮所⧄（弐九〇五二）
　嘉禾元年四月全殘□□其一人全直四斛六十人淩人一斛十人皷史人五斗嘉禾元（弐九〇七九）
出倉吏黄諱番慮所領嘉禾元年税呉平斛米一百卌斛為稟斛米一百□□斛□（弐九〇八三）
出倉吏黄諱番所領黄……⧄（参二七）
　三月卅日其廿九人人月二斛一人月□（参四四）
出倉吏黄諱潘慮所領黄龍三年税呉平斛米八十□斛四斗爲稟斛米九十斛（参二六四）
　督軍糧都尉嘉禾元年六月廿九日……⧄（参二七五）
出倉吏黄諱番慮所領黄龍三年税呉平斛米⧄（参二八六）
⧄□被督軍糧都尉⧄（参四〇四）
⧄起嘉禾元年□月訖□月其十人人一斛其一百一十二人人二斛⧄（参四二三）
⧄……年九月奉嘉禾元年九月一日⧄（参七四五）

⧄□□朱忩朱□嘉禾元年稟起八月訖十月其（参一二六六）
　持節劉陽高⧄（参一七一七）
出倉吏黃諱番慮所領黃龍三年税呉平斛米⧄（参一七二〇）
⧄……領師士卅人直起三年十一月訖⧄（参一九五〇）
　已酉書給監運掾遺⧄（参二〇九二）
⧄被督軍糧都尉⧄（参二一〇六）
⧄年八月八日辛丑書給監運⧄（参二一三七）
　夷新兵五十六人人二斛起嘉禾二年正月訖二月卅日其年四月十六日付杝師市（参二一六九）
　糧都尉嘉禾元年十二月卅日辛酉書給大常劉陽侯兵曹王攀所□（参二五〇七）
　嘉禾元年四月訖□月直被書不列人數食米多少嘉禾二年六月卅日付吏樂⧄（参二五二一）
　糧都尉嘉禾元年十二月卅日辛酉書給大常□□吏士妻母□⧄（参二五二七）
　尉高覓嘉禾元年八月奉其□⧄（参二六一〇）
⧄□六升爲稟斛米六斛給侯相（参二六三五）
出倉吏黃諱番慮⧄（参五八三一）
　……百□三人嘉禾二年正月直其四人人三斛百□⧄（参五八三九）
⧄嵩被督軍糧都尉嘉禾二年四月⧄（参五八六一）
　嵩被督軍⧄（参五九七五）
⧄□□□二斛……被督軍糧都尉（参七七三九）
　郎中李嵩被督軍糧都尉……嘉禾二年十一月十一日丙午書□⧄（参七九三三）
　　軍糧都尉移右節度府……（参七九五一）
⧄領吏士七人嘉禾元年十直⧄（参八二一一）
出倉吏黃諱潘慮……⧄（肆二九四五）
　六月訖四年五月日合三斛三年十二月廿四日付書史韋碩從弟黃文（肆四〇一一）
出倉吏黃諱潘慮所領呉平斛米四千三百八十九斛九斗其一百六十六斛黃龍元年⧄（肆四〇一二）

出倉吏黄諱潘慮所領雜呉平斛米一千五百卌一斛八斗其五斗零陵桂陽私學（肆四〇三二）
　詣集所三年十月一日付倉曹韋定書史周□杝師陳可（肆四〇四九）
　八千五百斛被督軍糧都尉三年八月卅日己巳書付後部樓船都尉護□□（肆四〇五一）
出倉吏黄諱潘慮所領黄龍三年租呉平斛米六十三斛三斗六升爲稟斛米六十六斛九（肆四〇五二）
出倉吏黄諱潘慮所領黄龍二年税呉平斛米一百二斛九斗二升爲稟斛米一百□（肆四〇九六）
　付書史□應杝□文平等（肆四〇九七）
　斛三年十二月五日付書史楊操（肆四〇九八）
　都尉黄龍三年十二月□日巳亥書給監池司馬趙斐李代等十人三年十二月食人二（肆四〇九九）
　米一千五百六十斛醴陵倉吏謝仁米五十斛二斗通合呉平斛米六千斛被督（肆四一〇〇）
　斛被督軍糧都尉黄龍三年十二月一日己亥書給監運司馬訢□士□□□（肆四一〇五）
　軍糧都尉黄龍三年十二月廿一日己酉書付監運掾楊遺運詣集三年十二月廿六日（肆四一一〇）
出倉吏黄諱潘慮所領黄龍二年税呉平斛米十九斛二斗爲稟斛米廿斛被督軍〼（肆四一一八）
　年正月直卒六人人二斛五斗三年十二月五日付書史楊操（肆四一二〇）
出倉吏黄諱潘慮所領黄龍三年税呉平斛米四斛八斗爲稟斛米五斛被縣黄龍三〼（肆四一三六）
　年十月廿九日庚寅書給作柏船匠師朱哀朱□二人三年十月十一月直其一人用（肆四一三七）
　九日付書史利勝杝師彭長（肆四一三八）
　督軍糧都尉黄龍三年十一月廿七日乙未書付監運掾楊遺運詣集所三年十一月〼（肆四一四五）
　都尉黄龍三年十一月二日庚辰書給都尉三年十一月奉三年十一月三日付吏陳□〼（肆四一六三）
出倉吏黄諱潘慮所領黄龍三年税呉平斛米九斛六斗爲稟斛米十斛被督軍糧（肆四一七〇）
　軍糧都尉移右節度府黄龍三年八月廿四日□□書給大倉丞張□奉□（肆四七一三）
出倉吏黄諱潘慮所領呉平斛中白米四百卅九斛一斗□其卅一斛八斗五升黄龍二年（肆四七五〇）
　嘉禾三年十月廿一日付書史使盧杝師夏軍（肆四七五一）
　七百被督軍糧都尉黄龍三年十月十六日乙卯書付監運兵曹陳謙運詣（肆四七五二）
　被督軍糧都尉黄龍三年□月□□書給都尉三年三月□三年□〼（肆四七八〇）

出倉吏黃諱潘慮所領民還黃龍二年稅呉平斛米九斛六斗爲稟斛米▨（肆四七八四）
　起三年十二月訖四年二月卅日其二人人月二斛□斗十四人人……三年五月廿三日付倉吏（肆四八一四）
　被督軍糧都尉黃龍三年十二月十四日壬午書給監運掾章禮士十□□（肆四八一五）
出倉吏黃諱潘慮所領……呉平斛米九十八斛四斗爲稟……（肆四八一六）
　正月訖二月卅日其廿一人人月二斛一人月一斛……月廿日付書史丁□（肆四八一七）
出倉吏黃諱潘慮所領呉平斛米二千八百七十七斛□升其□百斛黃龍三年租米六百卅（肆四八二〇）
　十二月一日己亥書付監運司馬趙斐運詣集所三年十二月五日付書史楊操（肆四八二一）
出倉吏黃諱潘慮所領黃龍三年稅呉平斛米二千三百斛被督軍糧都尉黃龍三年（肆四八二二）
　十二月十五日癸丑書付監運掾劉憲運詣集所三年十二月卅日付書史丁盡（肆四八二三）
出倉吏黃諱潘慮所領民還黃龍二年稅呉平斛米卅四斛五斗六升爲稟斛米卅（肆四八五〇）
出倉吏黃諱潘慮所領黃龍三年稅呉平斛米四千五百斛被督軍糧都尉黃龍三年（肆四八七四）
　督軍糧都尉移右節度府三年□月卌日己……（肆四八八二）
　五斗一人月一斛三年十一月一日付哀德（肆四八九〇）
出倉吏黃諱潘慮所領黃龍三年稅呉平斛米九十三斛六斗爲稟斛米九十七斛五斗（肆四九〇二）
　書即黃□奉起二月三日訖八月月六斛三年十一月一日付吏張藕（肆四九〇三）
出倉吏黃諱潘慮所領民還黃龍二年稅呉平斛米卌八斛八斗爲稟斛米卅斛被（肆四九〇四）
　六斛被督軍糧都尉移右節度府黃龍三年二月十五日己巳書給中戸曹尚（肆四九〇九）
　五十斛劉陽倉吏周春米七百八十斛通合呉平斛米一千四百八十斛被督軍糧（肆四九二〇）
　百五十斛被督軍糧都尉黃龍二年三月廿□日□□書付監運都尉□祐（肆四九三八）
出倉吏黃諱潘慮所領黃龍二年租呉平斛米廿三斛□斗四升爲稟斛米廿四斛被督軍（肆四九四〇）
出倉吏黃諱潘慮所領黃龍三年租呉平斛米卅四斛□□□升爲稟斛米卅六斛被督（肆四九七五）
　軍糧都尉黃龍三年三月四日□寅書給監運掾黃禮所領書史尹仕□（肆四九七六）
▨□黃龍三年十二月廿一日己未書付監運司馬張難運詣集所三年十二月廿二日付書史□□（肆四九七九）
出倉吏黃諱潘慮所領民還黃龍二年租呉平斛米六斛二斗四升爲稟斛米六斛五斗被督（肆四九八〇）

督軍糧都尉黄龍三年十二月廿日戊午書給□□□都□所領都尉移□（肆五〇〇〇）
十二人食起三年十二月訖四年二月□人月二斛三年十一月廿四日付書史王□（肆五〇〇二）
出臨湘倉吏黄諱潘慮所領黄龍三年新吏限呉平斛米五千斛□倉吏監賢米六百（肆五〇〇六）
出倉吏黄諱潘慮所領黄龍三年税呉平斛米⧄（肆五〇四九）
二月訖四年二月□□其一人月二斛五升廿五人⧄（肆五〇六七）
⧄運掾□都尉……黄龍三年十二月廿三日付書史⧄（肆五〇七九）
出倉吏黄諱潘慮所領黄龍三年税呉平斛米二千□百五十斛被督軍糧都尉（肆五一一四）
出倉吏黄諱潘慮所領呉平斛米一千三百斛其五百斛民還黄龍二年税米九十（肆五一一六）
王碩杝師徐未游宜（肆五一二三）
被督軍糧都尉三年十二月廿日戊午書給□運都尉杜祐士十六人□□（肆五一三一）
三人三年十一月直其一人二斛五斗二人人二斛三年十二月四日付士陳雙翁激（肆五一三七）
麦起三年九月訖四年二月□日二月□日六斛四年□月□四日付□□（肆五一四四）＊麦は奉か
⧄……租呉平斛米八十五斛四斗四升爲稟斛米八十九斛□⧄（肆五一九九）
⧄□□被督軍糧都尉壬午書給……私學□⧄（肆五三四六）
癸酉給中書典校丁又十一人十一月奉起嘉禾元年……二年十一月八日四斛米小月嘉（柒七六）
月一日戊辰書給作柏船匠師鄭有朱德二人直階　　嘉禾元年十月訖二年二月倶叛（柒七九）
闕右郎中李嵩被督軍糧都尉嘉禾三年五月十二日辛未書給□（柒一〇三）
出倉吏黄諱潘慮所領嘉禾元年税呉平斛米一十斛九斗二升爲稟斛米二斛運⧄（柒一二〇二）
⧄禾二年正月十八日壬午書給作柏船匠師□⧄（柒一三〇四）
二年七月人月二斛除小月六日嘉禾二年二月十五日付船□曹史□松□人其二斗一升（柒一五三五）
出倉吏黄諱潘慮所領黄龍三年税呉平斛米十九斛二斗爲稟斛米廿斛被督軍糧都尉□⧄（柒一五四一）
出倉吏黄諱潘慮所領嘉禾元年税呉平斛米二百斛爲稟斛米二百八十斛三斗三升一勺（柒一九九六）
出倉吏黄諱潘慮所領黄龍三年租呉平斛米廿一斛一斗二升爲稟斛米廿二斛□斗□□（柒二〇一七）
禾二年七月人月三斛除小月月人六日其年二月十二日付典軍曹史□松傍人呉□□奴（柒二〇一八）

郎中郭據被督軍糧都尉嘉禾二年二月九日己卯書給……（柒二〇一九）
和孫呂等十一人嘉禾二年二月直人二斛其年二月十日付杝師徐和孫呂（柒二〇二二）
⧄□被督軍糧都尉嘉禾二年五月十二日……（柒二〇三一）
出倉吏黄諱番慮所領嘉禾元年税呉平斛米卌五斛三斗二升爲稟斛米卌七斛二斗（柒二〇三三）
人月二斛除小月嘉禾二年三月廿日付監運掾□□（柒二〇三四）
八合邸閣左郎中郭據被督軍糧都尉移右節度府嘉禾二年六月十一日己（柒二〇三五）
中書給右大倉曹都典事劉旦孫高……起嘉禾元年九月訖二年□⧄（柒二〇三六）
出倉吏黄諱潘慮所領嘉禾元年税米十三斛九斗八升爲稟斛米卅三斛四斗邸閣右郎中（柒二〇四二）
四月八月三斛……（柒二〇六四）
出倉吏黄諱潘慮所領嘉禾元年税呉平斛米三斛八斗四升爲稟斛米四斛邸閣右郎中（柒二〇六五）
中李嵩被督軍糧都尉嘉禾二年四月十七日丁□書給監運掾謝慎所領吏（柒二〇七六）
出倉吏黄諱潘慮所領嘉禾元年税呉平斛米一百二斛二斗四升爲稟斛米一百六斛五斗邸閣右（柒二〇七九）
卅九人嘉禾二年閏月食其一人三斛十五人人二斛五斗廿三人人二斛其年四月□□日□□書史（柒二〇八〇）
李嵩被督軍糧都尉嘉禾二年四月七日丁酉書給右選曹尚書郎貴倩所將諸（柒二〇八五）
關司馬□興書史周□黄龍二年三月直其年五月十□日……（柒二一〇三）
直嘉禾二年正月奉其年三月廿九日吏潘喜（柒二一七五）
出倉吏黄諱潘慮所領嘉禾元年税呉平斛米二百卌斛爲稟斛米二百五十斛□□（柒二三二七）
⧄嘉禾二年正月十八日己卯書給監運掾周羙所領吏士九十⧄（柒二三四九）
領士李已等四人嘉禾二年五月直人二斛其二年五月十三日付屯士李黑（柒二三六四）
出倉吏黄諱番慮所領嘉禾元年税呉平斛米卅三斛八斗邸閣右郎中李嵩被（柒二三七一）
出倉吏黄諱潘慮⧄（柒二七〇〇）
⧄奉其年正月一日付右倉曹⧄（柒二七七六）
⧄督軍糧⧄（柒二八〇五）

出倉吏黄諱⧄（柒三四二五）
　八人嘉禾二年五月直其五人人二斛⧄（柒三四四七）
出倉吏黄諱潘慮所領嘉禾⧄（柒三四五七）
⧄軍糧都尉……⧄（柒三四九五）
　糧都尉嘉禾二⧄（柒三四九六）
　元年十二月奉其年十二月卅七日付右倉曹掾烝脩（柒四一九一）
出倉吏黄諱潘慮所領嘉禾元年税呉平斛米五斛七斗六升爲稟斛米六斛給侯相嘉禾（柒四一九四）
　禾元年三月奉其年五月一日付左倉曹史區衍（柒四一九七）
⧄□□嘉禾元年税呉平斛米九斛六斗爲稟斛米十斛給郵□大守嘉（柒四二一二）
出倉吏黄諱潘慮所領嘉禾元年税呉平斛米九斛六斗爲稟斛米十斛給右尉高賓嘉（柒四三八九）
⧄□嘉禾元年税呉平斛米五斛七斗六升爲稟斛米六斛給縣侯相□（柒四四一六）
　米九斛男子郭元元年賈賦黄勳黄龍三年牛賈米邸閣左郎中郭據被督軍（柒四四七八）
出倉吏黄諱潘慮⧄（柒四五五九）
出倉吏黄諱⧄（柒四六七五）
⧄□六人人二斛五斗五十五人人二斛其年三月廿日付倉吏張曼（柒四九五六）

第三章

穀物移送記録と穀物財政システム

はじめに

前章では、穀物搬出記録の整理・復元作業に基づき、孫呉の地方穀倉における穀物搬出システムについて検討した。その結果、臨湘侯国倉と郡倉の機能を兼ね備える州中倉に集積された穀物は、その大部分が付近に駐屯する軍への糧穀として出給されたこと、搬出に際しては、中央の軍糧監督官である「節度」やその系統の官である「督軍糧都尉」が指示を出していたことが明らかとなった。これらのことは、地方の穀物財政に対し、特に軍糧に関わる側面では中央の強い統制があったことを示している。

では、州中倉とともに走馬楼呉簡中に文書の作成主体として頻見する三州倉に集積された穀物は、どのように用いられ、どのような指示系統により実施されたのか。呉簡中には前章で検討した穀物搬出記録のほか、三州倉に関する穀物搬出記録が含まれている。本章では、これらの記録及び関連記録を分析し、前章での検討結果と合わせ、走馬楼呉簡中の穀物財政システムの復元を試みる。

第一節　三州倉の穀物搬出記録（穀物移送記録）

前章で検討した穀物搬出記録のほかに、走馬楼呉簡中には以下のような「出」字ではじまる記録が確認できる。[一]

1　出黄龍三年税米一百六十四斛九斗被縣嘉禾二年四月廿九日書付大男朱才運詣州中倉才（参一三八三）[二]

2　出嘉禾元年税米三百斛被縣嘉禾二年正月廿一日庚申書付大男蔡理運詣州中倉（参一四二五）

3　出嘉禾元年新吏限米四百一十七斛被縣嘉禾二年四月十三日癸卯書付大男張忠運（参一四三〇）

4　出嘉禾元年吏帥客限米一百斛縣嘉禾二年五月十七日辛未書付大男子毛禮運詣（参一四四一）

5　出黄龍三年税米七十七斛二斗□升被吏黄階勅付大男谷文運詣州中倉文以其年十月（参一五一〇）

6　出嘉禾元年租米五斛被邸閣董基勅付大男謝巴運詣州中倉（参二二〇五）

州中倉の穀物搬出記録が「出倉吏黄諱・潘慮所領……」の文よりはじまっているのに対し、これらの簡では、冒頭の「出」字の後に年度・名目などの穀物の情報が続いており、また以降の記載にも相違がみられる。例として3を書き下し、訳出すると次のようになる。

嘉禾元年の新吏限米四百一十七斛を出だす。縣の嘉禾二年四月十三日癸卯の書を被け、大男の張忠に付し、運び

て……（次の簡に続く）

嘉禾元年（二二二）分の新吏限米四百十七斛を搬出した。県の嘉禾二年四月十三日癸卯付けの指示書により、大男の張忠に穀物を受け渡し、張忠にこの穀物を運搬させて……（次の簡に続く）

1～6を含む同様の記録は、いずれも簡の末尾まで文字が記されており、次の簡に文章が続くと想定できる。[三] 一部の簡については、整理組が釈文の注で特定の簡との連続の可能性を指摘しているが、それらを提示する前に、当該部分の記載内容について何点か確認しておきたい。なお、これらの簡は長さ二二～二四cm、幅一cm弱の大きさであり、州中倉の穀物搬出記録や「月旦簿」を構成する諸簡と同様である。また、簡の上下三分の一辺りには空格と編綴痕を確認できる。

ⓐ搬出する穀物の情報

まず、冒頭の「出」字に続き、搬出された穀物の「収入としての」年度・名目及び額が記録されている。このうち、穀物の名目としては「租米」・「税米」や各種「限米」など様々なものを確認できるが、前節で提示した州中倉の搬出記録では、多くの場合穀物を「呉平斛」の単位から「稟斛」の単位に換算して搬出していたのに対し、右の諸簡では換算の記録は確認できない。

ⓑ搬出の経緯（搬出を指示する文書）に関する情報

穀物の情報に続いて、1には「縣の嘉禾二年四月廿九日の書を被く」、5には「吏黄階の勅を被く」などとある。これらは、州中倉の搬出記録における「督軍糧都尉の書」と同様、穀倉に対して穀物の搬出を指示する文書に関する記録である。[四] 既公表の竹簡中には、「県の書」・「邸閣の董基の勅」・「吏の黄階の勅」の三種が確認できる。うち「県の書」には文書の年月日干支が明記されているが（既公表のものはいずれも嘉禾元年〜二年）、5・6にみられるように「邸閣董基の勅」・「吏黄階の勅」には日付の情報は記されていない。

搬出の指示を出している三者のうち、「邸閣董基」は三州倉に関わる「邸閣」である。この董基の存在、および次項でみるように、穀物が州中倉へ運搬されていることから、本記録は三州倉の搬出記録であると判断される。本記録より、「邸閣」が穀物搬出の指示を穀倉に出していたことが明らかとなるのであるが、州中倉の搬出記録では、「邸閣」自身が「督軍糧都尉」の指示を受けて主体的に搬出に携わっている事例を確認できた。搬出手続きにおける「邸閣」の関わり方の相違は、両倉の機能の相違を反映していると考えられる。

「吏黄階」は、他の記録中に「縣吏黄階」とみえる。[五] これらの記録の「黄階」が同一人物であるのか、また黄階は本文書においても県吏であるのかは確定し難いが、穀物移送の指示書が「県の書」である事例も多いことから、「県吏黄階」である可能性は高いといえよう。「県」・「県吏黄階」の指示によって三州倉の穀物が搬出されていることは、三州倉に県倉の機能を想定してきた先行研究の有力な傍証となる。

ⓒ搬出の目的に関する情報

「付」字以下には、穀物搬出の目的に関する情報が続く。州中倉の穀物搬出記録では、支給を示す「給」字以下に支給対象が記される事例が多いことに対し、本記録は全て受け渡しを示す「付」字からはじまる点が特徴的である。例えば1では「大男朱才に付し、運びて州中倉に詣らしむ」とあり、搬出した穀物は大男の朱才に受け渡され、彼が州中倉まで運搬したことが記されている。既公表の竹簡中には、穀物の受取人として六〇名以上の名を確認できるが、いずれも文がそこで途切れている事例を除き、みな直後に「運」・「運詣」・「運詣州中倉」などの文字列が記されており、いずれも州中倉への移送を目的とした穀物搬出の記録であることが分かる。また、当該の部分で記述が途切れている簡についてもみな「付某」とあり、以下に運搬の記録が続くことが予想される。なお、運搬者の身分は、二例の吏（吏逢昇（参一五一九）・吏陳䗖（参二五六六））を除くと、みな「大男」である。[六]

ここで、1〜6に続く内容の簡をみておきたい。

7　州中倉禮以其月廿六日關邸閣李嵩付掾黄諱史潘慮（参一三一三）

8　詣州中倉忠以其年閏月七日關邸閣李嵩付掾黄諱史潘慮（参一三四四）

9　理以其年四月廿二日關邸閣李嵩付掾黄諱史潘慮（参一四四四）

10　巳以嘉禾二年九月十日關邸閣李嵩付掾黄諱史潘慮（参一五九一）

冒頭には、先に挙げた簡の末尾と同様、州中倉への運搬に関する記述があり、両者の内容が連続することが分かる。7〜10を含む同様の簡の類例は、いずれも簡首に数文字分の空白（二㎝程度）がある。[七] これは前章で検討した州中倉の搬出記録の二簡目以降と共通する特徴である。例として8を書き下し、訳出すると次のようになる。

（……運びて）州中倉に詣らしむ。忠、其の年の閏月七日を以て邸閣の李嵩に關し、掾の黄諱・史の潘慮に付す。

（某忠に穀物を運搬して）州中倉まで至らせた。某忠は、その年の閏月七日に穀物の運搬を「邸閣」の李嵩に報告し、州中倉掾の黄諱・史の潘慮に穀物を受け渡した。

当該簡では、ⓒ「搬出の目的に関する情報」に続いて穀物授受の情報が記されている。

ⓓ穀物の授受に関する情報

運搬者の名、運搬先における穀物授受の日付、授受に関わる諸吏の姓名、で構成される。授受の日付としては「嘉禾元年」・「嘉禾二年」・「其年」・「其月」を確認でき、うち後二者が最も多い。先に確認したように、搬出を指示する文書のうち「県書」には嘉禾元年と二年の日付が記されており、「其年」・「其月」はそれらに対応するのであろう。なお、5の搬出の指示書は、日付の明記されていない「吏黄階勅」であるが、同じ簡の末尾に記された授受の日付の部分は「其年」となっている。

また、当該部分にみえる「邸閣」李嵩、掾黄諱、史潘慮はみな州中倉に関係する吏である。黄諱・潘慮は、ともに「倉吏」とのみ記されることが多いが、これらの記録より嘉禾元年・二年時点では黄諱が掾、潘慮が史であることが確認された。[八] 当該部分の書式は、第一章で検討した納入簡I型＝穀物納入記録（「關邸閣某付倉吏某受」）と類似し、「邸閣」が納入の報告を受け、倉吏に穀物が受け渡されたことが示されている。[九] ただし、「邸閣」および各吏の名の部分は別筆（署名）ではなく、また倉吏の名の後に「受」字は確認できない。したがって本記録は、搬出・穀物授受の場で作成された一次的な記録ではなく、それらに基づいて作成された写しもしくは二次的な記録であろう。このことは、編綴部分が空格になっていることでも傍証される。

7の「禮」、8の「忠」などは、ⓒにみえる穀物運搬者の名であり、両者を対応させることで前後の簡の接続を推測できる。1〜10に挙げた諸簡は、1と5を除きいずれも整理組によって接続が推測されている。各々を接続して提示すると、次のようになる。

11　出嘉禾元年税米三百斛被縣嘉禾二年正月廿一日庚申書付大男蔡理運詣州中倉理以其年四月廿二日關邸閣李嵩付掾黄諱史潘慮　（2参一四二五＋9参一四四四）

12　出嘉禾元年新吏限米四百一十七斛被縣嘉禾二年四月十三日癸卯書付大男張忠運詣州中倉忠以其年閏月七日關邸閣李嵩付掾黄諱史潘慮　（3参一四三〇＋8参一三四四）

13　出嘉禾元年吏帥客限米一百斛縣嘉禾二年五月十七日辛未書付大男子毛禮運詣州中倉禮以其月廿六日關邸閣李嵩付掾黄諱史潘慮　（4参一四四一＋7参一三一三）

14　出嘉禾元年租米五斛被邸閣董基勅付大男謝巳運詣州中倉巳以嘉禾二年九月十日關邸閣李嵩付掾黄諱史潘慮　（6参二二〇五＋10参一五九一）

このうち、11を書き下し、訳出すると次のようになる。

嘉禾元年の税米三百斛を出だす。縣の嘉禾二年正月廿一日庚申の書を被け、大男蔡理に付し、運びて州中倉に詣らしむ。理、其の年の四月廿二日を以て邸閣李嵩に關し、掾黄諱・史潘慮に付す。

嘉禾元年分の税米三〇〇斛を搬出した。県からの嘉禾二年正月二一日庚申の日付の指示書を受け、穀物を大男の蔡理に渡し、州中倉まで運搬させた。蔡理はその年の四月二二日に穀物の運搬を「邸閣」の李嵩に報告し、州中倉掾の黄諱・史の潘慮に穀物を受け渡した。

11～14の接続が妥当であるとすると、搬出（移送）の指示が出されてから実際に三州倉より穀物が搬出され、州中倉で授受の手続きが行なわれるまで短くて一〇日弱、長くて三ヶ月かかっている。なお、陳垣『二十史朔閏表』によると、12の嘉禾二年（二三三）の閏月は五月と六月の間に置かれている。

ここまでに提示してきた三州倉の搬出記録は、整理上の盆番号では採集簡の第二四盆・二五盆のものである。これらのほか、採集簡第三三盆の簡番号参四四〇〇～五〇〇〇の範囲には、若干書式の異なるものもみられるため、本節の最後に併せて提示しておく。

15　出黄龍二年税呉平斛米廿九斛三斗嘉禾元年正月十六日付大男李連運集州中倉連以　（参四六五九）

16　出黄龍二年税呉平斛米[冊]斛一斗四升嘉禾元年二月二日付大男[谷]□運集州中倉　（参四六九一）

17　出黄龍三年税呉平斛米一百五十七斛嘉禾元年四月十日付大男監仁運集州中倉仁以其月六日　（参四七二三）

18　旨以其月廿七日關邸閣郭據付倉吏黄諱史潘慮　（参四七四一）

19　大男[番]宜運集州中倉宜以其年二月八日關邸閣郭據付倉吏黄諱史番慮　（参四八一〇）

20　集州中倉平以其年二月廿日關邸閣郭據付倉吏黄諱史番慮　（参四八二九）

15～20は、簡の大きさは1～14の搬出記録と同様であるが、以下の書式上の相違がみられる。まず一点目は、穀物の名目が「税米」などではなく「税呉平斛米」とあるように、「呉平斛」の単位で表記されていることである。ただし、やはり「稟斛」への換算はみられず、あくまで「呉平斛」米として移送されている。二点目は、穀物の額が示された後に「県の書」などの搬出の指示に関する情報がなく、移送のため運搬者に穀物を受け渡した日付が続けて記されていることである。三州倉が県や「邸閣」の指示なく穀物を搬出し移送させたとは考え難く、指示書に関する情報は省略されたのであろう。三点目は、「運詣州中倉」が「運集州中倉」となっていることである。「（三州倉の穀物を）運びて州中倉に集む」という表現は、三州倉と州中倉の関係を考える上で示唆的である。その具体的な部分については、次節で分析する。

以上、三州倉の穀物搬出記録について概観してきたが、ⓐ搬出する穀物の情報、ⓑ搬出の経緯に関する情報、ⓒ搬出の目的に関する情報、ⓓ穀物の授受に関する情報に大別した各内容は、州中倉の搬出記録で提示した構成に対応する。したがって、両者は基本的には類似の搬出記録であるとみなすことができよう。両者の内容面での相違は、州中倉の搬出記録が出給をはじめとする消費を目的とした搬出である一方、三州倉の搬出記録は専ら州中倉への移送を目的としていることに由来すると考えられる。

第二節　穀物の移送と州中倉・三州倉

前節で分析した三州倉の穀物搬出記録は、具体的にはどのような簿の構成要素であったのか。これらの移送記録の周囲には、以下の集計記録が散見する。

21　●右嘉禾元年八月出米七百卅七斛　（参一三七六）
22　●右嘉禾元年九月出米□百卅九斛六斗四升　⧄（参一四七二）
23　●右嘉禾元年十月出米一千三百卅四斛……　（参一三七二）
24　●右嘉禾元年十月出米九十八斛九斗八升　（参一四九九）
25　右嘉禾元年十二月出米三百五十六斛五斗一升　（参一四九五）
26　右嘉禾二年三月出米一千二百一十六斛七斗七升　（参二五四〇）
27　●右嘉禾二年四月出米四千八百五十斛七斗一升　（参一六五八）

28　●右嘉禾二年五月出襍米二萬三千五百八十四斛九斗一升　（参二五一九）

29　●右嘉禾二年六月出米一千五百卅九斛二斗三升　（参二四八一）

30　●右嘉禾二年八月出米六十□斛　（参二一九九）

31　右二月出□□米九百廿七斛八斗五升□□麦五十一斛三斗六升大豆　（参四六〇五）

32　右三月□□呉平斛米三千八百八十四斛六斗七升三合一勺其四百一十九斛二斗給稟不□□運　（参四七四三）

21～30は採集簡の第二四・二五盆、31・32は三三盆の簡であり、各々の搬出記録に対応する集計記録である。23・24は、釈文上はともに「嘉禾元年十月」の記録であるが、23は簡上方の文字の右半が磨滅しており、「十」字の縦画が左に寄っていることから、「七」字の可能性がある。したがって、第二四・二五盆では嘉禾元年七月ないし八月～一〇月及び一二月、嘉禾二年三月～六月及び八月の記録を確認できることになる。このように期間が連続する集計記録の存在は、当該の搬出記録が長期間に渡ってまとめられていたことを示している。

また、これらの集計記録の「（某年）某月出米若干」という表現によると、その右には「移送に関するもの」など一部のみではなく、当該月の全ての穀物搬出に関する記録が列ねられたのであろう。前節で確認したように、既公表の三州倉の搬出記録は、全て州中倉への移送を目的とするものであった。すなわち、三州倉の穀物の大部分は、やがては州中倉へ移送されることを目的として集積されたものであったといえよう。前節で提示した搬出記録15～20の「運びて州中倉に集む」という表現は、この状況を示している。先に、州中倉では穀物を「呉平斛」から「稟斛」に換算して搬出するのに対し、三州倉の搬出記録には換算に関する記録がみえないことを指摘したが、別の穀倉への移送を目的とする搬出であれば、換算の必要はない。また、州中倉では「督軍糧都尉の書」による搬出の事例が多くみられたが、三州倉では県及び「邸閣」の指示で搬出が行なわれている。この手続きの違いは、軍に対する糧穀を主とする発給と穀倉間の移送という、搬出目的の違いによるものであろう。

三州倉の搬出記録や集計記録を本文とする簿の表題と考えられるものとしては、次の四簡がある。

33　三州倉謹列所領税米出用餘見正月旦簿　（参四五五九）
34　三州倉謹列所領[税]米出用餘見二月旦簿　（参四五七三）
35　三州倉謹列所領[税]米出用餘見四月旦簿　（参四七五〇）
36　☑[税]米出用餘見八月[旦]☑　（参四九三四）

33～36は、簡番号の近さから、第三三盆の15～20及び31・32などを本文とする簿の表題である可能性が高い。正月・二月・四月・八月のものを確認できることから、こちらも長期間に渡る簿が連続してまとめられていたことが明らかである。これらの表題の「所領税米出用餘見」という表現によると、簿の本文には専ら税米の記録が列ねられたことになる。ただし、第三三盆中の搬出記録には、税米以外の名目も少なからず含まれている。そこで改めて各簡の写真図版を確認すると、いずれも「税」字に相当する部分は墨痕が判然としない。記録の内容から、「税米」ではなく「襍米」である可能性を指摘しておきたい。

また「出用餘見」という表現によると、搬出記録に特化した簿のようでもあるが、採集簡第三三盆の簡番号参四四〇〇～五〇〇〇の範囲には、搬出記録のほか「承余」簡や「集凡」簡、及び「入」簡や内訳簡など、出納簿の構成要素が並んでいる。したがって、当該簿は第一章第一節で全体像を復元した州中倉の「月旦簿」と同様、三州倉の月ごとの出納簿であると考えられる[二]。

○「承余」簡

37　承嘉禾元年正月簿領樵米二萬六千五百三十三斛四合□……（参四五八一）一三

38　承嘉禾元年四月簿領樵米二萬七千四百廿五斛二斗五升二合大豆二斛九斗（参四五八六）一三

○「入」簡及び納入に関する集計簡

39　入黄龍二年粢租米七斛六斗八升（参四五二九）

40　入黄龍三年税米三千□□□十六斛三斗九升二合（参四六三一）

41　●右正月入樵呉平斛米五千八百九十二斛三斗七升九合七勺（参四五二六）

○内訳簡

42　　其十二斛黄龍二年旱税米（参四五三一）

43　　其卅五斛四斗五升黄龍三年粢租米（参四五五八）

○「集凡」簡

44　集凡承餘新入呉平斛米合二萬六千五百三斛八斗三升四合七勺麦五斛八斗大（参四五二七）

○「白」簡

45　　嘉禾元年正月廿九日故倉吏谷漢白（参四五八四）

46　　嘉禾元年□月卅日故倉吏谷漢白（参四六八〇）

47　已書　嘉禾元年三月卅日故倉吏谷漢白（参四七五八）

これらの諸簡から構成される三州倉の「出用余見月旦簿」は、州中倉の「月旦簿」と同様、倉吏から臨湘侯国の右倉曹に報告され、右倉曹史の手によって改めて上級者ないし上級機関に報告されたと考えられる。

48　右倉曹史烝堂白 三州倉吏谷漢列 起嘉禾元年正月一　（参四六一二）

48に続く簡は確定できないが、第一章で提示した「月旦簿」を三ヶ月分まとめた四時簿の表題に相当する簡であろう。[一四] 第三三盆中の搬出記録が三州倉の「月旦簿」の構成要素であることに相違ないとすると、これらの搬出記録が当該月における三州倉の穀物搬出の全てであること、すなわち、三州倉の穀物搬出は専ら州中倉への移送を目的とするものであったことが改めて確認されたことになる。

なお、第二四盆・二五盆の搬出記録については、表題に相当する簡は確認できない。またその前後には、「入」簡や内訳簡が多数確認でき、「承余」簡や「集凡」簡も散見する一方、三州倉ではなく明らかに州中倉の「月旦簿」に関する簡も少なからず混在している。現段階ではこれらを弁別することは困難であるため、本書では判断を留保する。[一五]

第一章でも検討したように、穀倉間の移送については、以前より以下の記録が知られている。

49　中倉謹列起嘉禾元年正月一日訖三年三月卅日受三州倉運黄龍二年租税米要簿　（壱九五四七）
50　中倉謹列起嘉禾元年四月一日訖二年三月卅日□三州倉□黄龍元年□税稞限米要簿　（壱九五九〇）
51　入三州倉運司馬□□黄武七年佃禾准米六斛　元年二月運　（壱九五四一）
52　入三州倉運黄武七年税米十四斛五斗　（壱九五四二）
53　入三州倉運黄龍二年叛士限米卌四斛二斗　中　（壱九六〇〇）
54　右五六七年稞米四百七十九斛一升　（壱九五三三）

55　右黄龍二年租税襍米二千四斛五斗一升麦五斛六斗豆二斛九斗　（壱九五四六）

49・50は表題簡、51～53は本文に相当する「入」簡、54・55は集計記録の簡である。表題簡によると、これらはある期間内に三州倉から州中倉（「中倉」は州中倉の略称）へ運搬された穀物の簿である。[一六] これらの穀物簿より、三州倉から州中倉へ穀物が定期的に運搬されていたことが確認できる。その一方で、州中倉から三州倉への移送に関する穀物簿は、現在のところ確認できない。こうした穀物の一方的ともいえる流れは、以下の内訳記録においてさらに顕著にうかがえる。

56　其廿九斛民先入付三州倉吏谷漢出付船師車刀趙益運詣中倉關邸閣李嵩　（壱三〇二一）
57　其一百二斛九斗民先入付三州倉吏谷漢出付船師張瞻運詣中倉□　（壱三〇八〇）
58　其一百廿五斛五斗四升民先入付三州倉吏谷漢出付船師唐鼠運詣中倉關　（壱三〇九七）
59　●其十四斛三斗民自入付州中倉關邸閣李嵩吏黄諱潘慮受　中　（壱三六九七）
60　其三百卌九斛五斗三升民自入付州中倉關邸閣李嵩〼　（壱六〇一五）
61　其五十一斛民自入付州中倉關邸閣李嵩吏黄諱潘慮受　中　（壱八七一六）
62　其八斛二斗七升付三州倉關邸閣董基吏鄭黒受　中　（壱三一〇六）

右の諸簡は、穀物がどの倉にどのような手続きで納入されたかを示す内訳記録である。56を書き下すと、次のようになる。

其の廿九斛、民先ず入れて三州倉に付す。吏の谷漢、出だして船師の車刀・趙益に付す。運びて中倉に詣らしめ、邸閣李嵩に關して……（次簡に続く。関連簡を参考にすると、「吏黄諱・潘慮受く」と続くか）。

すなわち、56～58では民が「先ず」三州倉に穀物を納入し、三州倉はそれを搬出して船師に受け渡し、船師が州中倉まで運搬し納入するという、穀物移送の状況が記されている。これはまさに、前節で分析した三州倉の穀物搬出記録と同様の流れである。当該の搬出記録では、運搬者の身分は「吏」・「大男」と記されているが、そのうち「大男趙益」（参一三四二）は56にみえる船師の「趙益」と同一人物であろう。また、複数の簡にみえる「大男毛主」（参一三六一・参一四一九・参一四二三など）は、別の記録中に「其廿七斛六斗付大男毛主運湮溺詭責未入」（壱三一四〇）とみえ、水運をうかがわせる文言が記されている。これらを踏まえると、搬出記録における他の「吏」・「大男」も舟船で穀物を運搬したと推測される。輸送に船を用いていることは、三州倉・州中倉が河の付近に設置されていたことを示している[一七]。

一方、59を書き下すと次のようになる。

其の十四斛三斗は、民自ら入れて州中倉に付し、邸閣李嵩に關し、吏黄諱・潘慮受く。　中（チェックの印）

このように、59～61は、州中倉に穀物が納入されたことを記録したものであるが、「民先入付三州倉」と対応する部分には「民自入（民、自ら入る）」とあり、民が自ら直接州中倉へ穀物を運搬し納入したことを示している。62も同類の内訳記録であり、三州倉への納入が記録される。これらの内訳記録においても、三州倉から州中倉への穀物の流れがうかがえるのみである。

以上、三州倉から州中倉へと穀物が移送される事例をみてきたが、既公表の簡牘には、その逆の流れ、州中倉から三州倉への穀物移送を示す事例は見出せない。既に指摘されているように、三州倉・州中倉はともに吏民からの賦税納入を受領しており、この側面では同一の機能を有している。一方、集積された穀物の用途は、州中倉が糧穀を含む発給を主とするのに対し、三州倉の穀物は専ら州中倉への移送・補塡に用いられたごとくである。両倉の関係については、序章や前章で紹介したように、公表された簡が少ない段階から、州中倉は「正倉」であり三州倉は「転運倉」であるとする見解や[一八]、三州倉よりも州中倉の規模が大きくて最終消費地に近く、州中倉の穀物が不足した場合に三州倉から補塡されたとする見解が提示されてきた[一九]。前章及び本章における搬出・移送の記録の全面的な検討からも、同様の傾向が改めて明らかとなった。

なお、三州倉・州中倉はともに、集積された穀物を貧民への貸与にも用いている。この救貧政策については、第二部第七章で検討する。

第三節　走馬楼呉簡中の穀物財政の範囲

走馬楼呉簡には、州中倉・三州倉のほかにも、いくつかの地方穀倉を確認できる。『竹簡参』までの簡牘中には、「重安倉」・「呉昌倉」・「安成県倉」・「東部烝口倉」・「員口倉」がみえる。

63　其三斛二斗一升重安倉吏胡紫備黄龍元年擿折咸米　（壹二三三五）

64　其一百廿四斛付安成縣倉吏呉敦□⧄　（壹三八二一）

65　⧄□□吏這攱一千斛呉昌倉⧄　（壹二〇〇九）

66　其三斛八斗東部烝口倉吏𠩺陵備黄龍元年税耗咸米　（壱一九八四）

67　●其七斛四斗東部烝口倉吏孫陵備黄龍元年税米　（弐七六一四）

68　其十斛卒何監還員口倉七年折咸米　（壱二〇四〇）

これらのうち、呉昌と安成は長沙郡下の県である。[二〇]うち呉昌県は、『宋書』巻三七・州郡志三 湘州刺史条の長沙内史に「呉昌侯相、後漢立曰漢昌、呉更名」とあるように、後漢代に立てられた漢昌県を孫呉が呉昌と更名した。重安も県名で、『続漢書』郡国志四によると、後漢代は零陵郡に属していた。ただし、『宋書』州郡志三によれば、孫呉の太平二年（二五七）に長沙西部都尉を分割して立てた衡陽郡の属県であり、それ以前は長沙郡に属していた可能性が高い。すなわち、「安成県倉」・「重安倉」・「呉昌倉」は、いずれも長沙郡下の当該県に設置された穀倉である。[二一]「東部烝口倉」・「員口倉」については、王子今氏による専論がある。[二二]それによると、「東部烝口倉」は、湘水に烝水が合流する地点、[二三]「員口倉」は、「肙口倉」であり、湘水に涓水が合流する地点に設置された倉である。[二四]両倉はともに河川の合流地点に設置されており、物流の重要な拠点として機能していたのであろう。佐久間吉也氏によると、晋代の邸閣（走馬楼呉簡中の「邸閣」ではなく、軍事倉庫としての邸閣）の一部は、このような河川の合流地点に設置され、物流の拠点となっていた。[二五]なお、烝口については、名籍中に「嵩男弟盛年七歳細小　與嵩移居湘西縣烝口」（参一六三一）とあり、湘西県に位置していたことが分かる。湘西県もまた、長沙郡属下の県である。[二六]

以上のほか、『竹簡肆』収録の発掘簡や書道関連の図録本では、新たに次の四つの穀倉が確認できる。

①永新倉

69　永新倉吏□阿謹列所領黄╱（肆二一〇七）

70 永新倉吏區善謹列所領▨（肆九二三）

②劉陽倉

71 監沱丘業浚直米五十九斛大男常碩黄龍三年轉□兵賈米與劉陽倉周□（肆四一一七）

72 郡倉吏監賢米一千一百五十六斛七斗四升劉陽倉吏春這收米一千七百七十六斛（肆四七五四）

73 五十斛劉陽倉吏周春米七百八十斛通合呉平斛米一千四百八十斛被督軍糧（肆四九二〇）

③醴陵倉・醴陵漉浦倉

74 米一千五百六十斛[醴][陵]倉吏[謝]仁米五十斛二斗通合呉平斛米六千斛被督（肆四一〇〇）

75 其[十]斛付醴陵漉浦倉吏周進（肆四六一〇）

76 其廿六斛付醴陵漉浦倉吏周進（肆四六一二）

77 其一十二斛付醴陵漉浦倉吏周進（肆四六一五）

78 其卌八斛付醴陵漉浦倉吏周進（肆四六六三）

79 六斗四升醴陵倉吏劉仁米二千二百卌九斛□斗二升通合呉平斛米六千（肆四七五九）

80 其十二斛付醴陵漉浦倉吏周進（簡番号不明）[二七]

②の劉陽、③の醴陵はともに、長沙郡の属県である。[二八] ①の永新は、長沙郡ではなく東隣の揚州盧陵郡の属県である（長沙郡と盧陵郡との境に位置する）。『宋書』巻三六・州郡志二 江州条には、「永新男相、呉立」とあるが、『三国志』「呉志」一五・呂岱伝には、「建安二十年、督孫茂等十将従取長沙三郡。又安成・攸・永新・茶陵四縣吏共入陰山城、合衆拒岱、岱攻圍、即降、三郡克定」とあり、後漢末に既に立てられていたことが確認できる。また、この呂岱伝中に永新県と併記されている安成・攸・茶陵の三県は、いずれも長沙郡の属県であり、永新県との地域的繫がりの強さ

をうかがえる。以上の三倉は、重安倉・呉昌倉・安成倉と同様、当該県に設置された穀倉であろう。ただし、永新倉の事例は、永新倉吏の作成した簿（内容は断簡により不明）の表題簡であり、三州倉・州中倉との関連は現段階では定かでない。劉陽倉と醴陵倉の事例は、簡番号の前後する記録によれば、州中倉に集積された穀物に関する何らかの総額の記録の後に置かれた、内訳を列記する記録である。

③の「醴陵漉浦倉」は、「醴陵倉」と倉吏が別人であるため、別の穀倉と考えられる。漉浦については、『水経注』巻三九・漉水に「漉水出醴陵縣東漉山、西過其縣南。屈從縣西、西北流至漉浦、注入于湘」とあり、醴陵県には東漉山を源流とする漉水が流れ、漉浦とはこの漉水と湘水とが合流する地点であることが分かる。漉浦倉とはまさにこの地に設置された倉であり、「東部烝口倉」・「員口倉」と同様、物流の拠点としての性格を有していたのであろう[二九]。

以上のように、「醴陵漉浦倉」・「東部烝口倉」・「員口倉」など、湘水とその支流との合流地点に設置された穀倉に由来する穀物が走馬楼呉簡の簿籍中にみえることは、各地の穀物が湘水を中心とする水運によって長沙郡治の臨湘侯国にもたらされたことを端的に示している。これらの地方穀倉がみえる記録は、そのほとんどが州中倉に関する簿の構成要素であると確定できる。前章で明らかにしたように、州中倉に集積される穀物の多くは軍糧として消費されており、この湘水を舞台とした穀物運輸システムは、軍糧確保に大きく寄与するものであったと評価できよう。

なお、『竹簡肆』には次の簡が収録されている。

81　出臨湘倉吏黄諱潘慮所領黄龍三年新吏限呉平斛米五千斛倉吏監賢米六百　（肆五〇〇六）

81は、前章で検討した搬出記録と同性格の記録と考えられるが、「州中倉吏」としてみえていた黄諱・潘慮が「臨湘倉吏」として見えることに注目される。このような記録は、現段階では当該の一例のみであり、黄諱・潘慮が「臨湘（侯国）の倉吏」であることを示しているのか、「州中倉」の実態が「臨湘（侯国）倉」であることを示しているのか、あるいは単に「州中倉」の別称が「臨湘倉」であることを示しているのか、判断し難い。前章までの検討によれば、州中倉は県倉としての機能を有しつつ、郡倉としても機能していたことが明らかである。一つ参考となるのは、本節に挙げた諸倉は、いずれも地名がその呼称となっていることである。「州中倉」は、臨湘侯国内においては「州中倉」と呼称され、その範囲を超えた視点からみた場合、地名に基づき「臨湘倉」と呼称されたのではないだろうか。

おわりに――走馬楼呉簡にみえる穀物財政システム

本章では、まず三州倉の搬出記録を整理・分類して内容の全体像を提示し、うち第三三盆のものは三州倉の「月旦簿」の一部であることを明らかにした。その過程で、既公表の三州倉の搬出記録は全て州中倉への移送を目的とするものであり、他の記録においても、三州倉から州中倉へ向けての穀物の移送は確認できるが、その逆、州中倉から三州倉への移送の事例は見出せないことを改めて明らかにした。また、三州倉・州中倉以外の穀倉の検討から、臨湘県の範囲をはるかに超える、湘水を中心とした長沙郡の広い範囲に及ぶ水運の状況を確認した。以上、二章に渡り検討してきた穀物の財政の枠組みについて今一度整理し、明らかとなったシステムを図示すると、図3‐1のようになる。

まず、吏民が賦税などを三州倉・州中倉に納入する際には、州吏の「邸閣」が介在していた。[三〇] 穀物納入―受領記録によると、各「邸閣」は三州倉・州中倉それぞれを担当し、また「三州邸閣」・「州中邸閣」とも表記されるように密接な関係にあった。[三一] 彼らは穀物受領業務において監督的な役割を果たしているほか、三州倉から州中倉への移送の指示を出し、州中倉からの穀物搬出に主体的に関与するなど、郡県における穀物の流通に対する監督的な役割、各倉における軍糧確保や調整を担う官と推測できる。その一方で、穀倉に関する「莂簿」（納入記録簿）や「月旦簿」、移送

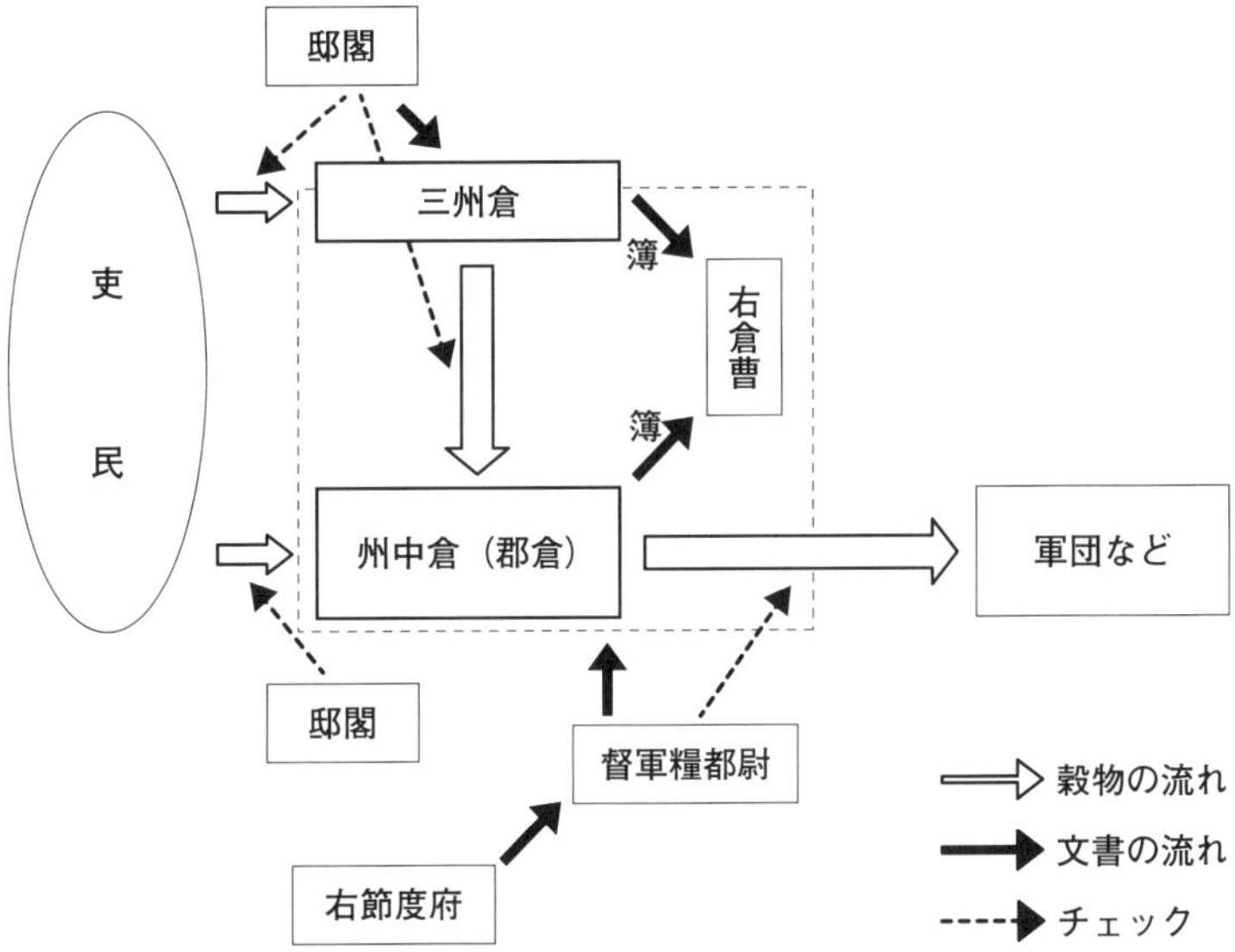

図3-1　走馬楼呉簡よりみる穀物財政システム

穀物簿などの簿籍の作成主体は、各倉の倉吏であり、その提出先は臨湘侯国の「右倉曹」である。(三一)文書行政上、「県の倉曹─各倉の倉吏」という統括関係の間に「邸閣」が介在していないことから、少なくとも「邸閣」は地方穀倉の長ではなく、その機構内には属していないことが分かる。伊藤氏が指摘するように、「邸閣」については「右州邸閣三人在縣□□□▨」（参五一〇五）という記録が確認でき、これによれば、三人の「邸閣」（三州倉の「邸閣」董基、州中倉の「邸閣」李嵩と郭拠を指すと考えられる）は、州から派遣され、「県に在」って職務につとめたのであろう。(三二)

また三州倉と州中倉との関係については、州中倉の方が臨湘侯国の正倉的な位置付けにあり、侯相など官員の俸禄を出給するほか、その穀物は多くが糧穀として付近に駐屯する軍に出給された。糧穀の出給に際しては、中央政府の軍糧統制・監督機関である「節度」府及びその系統の「督軍糧都尉」の指示を受けていた。一方、三州倉に集積された穀物は、最終的には州中倉に移送されており（第二部第七章で検討するように、移送の他、穀物貸与にも利用されている)、副倉的な機能を有していたと推察される。州中倉に集積された穀物の多くが軍糧として消費されている事実によれば、穀物の受領から搬出に至るまで、「節度」・「督軍糧都尉」・「邸閣」による二重三重の監督体制の存在は、当該時代を象徴する、軍糧確保に重点を置くものとして位置付けられよう。[三四]

次章では、穀倉とともに地方財政の基層の機構である「庫」の関連記録・簿を分析し、その財政システムについて検討する。穀物財政については、第二部であらためて取り上げ、「収入」面の分析から、走馬楼呉簡中の財政について理解を深めるとともに、孫呉の税役面での支配のあり方を検討する。

一　当該の書式とみられる簡は『竹簡弐』にも収録されているが、完簡及びまとまった量が収録された『竹簡参』の刊行によりはじめて明らかとなったといえる。本記録については、戴衛紅氏によって全面的な検討が行なわれている（戴衛紅「長沙走馬楼所見三州倉出米簡初探」『呉簡研究』第三輯、中華書局、二〇一一年六月）。

二　整理組の釈文では末尾の「才」字は読まれていないが、写真図版により改めた。また整理組は、本簡と参二一六一の簡文がつながると推測しているが、「才」字が重複することになるため連続するとはみなし難い。

　才以其年閏月十二月關邸閣李嵩付掾黄諱史潘慮　（参二一六一）

三　同書式のものとして、以下のものが確認できる。
弐五四八・弐六七三・弐八四二・弐一一二二・弐八二二五・弐八二二九・弐八二三一・弐八二三七・弐八三六四・弐八三六八・弐八三九七・弐八五八〇・参五九八・参一三二三・参一三二四・参一三二五・参一三四七・参一三五三・参一三五四・参一三五六・参一三五八・参一三六〇・参一三六一・参一三六三・参一三六五・参一三六七・参一三六九・参一三八一・参一三八三・参一四〇〇・参一四一七・参一四一九・参一四二〇・参一四二一・参一四二二・参一四二三・参一四二四・参一四二五・参一四二六・参一四二七・参一四二九・参一四三〇・参一四三一・参一四四一・参一四八三・参一四八六・参一四九二・参一四九四・参一四九七・参一五〇二・参一五〇七・参一五一〇・参一五一一・参一五一二・参一五一五・参一五一七・参一五一九・参一五二二・参一五二五・参一五二八・参一五三二・参一五三三・参一

五三七・参一五四一・参一五四四・参一五五〇・参一五五八・参一五五九・参一五七五・参一五七六・参一五八〇・参一五八六・参一五九〇・参一五九三・参一六〇一・参一六一七・参一六一九・参一六二三・参一六八四・参一七二六・参一七二九・参二一五八・参二一六四・参二一七一・参二一七二・参二一七四・参二一七六・参二一八三・参二一九八・参二二〇四・参二二〇五・参二二一一・参二二一三・参二二一五・参二二四一・参二二四二・参二二四八・参二二五一・参二二五二・参二二五七・参二二七一・参二二七六・参二二七七・参二二八六・参二四六八・参二四六九・参二四七七・参二四八三・参二四九四・参二四九五・参二四九八・参二四九九・参二五〇二・参二五三〇・参二五四六・参二六四六・参四四二四・参四四三二・参四四四二・参四六一一・参四六一三・参四六五九・参四六六一・参四六六七・参四六七五・参四六九一・参四六九七・参四七〇六・参四七一〇・参四七一二・参四七二三・参四七三九・参四七五七・参四七六四・参四八二一・参四八六二・参四八六七・参四八八一・参四八八五・参四八八六・参四九〇一・参四九〇九・参四九五五・参五〇七五・参五一三九・参五一五六・参五一六〇・参五二二五・参五四三三・肆四〇四〇・肆四一五一・肆四二五三・肆四二五四・肆四九三三・肆四九六七・肆五〇一二・肆五〇二三・肆五〇五〇・肆五一一〇・肆五四八九

四　「被書」は文献史料中にしばしばみえる表現で、走馬楼呉簡の文書木牘にも「東郷の勧農掾殷連、書を被けて州吏の父兄の人名・年紀を条列し、簿を為る」（J22-2543）などとある。李均明「走馬楼呉簡會計用語叢考」（『出土文献研究』第七輯、中国文物研究所、二〇〇五年一一月）を参照。第二章で示したように、州中倉の穀物搬出記録では「被督軍糧都尉某年某月某日干支某某書」の記載が確認できる。

五　「黄階」については、搬出記録のほかに次の両記録を確認でき、いずれも「県吏」としてみえている。うち肆二一三六は嘉禾元年の記録であり、搬出記録と時期が近接する。

〼郷縣吏黄階租米四斛〼　（参五一九八）

入東郷縣吏黄階限米四斛五斗冑畢〓嘉禾元年十一月十六日音〼（肆二一三六）

六　運搬者が吏である二例は次の通り。

出嘉禾元年佃吏限米一百卌□斛□斗□升被縣嘉禾二年八月十二日丙午書付吏逢昇運詣州　（参一五一九）

〼閣董基勅付吏陳〓運詣州中倉〓以嘉禾二年〼（参二五六六）

以下に、受け渡し先としてみえる人名を、「搬出を指示する文書」との対応ごとに提示する。姓名のみのものは、「大男」と表記されるものである。
・県のみ…区巴・何虎・何怒・顔階・棋頎・元□・胡許・五繞・黄馮・黄力・黄刀・蔡理・蔡雙・謝□・朱安・朱才・朱史・張官・張元・張児・張忠・趙益・陳頭・陳□・鄭虎・鄧平・鄧真・傅刀・文宜・毛禮・羅圭・李回・李平・李□・劉帛・寥純・盧午・吏逢昇
・邸閣董基のみ…許□・高達・謝巴・謝回・石就・張浣・吏陳軅
・吏黄階のみ…胡烏・谷□・烝成
・県と吏黄階…谷文
・県と吏黄階と邸閣董基…毛主
・不明…胡初・朱□・張業・張□・李連・黄□・□周・□専・盧長・蔡顔・監仁・番宜・□平・黄□・朱主・□寫

七　同書式のものとして、以下のものが確認できる。
弐二四九・弐一三五六・弐一三六四・弐八二三二・弐八三五八・弐八三六〇・弐八五七九・弐八五八二・弐八六〇一・参二三七・参一三一三・参一三二七・参一三二八・参一三三八・参一三四三・参一三四四・参一三四六・参一三七三・参一三八〇・参一三八四・参一三八七・参一三八八・参一三九〇・参一三九一・参一三九八・参一四〇三・参一四〇五・参一四〇六・参一四〇八・参一四一〇・参一四一一・参一四一二・参一四一三・参一四三六・参一四三八・参一四三九・参一四四二・参一四四四・参一四四五・参一四四六・参一四四八・参一四九〇・参一四九六・参一五〇〇・参一五〇一・参一五〇五・参一五〇八・参一五〇九・参一五一四・参一五一八・参一五二〇・参一五二四・参一五二六・参一五三一・参一五四三・参一五四五・参一五四六・参一五五一・参一五五二・参一五五四・参一五五七・参一五六二・参一五六五・参一五六六・参一五八三・参一五九一・参一五九二・参一六〇九・参一六一一・参一六一三・参一六一八・参一六二二・参一六六三・参一六八三・参一七〇九・参一七一三・参一七三一・参二〇七七・参二〇七九・参二一〇二・参二一六一・参二一六二・参二一六七・参二一七三・参二一八〇・参二一八二・参二二〇〇・参二二〇一・参二二〇二・参二二〇三・参二二〇七・参二二〇九・参二二一四・参二二三七・参二二四三・参二二四五・参二二四六・参二二五四・参二二六二・参二二七〇・参二二七三・参二二七八・参二二八二・参二二八八・参二四三二・参二四八〇・参二四八四・参二四八五・参二五〇一・参二五四二・参二五四五・参四三六一・参四四二〇・参四四二一・参四五八八・参四六〇一・参四六一九・参四六四九・参四六五二・参四六六二・参四六七二・参四六八八・参四七二六・参四七

四一・参四七五一・参四七七一・参四七九二・参四八〇〇・参四八一〇・参四八一八・参四八二九・参四八四九・参四八五四・参四八六六・参四八七四・参四九〇二・参四九五四・参四九九〇・参五〇〇二・参五一二二・参五一六二・参五一六七・参五一七一・参五四三九・肆四一五八・肆四八二九・肆四九三四・肆五〇七五・肆五一五六

八　『竹簡参』以前にも「掾黄諱」「史潘慮」と確認できる簡は含まれていたが、みな断簡であり年度が不明であった。

九　王素（市来弘志訳）「中日における長沙呉簡研究の現段階」（『長沙呉簡研究報告』第三集、二〇〇七年三月）、伊藤敏雄「長沙走馬楼呉簡中の「邸閣」再検討――米納入簡の書式と併せて」（太田幸男・多田狷介編『中国前近代史論集』汲古書院、二〇〇七年一二月）。

一〇　写真図版によると、運搬者の姓名の部分の墨痕は、参四七〇六にみえる「黄旹」と酷似する。もし「黄旹」であるとすると、18の参四七四一と文が連続する可能性がある。

一一　以下に提示した諸簡のほか、同範囲には「今余」簡と「定領」簡が確認され、これらも当該の「出用余見月旦簿」の構成要素であった可能性がある。その場合、「集凡」簡（「集凡承餘新入」簡）で前月の帳尻から新たに納入された穀物を合わせた総計を提示し、その後に搬出記録を並べ、最後に「今余」簡で月末の穀物残余額を提示したのかもしれない。

今餘襍呉平斛米一萬七千三百五十三斛三斗□□八勺　（参四六五四）

定領租税襍米一萬七千四百二斛七斗九升麦五斛八斗大豆二斛九斗　（参四五六一）

定領呉平斛米五千八百九十一斛三斗三升一合麦種五斛八斗大豆二斛六斗　（参四五九一）

一二　釈文では冒頭の文字は未読字であるが、写真図版を確認し改めた。

一三　釈文では冒頭の文字は未読字であるが、写真図版を確認し改めた。

一四　釈文上では、本簡に続く可能性が高い簡として参四五九九簡を挙げることができるが、写真図版では簡の上部の状態が悪いため、確定を留保した。

□□□……訖三月卅日旦簿領襍米二萬三千六百□　（参四五九九）

一五　「倉吏黄諱潘慮謹列襍米入出三月旦簿」（参一五四九）・「倉吏黄諱潘慮謹列……五月旦簿」（参一六四五）の二簡は、州中倉の「月旦簿」の表題簡である。また「入運三州倉嘉禾三年郵卒限米五百廿四斛」（参一五七八）などの三州倉から運搬された穀物に関する「入」簡は、明らかに州中倉に関する簿の構成要素である。

一六　この簿については、本書第一章及び侯旭東「呉簡所見〝折咸米〟補釈―兼論倉米的転運与吏的職務行為過失補償」（長沙簡牘博物館・北京呉簡研討班『呉簡研究』第二輯、崇文書局、二〇〇六年九月）・王素「長沙呉簡中的〝要簿〟」（『呉簡研究』第三輯、中華書局、二〇一一年六月）を参照。

一七　前掲注一六侯旭東氏論文。

一八　王素・宋少華・羅新「長沙走馬楼簡牘整理的新収穫」（『文物』一九九九年第五期）では、州中倉は荊州が臨湘に派出した正倉であり、三州倉は呉国の中央が臨湘に派出した転運倉であるとする。また何佳氏は、両倉を県倉とみなし、州中倉を正倉、三州倉を州中倉の従属倉（転運倉）であるとする（何佳「長沙走馬楼呉簡所見倉、庫及倉吏、庫吏研究」『簡牘学研究』第四輯、甘粛省人民出版社、二〇〇四年）。王素氏は、両倉を郡倉であるとみなし、州中倉を郡倉であり正倉、三州倉を郡級の転運倉であるとする（前掲注九王素氏研究動向）。

一九　前掲注九伊藤氏論文。

二〇　安成県は、『漢書』巻二八・地理志下の長沙国条にその属県としてみえる。『続漢書』郡国志四では、「安城」とあるが、王先謙『後漢書集解』は、恵棟の「謂前志及州郡志皆作「安成」」という説を引き、「城」と「成」は通作するとしている。

『三国志』「呉志」巻一五・呂岱伝には「建安二十年、督孫茂等十將従取長沙三郡。又安成・攸・永新・茶陵四縣吏共入陰山城、合衆拒岱、岱攻圍、即降、三郡克定。權留岱鎮長沙。安成長呉碭及中郎將袁龍等首尾關羽、復爲反亂。碭據攸縣、龍在醴陵。權遣横江將軍魯肅攻攸、碭得突走。岱攻醴陵、遂禽斬龍、遷廬陵太守」とある。

二一　以上の三県については、王素「漢末呉初長沙郡紀年」（『呉簡研究』第一輯、崇文書局、二〇〇四年七月）においても考証されている。

二二　王子今「〝烝口倉〟考」（『呉簡研究』第一輯所収）。

二三　烝水については、『続漢書』郡国志四・零陵郡の「零陵　陽朔山、湘水出」の劉昭注に引く羅含『湘中記』に「有營水・有洮水・有灌水・有祁水・有宜水・有舂水・有烝水・有耒水・有米水・有淥水・有連水・有瀏水・有潙水・有汨水・有資水、皆注湘」とある。『水経注』では烝水は「承水」と記され、巻三八湘水に「承水出衡陽重安縣西、邵陵縣界邪薑山。東北流至重安縣……（中略）……至湘東臨承縣北、東注于湘、謂之承口」とある。この記事によると、烝水は重安県の中心部を流れており、「重安倉」も烝水の河流付近に置かれ、その穀物は烝水によって運ばれた可能性がある。

二四　涓口の名称は文献資料中には確認できないが、涓水については『明一統志』巻六三・長沙府に「涓水、在湘潭縣西南一十五里、亦名「易俗水」。源自南岳山北、合數小溪、流至本縣龍口、東流入湘」などとある。王子今氏はこの湘水との合流地点を涓口倉が置かれた地点であると推測する。

二五　佐久間吉也「晉代の邸閣について」（中国水利史研究会編『中国水利史論叢　佐藤博士還暦記念』国書刊行会、一九八一年三月）。

二六　『宋書』州郡志三によれば、孫呉の太平二年（二五七）に長沙西部都尉を分割して立てた衡陽郡の属県であり、「湘西令、呉立」とあるように孫呉によって立てられた。

二七　宋少華主編『湖南長沙三国呉簡（六）』（重慶出版社、二〇一〇年一月）。

二八　『漢書』地理志下、『続漢書』郡国志四に長沙国及び長沙郡の属県としてみえる。

二九　「醴陵漉浦倉」の事例は、「其」字を冠した個別の内訳記録である。「其の若干は醴陵漉浦倉吏周進に付す」とあることから、何らかの穀物の総額のうち、醴陵漉浦倉吏周進に受け渡された額の記録ということになる。75～78を含む同様の記録の一部は「竹簡掲剝位置示意図」が提示されており、関連記録を想定できる。それによると、同一簿を構成する内訳記録には、例えば次のようなものがある。

其一百廿二斛九斗八升四合給貸嘉禾四年貧民佃種粻收還別列　（肆四六一三）

其一千八百斛四斗八升七合付州中邸閣李嵩倉吏李金　（肆四六一六）

其一千八百十七斛三升六合被督軍糧都尉嘉禾三年正月十日乙☑　（肆四六六七）

未書給大常留□□二百八十三人其□七月直　（肆四六七〇）

其廿五斛三斗付吏張惕潘勇給所送吏客五月日粻　（肆四六六八）

また、同じ「竹簡掲剝位置示意図」中には次のような簡を確認でき、同一簿を構成していた可能性が高い。

右倉曹謹列嘉禾二年餘逋雜米已入付授簿　（肆四六二一）

領餘逋二年新吏限呉平斛米一百七十三斛七斗六升已入畢　（肆四六一一）

領餘逋二年租呉平斛米一十九斛一斗三升已入畢付州中邸閣李嵩倉吏李金領　（肆四六一八）（肆四六一九）

領餘逋二年税呉平斛米二千三百廿九斛四斗五升已入畢　（肆四六二三）

表題によると、右倉曹が把握すべき（三州倉・州中倉に集積される）嘉禾二年分の「餘逋雑米」のうち、既に納められた分の付授すなわち用途に関する簿である。「領」簡で名目ごとの「餘逋」米の総額を示し、内訳記録でその用途の内訳を示したのであろう。

三〇　三州倉に関わる「邸閣」の董基は、「田家莂」において「州吏」（四・五一三）と明記されている。

三一　伊藤氏注九論文。例えば、次のような記録が確認できる。

其一斛付三州邸閣董基……　（弐七五三）

州中邸閣李嵩倉吏李金別誤爲□〼　（参六四一一）

州中邸閣汝南李嵩　（肆四六四四）

三二　第一章で提示した州中倉の「四時簿」は、右倉曹が州中倉吏による三ヶ月分の「月旦簿」をまとめたものである。本章第二節で挙げたように、三州倉の「月旦簿」に関しても同様の手続きが行なわれたと考えられる。各倉の「四時簿」のほか、前掲注二九に示した簿も、右倉曹によって作成されたものである。

三三　伊藤敏雄「長沙呉簡中の邸閣・倉吏とその関係」（『歴史研究』（大阪教育大学）第四九号、二〇一二年三月）。

三四　走馬楼呉簡に関わる州については、興味深い問題がある。周知の通り、長沙郡は荊州の管轄下にあった。『三国志』をはじめとする文献史料によると、走馬楼呉簡に関連する時期には、陸遜が荊州牧の任についていた。すなわち、『三国志』「呉志」巻一三・陸遜伝に次のようにある。

（孫權）加拜（陸）遜輔國將軍、領荊州牧、即改封江陵侯。……（中略）……黄龍元年、拜上大將軍・右都護。是歳、權東巡建業、留太子・皇子及尚書九官、徴遜輔太子、並掌荊州及豫章三郡事、董督軍國。

一方、新たに公表された簡には、次のようにある（宋少華主編『湖南長沙三国呉簡（二）』重慶出版社、二〇一〇年一月）。

□使持節右都護領郢州牧上大將軍江陵侯部呉郡會（資料番号不明）

ここに記されている文字列は、上記の陸遜の官・権限・爵位と共通する語が多く、陸遜に関する記録と考えられる。なお、この簡を収録する書では爵位の部分を「江陵兵」と釈読しているが、実見調査により、「江陵侯」と改めた。

本簡より、陸遜に「使持節」の権限が与えられていることが分かるが、さらに注目されるのは、『三国志』で「荊州牧」とされる部分に「郢州牧」とあることである。『建康実録』では、陸遜が「郢州牧」に就任したとする記事がみえ、また陸雲「陸丞相誄」にも「惟赤烏八年二月、粤乙卯、呉故使持節・郢州牧・左都護丞相・江陵郡侯陸公薨。嗚呼哀哉」とあるが、ともに従来は『三国志』の記事との齟齬から誤りとされてきた。本簡により、これらが事実を伝えていたことが明らかとなった。

「郢州牧」の設置時期、管轄範囲はなお不明であるが、本簡の存在は、長沙郡及び臨湘侯国が陸遜の管轄する範囲内にあった可能性を示唆する。すなわち、荊州牧ではなく郢州牧の管轄下にあった可能性である。今後の関連記録の増加を期待したい。

【参考】三州倉の穀物搬出（移送）記録一覧

頡以其□關邸閣郭據付□黄諱史潘慮（弐二四九）＊吏↓史
出黄龍元年鹽賈米呉□斛米卅三斛六斗四升嘉禾元年[八]月十[五]日付大男蒴平運詣州（弐五四八）
⧄斛四斗嘉禾元年四月廿三日付大男張□運[集][州]中（弐六七三）
⧄税米一百一十九斛六斗嘉禾元年四月廿三日付大男楊瀘運集州中（弐八四二）
出黄龍三年税呉平斛米□十四斛嘉禾元年五月□日□[付]大男盧張運詣州中（弐一一一二）
⧄倉麦以其月十□日關邸閣郭據付倉吏□⧄（弐一三五六）
□□□年五月七日關邸閣郭據付倉吏黄諱史番慮（弐一三六四）
出民還黄龍元年叛士呉平斛米四斛被縣嘉⧄（弐八二一五）
出民還黄武七年税呉平斛[米]十三斛被縣嘉禾二年⧄（弐八二二九）＊
出黄龍三年税呉平斛米□百卅斛一斗九升……⧄（弐八二三一）
元運詣州中倉□□五年五月廿九日□⧄（弐八二三二）
⧄□□雷□黄龍三年鹽賈米三百斛被縣嘉禾二年⧄（弐八二三七）
詣州中倉□以□其年九月十七日關邸閣⧄（弐八三五八）＊
陳雅運詣州中……嘉禾[二]年六月廿五⧄（弐八三六〇）
□黄龍三年税呉平斛米□□五十六斛四斗七升被□□⧄（弐八三六四）
⧄武七年税呉平斛米卅斛五斗被縣嘉禾二年五月九日□□⧄（弐八三六八）
⧄嘉禾元年吏帥客限[呉][平][斛]米三百七十三斛九斗八升被⧄（弐八三九七）
丑書付大男謝□運詣□□[倉]頡以其……⧄（弐八五七九）
出擿呉平斛米二百一十二斛八斗三升四合二勺□米□⧄（弐八五八〇）
書付大男李宮運[詣]州中倉宮以其年五月⧄（弐八五八二）
運詣州中倉□以其年五月五日關邸閣李□⧄（弐八六〇一）
□以其年閏月二日關邸閣[李][嵩]付[掾]黄諱潘慮（参二二三七）
出黄龍三年税呉[平]⧄（参五九八）

州中倉禮以其月廿六日關邸閣李嵩付掾黃諱史潘慮（参一三一三）

出黃龍三年税米一百七十斛七斗七升被吏黃階勑付大男胡烏運詣州中倉烏以嘉禾（参一三二三）

出黃龍三年税米九十四斛五升被吏黃階勑付大男烝成運詣州中倉成以嘉禾元年十月（参一三二四）

出嘉禾元年新吏限米十四斛六斗被縣嘉禾二年□月□日書付大男朱才運詣州中倉（参一三二五）

中倉文以其年□月十四日關邸閣郭據付掾黃諱史潘慮（参一三二七）

元年十月七日關邸閣郭據付掾黃諱史潘慮（参一三二八）

詣州中倉膽以其年六月三日關邸閣李嵩付掾黃諱史潘慮（参一三三八）

……日關邸閣李嵩付掾黃諱史潘慮（参一三四三）

詣州中倉忠以其年閏月七日關邸閣李嵩付掾黃諱史潘慮（参一三四四）

州中倉安以其年五月廿四日關邸閣李嵩付掾黃諱史潘慮（参一三四六）

出黃龍三年郵卒限米一百六斛二斗八升被縣嘉禾二年二月十四日戊午書付大男黃力運詣州中倉（参一三四七）＊

出嘉禾元年吏帥客限米六百一十一斛四斗被縣嘉禾二年四月五日乙未書付大男（参一三五三）

出嘉禾元年税米二百一十斛被邸閣董基勑付大男高達運詣州中倉達以其年（参一三五四）

出民還黃龍元年私學限米卅七斛三斗被縣嘉禾二年四月廿七日壬子書付大男傅刀運（参一三五六）

出嘉禾元年新吏限米四斛七斗被邸閣董基勑付大男□□運詣▨（参一三五八）

出民還黃龍三年税米十七斛□斗被縣嘉禾二年四月廿四日書付大男蔡雙運詣州中倉（参一三六〇）

出黃龍三年税米五十斛被縣嘉禾元年六月十九日辛丑書付大男毛主運詣州中倉（参一三六一）

出嘉禾元年吏帥客限米二百六斛被縣嘉禾二年四月五日乙未書付大男□□運詣▨（参一三六三）

出民還黃龍三年郵卒限米二斛五斗被縣嘉禾二年五月十日書付大男盧午運詣州中倉（参一三六五）

出民還黃龍元年佃卒限米一千斛被縣嘉禾二年四月廿四日書付大男蔡雙運詣州中（参一三六七）

出嘉禾元年税米四百六十斛縣嘉禾二年四月四日甲午書付大男廖純運詣州中倉▨（参一三六九）

午以其年五月廿五日關邸閣李嵩付掾黃諱史潘慮（参一三七三）

胡初運詣州中倉初以其年五月廿七日關邸閣李嵩付掾黃諱史潘慮（参一三八〇）

出黃龍三年郵卒限米卅九斛五斗被縣嘉禾二年五月十二日庚午書付大男▨（参一三八一）

出黄龍三年税米一百六十四斛九斗被縣嘉禾二年四月廿九日書付大男朱才運詣州中倉才（参一三八三）＊

詣州中倉安以其年五月廿四日關邸閣李嵩付掾黄諱史潘慮（参一三八四）

倉□以其年閏月一日關邸閣李嵩付掾黄諱史潘慮（参一三八七）

虎以其年五月廿日關邸閣李嵩付掾黄諱史潘慮（参一三八八）

倉雙以其年五月廿九日關邸閣李嵩付掾黄諱史潘慮（参一三九〇）

十二日關邸閣郭據付掾黄諱史潘慮（参一三九一）

主以其年十二月十六日關邸閣郭據付掾黄諱史潘慮（参一三九八）

出嘉禾元年税米二百一十五斛六斗五升被縣嘉禾二年正月廿二日庚午書付大男（参一四〇〇）

閏月九日關邸閣李嵩付掾黄諱史潘慮（参一四〇三）

關邸閣郭據付掾黄諱史潘慮（参一四〇五）

州中倉文以其年七月四日關邸閣郭據付掾黄諱史潘慮（参一四〇六）

雙以其年五月廿八日關邸閣李嵩付掾黄諱史潘慮（参一四〇八）

二年五月十一日關邸閣李嵩付掾黄諱史潘慮（参一四一〇）

以其年閏月十六日關邸閣李嵩付掾黄諱史潘慮（参一四一一）

倉力以其年五月十一日關邸閣李嵩付掾黄諱史潘慮（参一四一二）

倉女以其年八月九日關邸閣郭據付掾黄諱史潘慮（参一四一三）

出黄龍三年郡士租米七十二斛九斗五升被縣嘉禾元年八月廿日甲辰書付大男鄧真運詣（参一四一七）

出黄龍三年税米五十斛被縣嘉禾元年六月十九日辛丑書付大男毛主運詣州中倉（参一四一九）

出黄武五年税米五十四斛二斗被縣嘉禾二年四月廿四日甲寅書付大男何虎運詣▨（参一四二〇）

出黄龍三年税米八十二斛五斗八升被縣嘉禾二年四月廿七日壬子書付大男張膽運詣州中倉（参一四二一）

出黄龍三年叛士限米九十八斛三斗一升被縣嘉禾二年五月廿四日庚申書付大男蔡理（参一四二二）

出嘉禾元年税米八百九十五斛一斗被縣嘉禾二年二月十四日戊午書付大男黄力運詣州中（参一四二三）

出嘉禾元年税米十二斛八斗被吏黄階勅付大男毛主運詣州中倉主以嘉禾二年三月卅日（参一四二四）

出嘉禾元年税米三百斛被縣嘉禾二年正月廿一日庚申書付大男蔡理運詣州中倉（参一四二五）

出嘉禾元年吏帥客限米四斛被縣嘉禾二年四月廿二日庚午書付大男劉帛運詣（参一四二六）
出嘉禾元年税米千一十斛六斗被縣嘉禾二年正月十五日書付大男文宜運詣州中倉（参一四二七）
出嘉禾元年税米一百卅斛七斗二升被縣嘉禾二年四月廿七日壬子書付大男張□運詣州（参一四二九）
出嘉禾元年新吏限米四百一十七斛被縣嘉禾二年四月十三日癸卯書付大男張忠運（参一四三〇）
出嘉禾元年税米一斛一斗被邸閣董基勅付大男許□運詣州中倉□以其〼（参一四三一）
力以其年三月卅日被邸閣郭據付掾黄諱史潘慮（参一四三六）
蔡理運詣州中倉理以其年五月廿五日關邸閣李嵩付掾黄〼（参一四三八）
廿五日關邸閣李嵩付掾黄諱史潘慮（参一四三九）
出嘉禾元年吏帥客限米一百斛縣嘉禾二年五月十七日辛未書付大男毛禮運詣（参一四四一）
頡以其年四月八日關邸閣李嵩付據黄諱史潘慮（参一四四二）
理以其年四月廿二日關邸閣李嵩付掾黄諱史潘慮（参一四四四）
宜以其年四月廿二日關邸閣李嵩付掾黄諱史潘慮（参一四四五）
州中倉賓以其年九月九日關邸閣郭據付掾黄諱史潘慮（参一四四六）
倉膽以其年六月三日關邸閣李嵩付掾黄諱史潘慮（参一四四八）
出嘉禾元年郵卒限米一百八十二斛被縣嘉禾二年四月十三日癸卯書付大男張忠運詣（参一四八三）
出嘉禾元年租米三百十三斛□斗被縣嘉禾二年四月廿四日甲寅書付大男區巴運（参一四八六）
詣州中倉□以其年五月十四日關邸閣……（参一四九〇）
出嘉禾元年税米七十斛被邸閣董基勅付大男石就運詣州中倉就以嘉禾二年五月（参一四九二）
出黄龍三年租米一百斛被縣嘉禾二年正月十五日書付大男文宜運詣州中倉宜以其〼（参一四九四）
運詣州中倉主以其年十月十日關邸閣郭據付掾黄諱史潘慮（参一四九六）
出黄龍元年私學限米卅五斛四斗被縣嘉禾二年五月廿二日壬午書付大男□□運詣州中（参一四九七）
詣州中倉三以其年九月九日關邸閣郭據付掾黄諱史潘慮（参一五〇〇）
十日關邸閣郭據付掾黄諱史潘慮（参一五〇一）
出黄龍三年税米七斛被縣嘉禾元年九月一日甲子書付大男何怒運詣州中倉（参一五〇二）

州中倉[忠]以其年七月七日關邸閣李嵩付掾黃諱史潘慮（參一五〇五）

出黃龍元年叛士限米廿九斛被縣嘉禾元年六月廿日甲寅書付大男谷文運詣州中（參一五〇七）

月六日關邸閣李嵩付掾黃諱史潘慮（參一五〇八）

宜以其年三月十二日關邸閣郭據付掾黃諱史潘慮（參一五〇九）

出黃龍三年税米七十七斛二斗□升被吏黃階勅付大男谷文運詣州中倉文以其年十月（參一五一〇）

出嘉禾元年税米七百五十斛被縣嘉禾二年四月十三日癸卯書付大男□□[運]（參一五一一）

出黃龍三年税米一百五十一斛□斗八升被縣嘉禾元年八月四日庚辰書付大男毛主運（參一五一二）

以其年五月廿日關邸閣李嵩付掾黃諱史潘慮　⧄（參一五一四）

出黃龍二年吏帥客限米卌二斛□斗六升被縣嘉禾二年七月卅日書付大男李平運詣州中倉平（參一五一五）

出嘉禾元年吏帥客限米一百卅八斛被縣嘉禾二年五月九日書付大男陳□（參一五一七）

詣州中倉業以其年四月廿日關邸閣李嵩付掾黃諱史潘慮（參一五一八）

出嘉禾元年佃吏限米一百卌□斛□斗□升被縣嘉禾二年八月十二日丙午書付吏逢昇運詣州（參一五一九）

詣州中倉回以其年五月十七日關邸閣李嵩付掾黃諱史潘慮（參一五二〇）

出黃龍三年税米一十七斛一斗二升被縣嘉禾二年三月十七日戊寅書付大男謝□運詣州中倉（參一五二二）

中倉□以其年五月……（參一五二四）

出嘉禾元年新吏限米四百卅四斛三斗[五]升被縣嘉禾二年正月廿一日庚申書付大男⧄（參一五二五）

蔡理運詣州中倉理以其年五月廿二日關邸閣李嵩付掾黃諱史潘慮（參一五二六）

出黃龍三年税米一百卌七斛被縣嘉禾元年六月廿日甲寅書付大男谷文運詣州中（參一五二八）

年五月廿三日關邸閣李嵩付掾黃諱史潘慮（參一五三一）

出黃龍二年佃卒限米二斛八斗被縣嘉禾二年五月十日書付大男盧午運詣州中倉午以其（參一五三二）

出嘉禾元年粢租米八十七斛被邸閣董基勅付大男謝回運詣州中倉回以嘉（參一五三三）

出黃龍元年吏張復田米八十一斛三斗被縣嘉禾元年六月廿日甲寅書付大男谷文運詣（參一五三七）

出嘉禾元年税米十三斛被縣嘉禾二年四月十五日乙巳書付大男區巴運（參一五四一）

以其年十二月六日關邸閣郭據付掾黃諱史潘慮（參一五四三）

出嘉禾元年私學限米一千斛被縣嘉禾二年四月廿七日壬子書付大男鄭虎運詣州（参一五四四）
州中倉帛以其年□月□日關邸閣李嵩付掾黄諱史潘慮（参一五四五）
其年五月十六日關邸閣李嵩付掾黄諱史潘慮（参一五四六）
出民還黄龍元年税米四斛被縣嘉禾二年五月廿四日書付大男黄馮運詣州中倉馮（参一五五〇）
⧄……付掾黄諱史潘慮（参一五五一）
其年閏月六日關邸閣李嵩付掾黄諱史潘慮（参一五五二）
怒以其年九月十二日關邸閣郭據付掾黄諱史潘慮（参一五五四）
以其年閏月十六日關邸閣李嵩付掾黄諱史潘慮（参一五五七）
出嘉禾元年税米六百九十斛被縣嘉禾二年四月十三日癸卯書付大男張官運詣州中倉⧄（参一五五八）
出嘉禾元年粢租米一百二斛三斗被邸閣董基勅付大男毛主運詣州中倉主以嘉⧄（参一五五九）
運詣邸閣倉頭以其月廿八日關邸閣李嵩付掾黄（参一五六二）
詣州中倉巴以其年九月五日關邸閣李嵩付掾黄諱史潘慮（参一五六五）
以其年五月十四日關邸閣李嵩付掾黄諱史潘慮（参一五六六）
⧄□九日書付大男朱□運詣州中倉（参一五七五）
出民還黄龍元年新吏……⧄（参一五七六）
出嘉禾元年租米一百斛被邸閣董基勅付大男張瀆運詣州中倉瀆以嘉禾二年閏（参一五八〇）
諱史番慮（参一五八三）
出黄龍三年吏帥客限米一百五十斛被縣嘉禾二年四月十五日書付大男□□運詣⧄（参一五八六）
出民還黄龍元年税米一斛二斗七升被縣嘉禾元年八月廿日甲辰書付大男毛主運詣（参一五九〇）
巴以嘉禾二年九月十日關邸閣李嵩付掾黄諱史潘慮（参一五九一）
運詣州中倉琚以其年四月九日關邸閣李嵩付掾黄諱史潘慮（参一五九二）
出嘉禾元年租米一百斛被縣嘉禾二年五月八日丁卯書付大男胡詳運詣州中倉詳（参一五九三）
……黄龍元年新吏旱限米十二斛三斗被縣嘉禾二年四月廿九日書付大男……（参一六〇一）
以其年二月卅日關邸閣郭據付掾黄諱史潘慮⧄（参一六〇九）

中倉益以其年閏月一日關邸閣李嵩付掾黄諱史潘慮（參一六一一）
禾二年閏月十日關邸閣李嵩付掾黄諱史潘慮（參一六一三）
出黄龍元年吏帥客旱限米□□斛七升被縣嘉禾二年四月卅□日書付大男元□運詣州中（參一六一七）
倉虎以其年五月卅日關邸閣李嵩付掾黄諱史潘慮（參一六一八）
出嘉禾二年叛士限米十四斛一斗□升被縣嘉禾二年正月廿一日書付大男顔階運詣州中倉階（參一六一九）
以其年閏月一日關邸閣李嵩付掾黄諱史潘慮（參一六二二）
出嘉禾元年租米三百八十一斛六斗被縣嘉禾二年四月廿四日甲寅書付大男李回運（參一六二三）
⧄……關邸閣李嵩付掾黄諱史潘慮（參一六六三）
才以其年閏月十□日關邸閣□⧄（參一六八三）
出黄龍元年私學旱限米七十六斛三斗……⧄（參一六八四）
張□運詣州中倉□以其年四月八⧄（參一七〇九）
倉益以其年□月□日關邸閣李嵩⧄（參一七一三）
出嘉禾元年叛士限米一百卌斛⧄（參一七二六）
出嘉禾元年佃吏限米一百五十七斛⧄（參一七二九）
禾二年閏月九日關邸閣⧄（參一七三一）
廿九日關邸閣李嵩⧄（參二〇七七）
⧄關邸閣李嵩付掾黄諱史潘慮（參二〇七九）
中倉□以其年閏月⧄（參二一〇二）
出黄龍三年税米九十二斛一斗九升被縣嘉禾元年十月……⧄（參二一五八）
才以其年閏月十二日關邸閣李嵩付掾黄諱史潘慮（參二一六一）
詣州中倉縣以其年五月廿八日關邸閣李嵩付掾黄諱史潘慮（參二一六二）
出黄龍三年税米二千一百八十六斛二斗……⧄（參二一六四）
二年閏月九日關邸閣李嵩付掾黄諱史潘慮（參二一六七）
出黄武五年佃卒限米廿斛被縣嘉禾二年四月十三日癸卯書付大男張忠運詣州中倉忠（參二一七一）

出嘉禾元年佃卒限米三百七十五斛七斗被縣嘉禾元年四月廿七日壬子書付大男傅刀平以其年五月卅日關邸閣李嵩付掾黄諱史潘慮（參二一七二）

出民還黄龍元年新吏限米九斛九斗被縣嘉禾二年四月廿七日壬子書付大男傅刀運（參二一七四）

出黄龍元年佃卒旱限米三斛四斗九升被縣嘉禾二年四月廿七日書付大男棋頎運詣州中倉（參二一七六）

詣州中倉宜以其年七月六日關邸閣李嵩付吏監賢（參二一八〇）

以其年五月廿九日關邸閣李嵩付掾黄諱史潘慮（參二一八二）

出嘉禾元年郵卒限米十六斛被縣嘉禾二年十月廿九日書付大男□□運詣州中倉□（參二一八三）

出嘉禾元年佃吏限米六斛被邸閣董基勅付大男毛主運詣州中倉主以嘉（參二一九八）

運詣州中倉刀以其年五月十五日關邸閣李嵩付掾黄諱史潘慮（參二二〇〇）

詣州中倉益以其年閏月一日關邸閣李嵩付掾黄諱史潘慮（參二二〇一）

益運詣州中倉益以其年閏月一日關邸閣李嵩付掾黄諱史潘慮（參二二〇二）

年五月卅日關邸閣李嵩付掾黄諱史潘慮（參二二〇三）

出嘉禾元年租米三百七十七斛被縣嘉禾二年四月廿四日甲寅書付大男鄧平運詣州中倉（參二二〇四）

出嘉禾元年租米五斛被邸閣董基勅付大男謝巴運詣州中倉（參二二〇五）

禾二年閏月十一日關邸閣李嵩付掾黄諱史潘慮（參二二〇七）

詣州中倉刀以其年五月十五日關邸閣李嵩付掾黄諱史潘慮（參二二〇九）

出吏周章備連道縣黄武六年米七十五斛四斗四升被縣嘉禾二年四月廿七日壬子書付大（參二二一一）

出黄龍元年私學限米六斛被縣嘉禾二年四月廿九日書付大男朱史運詣州中倉史以（參二二一三）

才以其年閏月九日關邸閣李嵩付掾黄諱史潘慮（參二二一四）

出嘉禾元年租米一百斛被縣嘉禾二年四月廿七日書付大男棋頎運詣州中倉頎以其年閏（參二二一五）

安以其年五月廿四日關邸閣李嵩付掾黄諱史潘慮（參二二三七）

出嘉禾元年佃吏限米一百六十九斛五斗六升被縣嘉禾二年五月十二日庚午書付大男趙（參二二四一）

出黄龍元年新吏旱限米廿九斛一斗八升被縣嘉禾二年五月十二日庚午書付大男趙益運（參二二四二）

頎以其年閏月一日關邸閣李嵩付掾黄諱史潘慮（參二二四三）

以其年閏月七日關邸閣李嵩付掾黄諱史潘慮（参二二四五）
倉元以其年五月廿九日關邸閣李嵩付掾黄諱史潘慮（参二二四六）
出黄武七年税米一斛五斗被縣嘉禾二年五月九日書付大男陳頭運詣州中倉頭以其年（参二二四八）
⧄被縣嘉禾二年四月廿九日書付大男朱才運詣州中倉（参二二五一）
出民還黄龍三年叛士限米一斛被縣嘉禾二年四月廿四日甲寅書付大男張兒運詣（参二二五二）
月十二日關邸閣李嵩付掾黄諱史潘慮（参二二五四）
出嘉禾元年吏帥客限米十斛五斗被縣嘉禾元年五月九日書付大男陳頭運詣州中倉（参二二五七）
男張業運詣州中倉業以其年閏月五日關邸閣李嵩付掾黄諱史潘慮（参二二六二）
州中倉兒以其年五月十五日關邸閣李嵩付掾黄諱史潘慮（参二二七〇）
出民還黄龍元年税米六斛被縣嘉禾二年四月廿日甲寅書付大男張元運詣州中倉元（参二二七一）
七月十七日關邸閣李嵩付掾黄諱史潘慮（参二二七三）
出嘉禾元年租米八百卌八斛七斗被縣嘉禾二年四月廿九日書付大男朱安運詣州中倉（参二二七六）
出黄武七年税米十三斛被縣嘉禾二年五月八日丁卯書付大男五繞運詣州中倉繞以其（参二二七七）
圭以其年閏月五日關邸閣李嵩付掾黄諱史潘慮（参二二七八）
以其年五月廿七日關邸閣李嵩付掾黄諱史潘慮（参二二八二）
出黄龍元年吏張復田米五斛被縣嘉禾二年四月廿四日甲寅書付大男羅圭運詣州中倉（参二二八六）
⧄關邸閣李嵩付掾黄諱史潘慮（参二二八八）
州中倉戰以其年五月卅日關邸閣李嵩付掾黄諱史潘慮（参二四三二）
出郎中王毅黄武六年佃禾限米三斛四斗被縣嘉禾二年四月廿四日庚寅書付大男李□（参二四六八）
出民還黄龍三年吏帥客限米十八斛五斗一升被縣嘉禾二年四月十七日書付大男棋頎運詣州中（参二四六九）
出民還黄龍元年叛士限米二斛被縣嘉禾二年四月廿日甲寅書付大男張元運詣州中（参二四七七）
禾二年閏月十日關邸閣李嵩付掾黄諱史潘慮　⧄（参二四八〇）
出黄龍三年税米五百八十八斛八斗二升被縣嘉禾二年二月十四日戊午書付大男黄力運（参二四八三）
詣州中倉力以其年三月卅日關邸閣郭據付黄諱史潘慮（参二四八四）

州中倉□以嘉禾三年五月十九日關邸閣[李]嵩付掾黄諱史潘慮（参二四八五）
出黄龍三年税米一百五十七斛四斗三升被縣嘉禾元年六月十九日辛丑書付大男毛主（参二四九四）
出嘉禾元年吏帥客限米二百斛被縣嘉禾二年四月廿七日壬子書付大男傅刀運詣州中倉刀（参二四九五）
出黄龍元年佃卒旱限米二百一十七斛八斗八升被縣嘉禾二年二月十七日甲午書付大⧄（参二四九八）
出黄龍三年税米一百五十斛被吏黄階勅付大男谷[文]運詣州中倉文以嘉禾二年正月（参二四九九）
　詣州中倉益以其年閏月一日關邸閣李嵩付掾黄諱史潘慮　⧄（参二五〇一）
出黄龍三年税米一百斛被吏黄階勅付大男谷文運詣州中倉文以嘉禾二年正月[廿]（参二五〇二）
出嘉禾元年佃吏限米四斛被邸閣董基勅付大男毛主運詣州中倉主以嘉禾（参二五三〇）
　運詣州中倉回以其年五月廿七日關邸閣李嵩付掾黄諱史潘慮（参二五四二）
　倉頎以其年閏月八日關邸閣李嵩付掾黄諱史潘慮（参二五四五）
出郡吏雷濟黄龍三年鹽賈米二百斛被縣嘉禾二年十一月十三日丁巳書付大男□□⧄（参二五四六）＊
出嘉禾二年租米廿二斛九斗被縣嘉禾二年正[月]⧄（参二六四六）
⧄年十一月十二日關邸閣郭據倉吏黄諱史番慮（参四三六一）
　倉蔯以其月十□日關邸閣郭據付倉吏黄諱史潘慮（参四四二〇）
　……關邸閣郭據付倉吏黄諱史潘慮（参四四二一）
[出]黄龍三年□□二百五十二斛嘉禾元年四月廿日付大男□[周][運]集州中倉周以其（参四四二四）
出監運掾娫度漬呉平斛米十二斛一斗嘉禾元年正月十日付大男□□運詣州中倉□以（参四四三二）
⧄……[呉]平斛米十三斛二斗二升嘉禾元年正月十一日付大男雷□（参四四四二）
　倉連以其月廿二日關邸閣郭據付倉吏黄諱史潘慮（参四五八八）
⧄　以其月廿六日關邸閣郭據付倉吏黄諱史潘慮（参四六〇一）
出黄龍三年吏帥客呉平斛米二百四斛一斗五升嘉禾元年正月廿日付大男李□（参四六一一）
出黄龍二年……三斛□斗……付大男□□[運][詣]州中（参四六一三）
　閣郭據付倉吏黄諱史潘慮（参四六一九）
　連以其年二月□日關邸閣郭據付倉吏黄諱史潘慮（参四六四九）

邸閣郭據付倉吏黄諱史潘慮（参四六五二）

出黄龍二年税呉平斛米廿九斛三斗嘉禾元年正月十六日付大男李連運集州中倉連以（参四六五九）

〼□呉平斛米三斛嘉禾元年□月十二日付大男□専運集州中倉専以其月四日（参四六六一）

年五月五日關邸閣郭據倉吏黄諱史潘慮（参四六六二）

出黄龍二年新吏呉平斛米五十六斛二斗五升嘉禾元年五月廿二日付大男李連運[集]□〼（参四六六七）

運集州中倉□以其年二月廿九日關邸閣郭據付倉吏黄諱史潘慮（参四六七二）

出黄龍三年税米九百[五][十]斛嘉禾元年四月廿二日付大男□専運集州中倉（参四六七五）

州中倉専以其月廿九日關邸閣郭據付倉吏黄諱史番慮（参四六八八）

出黄龍二年税呉平斛米[卌]斛一斗四升嘉禾元年二月二日付大男[谷]□運集州中倉（参四六九一）

出黄龍三年税米□百卅七斛被嘉禾元年八月三日付大男谷文運詣（参四六九七）

出黄龍三年私學呉平斛米一百六十二斛二斗三升嘉禾元年□月一日付大男黄旹運集（参四七〇六）

〼税米八十斛嘉禾元年四月廿二日付大男□□運集州中倉□以其（参四七一〇）

〼□斛嘉禾元年□月一日付大男盧長運集州中倉長以其月（参四七一三）

出黄龍三年税呉平斛米一百五十七斛嘉禾元年四月十日付大男監仁運集州中倉仁以其月六日（参四七二三）

運集州中倉宜以其年二月八日關邸閣郭據付倉吏黄諱史潘慮（参四七二六）

〼元年五月三日付大男□□[運][集]州中倉□以其[月]□[日]（参四七三九）

旹以其月廿七日關邸閣郭據付倉吏黄諱史潘慮（参四七四一）

關邸閣郭據付倉吏黄諱史番慮（参四七五一）

出黄龍二年佃卒呉平斛米□百六十四斛二斗嘉禾元年三月□□日付大男李連運集州中（参四七五七）

出黄龍二年新吏呉平斛米五十四斛嘉禾元年□月廿一日……運詣州中倉（参四七六四）

倉宜以其年□月□日關邸閣郭據付倉吏黄諱史番慮（参四七七一）

以其年三月十三日關邸閣郭據付掾黄諱史番慮（参四七九二）

詣州中倉□以其年九月廿日關邸閣郭據付掾黄諱（参四八〇〇）

大男[番]宜運集州中倉宜以其年二月八日關邸閣郭據付倉吏黄諱史番慮（参四八一〇）

倉□以其年□月□日關邸閣郭據付掾黄諱史番慮（参四八一八）
出黄龍三年税吳平斛米……嘉禾元年□月十六日付大男番宜運集州中倉宜（参四八二一）
集州中倉平以其年二月廿日關邸閣郭據付倉吏黄諱史番慮（参四八二九）
〼□□月九日關邸閣郭據付倉吏黄諱史番慮（参四八四九）
〼吏黄諱史番慮（参四八五四）
〼廿九斛三斗嘉禾元年正月十八日付大男番宜運集州中（参四八六二）
倉宜以其年二月□八日〼（参四八六六）
出黄龍二年旱税吳平斛米〼（参四八六七）
〼付倉吏黄諱史番慮（参四八七四）
出民還黄武七年子弟吳平斛米〼（参四八八一）
出民還黄武七年□□〼（参四八八五）
〼一月十三日付大男毛主運（参四八八六）
〼□□日付大男□平運集州中倉平以其年四（参四九〇一）
奉以其月廿日關邸閣郭據付〼（参四九〇二）
出黄龍元年叛士限吳平斛米廿五斛〼（参四九〇九）
〼邸閣董基付倉吏黄諱史番慮（参四九五四）
〼……付大男黄□運集州中倉□以其年五月五日關（参四九五五）
〼□關邸閣郭據付倉吏黄諱史潘慮（参四九九〇）
付大男朱主運詣州中倉主以其年十月十日關邸閣郭據付掾黄〼（参五〇〇二）
〼□□嘉禾元年五月七日付大男番宜運集州中倉宜〼（参五〇七五）
〼廿三日關邸閣郭據付倉吏黄諱史番慮（参五一二二）
〼……十四斛五斗被吏黄階勅付大男烝成運詣州中倉（参五一三九）
出黄龍三年税吳平斛米□百七十一斛二斗七升被吏黄階勅付大男胡烏運詣州中倉（参五一五六）
出黄龍三年税吳平斛米□百五十七斛四斗三升被縣嘉禾元年六月十九日辛丑書（参五一六〇）

⧄付倉吏黄諱史⧄（参五一六二）
　嘉禾元年十一月二日關邸閣郭據付掾黄諱史番慮（参五一六七）
⧄□□二日關邸閣郭據付掾⧄（参五一七一）
⧄禾元年四月廿六日付大男□瀉運集州中倉瀉以（参五二二五）
⧄三年税呉平斛米十七斛二斗三升被吏黄階勅付大男谷□⧄（参五四三三）
⧄黄諱史潘慮（参五四三九）
出□□□呉平斛米□斛五升黄龍三年九月六日□□大男毛主運□□□常（肆四〇四〇）
出黄龍二年新吏限呉平斛米十六斛七斗九升黄龍三年□月六日付大男□宜運（肆四一五一）
　宜以其月廿六日關邸閣□□□□□　□□（肆四一五八）
□黄龍二年税呉平斛米□五斛九斗黄龍三年二月五日付大男□□□□□（肆四二五三）
出□鄉黄龍元年税呉平斛米五十四斛一斗五升黄龍三年十月五日付大男□□運詣（肆四二五四）　鄉は貸か
　詣州中倉吏以其月□日關邸閣郭據……詣……（肆四八二九）
出鄉吏區香黄龍二年限呉平斛米卌斛黄龍三年二月付大男毛主運詣州中（肆四九三三）
　會主以其月十三日關邸閣□□付倉吏監賢（肆四九三四）　會は倉で四九三三と接続する可能性が高い
出黄龍二年吏帥客限米二百卌斛黄龍三年□月一日付大男毛主□□（肆四九六七）
出□□起二年□月……□年九月卅日付大男毛主運詣州（肆五〇一二）
出民還黄武七年□□□□呉平斛米五斛黄龍三年□月五日付大男潘□運詣□（肆五〇二三）
出黄龍二年吏帥客税米……斛二斗四升黄龍三年□月九日付大男黄□運（肆五〇五〇）
　詣州中倉時以□□關邸閣郭據付掾黄諱史潘慮（肆五〇七五）
出黄龍二年郵卒……卅一斛黄龍三年四月五日付大男番宜運詣州□□（肆五一一〇）
　主以其月十三日關邸閣郭據付掾黄諱史潘慮（肆五一五六）
出黄龍二年税呉平斛米九十斛三斗黄龍三年□⧄（肆五四八九）

第四章

庫関係簿と財政系統

はじめに

前章までは、穀倉関係簿や諸記録の整理・分類に基づき、地方穀倉における搬出や移送など、穀物財政の仕組み、及び簿籍の作成過程などについて検討した。そこで明らかとなったのは、厳重な穀物管理の実態と、軍糧確保に重きが置かれた運用、特に郡県の穀物財政に対する中央・州・郡レベルそれぞれの機関による重層的な監督・統制のありかたであった。

では、穀倉と並び地方財政におけるもう一つの主要な基層の機構であり、走馬楼呉簡では銭・布・獣皮などを収蔵する庫（財庫）の運用はどのように行なわれていたのだろうか。これまで、比較的資料の多い賦税納入—受領の一面については基礎的な検討が進められているものの、他の側面については資料の少なさにより具体的状況を明らかにすることができなかった。その中で、新たに公表された竹簡中には、断片的ながら庫における銭の搬出や移送に関する記録が含まれており、ある程度の具体的状況をうかがうことができる。そこで本章では、庫の銭搬出・移送記録を分析し、地方官庫の運用の指示系統を明らかにし、孫呉期の地方財政の全体像を把握する足がかりとしたい。

第一節　「庫」の物資納入記録

まず、既公表の呉簡中に数多く含まれている物資納入―受領記録より、庫における物資受納の手続きを見ておきたい。本記録については、早くから王子今、中村威也、窪添慶文、阿部幸信ら諸氏によって基礎的な整理・分類に基づく考察がなされており、以下の分析はこれらの先行研究に基づいている[1]。庫が物資を受領する際には、次のような記録が作成される。

（銭）

1　入都郷口筭銭五百一十嘉禾元年十一月五日傑□丘何誠付庫吏☐　（壱一六二三）

2　入廣成郷嘉禾二年鋘賈銭二千嘉禾二年四月十三日雅丘男子唐陸付庫吏殷連受　（壱二八一一）

3　入小武陵郷嘉禾二年財用銭六千嘉禾二年八月三日前渚丘男子孫直付殷連受　（壱二八二八）

4　入中郷湛龍丘男子潘連嘉禾二年財用銭一千嘉禾三年□月廿五日烝弁付庫吏殷連受　（壱二八三一）

（布）

5　入廣成郷拉陵丘潘梨二年布三丈九尺嘉禾二年十月十日烝弁付庫吏殷連受　（壱七五二二）

6　入西郷二年布一匹嘉禾三年三月二日□丘男子毛帳付庫吏潘琦受　（壱七七八二）

7　入南鄉嘉禾二年所調布四匹≡嘉禾二年八月十五日巨佃丘大男彭伍付庫吏殷連受（壱七八一一）
8　入都鄉新唐丘男子王日嘉禾二年布一匹三丈九尺≡嘉禾二年十月五日烝弁付庫吏殷連受（壱七八九四）
9　入模鄉二年□□丘區眺布三丈八尺≡嘉禾二年十二月廿日烝弁付庫吏潘琦受（壱八二四八）
（獣皮）
10　入平鄉三州下丘潘逐二年麂皮二枚≡嘉禾二年十二月廿一日烝弁付庫吏潘琦受（壱八二二一）
11　入平鄉巾竹丘烝直二年麂皮三枚≡嘉禾二年十二月廿一日烝弁付庫吏潘琦受（壱八二六八）
12　入桑鄉口筭麂皮卌二枚≡嘉禾二年正月七日鄉吏劉平付庫吏殷連受（貳八八七九）
13　入中鄉羊皮三枚≡嘉禾元二年二月六日東夫丘大男李敬付庫吏殷連受（貳八八八一）
14　入平鄉鹿皮二麂皮二枚合四枚≡嘉禾元年十一月十三日男子何盛付庫吏殷連受（貳八九五七）

右に挙げた納入—受領記録には、二つのタイプの書式が含まれている。すなわち、1・2・3・6・7・12・13・14と、4・5・8・9・10・11とに分けられる。便宜的に前者をa型、後者をb型とし、それぞれの内容を確認すると、次のようになる。

廣成鄉の嘉禾二年分の鋘賈錢二〇〇〇錢を納入した。嘉禾二年四月一三日に、雅丘の男子唐陸が納入し、庫吏殷連が受領した。（2／a型）

廣成鄉揢陵丘の潘梨の二年度分の布三丈九尺を納入した。嘉禾二年一〇月一〇日に、烝弁が納入し、庫吏殷連が受領した。（5／b型）

両者はともに、「〓」（同文を示す符号）を挟み、前半に納入された物資の情報、後半に納入事務に関する情報が記されている。第一章で扱った同類の穀物納入記録と同様、これらの簡は長さ二四〜二七cm、幅一・〇cm以上の大きさであり、「月旦簿」や名籍類に比べてひと回り大きい。また、簡中に同文符号が大書され、庫吏の名が別筆（署名）であることから、本記録が物資受納（納入）の証明書としての機能を有し、また「莂」（券書）の形で用いられたことが明らかである。物資納入―受領の際に、左右二行に同じ内容（冒頭の文字は「入」と「出」となる）を記したものを裁断して作成され、一方を受領者である庫が、もう一方を納入者側の郷が分有した。本記録は、庫に集積された分である。続いて、a・b各書式の詳細について見ておきたい。


ⓐ前半に納入される物資の情報、後半に納入者と納入業務に関する情報が記載される。

入＋某郷＋〔年号〕＋物資の種類・名目＋額＋〓＋年月日＋〔某丘〕＋〔身分〕＋納入者姓名＋付＋庫吏某（署名）＋受

ⓑ前半部に負担者を含む物資の情報、後半に納入業務に関わる情報が記載される。

入＋某郷＋某丘＋〔身分〕＋納入者姓名＋〔年号〕＋物資の種類・名目＋額＋〓＋年月日＋烝弁（署名）＋付＋庫吏名（署名）＋受

これらの記録は、一件ごとの物資納入―受領に際して作成された文書であるが、一定期間を経て、次のような簡と併せて簿にまとめられた。

15 ●右南郷入嘉禾二年布廿五匹三丈七尺（壹六二五六）

16　●右桑郷入嘉禾二年布莂五十四枚合六十九匹一丈七尺　（壱八二五六）

17　●右平郷入皮五十八枚　（壱八四二三）

18　●右諸郷入鋘賈錢三千十四　（参三一七一）

19　●集凡起五月一日訖十五日民入嘉禾二年布合廿四三丈六尺　（壱八一九七）

20　●集凡諸郷起十二月一日訖卅日入襍皮二百卌六枚□□▨　（壱八二五九）

15～18は「右」字ではじまる集計記録、19・20は「集凡」ではじまる集計記録である。[二] 穀物の受納記録と同様、各記録はまず15～17のように郷ごとに集計され、さらに18のように「諸郷」として集計された。16のように、「莂」の枚数を記録するものもある。「集凡」簡は、簿籍における総計の記録である。19は半月分、20はひと月分をまとめたものである。以上のほか、当該簿の構成要素として表題簡と「白」簡がある。[三]

次に、これらの記録に基づき、庫における物資納入―受領の手続きを確認しておきたい。まずⓐでは、吏民が物資を納め、[四] 庫吏が受領している。冒頭の「入」字に続いて郷名が記されていること、集計記録においても郷ごとに集計されていることから、これらの賦税は郷を通じて賦課・徴収されていたことが分かる。

一方、ⓑにおいては、簡の前半に記される物資を、「烝弁」が納入している。前半部分に記される吏民は、納入物資すなわち賦税の負担者であろう。この「烝弁」は姓名ともに別筆であり（庫吏は名のみが別筆）、納入手続きにおいて重要な役割を担ったことが分かる。中村威也氏は、吏民からの賦税を烝弁が取りまとめて庫に納入したか、烝弁が責任をもって庫へ納入したという状況を想定する。[五] なお、文書作成上の観点からは、「烝弁」の文字が「付」字の上に重なって書かれている事例があることから（壱八二九九など）、まず記録の文が書かれた後に烝弁が署名したことが明らかである。

ⓐ・ⓑは簡番号が近接・前後する上、受納年月日が近接し、担当庫吏も共通することから、両者が同一の簿に混在していた可能性が高い。したがって、吏民が直接庫に納入するケースと「烝弁」を介して納入するケースとは同時に併行して行われていたと考えられる。

ここで、以上の記録中に見える、庫に納入される賦税の一覧を表4―1提示しておく。

表4―1　庫に納入される賦税目一覧

銭	財用銭・口算銭・鋘賈銭（鋘銭）・酒租銭・皮賈銭・田畝銭　※戸品銭・地僦銭（僦銭）[六]
布	布・調布（所調布・新調布）・冬賜布（所調冬賜布）・田畝布
獣皮	皮・鹿皮・麂皮・羊皮・調皮・口算皮

（注）このほか、「発掘報告」に掲載された木牘によると、庫では吏の「家物」も保管していた。[七]

続いて、庫における納入―受領手続きを、穀倉における手続きと比較しておく。穀倉の納入―受領記録は次のようなものである。

21　入平郷嘉禾二年租米六斛冑畢≡╳嘉禾二年十月廿八日東丘番有關邸閣董基付三州倉吏鄭黑受（壹三三一二）

22　入都郷嘉禾二年税米一斛二斗≡╳嘉禾三年正月十二日白石丘大男谷黑關邸閣李嵩付州中倉吏黄諱潘慮
（貳三五九）

両簡のうち、21の内容は次のようになる。

平郷の嘉禾二年分の租米六斛を納入し、その運搬が完了した。嘉禾二年一〇月二八日、東丘の番有が納入し、邸閣董基が報告を受け、三州倉吏鄭黒が受領した。

まず、受領担当者である倉吏の所属する穀倉として「三州倉」・「州中倉」という複数の穀倉が存在する。前章までにみてきたように、「三州倉」・「州中倉」はともに吏民の賦税の受領する機能は共通するが、正副の別があり、またそれぞれに担当の吏が確認できる。では、庫はどうであろうか。

1～14を含む庫の納入記録の類例は、断簡を含めると二〇〇〇例以上を確認できるが、受領担当者の肩書はいずれも「庫吏」もしくは「主庫吏」であり、庫に特定の名称はない。[八] また、納入記録中には、殷連・潘有の二人の庫吏がみえることから、それぞれが別の庫を担当した可能性も生ずるが、窪添氏によると、両者はほぼ引き継ぐような形で活動期間を異にしている。[九] さらには、「田家莂」では潘有・潘慎・潘宗の三名の庫吏がみえるものの、例えば布は潘有、銭は潘慎などのように、同一人からの賦税を複数の庫吏が担当する事例を確認できるため、走馬楼呉簡中で吏民からの物資納入先としてみえる「庫」は一ヶ所であるとみるべきであろう。[一〇] この「庫」の機能を示すものとして、次の簡がある。

23　☑四匹一丈六尺匹直三千六百布付縣庫吏殷連領如解盡力絞促（壹三七二二）

23では、殷連の肩書きは「県庫吏」とあり、「庫」が県の庫であることが判明する。すなわち、長沙郡臨湘侯国（臨湘県）の庫ということになる。また、早くから指摘されているように、「田家莂」では庫吏の潘有・潘慎は「県吏」としてみえている。[二一]

　三州倉・州中倉と「庫」との物資受領手続きにおける最も大きな違いは、「邸閣」への報告（＝「關」）の有無である。邸閣は、伝世文献中では「大規模な軍用倉庫」を示す語として頻見する。[二二]ただし、走馬楼呉簡中では官名としてみえ（正式官名は「邸閣郎中」）、穀倉が穀物を受領する際に報告を受け、また穀倉間の穀物移送の際に指示を出し、いわば穀物流通の監督者的な役割を担っている。[二三]一方、穀倉の文書行政をみると、穀物簿の表題簡に「右倉曹史烝堂白　州中倉吏黃諱潘慮列起嘉禾元年正月一日訖三月卅日旦簿」（壹二〇三九＋壹一七七三）・「右倉曹史烝堂白　三州倉吏谷漢列起嘉禾元年正月一」（参四六一二）とあるように、各倉は直接臨湘侯国の右倉曹に属している。したがって、「邸閣」は郡県の財政機構の外側に位置していると考えられる。[二四]穀物受領・移送における「邸閣」の介在、および穀物搬出記録中に中央政府の軍糧統括機関である「節度」・「督軍糧都尉」の指示がみえることは、孫呉の地方郡県における穀物財政システムが軍事的性格を帯びたものであったことを表している。なお、穀倉の納入記録では、「丞」・「主記」を介して納入が行なわれた事例もある。

　「庫」に関しては、1～14で提示したa・b型のほか、『竹簡参』・『竹簡肆』で新たに次のような布の納入記録が確認された。

24　入廣成郷東薄丘徐麦布一匹〼嘉禾元年七月十六日關丞祁付庫吏殷連受（肆八二六）

25　入廣成郷撈丘男子陳牙布三丈九尺〼嘉禾元年七月十六日關丞祁付庫吏殷連受（肆八三五）

これらの簡では、b型と同様に賦税負担者の所属丘と姓名が前半に記され、後半では「丞」が納入の報告を受けたことが記されている。なお、「庫」を管轄する上級機関としては、臨湘侯国の金曹が想定されるが、現段階では金曹と「庫」の直接的な関連を示す記録は見出せない。

それでは、「庫」に収蔵される物資の用途や指示系統はどうであったのか。次節以降では、関連記録は限られるものの、「庫」の搬出記録を分析し、その用途及び庫の財政の一端を明らかにしたい。

第二節　銭の搬出記録の全体像

「庫」の搬出記録としては、早くから次の三点などが確認されていた。

26　出具錢八萬一千爲行錢八萬五千二百九十五錢市嘉禾二年調布嘉禾三年正月卅（壱五三五九）

27　出具錢三萬爲行錢三萬一千一百九十四錢市嘉禾二年調布嘉禾三年正月卅（壱五三七九）

28　出用　無　（壱五二五二）

26～28を含む採集簡の第一二盆（壱五一三六～七一三五）には、庫に収蔵された各種名目の銭（口筭銭・財用銭・市租銭・復民租銭・蒭銭）に関する「月旦簿」の構成要素が多く含まれ、その搬出部分の記録と考えられる。表題簡と思しき「□庫吏潘有謹列正月旦起□月一日訖十二〼」（壱五五一八）や複数の「承余」簡の存在から、第一二盆には少なくとも一年分の「月旦簿」がまとまっているようであるが、[一五] 28を含め一一点もの「出用無し」の記録が確認できることから、「庫」からの銭の出用がさほど頻繁ではなかったことがうかがえる。[一六] 26の内容は、次のようになる。

具銭八一〇〇〇銭を行銭八五二九五銭に換算して搬出し、嘉禾二年分の調布を市った。嘉禾三年正月三〇（日）に……（次簡に続く）

26・27からは、①「具銭」（官が認可した標準貨幣〔法幣〕）を「行銭」（市場で流通する善悪入り混じった貨幣）に換算して搬出したこと、[一七] ②その用途の一つとして「「調布」の購入費用」があったこと、[一八] が判明する。ただし、穀倉の搬出記録のように搬出に至る経緯については記されておらず、また26・27に続く簡は既公表簡中に見出すことができないため、搬出の手続きなどの具体的状況はうかがえない。[一九] このような状況のもと、採集簡の第三六盆（参六〇八九～六四四八）・第三七盆（参六四四九～七二八八）・三八盆（参七二八九～七七六八）には、「庫」の搬出に関する記録がある程度まとまって含まれている。断簡が多く総合的な議論は難しいが、以下、分析を加えたい。

29 出錢廿四萬八千八百卌三錢被府丙寅書□□錢十萬四千六百七十〼（参七〇〇三）

30 出錢五萬二千八百被□嘉禾二年八月十五日己未書給市以布〼（参七一六〇）

31 出行錢一萬六千八百廿四錢送詣府嘉禾四年二月十四日關邸閣張儼付庫吏江蓋（参七四三二）

32 錢合卌五萬三千五百給雇二年所市麻一千四〼（参七〇〇五）

33 番有傳送詣府嘉禾四年二月十四日付西庫吏江蓋李從（参七一五七）

34 庫吏番有傳送詣府嘉禾四年二月十三日付西庫吏江蓋（参七一六二）

35 出行錢一萬四千被府三年八月廿四日丙子記給貸下雋吏□□拾桔亭賈錢未還（参七三三六）

36 〼□襍錢合四萬給常從都尉劉望□□及所吏□師（参七三八二）

37　〼□一千一百一十六錢給都督□常從都尉劉望錢……（參七四三二）
38　出行錢一千給督□櫓破　〼（參七四九二）
39　〼□錢一千給督□櫓破……〼（參七五一〇）
40　〼□已出五十萬一百四錢付市掾潘羜吏李珠市嘉禾二年布（參八三九六）

26〜28を含め、右はいずれも銭の搬出に関わる記録である。これらのほか、呉簡中には「出都郷松□丘大男區巴二年布一匹二丈一尺〓嘉禾二年十月十五日烝弁付庫吏殷連受」（壱七五〇四）など布に関する「出」簡も数点確認できるが、いずれも冒頭に「出＋某郷＋某年布…」と記されており、納入—受領の際に作成された記録の一方（本来、納入元である吏民ないし郷に渡されるべきもの）が混入したものと考えられる。したがって、現段階で確認できる「庫」の搬出記録は全て銭に関するもの、ということになる。

右に挙げた諸簡のうち、「出＋銭（もしくは行銭）」から始まる29・30・31・35・38は、記録の冒頭に当たる簡、32・33・34は、記録が複数の簡に渡る場合の二簡目以降の簡、36・37・39・40は、断簡ではあるが同様の記録の一部と考えられる簡である。右の事例以外の関連記録については、本章末に一覧として掲げた。これらの簡は、写真図版を確認する限りでは、長さは「月旦簿」や名籍の構成簡と同様であるが、幅がやや広いという特徴があり、一見して判別が可能である（数点を実測した結果、他の記録が〇・七〜〇・九cmであるのに対し、当該簡は幅一・〇〜一・二cmである）[二〇]。また前述のように関連記録がいくつかの盆に集中して確認できることから、それぞれ同一の簿に連ねられていたと考えられる。

書式面の特徴を付け加えると、簡首より「出……」と記される第一簡目に対し、二簡目以降に相当する32・33・34は、簡首より二・五cm程度の空白を置いてから書き出されている。これは、穀物の搬出記録と同様の特徴である。

前章までの検討では、穀物の搬出記録及び移送記録は、①搬出された穀物の情報、②搬出に至る経緯の情報（督軍糧都尉や県の指示書など）、③搬出の目的（搬出先の情報を含む）に関する情報、④穀物の授受に関する情報、の四つの部分から構成されることを明らかにした[二]。右の「庫」の搬出記録も、基本的にはほぼ同様であるといえるが、定式に合わないものも確認できる。例えば29・30・35では、搬出された銭の額の後にそれぞれ「被府丙寅書」、「被□嘉禾二年八月十五日己未書」、「被府三年八月廿四日丙子記」と、②「銭の搬出を指示する文書」の情報が記されているが、31や38では、直接③の「搬出の目的」に関する記述が続いている。また35は、簡の末尾まで文字が記されているため次簡に文が続く可能性は残るものの、「給貸」（＝貸与）のために搬出した銭が「未還」である旨の内容であり、文も完結している可能性がある。そうすると、本記録については④銭の「授受」に関する情報が抜けていることになる。

搬出記録の全体像をうかがう上で最も注目されるのは、31のタイプの記録である。書き下して訳出すると、

行錢一萬六千八百廿四錢を出だし、送りて府に詣らしむ。嘉禾四年二月十四日、邸閣張儷に關し、庫吏江盖に付す。

行銭一萬六千八百廿四銭を搬出して、「府」に送った。嘉禾四年二月一四日に、「邸閣」張儷に報告し、庫吏江盖に（銭を）受け渡した。

となる。すなわち、移送を目的とした搬出の記録である。本記録の内容は、「府」及び「邸閣」の関わりや移送先として登場する「もう一つの庫」など、「庫」の財政システムに関わる問題を含むため、節を改めて検討する。

なお、これらの記録では、物資納入—受領記録の諸簡とは異なり、「邸閣」及び庫吏の名は別筆（署名）ではない。また編綴の部分は空格となっており、もともと編綴を目的として作成されている。したがって、搬出の際に作成され

た一次的な記録ではなく、それらに基づき（書写するなどして）作成された二次的な記録であることが明らかである。
本節の最後に、本記録がどのような簿の一部であったのかを考えたい。同記録の前後には、次のような集計記録を確認できる。

41　●右出銭八萬五千五百五十八銭　〼　（参六八二八）
42　●右出銭二萬六百九十五銭　（参七一九二）
43　〼右出銭一萬六千□百廿四銭出用盡　（参七三三二）

29～40の諸記録は、このような「出銭」の集計記録によってまとめられたのであろう。43の「出用盡（出用、盡く）」の語は、当該簡の右に列ねられた搬出の結果、「庫」の銭が底をついたことを示している。簿の帳尻に相当する「今余」簡には、「今餘銭　無（今、余銭無し）」（参七三四六）と記されているものがあり、直接対応するかは定かでないが、内容が合致する。[三]
先述したように、採集簡の第一二盆（壱五一三六～七一三五）には銭に関する「月旦簿」（月ごとの出納簿）が含まれており、26～28はその本文に相当する。このように搬出記録は、出納簿の搬出部分を構成することがあるが、29～43の前後には納入に関する「入」の記録は確認できず、搬出の記録があるのみである。そのことを踏まえると、次の簡は断簡であるが、29～43の搬出記録などを本文とする表題簡である可能性が高い。

〼　禾五年十月所領襍銭簿領出用餘見簿　（参七三〇五）

この推測が妥当であれば、当該簿は「襍銭」の「出用余見」簿である。[二三]「襍銭」とは、前節の表に提示したように、様々な賦税名目で納められた銭をまとめた表現であろう。銭に関する月旦簿は「市租銭」・「口算銭」・「酒租銭」などと名目ごとに作成されており、対照的である。なお、「出用余見簿」という名称は、第三章で検討した三州倉の「所領税米出用餘見月旦簿」と類似するが、[二四]三州倉のものは出納簿としての「月旦簿」であり、「入」簡も構成要素に含まれている。

第三節　走馬楼呉簡にみえる庫の財政システム

それでは、搬出記録に基づき、呉簡中にみえる「庫」の財政システムについて検討したい。まず注目すべきは、「搬出に至る経緯」（＝搬出を指示する文書）の情報である。29には「被府丙寅書」、30には「被□嘉禾二年八月十五日己未書」、35には「被府三年八月廿四日丙子記」とある。このうち30は指示を出した主体の部分が未読字とされているが、写真図版の墨痕を確認すると、他の二点と同様「府」字のようである。当該の情報の部分が明確に残存しているのはこの三点のみであるが、いずれも「府」からの指示（二点は「書」、一点は「記」[二五]）によっている。「府」は呉簡中ではしばしば「郡府」、すなわち長沙郡府を指す。三点のうち、銭の用途まで確認できるのは35のみであるが、そこでは銭を下雋県の吏に「給貸」している。下雋県は長沙郡の属県であり、[二六]臨湘県の範囲を超える搬出であるため、郡府から指示が出されたものと考えられよう。

呉簡中にみえる「庫」が郡からの指示で銭を搬出していることは、その性格を考える上で示唆を含んでいる。先に見たように、「庫」は県庫であり、吏民の賦税を受納している。このことは、地方穀倉に対して穀物の移送の際に指示を出すのが県及び「邸閣」であり、また穀物を軍糧などとして搬出する指示を出すのが中央政府に関わる「右節度」及び「督軍糧都尉」であることと対照的である。すなわち、穀物の財政システムにおいては郡県の範囲を超えるもしくは軍政的な機構からの直接指示があるのに対し、「庫」にはそれがみえないのである。指示系統という観点からみる限り、「庫」の財政はあくまで郡県内における「通常の」、かつ「民政的な」運営が主であったようである。

次に、「庫」の財政システムをうかがえるものとして、31のタイプの搬出記録を改めて分析したい。三点の関連記録を再度提示すると以下のようになる。

31　出行錢一萬六千八百廿四錢送詣府嘉禾四年二月十四日關邸閣張儷付庫吏江蓋（参七四三二）

33　番有傳送詣府嘉禾四年二月十四日付西庫吏江蓋李從　（参七一五七）

34　庫吏番有傳送詣府嘉禾四年二月十三日付西庫吏江蓋　（参七一六二）

31は、前節で述べたように、行銭を「府」（＝郡府）に送り、送達先では「邸閣」の張儷がその報告を受け、「庫吏」の江蓋が受領したという内容である。33・34には「邸閣張儷」はみえないものの、庫吏の名が共通することから、同類の記録と考えられる。そして両簡では、送達の状況がより詳しく記されている。すなわち、「庫吏」番有が郡府に「伝送」し、「西庫吏」の江蓋・李従が受け取ったことが記されている。

まず注目されるのは、「西庫」である。郡府に送って「西庫」吏が受領するということは、この「西庫」が郡府に深く関係する庫、すなわち郡庫であることは確実といえよう。31・34には庫吏として江蓋がみえるのみで、李従の名はみえないが、両簡は末尾まで文字が記されていることから、文が次の簡まで続きそこに李従の名も記されていた可能性が高い。[二七] 一方で、郡府に近い「西庫」の存在から、「庫」（番有＝潘有が所属する庫）は、郡に関するものではないことが改めて判明したことになる。また、県庫である「庫」から郡庫である「西庫」まで銭を「伝送」するという表現は、穀物を三州倉から州中倉まで移送する際に、舟船を用いたことと対照的である。県と郡との位置関係については、『水経注』巻三八・湘水条に、

（湘水）又た右して船官の西を徑る。湘州の商舟の次る所なり。北は長沙郡に對す。郡は水の東・州城の南に在り。舊治は城中に在り、後に乃ち此に移る。……（中略）……又た右して臨湘縣故城の西を徑る。縣は湘水を治め、川側に濱臨す。故に即ち名づく。……（中略）……晉懐帝、永嘉元年を以て、荊州の湘中の諸郡を分かちて、湘州を立て、此を治とす。

とあり、晉代以前の長沙郡旧治は臨湘県故城内に置かれていたことが分かる。銭は「庫」から「西庫」まで直接運ばれたのであろう。

もう一点注目されるのは、「繇邸閣張儼」とあることである。すなわち、これまで穀倉における穀物受領や移送など、専ら穀物の運用に関わる形でみえていた「邸閣」が、官庫における銭の運用にも関与していたことが明らかとなったのである。文献中の邸閣は穀物のほか様々な物資を収蔵しているため矛盾はしないが、第一節でみたように、殷連・潘有の属する「庫」における物資受納業務には「邸閣」が介在していなかったこととの相違が大きな問題となる。その理由として、県庫と郡庫の違いを想定でき、州中倉が郡級の機能を備えていたことと対応する可能性があるが、類例が少ないため資料の増加と後考を俟ちたい。

最後に、現時点で確認できる銭の用途を整理しておきたい。まず、先述したように、物品の購入資金が挙げられる。26・27の「調布」のほか、購入された物品として、各種布製品や水牛などの獣皮、穀物などを確認できる。

またこちらも先述したが、35では「下雋吏」が「拾桔亭」を購入する資金として銭が貸与されている。この購入が下雋県吏個人の目的であるのか下雋県としての目的であるのかは確定し難いが、他県もしくは属県の吏へ銭が貸与されたことに注目される。

このほかに支出目的が確認できるものとして、36〜39は、「従都尉劉望」や「督□櫓破」といった軍事官と思しき官に対する支出がある。以下が断簡であるため、吏士への手当てであるのか、軍需物資の購入資金であるのかなど、具体的な内容は不明であるが、県庫に収蔵される銭が軍に対しても用いられた可能性を示す記録である。ただし、先述のように、搬出の指示を出す者として郡県を超える官や軍事関係の官がみえないことに注目される。

以上に確認できる庫の支出をまとめると、

①物資の購入　②軍に対する出給　③他県への貸与　④郡府への移送

となる。

おわりに

本章では、走馬楼呉簡中の「庫」に関する物資納入―受領記録と搬出記録を分析し、その運用の一端を解明すべく検討を加えた。穀倉に比べて財政システムを明らかにしてくれる関連記録が極めて限られていたが、論じてきたことをまとめると以下のようになる。

走馬楼呉簡中に賦税の納入先としてみえる「庫」は一ヶ所であり、県庫としての機能を有していた。「庫」からの銭の搬出に際しては、郡府が指示を出す場合もあるが、穀倉のように「邸閣」や「督郡糧都尉」など、郡県の範囲を超えるもしくは軍事的な性格を有する官の関与は認められない。一方、長沙郡府には「西庫」が置かれ、臨湘県の

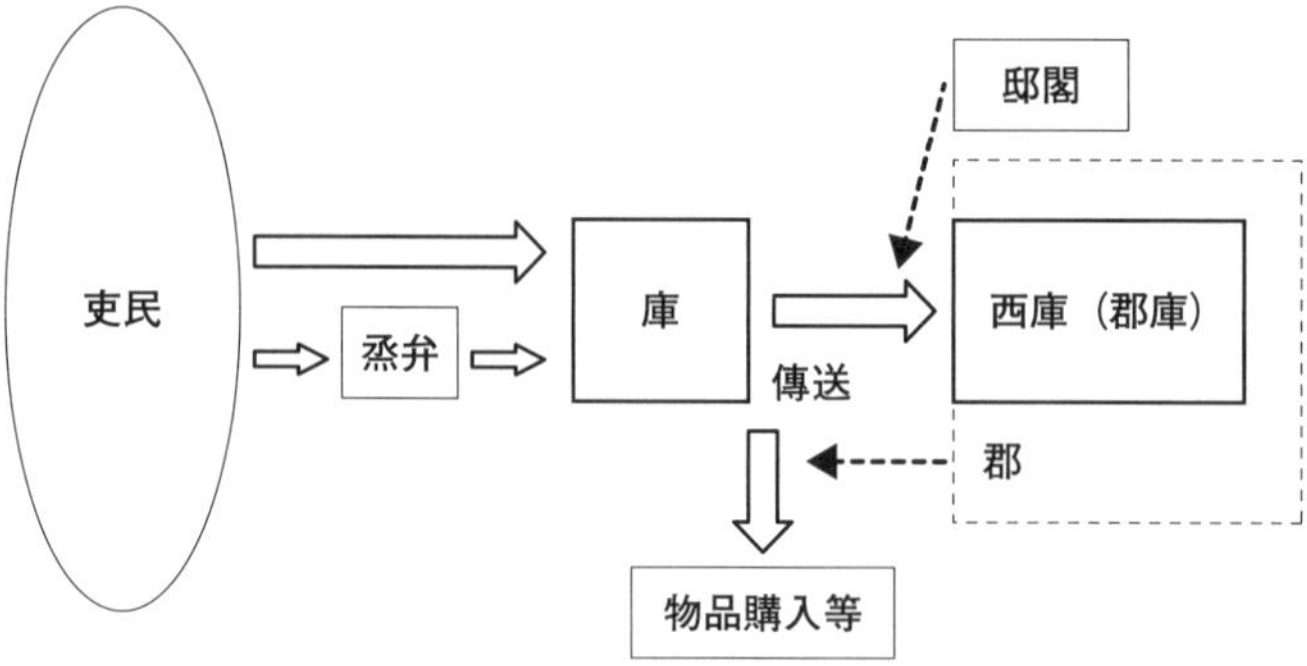

図4－1　走馬楼呉簡にみえる庫の財政システム

「庫」から銭の伝送を受けていた。物資の受領の際には穀倉と同様「邸閣」が監督的な役にあたっている。「庫」に収蔵される銭の用途としては、①獣皮・布などの物資購入費用、②軍への支給、③他県（もしくはその吏）への貸与、④郡府への移送、を確認できる。県の吏民にとって賦税の納入先である県庫の「庫」は、現在の資料状況からみる限り、「民政的な」運営・指示系統によっている。一方、郡級の「西庫」は、物資受納に際して「邸閣」の監督を受けており、運営上軍事的様相を帯びている可能性がある。

一　王子今「走馬楼簡的〝入皮〟記録」（『呉簡研究』第一輯、崇文書局、二〇〇四年七月）、中村威也「獣皮納入簡から見た長沙の環境」（『長沙呉簡研究報告』第二集、二〇〇四年七月）、同「従獣皮納入簡看古代長沙之環境」（『呉簡研究』第二輯、崇文書局、二〇〇六年九月）、窪添慶文「走馬楼呉簡の庫吏関係簡について」（『長沙走馬楼出土呉簡に関する比較史料学的研究とそのデータベース化』平成一六～一八年度科学研究費補助金研究成果報告書、二〇〇七年三月）、阿部幸信「長沙走馬楼呉簡所見調納入簡初探」（『立正史学』第一〇三号、二〇〇八年三月）、同「長沙走馬楼呉簡所見的〝調〟——以出納記録的検討為中心」（『呉簡研究』第三輯、中華書局、二〇一一年六月）。

二　15・16・19は、写真図版により冒頭に「●」（墨点）を加えた。

三　これらの簡を本文とする簿の表題は現在のところ確認されていない。この傾向は、同類の穀物納入記録と同様である。

四　物資の納入（庫までの運搬）が各個人によって行われたのか、何らかのまとまりをもって行なわれたのかは、本記録からは判断できない。記録自体は郷ごとに把握されていることから、あるいは郷が主管して庫までの運搬を行ったのかもしれない。

五　前掲注一中村氏論文。烝弁と同じ役割を果たした可能性のある存在として、「歳伍」がある。「歳伍」は「月伍」とともにみえ、郷里内で吏民を管轄し、また穀物貸与業務において官から穀物を受領するなど、郷里社会において重要な役割を担っていたようである。

入中郷所買鋘賈錢六千≡嘉禾二年五月廿四日歳伍潘蓑付庫吏殷　⧄（参三一八五）

入都郷皮二枚≡嘉禾二年八月廿六日呉唐丘歳伍供便付庫吏殷連受（弐八八八八）

右歳伍卒□領吏民八十八戸（弐五一九）

・右歳伍謝胥領吏民七十五戸　⧄（弐一一〇五）

出小武陵郷嘉禾元年新吏限米十一斛一斗≡嘉禾二年四月一日勧農掾蔡忠付木氏丘歳伍□守録若□⧄（肆四三三一）

阿部氏はこの歳伍について、調関連の物資納入記録の分析から、担当・管理下にある民戸からの賦税納入に関与する資格を有していた可能性を指摘している（阿部幸信「長沙走馬楼呉簡所見調納入簡初探」）。このほか、歳伍に関する専論として、沈剛「歳伍与月伍」（『長沙走馬楼三国竹簡研究』社会科学文献出版社、二〇一三年五月）があり、歳伍は丘中の民戸を管理し、月伍は土地の管理を担い、丘の居民の賦税を代納することもあったとする。

六　両者は例に挙げた納入記録中にはみえないが、別の簿の記録がある。戸品銭については、

模郷大男謝牒新戸中品出錢九千臨湘侯相　嘉禾五年十二月十八日模郷典田掾烝若白（肆一三八五）

などとある。本記録については、張栄強「呉簡中的〝戸品〟問題」（『呉簡研究』第一輯、崇文書局、二〇〇四年七月）、王素・汪力工「長沙呉簡〝戸品出銭〟簡新探」（『中国文物報』二〇〇七年四月二〇日）、安部聡一郎「走馬楼呉簡中所見「戸品出銭」簡の基礎的考察」（藤田勝久・松原弘宣編『東アジア出土資料と情報伝達』汲古書院、二〇一一年五月）を参照。

僦銭については、

大男王錢僦錢月五百　大男周徳僦銭月五百　大男丁終僦銭月五百（壱四三八七）

郡士馬伯僦銭月五百　郡士朱主僦銭月五百　郡士王徹僦銭月五百　（壱四三九〇）
右卌五戸月收僦銭合二萬二千五百　（壱四四六二）

などとある。宋超「呉簡所見〝何黒錢〟・〝僦錢〟与〝地僦錢〟考」（『呉簡研究』第一輯所収）を参照。

七　「発掘報告」に掲載された木牘（J22（3）2635）には、次のようにある。

鐵釜一口　　繒一張
鐵歴一口
銅鑪一口　　此物已出當入當白還之
銅馬鍑一口　　●右吏張愓家物五種見右庫六月廿一日庫吏殷連白

八　「主庫吏」については次のような事例があり、いずれも殷連に関する記録である。

⊿嘉禾二年布二匹⿱三乂嘉禾二年八月十五日武龍丘男子潘般付主庫吏殷連受（弐五三四四）
主庫吏殷連謹列四月旦承餘新入布匹數簿　（肆二一〇五七）

九　前掲注一窪添氏論文。

一〇　前掲注七の木牘によると、庫の機構内には「右庫」が設置されていた。

一一　「東丘縣吏番有」（五・四一八）、「漂丘縣吏番慎」（五・九八一）とある。

一二　『三国志』「魏志」巻二七・王基伝に、「其年爲尚書。出爲荊州刺史、加揚烈将軍、隨征南王昶擊呉。基別襲步協於夷陵、協閉門自守。基示以攻形、而實分兵取雄父邸閣、收米三十餘萬斛、虜安北将軍譚正、納降數千口」とあり、同「呉志」巻一・孫策伝裴松之注引『江表伝』に「策渡江攻繇牛渚營、盡得邸閣糧穀・戰具」などとある。文献史料中の邸閣については、日野開三郎「邸閣——三国志・東夷伝用語解の二」（『日野開三郎東洋史學論集』第九巻・北東アジア國際交流史の研究上、三一書房、一九八四年。一九五二年初出）、佐久間吉也「晋代の邸閣について」（中國水利史研究会編『中國水利史論集』国書刊行会、一九八一年）を参照。

一三　呉簡中の「邸閣」については、本書第三章及び伊藤敏雄氏の一連の研究（伊藤敏雄「長沙走馬楼簡牘中の邸閣・州中倉・三州倉について」（『九州大学東洋史論集』第三一号、二〇〇三年四月）・同「長沙走馬楼呉簡中の『邸閣』再検討——米納入簡の書式と併せて」（太田幸男・多田狷介編著『中国前近代史論集』汲古書院、二〇〇七年一一月）・同「長沙呉簡中の邸閣・倉吏とその関係」（『歴史研究』（大阪教育大学）第四九号、二〇一二年三月）を参照。

一四　両簡の接続については、第一章を参照。

一五　第一二盆中の「月旦簿」は、例えば「承余」簡は、「承三月旦簿餘嘉禾二年口筭錢十二萬四千四百」（壱五四〇六）・「承正月旦簿餘嘉禾二年酒租錢一千八百」（壱五三四六）のように月ごと及び名目ごとのものであり、「入」簡では「入平郷嘉禾二年財用錢四千四百」（壱五三二二）・「入模郷嘉禾二年口筭錢四千四百」（壱五二一二）のように郷名が明記されるなど、穀倉の「月旦簿」とは情報のまとめ方が異なっている。

一六　「出用　無」の記録として、他に壱五二五三・壱五二八九・壱五三〇一・壱五三五四・壱五四一三・壱五四六四・壱五五八一・壱五六二九・壱五六五七・壱五六七六を確認できる。第一二盆における「出」簡は、ほかに一点を確認できるのみである。

　　出三年酒租錢四萬三千雇桓王〼（壱六〇三七）

一七　具錢・行錢の解釈は于振波「走馬樓呉簡習語考釋」（『走馬樓呉簡初探』崇文出版社、二〇〇四年）による。また沈剛氏は、「行錢」は通行錢として政府の支出に用いられ、「具錢」は形が完好で重量が充足した良貨であり収入面で使用されたとする（「走馬楼呉簡所見〝具錢〟・〝行錢〟試解」『中華歴史文物』二〇〇八年第六期）。

一八　「調布」については、前掲注一の阿部氏の一連の論文を参照。

一九　凌文超氏は当該の「市調布」に関する「出」簡について、購入された「調布」は庫が管理しているものであり、「出錢」とされてはいるものの、実際には帳目が庫錢帳簿から庫布帳簿へと転移したのみであり、庫からの転出や消費のための支出とは異なるとする（凌文超「走馬楼呉簡庫錢帳簿体系復原整理与研究」『考古学報』二〇一五年第二期、二〇一五年四月）。

二〇　実見調査の結果については、拙稿「穀物簿における「白」簡／「庫」の搬出記録」（『長沙呉簡研究報告 二〇〇九年特刊』科学研究費補助金・基盤研究（A）「出土資料群のデータベース化とそれを用いた中国古代史上の基層社会に関する多面的プロジェクト・三菱財団人文科学研究助成「新出土三国呉簡・西晋簡と地方行政システムの研究」プロジェクト、二〇一〇年二月）を参照。

二一　穀物搬出記録については、第二章と第三章を参照。

二二　李天虹氏は、居延漢簡の簿の基本的な構成要素として「籤牌・標題・正文・右類・凡類・呈報」を挙げ、「出入簿」の場合には、これに「上余・現余」を加えている（李天虹『居延漢簡簿籍分類研究』科学出版社、二〇〇三年九月）。「今余」簡は「現余」簡に相当する。

二三　前掲注一九凌文超氏論文は、「掲剳図」を手掛かりとして当該簿の復原整理を行なっている。凌文超氏の復原では、この「襍銭領収出用余見簿」の構成要素として「出用簡」のほか「領収簡」及び「未畢簡」・「余見簡」が挙げられている。

二四　三州倉の「出用余見月旦簿」の表題簡として、次のものがある。

三州倉謹列所領税米出用餘見正月旦簿　（参四五五九）

三州倉謹列所領税米出用餘見二月旦簿　（参四五七三）

三州倉謹列所領税米出用餘見四月旦簿　（参四七五〇）

☒□税米出用餘見八月旦☒　（参四九三四）

二五　居延漢簡においては、「記」は上級官から下された文書を指す。汪桂海『漢代官文書制度』（広西教育出版社、一九九九年九月）を参照。

二六　『漢書』巻二八・地理志下の長沙国条、『続漢書』郡国志四による。

二七　同類の記録は、一簡中に書ききれないことが多いようで、「　江蓋李従」（参七一八三）・「　西庫吏江蓋李従」（参七一八五）など、文の末尾のみが記されている簡が散見する。

【参考】 庫の搬出に関する記録

半出錢二百廿一萬一千七百六十五錢雇元年所調布麻水牛皮并□（壱一一四四）
出錢一萬三千九百五□⧄（壱二五〇四）
出錢三百⧄（壱二五一六）
出錢一萬□千⧄（壱二七三四）
⧄萬四千斛直一千八百付庫吏殷連當市二年調布（壱三七三三）
□八萬二千九百卌七錢其□□就留□今年所調布廿三匹□丈一尺匹直錢三千六百□□（壱四三七〇）
⧄百廿就留付□市今年所市布□十四匹一丈六尺付庫吏殷連⧄（壱四三七二）
□□□今貯書言起正月一日訖六月卅日合領具錢□□□四千一百收除□⧄（壱四三七四）
⧄□□市得布一百四匹五尺五寸布匹直三千六百錢爲米百廿斛悉畢謹列市得布匹（壱四四〇五）
出具錢八萬一千爲行錢八萬五千二百九十五錢市嘉禾二年調布嘉禾三年正月卅（壱五三五九）
出具錢三萬爲行錢三萬一千一百九十四錢市嘉禾二年調布嘉禾三年正月卅（壱五三七九）
　右出行錢廿二萬□□⧄（壱五六〇〇）
出用　無　（壱五六二九）
　右出行錢三萬五千二百九十四錢　（壱五六三七）
出三年酒租錢四萬三千雇桓王⧄（壱六〇三七）
出錢四萬五千市□四百五十斤……⧄（貳二一五九）
出小武陵郷嘉禾元年錢□⧄（貳六六一〇）
・出庫吏潘□□三月日……⧄（貳七四〇一）
出錢九萬二千九百卌與襍錢二百九十二萬一千六十通合三百一萬四（参六三〇三）
　……日付西庫吏江盖李從（参六三〇五）
⧄□百一十二錢與襍錢三百萬五百六十八錢通合三百一萬（参六三〇七）
　右出錢三萬九千四百八十五錢　⧄（参六三一八）
　右出錢八十四萬七千一十三錢盡⧄（参六三一九）

⧄……　　出用　（参六二二六）

⧄□卅匹直三千三百二十付庫吏番有錢布簿別列出用莂　（参六三七三）

　番有傳送詣府嘉禾四年二月十三日付西庫吏⧄　（参六四二六）

⧄李珠市嘉禾二年所調布得八百卌匹其七百匹直⧄　（参六四三五）

⧄調布得一百卌匹其七百匹直三千六百⧄　（参六四四七）

⧄三千四百□□襍錢二百⧄　（参六四五三）

⧄□□□李珠市嘉禾二年所調布　（参六四六四）

　李珠市嘉禾□年所調布□⧄　（参六五五三）

　府嘉禾四年二月十三日付西庫吏江蓋李從　（参六七二五）

⧄　具錢廿萬一千七百十七錢爲行錢卅五萬四千九百□⧄　（参六七五一）

　三千五百雇□所市⧄　（参六七八六）

⧄還貸行錢□□□都尉周□⧄　（参六八〇三）

　買布一萬直錢五萬案文書今承賣⧄　（参六八一一）

　右出錢八萬五千五百五十八錢　⧄　（参六八二八）

⧄江蓋李從　（参六八七一）

出錢廿萬一千四百□□⧄　（参六八九七）

⧄　吏江蓋李從　⧄　（参六九〇一）

出錢廿九萬四千一百⧄　（参六九一三）

⧄二千三百市給作□□□⧄　（参六九四九）

出錢三萬七千四百八十二錢　⧄　（参六九五二）

出錢廿四萬八千八百卅三錢被府丙寅書□□錢十萬四千六百七十⧄　（参七〇〇三）

　錢合卅五萬三千五百給雇二年所市麻一千四⧄　（参七〇〇五）

　右出具錢卅萬□⧄　（参七〇二六）

出錢一萬六千六百六十三錢遣⧄　（参七〇四七）

出錢五□〼（参七〇七五）
〼右出錢□□〼（参七〇七六）
　右出錢三萬……〼（参七〇七七）
〼　潘有陳□詣府〼（参七一一〇）
〼□具錢□萬四千三百〼（参七一四五）
　右出錢十九萬□千九百九十六錢　〼（参七一五六）
　番有傳送詣府嘉禾四年二月十四日付西庫吏江盖李從（参七一五七）
……出用前已列言（参七一五八）
出錢十□萬七千五百六錢嘉禾四年六月廿八日乙亥〼（参七一五九）
出錢五萬二千八百被□嘉禾二年八月十五日己未書給市以布〼（参七一六〇）
　給□……〼（参七一六一）
　庫吏番有傳送詣府嘉禾四年二月十三日付西庫吏江盖（参七一六二）
匹直三千三百布給東部所作弩□以嘉禾三年三月六日（参七一六三）
　右出錢二百□□萬二千七百廿九錢（参七一六四）
出三百一萬□□□□□□□□□所調布八千八百卌匹其□（参七一七八）
□□八萬二千八百八十二□□□錢一百九十□萬七千□百七十八錢（参七一七九）
　右出錢五千七百七十（参七一八一）
江盖李從（参七一八三）
　西庫吏江盖李從（参七一八五）
出錢五千七百七十萬吏番有傳送詣府嘉禾四年二月十三日付（参七一八六）
　右出錢二萬六百九十五錢（参七一九二）
出□錢十八萬三千二百一十□嘉禾三年正月廿一日付吏……（参七二四七）
〼錢十萬三千嘉禾□年七月十日□□史陳通市布（参七二六九）
〼　禾五年十月所領襍錢簿領出用餘見簿（参七三〇五）

傳付庫吏江盖李從　（参七三二一）
⧄右出錢一萬六千□百廿四錢出用盡　（参七三三二）
⧄□□萬九千四百一十三錢爲具錢廿八萬一錢送詣府嘉禾四年二月十三日□□□張□　（参七三三三）
出行錢一萬四千被府三年八月廿四日丙子記給貸下隽吏□□拾桔亭賈錢未還　（参七三三六）
⧄□□□□□行錢一萬六千八百卅四錢　⧄　（参七三四一）
右出錢一萬□千□百卅八錢出用給……⧄　（参七三四二）
今餘錢　無　（参七三四六）
今餘錢　無　⧄　（参七三四七）
⧄　……□□□□□付吏江盖李⧄　（参七三八一）
⧄□襍錢合四萬給常從都尉劉望?□□及所吏師　（参七三八三）
⧄　五錢出用盡　（参七三八四）
⧄　吏江盖李從　（参七三八八）
⧄錢　無　⧄　（参七三九〇）
今餘錢　無　⧄　（参七四〇八）
出二年地僦行錢……六年二月□□日關邸閣□　（参七四二九）
出行錢一萬六千八百廿四錢送詣府嘉禾四年二月十四日關邸閣張儷付庫吏江盖　（参七四三一）
⧄□一千一百一十六錢給都督□常從都尉劉望?錢…　（参七四三三）
出行錢四萬二千五百八十九錢爲具錢三萬七千三百…⧄　（参七四三五）
⧄年二月十四日關邸閣張儷付庫吏江盖李從　（参七四三七）
出行錢四萬六千八十七錢嘉禾⧄　（参七四四〇）
⧄　庫吏江盖李從　（参七四四八）
張儷付庫吏⧄　（参七四五八）
今餘錢　無　⧄　（参七四七九）
出行錢一千給督□櫓破　⧄　（参七四九二）

出行錢……□□□□⧄　（参七四九六）

⧄　右出錢十一萬⧄　（参七五〇一）

⧄□錢一千給督□□櫓破……⧄　（参七五一〇）

⧄七錢送詣府嘉禾四年正月十□日關邸閣張儷　（参七五一二）

出行錢三千五百廿九錢送詣府⧄　（参七五一五）

⧄□已出五十萬一百四錢付市掾潘羜吏李珠市嘉禾二年布　（参八三九六）

⧄有傳□詣府嘉禾四年十二月⧄　（肆一六三〇）

第二部

税役編

第五章

「限米」と限田

はじめに

第一部では、倉庫関係の簿籍簡牘の整理・分類の成果に基づき、穀倉及び庫を中心とする物資の納入—受領、搬出・移送や文書行政など、財政のシステム面に関する検討を行なってきた。本章から第八章までの第二部では、個別の収入名目や民戸の給役状況に着目し、財政の具体的内容すなわち税役面について検討する。走馬楼呉簡の簿籍簡牘には、賦税などとして倉庫に収蔵された物資の名目が明記されており、財政収入を詳細に知ることができる。これらを検討することで、文献史料の少ない当時の税役など、基層社会に対する統治のあり方について、新たな知見を得られよう。

まず本章では、穀物納入記録中に頻見する「限米」について検討する。呉簡の中で最も早く公表された「吏民田家莂」では、吏民に賦課された穀物の税目として「税米」・「租米」及び銭・布の折納を確認できるのみであった。しかし竹簡群が公表されると、様々な収入名目とともに多くの「限米」の記録が確認されるようになった。その事例の多さから、「税米」・「租米」と並び税体系の中で重要な位置を占めると目され、早くから専論があるが、「郵卒限米」・「私学限米」・「子弟限米」など様々な身分や職種に関する呼称とともにみえることから、いかなる性質の収入であるのか見解の一致をみていなかった。そこで本章では、穀倉関連の記録とともに名籍関連の記録についても分析の対象とすることで、納入状況や賦課された田、納入者の身分・職種などの観点から「限米」について全面的に再検討し、その性格を位置付けるとともに、孫呉政権の支配のあり方の一端をうかがいたい。

第一節　穀倉に収蔵される穀物名目

まず、簡牘中にみえる穀物の収入名目を概観しておく。穀倉に納入された穀物について記録があるのは、次の簡牘である。

①「吏民田家莂」(以下「田家莂」)。長さ五〇cm前後の大型木簡で、耕作者が擁する田地の状況と賦税の納入状況などの情報を記録した「納税者台帳」である。

〼石下丘男子劉方、田十町、凡廿四畝、皆二年常限。其十二畝旱敗不收、畝收布六寸六分。定收十二畝、畝收税米一斛二斗、爲米十四斛四斗。畝收布二尺。其米十四斛四斗、四年十二月三日、付倉吏鄭黑。凡爲布三丈一尺九寸、准入米一斛五斗、四年十一月二日、付倉吏鄭黑。其旱田畝收錢卅七、其熟田畝收錢七十。凡爲錢二千二百八十四錢、准入米一斛四斗二升五合、四年十二月二日、付倉吏鄭黑。嘉禾五年三月十日、田戶經

用曹史趙野・張惕・陳通校。（四・二〇四）

②「賦税総帳木牘」。長さ二三・五cm前後の木牘。一日もしくは数日間に穀倉が受領した穀物の総額と内訳を記録した、納入穀物の総帳である。

州中倉吏郭勲・馬欽・張曼・周棟、起正月廿三日訖廿六日受雑米三百卌八斛五斗八升。其十七斛九斗税米。其廿一斛五斗二升租米。其廿二斛五斗餘力租米。其二百卅二斛一斗一升八億銭米。其三斛五斗金民限米。其十二斛私學限米。其三斛四六佃吏限米。其廿斛三斗五升田畝布米。其十五斛七斗田畝銭米。正月廿六日倉吏番慮白。（J22-2499）

③穀倉関係簿。竹簡を編綴して簿としたもので、長さ二五〜二七cm、二三〜二四cmの二種がある。穀物納入の証明書を簿としたもの（「莂簿」）や、ひと月ごとの出納簿（「月旦簿」）など様々な種類が確認できる。[二]

入平郷嘉禾二年租米六斛胄畢〼嘉禾二年十月廿八日東丘番有關邸閣董基付三州倉吏鄭黑受（壹三三一二）

入吏黄高二年鹽米廿二斛黄龍三年正月廿五日關邸閣郭據付倉吏監賢受（壹三一七一）

入郵卒黄龍二年限米一斛　已中（壹二〇七一）

其一千一百廿七斛三斗二升黄龍三年吏帥客限米（壹二〇三四）

これらの簡牘中にみえる穀物の名目は実に多様で、表5-1のものが確認できる。[三]

aの諸名目は、「田家莂」及び賦税総帳木牘、竹簡の穀倉関係簿に共通して確認される。「田家莂」によると、これらは吏民の「佃田」に賦課されたもので、[四]「税米」は「常限田」に賦課され、「租米」は「余力田」・「火種田」のほか州吏・「復民」など特定の者の田にも賦課された。「租米」の方が「税米」よりも低額であり、優遇されている。[五]「常限田」の一部は「税田」、州吏の田は「租田」とも表記される。また、「佃田」には穀物のほかに布や銭も賦課され、

表5―1　走馬楼呉簡中にみえる穀物収入名目一覧

a「税米」・「租米」　①・②・③より
「税米」・「租米」（「餘力租米」・「火種租米」）・「田畝布米」・「田畝銭米」など
b「限米」　②・③より
「限米」・「郵卒限米」・「佃帥限米」・「佃吏限米」・「佃卒限米」・「衛士限米」・「新還民限米」・「新吏限米」・「船師限米」・「金民限米」・「私學限米」・「叛士限米」・「習射限米」・「吏帥客限米」（「吏某客限米」・「帥某客限米」）・「子弟限米」（「吏某子弟限米」・「帥某子弟限米」）・「監池司馬鄧邵限米」・「屯田限米」・（「郡屯田掾利焉限米」・「屯田司馬黄松（黄升）限米」）
c官有物売却の代価としての米　③より
「鹽（賈）米」・「醬賈米」・「肉醬米」・「池賈米」・「□魚賈米」など
d貸与返還米　③より
「民還所貸某年某米」
e保管・移送中に喪失した穀物の補塡　③より
「折咸米」・「没溺米」・「漬米」など

これらを米で代納したものが「田畝布米」・「田畝銭米」である。[六]「田家莂」にみえる各々の税額は表序―1の通り。「田家莂」と竹簡とでは、「租米」・「税米」と関わる身分に若干の違いが確認できる。

cは、塩などの官有物を売却し、その代価として得た穀物収入である。[七] dは、官から貸与された穀物を民が返還したものである（「民還貸食米」）。賦税としての新規の収入ではないという点において、aとは異なる性格を有し、簿籍上でも区別して扱われている。[八] またeの「折咸（減）米」などは、保管や輸送時などにおける喪失分を補塡したものであり、[九] dと同様、新規の収入ではない。

bの各種の「限米」は、「郵卒限米」・「佃帥限米」などと、身分や職名を冠する点に特徴がある。これは、納入―受領の際に作成された一次的な記録においても、穀倉収蔵後の二次的な記録においても同様である。次節でみるように、納入状況がaの諸名目と似ており、他の名目に比べても頻出度が高いことから、当時の賦税体系において「税米」・「租米」と並び重要な位置を占めていたと考えられるが、その性格については次のような諸説が並立している。

まず、竹簡群の公表以前に「限米」の性格に言及したものとして、王素・宋少華・羅新の三氏は、「限米」納入者の身分には「田家莂」にみえないものが多いことから、国家の「正戸ではない者」に課せられたとする。ここでの「正戸」は、「田家莂」にみえる「吏民」を指す[一〇]。また蒋福亜氏は、「限米」は「田家莂」にみえる「租米」・「税米」とは別の負担であり、「常限田」や「余力田」とは異なる種類の田に課せられ、吏など特殊な身分の者の負担であるとする[一一]。『竹簡壱』刊行後、于振波氏は、「限米」が他より高額で、「屯田限米」などの語が確認できることから、「限米」は屯田に課せられたもので、「私学」・「金民」などは官府によって編成され、一部の賦税傜役を免除される代わりに屯田に従事したとする[一二]。一方、劉家軍氏は、「屯田限米」は屯田に関わる地租であるが、その他の「私学限米」・「還民限米」・「叛士限米」・「佃卒限米」などは戸人の下に依附した各種身分の者が納めた地租とする[一三]。以上に対し、侯旭東氏は、「限米」の納入記録中に納入者の身分を大男・男子とする事例が多くみられることから、身分によって「限米」の性質を明らかにすることは困難であるとし、また「租米」・「税米」・「限米」の違いは、あくまで田の類型・性質の違いによる、とする[一四]。

「限米」は、土地もしくは賦税額に制限のあったものと考えられるが、後述するように文献史料中には一例しか見出せず、語義のみからはその性格を確定し難い。そこで以下、次の二つの観点から検討を進めたい。一つは、「限米」が全て屯田に関係すると考えられるか否かである。この点については、「限米」の納入状況や田を分析することで再検討を試みる。もう一つは、「「正戸」ではない」もしくは「依附民」などとされる「限米」納入者の実態がいかなるものであったかである。この点については、穀物関連簿とともに名籍を分析することで検証する。なお、表5－3に「限米」に冠される身分・職役の一覧を掲示しておく。

表5－2 「税米」・「租米」納入者の身分一覧

「税米」	男子・大男・大女・県吏・郡吏・州吏・吏・卒・力田・督軍糧御史
「租米」	男子・県吏・郡吏・州吏・士・士妻・復民

表5－3 「限米」に冠される身分・職役一覧[一五]

郵卒・衛士・佃帥・佃吏・佃卒・
還民（新還民）・新吏・船師・
金民・私學・叛士・僮客
吏帥客（吏某客・帥某客）・
吏帥子弟（吏某子弟・帥某子弟）・
習射・監池司馬・郡屯田掾・屯田司馬

（注）この他、男子・県吏・郡吏・州吏・郡卒の事例も確認できるが、写真図版では当該の文字が判然としない。

第二節　「限米」の納入状況と田

本節では、走馬楼呉簡中の穀物納入記録および田の記録から、「限米」について再検討する。まず納入状況についてであるが、「税米」・「租米」の納入記録は次のようなものである。

1　入西郷嘉禾二年税米三斛冑畢☒嘉禾二年十月廿六日上俗丘男子朱旻關邸閣董基付三州倉吏鄭黑受

（壹三三四二）

2　入桑郷嘉禾二年租米十三斛冑米畢☒嘉禾二年十月五日東平丘郡吏呉盧關邸閣董基付倉吏谷漢受

（壹三五〇〇）

3　●右平郷入税米廿七斛二斗　☐　（壹三〇三二）

4　●右樂郷入租米一百卌斛一斗　（壹三三三八）

5　●右諸郷入租米五十八斛六斗　（壹二八七四）

1を訳出すると、次のようになる。

西郷の嘉禾二年（二三三）分の「税米」三斛を納入し、運搬し終えた。嘉禾二年一〇月二六日に、上俗丘の男子朱旻が納入した。「邸閣」の董基に報告し、三州倉吏の鄭黒がこれを受け取った。

基本的な構成は、前半に「入」字に続き郷名、年度、穀物の名目と額が記され、後半には納入された年月日、納入者の所属する丘名と身分・姓名、受領した官吏の情報が記される。第一章で確認したように、竹簡中の同文符号（「〓」）や「邸閣」・倉吏の自署より、納入の証明書として作成されたものである。その後、3～5のようなまとめの簡を付され、簿の形に編綴された。[一六] すなわち、3・4などによって郷単位にまとめられた後、さらに5のように「諸郷」でまとめられた。これに対し、「限米」の納入記録は次のようなものである。

6　入都郷嘉禾二年郵卒限米四斛四斗〓嘉禾三年三月十三日林下丘陳識關邸閣李嵩付倉吏黃諱潘慮受　（弐六八九）

7　入平郷嘉禾二年佃帥限米八斛七斗畢〓嘉禾二年九月三日浸頃丘番瓊關邸閣董基付倉吏谷漢受　（壹三二三三）

8 入西郷佃吏逢養嘉禾二年限米五斛五斗≡嘉禾三年二月十六日高樓丘大男逢固關邸閣李嵩付倉吏黄諱史潘慮受　（弐三七七）

9 入平郷嘉禾二年佃卒限米六斛冑畢≡嘉禾二年十月十八日雷丘潘□關邸閣⧄　（壱四四四三）

10 入都郷嘉禾二年還民限米廿斛≡嘉禾三年正月廿二日劉里丘大男劉元關邸閣李嵩付倉吏黄諱史潘慮　（弐三八三）

11 入模郷嘉禾二年新吏黄□限米⧄　（壱一四六二）

12 入廣成郷嘉禾二年郡吏區頤客限米六斛五斗冑畢≡嘉禾二年十月廿六日東扶丘雷襄關邸閣董基付倉吏鄭黒受　（壱三八八八）

13 入小武陵郷嘉禾二年帥客棋生限米五斛冑畢≡嘉禾二年十月廿五日楮下丘棋生關邸閣董基付三州倉吏鄭黒受　（壱四四五八）

14 入樂郷嘉禾二年私學限米三斛九斗冑畢≡嘉禾二年十月十七日柚丘烝咄關邸閣董基付三州倉吏鄭黒受　（壱七三六二）

15 入平郷嘉禾二年郡吏監訓子弟限米四斛冑畢≡嘉禾二年□月十六日侵頃丘監□關邸閣董⧄　（壱四四九七）

16 入平郷嘉禾二年縣吏廖思子弟限米□斛冑畢≡嘉禾二年十月十六日□□丘廖□關邸閣董基付三州倉吏鄭黒受　（壱四八六六）

17 ●右小武陵郷佃帥限米廿九斛三斗　（壱三三二六）

18 ●右小武陵郷入吏帥客限米六斛五斗　（壱三一八五）

同書式の納入記録では、「限米」に冠する語として「郵卒」・「佃帥」・「佃吏」・「佃卒」・「還民」・「新吏」・「吏帥客」・「私学」・「子弟」・「叛士」・「司馬黄松（黄升）」を確認できる。

比較すると明らかなように、6～18の「限米」納入記録は、1～5の「税米」・「租米」のものと書式が全く同じである。また簡番号が近接していることから、「税米」・「租米」・諸「限米」は同一簿にまとめられていたと考えられる。これらのことはすなわち、三者の収入としての性格の近さを示していよう。他の収入名目については、例えば19の「鹽米」は納入記録の書式が異なる。また20・21の「民還貸食」米は、納入記録の書式は同じであるが、簡番号が特定の部分（壱五〇〇〇～六〇〇〇番台など）に集中しており、これに特化した簿としてまとめられたと考えられる。

19 入男子蘇豪二年鹽米二百六斛黄龍二年三月廿日關邸閣郭據付倉吏監賢（壱九六五〇）

20 入樂郷嘉禾二年還所貸食黄龍三年税米四斛□畢☒嘉禾二年十二月廿一日□丘鄭□關邸閣董基☒（壱五五七三）

21 入平郷嘉禾二年還所貸食黄龍元年私學限米四斛☒嘉禾二年十二月四日柚丘謝六關邸閣董☒（壱五六八三）

また、次の「税米」・「租米」・「限米」をまとめた表現も、三者の性格の近さを示している。

22 右倉田曹史烝堂白 嘉禾二年領租税襍限呉平斛米合八萬一千（壱一六四一）

23 ●右黄龍元年租税限米一千六百七十五斛七斗六升（壱九二七七）

22は、右倉田曹史の烝堂が自身の管轄する嘉禾二年分の「租」米・「税」米・「襍限」米の合計額が八万一千（斛……）であったことを報告した文書である。第二章で検討した穀物搬出記録によると、孫呉は穀物を糧穀などとして発給する際、「呉平斛」の単位から「稟斛」の単位に換算して搬出しており、「呉平斛」とは、穀倉に保管されている段階の単位である。[一七]「襍限」米は、「郵卒限米」や「佃帥限米」など諸々の「限米」をまとめた表現である。23は穀物簿の集計記録であり、「租」米・「税」米・「限米」がまとめて集計されている。

1~18に挙げた納入記録は、冒頭に郷名が記され、また簿として編綴される際には郷ごとに集計されている。すなわち、これらに記録される収入はみな郷に関わるものであり、この点において「限米」は「税米」・「租米」と同性格ということになる。また、「限米」の納入者が郷及び各「丘」に所属すること、ないし「限米」を賦課される田が郷に属することも明らかである。「限米」の納入記録中にみえる郷として、都郷・模郷・小武陵郷・広成郷・平郷・東郷・西郷・南郷・北郷・桑郷・楽郷・中郷などを確認できるが、これらはみな「税米」・「租米」の納入記録にもみえる。したがって、「限米」の納入者と「税米」・「租米」納入者は同一郷内に居住していたと考えられる。この点については、次節で郷・里の名籍を分析して検証したい。

以上で検討してきたことに関し、『竹簡肆』には、当該の納入記録が簿の状態への復元を想定できる形で多数収録されている。[一八]例えば、肆九八二~一〇三八の計五七点の塊（Ⅰb①）には、五三点の穀物納入記録が含まれており、いずれも嘉禾元年一一月における三州倉の納入記録である。本章末にその具体的な並びの想定を提示するが、五三点の中には税米（東郷）と限米（東郷・小武陵郷・楽郷・広成郷・平郷）の記録が含まれており、これらが同一簿を構成していたことが確認され、右の見解が実証される。なお、關尾史郎氏はⅠb①のほか納入記録を含む六つの塊について詳細な分析を加え、簿の構造を明らかにしている。[一九]

続いて、「限米」が賦課される田について検討する。

24　領二年郵卒田六頃五十畝々收限米二斛合爲呉平斛米一千三百斛　（壱一六三三五）

25　領二年佃卒衛士田七十五畝々收限米二斛合爲呉平斛米一百五十斛　（壹一六六九）
26　右二年佃卒田三頃六十畝々収限米二斛合□〼（壹一五三四）

24～26は、郷などが管轄する特定の田（郵卒田など）の総面積と、そこから徴収された穀物の総額の記録である。26の冒頭の「右」字は写真図版では判読し難いが、「領」の可能性がある。24を書き下すと、次のようになる。

領する二年の郵卒田は六頃五十畝。畝ごとに限米二斛を収めしめ、合して呉平斛米一千三百斛と爲す。

ここでは「郵卒田」・「佃卒・衛士田」などと、納入者の身分呼称を冠する田に「限米」が賦課されたことが分かる。すなわち、例えば24の「郵卒田」から徴収される賦税が、納入記録における「郵卒限米」となるのであろう。

また24～26より、「限米」は田一畝ごとに二斛が徴収されたことが分かる。「田家莂」によれば、「税米」は一畝ごとに一斛二斗、「租米」は一畝ごとに四斗五升六合（嘉禾四年の場合。嘉禾五年では四斗）が徴収された（表序1参照）。「限米」の方が高額であることは、先述のように「限米」を屯田からの収入とする説の根拠の一つとなっている。これらの簡に類似するものとして、次の27が挙げられる。

27　領二年民田三百七十六頃六十五畝二百卌八歩畝收米一斛二斗合四萬五千一百九十九斛一斗
九升（其三百七十二頃卅九畝九十四歩收米四萬四千六百八十七斛二斗七升民税田先所□ 其四百十七畝百卌四歩收米五百一十一斛九斗二升民火種田後吏□□□□）（壹一六三七）（壹一六七二）

領する二年の民田は三百七十六頃六十五畝二百卌八歩。畝ごとに米一斛二斗を収め、合して四萬五千一百九十九斛一斗九升なり。其の三百七十二頃卅九畝九十四歩は米四萬四千六百八十七斛二斗七升を収む。民税田なり。先所□。其の四百十七畝百卅四歩は米五百十一斛九斗二升を収む。民火種田なり。後吏□□□□□。

この記録は、まず「民田」全体の面積と徴収額を記し、続いて「民税田」と「民火種田」の内訳を記す構成になっている[二〇]。「領＋年＋田名＋田の面積＋一畝ごとの徴収額＋徴収する穀物の総額」という構成は24～26と同じであり、また簡番号も近い。したがって四者は同性格の記録と考えられ、同一簿を構成していた可能性が高い。

次節でみるように、名籍では「民」もまた「吏」や「卒」と同様に身分を表す語としてみえる。すなわち、27の「民田」も、「郵卒田」・「衛士田」・「佃卒田」と同様に身分・職名の呼称を冠した田であり、その点において、これらは対応する関係にあることになる。「租米」・「税米」・「限米」が併称されるように、田地についても、次のような表現が確認できる。

28　〼……租税雜限田百廿頃卅七畝二百〼（弐七六〇五）

27にみられるように、「税米」は「税田」と対応し、「限米」は「限田」と対応していたと考えられる。28の「雜限田」とは、上記の「郵卒田」・「佃卒田」などの総称であろう。このように、「限田」と「税田」・「租田」が併記されることは、三者の性格の近さを示している。すなわち、「限田」と「租田」・「税田」との違いは、「屯田」と「正戸民の田」というような田の運営方法に関わる性格の違いではなく、あくまで田に従事する者の身分・職種の違いによる区別と考えられる。

以上、納入状況および田地に対する検討結果をまとめると、次のようになる。

①「限米」に関連してみえる身分・職役は、「税米」・「租米」納入者のものと概ね重複しない。
②「限米」は「税米」・「租米」と納入記録の書式が同一であり、収入としての性格が近いと考えられる。
③「限米」は「税米」・「租米」と同様に郷を通じて賦課・徴収された収入であり、「限米」納入者は「税米」・「租米」納入者と同様、郷に所属した。
④「限米」を賦課される「限田」と「税米」・「租米」を賦課される「税田」・「租田」もまた並列的な関係にあり、私田か公田か、あるいは屯田かなどといった、田の運営方法による差異は見出し難い。

これらの諸点から、「限米」は「税米」・「租米」と同性格の賦税目であり、「税米」・「租米」が一般吏民の田に賦課されたものであるのに対し、「限米」は「郵卒」・「子弟」などの特定の身分・職種の者の田に賦課されたものであると結論付けられよう。なお、諸々の限米のうち「屯田限米」は、劉家軍氏や侯旭東氏が指摘するように、身分・職役を冠した「限米」とは異なり、「屯田」という特殊な田に課せられた地租であろう。

また、「限米」に関係する身分の多くは、専門業務に携わる者（「郵卒」・「金民」）、新たに戸籍につけられた者（「還民」）など、賦税面において優遇されていた可能性が高い[二二]。ただし一方で、「税米」・「租米」よりも一畝当たりの徴収額の高いことが疑問として残る。この点について、既公表の呉簡中にそれを明確に裏付ける関連記録は確認できないが、「限田」には一般吏民の田とは異なり布や銭が課せられない、あるいは「限米」負担者は他の税役面で優遇されていた、などの可能性がある。

本節の最後に、伝世文献中に見える「限米」について確認しておきたい。『三国志』「呉志」巻三・孫休伝永安元年条には、次のようにある。

詔して曰く、「諸吏の家、五人有りて三人兼重して役と爲る。父兄は都に在り、子弟は郡縣の吏に給す。既に限米を出だすも、軍、出づれば又た從い、家事に於いては經護する者無きに至る。朕、甚だ之を愍む。其れ五人有りて三人役と爲らば、其の父兄の留めんと欲する所を聽し、一人を留むると爲し、其の米限を除き、軍、出づれども從わざらしめよ」と。

これは、第三代景皇帝（孫休）が永安元年（二五六年）の即位直後に発布した、吏の家に対する税役減免の詔である。内容を要約すると次のようになる。

諸吏の家では、五人の男手のうち三人が役に就いている。すなわち父兄たる吏本人は都に出仕し、子弟にも吏役として地元の郡県に勤務している。その家ではそもそも「限米」を供出しなければならないが、さらに軍が出動する際には家の者を従軍させねばならないため、家事を守る者が居なくなってしまう。わたしはこのことを非常に愍んでいる。そこで、このように男子が五人おり、うち三人が役となっている場合、父兄が望む者一人を家に留めることを許可し、その者の「米限」・従軍を免除する。

この史料から、走馬楼呉簡の下限よりも二、三〇年ほど下る時期において、諸吏の家に「限米」が賦課されていたことが明らかとなる。また、「限米」が吏の家に義務付けられた負担のように記されており、あるいは官から強制的に割り当てられた賦税であるかもしれない。本詔中の「限米」・「米限」については歴代の注釈がないようで、実態を理解し難かったが、呉簡中の「限米」の諸記録と併せることで、補完的な理解が可能になったといえる。すなわち、本詔中の「限米」は、「吏の家（＝吏子弟）の田」に賦課された賦税と認定できる。

以上より、孫呉政権では、一般吏民の田に賦課される「税米」・「租米」のほか、吏や特定の身分・職種の者に対する特別な課税方法が制度化されていたことが明らかとなった。走馬楼呉簡中の「限米」の最も古い年度は「黄武五年（二二六年）」（壱六五九二・壱九五二三）であり、この制度が孫呉政権の最初期から行なわれていたことが分かる。あるいは、前代からの継承である可能性も想定できよう。

第三節　「限米」納入者の実態

本節では、名籍関連の簡牘を分析し、「限米」納入者の実態について検討する。名籍には、次のようなものがある[二三]。

29　廣成郷謹列嘉禾六年吏民人名年紀口食爲簿　（弐一七九八）

30　廣成里謹列領任吏民人名年紀口食爲簿　（弐一七九七）

31　郡吏黄蔦年廿五　蔦父公乘署年五十七　（弐一七二〇）

32　民男子謝文年七十四　文妻大女邽年六十　▼　（弐一七六二）

33　●文小妻大女婢年卅六腫兩足　文子女養年十歳　▼　（弐一七六三）

34　右廣成里領吏民五十戸口食二百九十□八　（弐一六七一）

35　□凡廣成郷領吏民□□五十戸口食二千三百一十人　（弐二五二九）

これらは採集簡の一六盆（弐一五三六〜二七〇〇）にまとまっている広成郷及び管轄下の諸里の名籍である。29・

30は表題簡、31・32は戸主の記録、33は家族の記録、34・35は集計記録である。

「限米」を賦課された身分の一部は、名籍中にもみえる。例えば以下のものがある。

36　東扶里吏客朱設年五十一腫兩足⧄（壱一二六四）

37　民大女郭思年八十三　思子公乘□年六十一給子弟　（弐一八一八）

38　子弟鄧沐年卅九　▼　（弐一九一四）

39　郊兄公乘炭年卌五給佃帥　炭妻大女陵年卅四　（弐一五六二）

40　妻大女梁年七十三　子公乘世年廿五給習射　（弐一九六一）

41　□弟……給私學　信妻大女利年卌二　⧄　（弐一九七二）

42　●其四戸給子弟佃客　（弐一九八一）

43　⧄五十人給習射及限佃客爲官□⧄　（弐六八七二）

44　祐男姪南年卅五給祐子弟限田　以嘉禾四年八月十一日叛走大男　（弐七〇四八）

36～38は戸主の記録、39～41・44は家族の記録、42・43は内訳記録である。右の簡文中にみえる「吏客」・「子弟」・「佃帥」・「習射」・「私學」のうち、『竹簡壹』の段階で確認できたのは、36の「吏客」のみであり、他は『竹簡弐』以降で初めて名籍中にみえることが明らかとなった。37～43は、書式及び前後の簡より同性格の名籍の構成要素と考えられ、特に37～42は、第一六盆の広成郷の名籍に属する。この戸主記録は、「身分＋姓名＋年齢」の書式で記され、36のように里名よりはじまる戸主記録とは明らかに異なるタイプである。このタイプの名籍では、戸主の身分としてほかに、「民」・「県吏」・「郡吏」・「州吏」・「軍吏」・「県卒」・「郡卒」・「州卒」などが確認できる。38の「子弟」も、厳密な性格は確定し難いが、これらと同様、戸主の身分として位置付けられる。その他の「限米」身分は、家族の記載部分に「給某」とみえる。『竹簡壱』の名籍中には45〜47のごとく「給某吏」の記録が散見する。韓樹峰氏によると、一般民が官府で臨時に吏役に従事（下級の吏の仕事に従事）することを意味する。[二三]

45　宜陽里戸人公乘謝達年廿六筭一給縣吏　（壱七七七七）

46　高遷里戸人公乘張喬年卅筭一給縣吏　（壱一〇四一二）

47　東陽里戸人公乘翁確年卅筭一　給軍吏　（壱八六七一）

これらと同様に、「給佃帥」・「給子弟」・「給習射」・「給私學」も、一般民が臨時で当該の役目に従事したことを意味すると考えられよう。ただし「給某」の形で記されることから、本人の正式な身分とはみなし難く、そのことで「限米」を課せられたかどうかも確定し難い。このことについては、「給某吏」のうち45・46など一部の者が、「田家莂」において「石下丘縣吏謝達」（五・二三一）・「伻丘縣吏張喬」（四・二六二）のように、「県吏」として記録されていることが参考となる。[二四]用例が少ないため、これが通例であったかは定かでないが、「給某」が帳簿上正式な身分として扱われることもあったのである。このような名籍や賦税関連記録における身分・職役については、視点を変え、第八章で改めて検討する。

以上より、穀物関連記録で「限米」に冠される諸々の身分・職種（職役）名は、先行研究にいう「非「正戸」」、「依附民」ではなく、一般の吏民と同様、郷・里の名籍に登録されていることが確認された。

44の「給子弟佃客」は子弟の田（＝「子弟限米」を課せられる「子弟限田」）の耕作に従事する客であろう。「限佃客」については、次のような名籍も作成されていた。[二五]

48　小武陵郷謹列嘉禾五年限佃□戸口食人名簿　（弐九）
49　□中里戸人公乗蔡威年五十五　妻姑年卌九　▼　（弐一）
50　義成里戸人公乗壬署年卅一　▼　（弐一二）
51　宜陽里戸人公乗潘衣年卌九　妻大紫年卌五　▼　（弐七五）
52　●右衣家口食二人　（弐一〇）
53　□集凡小武陵西二郷新住限佃客卅四戸口食卌一人故戸中□　（弐三五）
54　　集凡南郷領限佃戸二戸口食六人故戸　▼　（弐四二七）

48は表題簡、49～51は戸主の記録（同簡中に家族についても記録されている）、52～54は集計記録（52は家族の集計記録、53・54は郷内の総戸口数の記録）である。53・54によると、小武陵郷・西郷合わせて三四戸、南郷に至っては僅か二戸と戸数は少ないが、「限佃客」の戸が郷内に編成されていたことが分かる。名籍として把握されているため、私的な客ではなく、国家によって編成されたものである可能性が高い。これらのように、「限米」を賦課される「限田」は、「佃客」（郷・里の名籍に登録されている）が耕作する場合もあったのである[二六]。

以上、名籍から、郷・里中に「税米」・「租米」・「限米」負担者がともに居住していることを改めて確認した。最後に、先掲の「永安元年詔」に関連し、走馬楼呉簡当時の吏の家の実態をうかがいたい。

55　廣成郷勸農掾區光言、被書條列州吏父兄子弟伙処人名年紀爲簿。輒隠核郷界、州吏七人、父兄子弟合廿三人。
其四人刑・踵・聾・頤病、一人夜病物故、四人真身已送及随本主在宮、十二人細小、一人限佃、一人先出給縣

吏。隱核人名・年紀相應、無有遺脱。若後爲他官所覺、光自坐。嘉禾四年八月廿六日、破莂保據。（J22-2546）

廣成郷の勸農掾區光言う、書を被け州吏の父兄子弟の伙処・人名・年紀を條列して簿と爲す。輒ち郷界を隱核するに、州吏は七人、父兄子弟は合して廿三人なり。其の四人は刑・踵・聾・頤病なり、一人は夜病にして物故せり、四人は真にして身は已に送られ及び本主に随いて宮に在り、十二人は細小、一人は限佃、一人は先に出でて縣吏に給せらる。隱核せし人名・年紀は相い應じ、遺脱有る無からん。若し後に他官の覺る所と爲らば、光、自ら坐さん。嘉禾四年八月廿六日、破莂保據す。

この文書は、広成郷を本貫とする州吏（荊州の吏）の家族の調査記録である。州吏七人の家族二三人のうち一人が「限佃（限田耕作に従事する意）」とある。前掲の「永安元年詔」によると、全ての「吏の家」に「限米」が賦課されているようであり、本文書と齟齬するようでもあるが、その他の父兄子弟の内訳をみると、「刑・踵・聾・頤病」（四人）・「夜病物故」（一人）・「真身已送及随本主在宮（＝武昌宮）」（四人）・「細小」（一二人）・「給縣吏」（一人）とあり、みな①何らかの疾病を有するか、②幼少であるか、③既に吏役に就いている。すなわち、55によると、「限佃」に従事し得る全ての者が従事していることになるのである。①〜③の付記は、名籍中にも明記されている。

56　平陽里戸人公乘謝□年卌二算一聾兩耳　（壱四九七六）
57　●其一人真身送宮　（弐七〇九三）
58　其二人子弟随本主在宮　（弐七〇九八）
59　●㊞外孫子男吉年五歳細小　▼　（弐六七一五）

56～59の者は、疾病を有していたり幼少であることなどを理由に、「限佃」を免れていたのであろう。「永安元年詔」からは「限米」が「吏の家」にとって重い負担であるという認識が読み取れるが、本木牘からも、「吏の家」の厳しい状況がうかがえる。

おわりに

以上、走馬楼呉簡中に見える「限米」について、諸簡牘の分析を通じ、その性格などについて検討してきた。議論をまとめると、次のようになる。

①「限米」の納入状況は一般吏民の田に賦課された「税米」・「租米」と同様であり、これらは性格の近い「収入」であった。また「限米」を賦課される「限田」は、「税米」・「租米」を賦課される「税田」・「租田」と並列的関係にあったと考えられる。すなわち、身分呼称を冠する「限米」は当該身分・職役の者の田に賦課された賦税である。

②「限米」に関わる身分の者は郷里の名籍にもみえ、一般の吏民とともに郷里中に散居していた。すなわち彼らも「正戸の民」である。

③「限米」を賦課される「限田」には本人のほか、「佃客」が携わる場合がある。ただし、この「佃客」は私的な客ではなく、官によって把握され、組織されたものである。

これらは既公表の簡牘の記述を総合して得られたものであるが、例えば、「限田」が私田であるのか、官から割り当てられた田であるのかなど、現時点では判断し難い部分も残る。新たな関連記録の公表を待ちつつ、今後も継続して検討したい。なお、「限米」に従事する者を含む各身分・職役と賦税の関係については、第八章で改めて検討する。

一　關尾史郎「吏民田家莂の性格と機能に関する一試論」（長沙呉簡研究会『嘉禾吏民田家莂研究——長沙呉簡研究報告』第一集、二〇〇一年七月）。例に挙げた四・二〇四には計算ミスがあり、布の総額は「三丈一尺九寸二分」、銭の総額は「一千二百八十四銭」となるべきである。

二　簿籍の性格によって違いはあるが、①表題簡、②まとめの簡（「右」簡・「集凡」簡）、③本文相当の簡（納入簡・搬出簡・「其」簡・「領」簡・「已入」簡・「未畢」簡など）、④上余簡、⑤今余簡、⑥「白」簡、などの構成要素が確認できる。詳しくは第一章を参照。

三　これら諸「米」のほかに、「禾」・「粢」・「麦」・「豆」などもみえる。また、「佃卒旱限米」（弐五三〇）・「旱税米」（弐九〇三）や「税白米」（弐三六九）などのように「旱」や「白」が付く場合もあるが、収入としての性格は「限米」・「税米」などと同様であろう。

以上のほか、それぞれ事例は少ないが、「加臧米」・「臨居米」・「八億銭米」・「舊米」・「擿米」・「歳銭米」などの語もみえる。このうち「加臧米」については魏斌氏の専論があり、臧は贓に通じ「贓米」の一種であるとする（魏斌「走馬楼孫呉「加臧米」簡試論」『魏晋南北朝隋唐史資料』第二五輯、二〇〇九年一二月）。

四　「田家莂」中の「佃田」には、「二年常限田」・「餘力田」・「火種田」・「餘力火種田」の区別がある。詳しくは序章の先行研究を参照。

五　「余力田」や「火種田」の熟田に賦課される「租米」は、畝ごとに四斗五升六合を徴収される。一方、州吏の田に賦課される「租米」は、畝ごとに五斗八升六合ないし五斗八升五合を徴収されている。

六　伊藤敏雄氏によると、米・布・銭の換算比率は、嘉禾四年では米一斗＝布二尺＝一六〇銭、嘉禾五年では米一斗＝布一・六尺ないし一・六七尺＝一一〇銭前後または一三〇銭前後が標準であった（伊藤敏雄「嘉禾吏民田家莂における米納入状況と郷・丘」『歴史研究』（大阪教育大学）第四三号、二〇〇六年三月）。

七　「鹽賈米」などについては次章で検討する。また侯旭東「三国呉簡所見鹽米初探」（『呉簡研究』第一輯、崇文書局、二〇〇四年七月）を参照。「池賈米」について羅新氏は、監池司馬の管理する池を田として民に貸し出し、その収穫の一部を徴収したもの、とする（「監池司馬簡及相関問題」『呉簡研究』第一輯所収）。ただし筆者は、表現の類似する「鹽賈米」は官有の塩を売却した代価であることから、「池賈米」も池に由来する水産物を売却して得た代価と考える。

八　「民還貸食」米については、第七章で検討する。また魏斌「走馬楼所出孫呉貸食簡初探」（『魏晋南北朝隋唐史資料』第二三輯、二〇〇六年一二月）を参照。本文中に提示した20・21は「民還貸食」米の納入記録の事例である。「民還貸食」は、正式な収入である「正領」と帳簿上区別されていた。

九　王子今「走馬楼簡〝折咸米〟釈義」（『国際簡牘学会会刊』第三号、（台）蘭台出版社、二〇〇一年）、侯旭東「呉簡所見〝折咸米〟補釈―兼論倉米的転運与吏的職務行為過失補償」（『呉簡研究』第二輯、崇文書局、二〇〇六年九月）。また、「漬米」・「没溺米」については、熊曲「呉簡折咸米・漬米・没溺米及相関問題」（『呉簡研究』第三輯、中華書局、二〇一一年六月）がある。

一〇　王素・宋少華・羅新「長沙走馬楼簡牘整理的新収穫」（『文物』一九九九年第五期）。

一一　蒋福亜「「嘉禾吏民田家莂」中的諸吏」（『文史哲』二〇〇二年第一期）。

一二　于振波「走馬楼呉簡中的「限米」與屯田」（『走馬楼呉簡初探』文津出版、二〇〇四年一〇月所収。初出は『中国社会科学院研究生院学報』二〇〇四年第一期）。

一三　劉家軍「論《走馬楼呉簡・竹簡》中「限米」的性質」（『中国社会経済史研究』二〇〇五年第五期）。

一四　侯旭東「走馬楼竹簡的限米与田畝記録―従〝田〟的類型与納〝米〟類型的関係説起」（『呉簡研究』第二輯所収）。

一五　このほか、「校士限米」の語もみえるが（壱二〇九七・壱二一二四・壱二一五五・壱二二二九）、図版を精査すると「校士」は「叛士」と釈読されているもの（壱一六九三・壱二〇三二など）と字体が同一であるため、「叛士」に統一した。

一六　本書第一章及び侯旭東「長沙三国呉簡三州倉吏〝入米簿〟復原的初歩研究」（『呉簡研究』第二輯所収）。

一七　穀物搬出記録では、穀倉中に保管されていた「呉平斛」米を「稟斛」米に換算して搬出している。于振波氏は、「呉平斛」を当時通行していた量制、「稟斛」を官府が食糧を配給する際に用いた量制とする（「走馬楼呉簡習語考釈 二、平斛與稟斛」（『走馬楼呉簡初探』所収）。また羅新氏は、于氏の議論を進めて、「稟斛」を以前から長沙地方で行なわれている量制、「呉平斛」を三呉地方で行なわれている量制と性格付け、両者の換算を、長沙で新たな量制（呉平斛）が施行される過渡期の現象と位置付けている（「也説呉平斛」『呉簡研究』第二輯所収）。

一八　『竹簡肆』には、附録として二六の「簡牘掲剝位置示意圖」及び「竹簡整理編號與示意圖編號對應表」が収録されており、塊の状態で出土した簡牘群の状況を知ることができる。

一九　關尾史郎「出土状況よりみた長沙呉簡――『長沙走馬樓三國呉簡　竹簡』［肆］所収の賦税納入簡を中心として」（『中國出土資料研究』第一七号、二〇一三年三月）。

二〇　両簡の記載をまとめると次のようになる。

民田　三七六頃六五畝二三八歩→四五一九九斛一斗九升
民税田　三七二頃三九畝九四歩　→四四六六八七斛二斗七升
火種田　四一七畝一三四歩　→　五一一斛九斗二升
計　三七六頃五六畝二二八歩→四五一九九斛一斗九升

田の数値に齟齬があるが（図版では不明瞭な部分あり）、米の額は一致し、編綴痕の位置も一致することから、両簡は接続すると考えた。なお、本簡では火種田の徴収額も畝ごとに一・二斛であるが、「田家莂」では畝ごとに〇・四五六斛であり、相違がある。

このほか、郷内にある各種田の総数及び徴収された穀物の額を記す簡がある。

模郷領餘力田五十四畝□〼（壱九六五）
〼□領餘力田五十四畝一百廿歩收〼（壱一三七七）
南郷領復民田六十四畝畝一百廿歩收□〼（壱一六〇五）

二一　呉簡中の「郵卒」については、王子今「走馬楼簡所見「郵卒」与「駅兵」」（『呉簡研究』第一輯所収）を参照。王子今氏が指摘するように、前漢代では、前漢初期の張家山漢簡「二年律令」行書律に「郵人勿令繇（徭）戍、毋事其戸、毋租其田一頃、勿令出租・芻稾」（第二六八簡）とあり、郵逓業務に携わる「郵人」は税役を減免されていた。

二二　名籍簡の整理・分類については、安部聡一郎「長沙呉簡にみえる名籍の初歩的検討」（『長沙呉簡研究報告』第二集、長沙呉簡研究会、二〇〇四年七月）、同「試論走馬楼呉簡所見名籍的体式」（『呉簡研究』第二輯所収）、汪小烜「走馬楼呉簡戸籍初論」（『呉簡研究』第一輯所収）。以降、名籍簡の書式などについては、小林洋介「正倉院籍帳と長沙走馬楼三国呉簡」（『史観』第一五三冊、二〇〇五年九月）、關尾史郎「史料群としての長沙呉簡・試論」（『木簡研究』第二七号、二〇〇五年一一月）、同「長沙呉簡中の名籍について――史料群としての長沙呉簡・試論（2）」（『唐代史研究』第九号、二〇〇六年七月）、同「長沙呉簡中の名籍について・補論――内訳簡の問題を中心として」（『人文科学研究』第一一九輯、二〇〇六年一一月）、鷲尾祐子「長沙走馬楼呉簡連記名籍簡の検討――家族の記録について」（中国古代史論叢編集委員会編『中国古代史論叢』第七集、立命館東洋史学会・立命館東洋史叢書、二〇一〇年）、石原遼平「長沙呉簡名籍考――書式と出土状況を中心に」（『中国出土資料研究』第一四号、二〇一〇年）などの諸研究がある。

二三　韓樹峰「走馬楼呉簡中的〝真吏〟与〝給吏〟」（『呉簡研究』第二輯所収）。この書式の名籍簡では、正式な吏は「真吏」と表現される。

　宜陽里戸人公乗桓彝年卅五真吏（壱九一四三）

　宜陽里戸人公乗黄高年廿五　真吏（壱九一四六）

二四　ただし韓樹峰「論呉簡所見的州郡県吏」（『呉簡研究』第二輯所収）は、両記録は時期が異なり、名籍で「給某吏」であった者が「田家莂」の段階で「真吏」に昇進したとみなしている。

二五　これらの「限佃」名籍について総合的に検討したものとして、鷲尾祐子「長沙走馬楼呉簡にみえる「限佃」名籍について」（『立命館文学』第六一九号、二〇一〇年一二月）がある。

二六　「給子弟」（弐一八一八）は「給子弟佃客」（弐一九八二）の略称とも考えられるが、他の「給某」も同様に読み替え得る可能性が生じるため、今後の検討課題としたい。また、「限米」納入―受領記録において、「限米」の身分と納入者の身分とが一致しないケースがしばしばみられるが、彼ら「佃客」が本人に代わって納入した状況も想定される。以上のことについては、第八章で視点を変えて再検討する。

【参考】『竹簡肆』収録Ⅰb①における穀物納入記録簿

（東郷の税米）

入東郷税米廿八斛二斗冑畢≡嘉禾元年十一月三日楮丘鄭領付三州倉吏谷漢受　中　肆九八二（1）

入東郷税米五斛冑畢≡嘉禾元年十一月八日甚丘縣吏陳息付三州倉吏谷漢受　中　肆九八三（2）

入東郷税米三斗冑畢≡嘉禾元年十一月八日石唐丘大男李幼付三州倉吏谷漢受　中　肆九八六（5）

入[東]郷税米十三斛五斗冑畢≡嘉禾元年十一月八日上利丘烝蘇付三州倉吏谷漢受　肆九八四（3）

入東郷税米十三斛冑畢≡嘉禾元年十一月十三日辜丘鄭南付三州倉吏谷漢受　中　肆九八七（6）

入東郷税米十八斛二斗八升冑畢≡嘉禾元年十一月十三日□□丘鄭仙付三州倉吏谷漢受　肆九八八（7）

入東郷税米十八斛九斗冑畢≡嘉禾元年十一月十三日蕢丘鄭經付三州倉吏谷漢受　肆九八九（8）

入東郷税米十八斛冑畢≡嘉禾元年十一月十三日上辜丘鄭成付三州倉吏谷漢受　中　肆九九〇（9）

入東郷税米八斛八斗冑畢≡嘉禾元年十一月十三日上辜丘鄭喜付三州倉吏谷漢受　中　肆九九三（12）

入東郷税米四斛五斗冑畢≡嘉禾元年十一月十八日音溲丘州吏何息付三州倉吏谷漢受　中　肆九八五（4）

入東郷税米九斛六斗冑畢≡嘉禾元年十一月廿日緒丘婁金付三州倉吏谷漢受　中　肆九九一（10）

入東郷税米四斛六斗冑畢≡嘉禾元年十一月廿日[彈][溲]丘謝□付三州倉吏谷漢受　中　肆九九二（11）

入東郷税米五斛七斗冑畢≡嘉禾元年十一月廿日舞丘大男□□付三州倉吏谷漢受　中　肆九九四（13）

入東郷税米三斛一斗冑畢≡嘉禾元年十一月廿日東田丘鄭仙付三州倉吏谷漢受　肆九九六（15）

入東郷税米廿三斛九斗冑畢≡嘉禾元年十一月廿日音溲丘何息三州倉吏谷漢受　中　肆九九七（16）

入東郷税米五斛冑畢≡嘉禾元年十一月廿日[蕢]丘[鄭]經付三州倉吏谷漢受　中　肆一〇〇三（22）

（小武陵郷・平郷等の吏子弟限米）

入小武陵郷子弟限米五斛冑畢≡嘉禾元年十一月八日……[付]三州倉吏谷漢受　中　肆九九五（14）

入小武陵郷勇親子弟限米五斛[冑][畢]≡嘉禾元年十一月十一日□丘男子□□付三州倉吏[谷]漢受　中　肆九九八（17）

入小武陵郷子弟限米十斛冑畢≡嘉禾元年十一月十一日平支丘故帥朱佃付三州倉吏谷漢受　中　肆一〇〇一（20）

入小武陵郷子弟限米三斛冑畢≡嘉禾元年十一月十一日利丘大男衛平付三州倉吏谷漢受　中　肆一〇〇五（24）

入小武陵郷吏子弟限米廿七斛胄畢☰嘉禾元年十一月十一日坪丘男子□□付三州倉吏谷漢受中　肆一〇〇七（26）
入小武陵郷子弟限米五斛五斗胄畢☰嘉禾元年十一月十二日利丘衛平付三州倉吏谷漢受　中　肆一〇〇〇（19）
入小武陵郷勇親子弟米三斛四斗胄畢☰嘉禾元年十一月……　肆一〇一一（30）
入平郷故吏周秩子弟米七斛就□胄米畢☰嘉禾元年十一月十日栗丘周客付三州倉吏谷漢受　肆一〇〇四（23）
入平郷郡吏呉亮子弟□限米五斛四斗胄畢☰嘉禾元年十一月十一日沿丘男子呉周付三州倉吏谷漢受　肆一〇一〇（29）
入平郷子弟限米七斛六斗胄畢☰嘉禾元年十一月十一日巾竹丘男子烝□付三州倉吏谷漢受　中　肆一〇一九（38）
□□郷子弟限米九斛胄畢☰嘉禾元年十一月十一日上和丘陳□付三州倉吏谷漢受　肆一〇二七（46）
入平郷子弟限米二斛三斗胄畢☰嘉禾元年十一月十二日□下丘廖□付三州倉吏谷漢受　肆一〇〇九（28）
入平郷子弟限米八斛五斗就米畢☰嘉禾元年十一月……　肆一〇〇八（27）
・右入吏子弟限米七十一斛四斗□升　肆九九九（18）

（諸郷の吏帥客限米）

・右諸郷入吏帥客限米一千一百五十四斛八斗四升　肆一〇〇二（21）

（東郷の新吏限米※他郷のものも？）

入東郷新吏限米七斛五斗四升胄畢☰嘉禾元年十一月廿日下□丘鄭馬付三州倉吏谷漢受　中　肆一〇一八（37）
入東郷新吏限米三斛五斗胄畢☰嘉禾元年十一月廿三日蕢丘大男黄馮付三州倉吏谷漢受　肆一〇二四（43）
入東郷新吏限米七斛四斗胄畢☰嘉禾元年十一月廿七日……付倉吏谷漢受　中　肆一〇二八（47）
入東郷新吏限米十六斛五斗五升胄米畢☰嘉禾元年十一月廿八日□丘黄□付三州倉吏谷漢受　中　肆一〇三三（52）
右東郷入新吏限米卌七斛七斗五升　肆一〇三一（50）
・右諸郷入新吏限米四百六十六斛二斗　肆一〇三四（53）

（楽郷の限米※具体的名目は不明）

入樂郷限米十三斛六斗五升胄畢☰嘉禾元年十一月四日莤丘謝懸付三州倉吏谷漢受　中　肆一〇一七（36）

（小武陵郷・楽郷の私学限米）

入小武陵郷私學限米五斛冑畢≡×嘉禾元年十一月一日坪丘男子呉平付三州倉吏谷漢受　中　肆一〇一四（33）

入小武陵郷私學限米十一斛三斗五[升]冑畢≡×嘉禾元年十一月八日坪丘張仲付三州倉吏谷漢受中　肆一〇一三（32）

入小武陵郷私學限米五斛□□[冑][畢]≡×嘉禾元年十一月廿二日坪丘男子呉平付三州倉吏谷漢受中　肆一〇一六（35）

入小武陵郷私學限米一斛□□冑畢≡×嘉禾元年十一月廿四日□丘烝□付三州倉吏谷漢受　中　肆一〇一五（34）

入小武陵郷私學限米七斛冑畢≡×嘉禾元年十一月廿四日平支丘呉監付三州倉吏谷漢受　中　肆一〇二九（48）

入小武陵郷私學限米四斛八斗冑畢≡×嘉禾元年十一月……[付][三][州]倉吏谷漢受　肆一〇〇六（25）

入樂郷私學限米三斛冑畢≡×嘉禾元年十一月五日下象丘潘嚢付三州倉吏谷漢受　中　肆一〇一二（31）

入樂郷私學限米卅斛冑米畢≡×嘉禾元年十一月八日肥猪丘潘猪付三州倉吏谷漢受　中　肆一〇三〇（49）

入[樂]郷私學限米三斛[四][斗][冑][畢]≡×[嘉]禾元年十一月□日□軍丘董友付三州倉吏谷漢受　肆一〇二一（40）

入樂郷私學限米三斛　冑[畢]≡×嘉禾元年十一月十日夫丘謝動付三州倉吏谷漢受　肆一〇二三（42）

入樂郷私學限米十九斛　畢≡×嘉禾元年十一月十一日下象丘番嚢付三州倉吏谷漢受　中　肆一〇二二（41）

入樂郷私學限米四斛三斗冑畢≡×嘉禾元年十一月十三日□丘謝賓付三州倉吏谷漢受　中　肆一〇二〇（39）

（小武陵の郷佃卒限米）

入小武陵郷佃卒限米四斛冑畢≡×嘉禾元年十一月八日余元丘男子烝勤付三州倉吏谷漢受　中　肆一〇二五（44）

入小武陵郷佃卒限米五斛二斗冑畢≡×嘉禾元年十一月八日中落丘謝□付三州倉吏谷[漢][受]　中　肆一〇二六（45）

（広成郷の佃吏限米）

入廣成郷嘉禾元年佃吏限米十一斛冑畢≡×嘉禾元年十一月一日漂丘吏陳杬付三州倉吏谷漢受中　肆一〇三六（55）

入廣成郷佃吏潘礼限米十二斛冑米畢≡×嘉禾元年十一月四日漂丘吏潘礼付三州倉吏谷漢受　中　肆一〇三五（54）

入廣成郷佃吏限米三斛冑畢≡×嘉禾元年十一月六日漂丘番岱付三州倉吏谷漢受　中　肆一〇三二（51）

入廣成郷佃吏限米十斛冑畢≡×嘉禾元年十一月六日漂丘番礼付三州倉吏谷漢受　中　肆一〇三七（56）

出廣成郷佃吏限米九斛冑畢⿰三乂嘉禾元年十一月六日㚖丘郡吏呉攺付三州倉吏谷漢受　中　肆一〇三八（57）

※簡番号の下の（番号）は、塊内での整理番号。

これらは全て嘉禾元年一一月の納入─受領記録である。五七点以外にも、同盆には同一簿を構成していたと思われる記録が多く確認できる。

各記録は、「名目ごと→郷ごと→日付順（→丘ごと）」という区分で列ねられたと考えられる。

第六章

「塩米」——孫呉政権の塩鉄政策

はじめに

前章では、走馬楼呉簡中にみえる穀物の収入名目のうち「限米」について検討し、特定の身分・職役に従事する者の田に賦課されたものであることを明らかにした。この「限米」と一般吏民の田に賦課された「税米」・「租米」とを合わせると、所謂「賦税納入簡」と呼ばれる穀物納入記録（第一章の穀物納入簡Ⅰ型）中にみえる、郷を通じて賦課・徴収された賦税のほぼ全てとなる。前章第一節で提示したように、これらのほか、走馬楼呉簡中には「塩米」あるいは「塩賈米」という収入名目が散見する。[1] 両者は語義から、官が塩を売却し、その代価として得られた穀物収入を指すと考えられる。「塩米」の納入記録は、「税米」・「租米」など、田地に課せられた賦税収入とは異なる書式が用いられ、収入としての特殊性がうかがえる。本章ではこの「塩米」関連の諸記録を分析し、その具体的な内容・性格を明らかにするとともに、孫呉の財政収入の区分、管理のあり方などについて考察する。また、「池賈米」・「醤賈米」・「鋘賈銭」など類似の収入名目についても、先行研究に基づいて内容・性格を確認したい。

第一節　走馬楼呉簡中の「塩米」

走馬楼呉簡には、これまでに提示してきたように膨大な数の穀物や銭・布・獣皮などの物資納入—受領記録が含まれている。その一つとして、次のような「塩米」の納入に関する記録がある。

1　入吏朱謙二年鹽米九斛六斗黄龍三年三月三日關邸閣郭據付倉吏監賢受（壱三〇七九）
2　入吏番陶二年鹽米四斛三斗黄龍二年十二月十日關邸閣郭據付倉吏監賢（壱三一〇〇）
3　入男子李明二年鹽米十斛黄龍三年十一月十日關邸閣郭據付倉吏監賢受（壱三一〇三）
4　入男子李鳴二年鹽米廿斛黄龍三年四月十八日關邸閣郭據付倉吏監賢受（壱三一〇五）
5　入吏黄諷二年鹽米四斛黄龍三年正月十八日關邸閣郭據付倉吏監賢受（壱三一一〇）

1を書き下し、訳出すると次のようになる。

吏朱謙の二年鹽米九斛六斗を入る。黄龍三年三月三日、邸閣郭據に關し、倉吏の監賢に付し、受く。
吏の朱謙が担当した黄龍二年（二三〇）分の「塩米」九斛六斗を納入した。黄龍三年三月三日、「邸閣」の郭據が報告を受け、倉吏の監賢が受領した。

これらの記録より、当時の穀物収入に「塩米」という名目があったことが確認される。[二] 1~5の諸簡は、一件ごとの納入―受領記録であるが、次のような簡とともに簿としてまとめられた。

6　右入鹽賈米八十二斛　（壱三四八五）

7　右三年入鹽賈米一千一百二斛一斗四☑　（壱六三七三）

6・7は1~5の類例と同一の盆の簡であることから、直接対応する集計記録と考えられるが、「塩米」ではなく「塩賈米」と記されている。「塩賈米」の語は、以下の記録中にも確認できる。

8　其四斛黄龍元年鹽賈米　（参一四一五）

9　其一千七百九十斛一斗郡吏雷濟黄龍三年鹽賈米　（参四三九六）

10　其卌斛郡吏谷□黄龍□年鹽賈米　（参四六七四）

11　其十七斛六斗四升鄉吏蔡脩黄龍元年鹽賈米　（参四七一一）

12　其卅二斛郡司馬烝余黄龍二年鹽賈米　（参四七七五）

「塩米」もしくは「塩賈米」の語は、正史などの文献中にはみえないが、字義より「塩を売って得た米」を意味すると考えられる。[三] その具体的内容を示唆するものとして、次の文書木牘がある。

13　録事掾潘琬叩頭死罪白。過四年十一月七日、被督郵敕、考實吏許迪。輒與核事吏趙譚・部典掾烝若・主者史李珠前後窮核考問。迪辭、賣官餘鹽四百廿六斛一斗九升八合四勺、偪米[二]千五百六十一斛六斗九升。已二千四百卌九斛一升、付倉吏鄧隆・穀榮等。餘米一百一十二斛六斗八升、迪割用飲食、不見爲廩直。事所覺後、迪以四年六月一日、偸入所割用米畢、付倉吏黄瑣受。前録見都尉、知罪深重、詣言不割用米。重復實核、迪故下辭服。割用米審。前後榜押迪凡百日、不加五毒、據以迪□□服辭結罪、不枉考迪。乞曹重列言府。傅前解、謹下啓。琬誠惶誠恐、叩頭死罪死罪。

若（諾）　二月十九日戊戌[白]。（J22-2540）[四]

録事掾の潘琬、叩頭死罪して白す、過ぐる四年十一月七日、督郵の敕を被け、吏の許迪を考實す。輒ち核事吏の趙譚・部典掾の烝若・主者史の李珠と與に前後して窮核考問す。迪の辭に、「官の餘鹽四百廿六斛一斗九升八合四勺を賣り、米二千五百六十一斛六斗九升に偪す。已に二千四百卌九斛一升、倉吏の鄧隆・穀榮等に付す。餘の米一百一十二斛六斗八升は、迪、飲食に割用し、廩直と爲すを見ず。事覺する所の後、迪、四年六月一日を以て、偸かに割用する所の米を入れ畢え、倉吏黄瑣に付して受く。前に都尉に録見せらるに、罪の深く重きを知り、[五]詣りて米を割用せずと言う」と。重ねて復た實核するに、迪、故に辭を下し服す。米を割用するは審なり。前後して迪を榜押すること凡そ百日なるも、五毒を加えず、據るに迪の□□服せしの辭を以て罪を結し、迪を枉考せず。乞うらくは曹、言を府に重ねて列ねんことを。前解を傅し、謹みて啓を下す。琬、誠惶誠恐、叩頭死罪死罪。

二月十九日戊戌、白す。

諾（別筆で記される）

本文書は、吏の許迪が穀物を着服した事件に関する記録であり、その概要は以下のようになる。

吏の許迪は官の「余塩」四二六斛一斗九升八合四勺を売却し、代価として米二五六一斛六斗九升を得た。[六] そのうち二四四九斛一升は倉吏の鄧隆・谷栄らのもとに納めたが、残りの一一二斛六斗八升は着服して飲食に用い、後にそのことが発覚したため、許迪は着服した分の穀物をひそかに四年六月一日に倉吏黄瓚らのもとに納めた。

この許迪の事案については、関連記録がいくつか公表されており、そのうちの二つは次のようなものである。

14　中賊曹掾陳曠叩頭死罪白。被曹勅、考實大男許迪。知斷用所賣官鹽賈米一百一十二斛六斗八升與不言。案文書、被勅、輒考問。迪辭、所領鹽賈米一百一十二斛六斗八升、迪自散用飲食盡。縣前結迪斬罪、懼怖罪重、反辭、虚言以米雇擿、令弟冰持萆歸家改定。迪手下辭、不以米雇擿自割食米。審實。謹列見辭、狀如牒。請以辭付本曹、據科治罪。謹下啓白。曠誠惶誠恐、叩頭死罪死罪。

若（諾）　　四月廿一日白（簡牘番号不明[七]）

15　録事掾潘琬死罪白、關啓應戸曹召坐大男許迪、見督軍支辭言、不□食所領鹽賈米一百一十二斛六斗八升。郡曹啓府君執鞭核事掾陳曠一百杖、琬卅、勅令更五毒考迪、請勅曠及主者掾石彭考實迪、務得事實。琬死罪死罪。

五月七日壬申　白（簡牘番号不明[八]）

14は中賊曹掾の陳曠、15は録事掾の潘琬によって作成された、13と同一案件に関する文書である。両木牘では、許迪が着服した一一二斛六斗八升の穀物の名目を「鹽賈米」及び「所賣官鹽賈米」と記している。これにより、塩賈米は官有の塩を売却した代価であることが改めて明らかとなる。また、「領する所の鹽賈米」という表現より、許迪はその管轄を担う立場であったことが分かる。

これらのほか、呉簡中には「塩米」に関連する以下の語も確認できる。

16　其廿一斛八斗郡吏區曾黄龍二年鹽漬米　（弐一一二五）

17　其二斛郡吏區香黄龍二年鹽溢米　（参四四三七）

18　其卅斛郡吏谷□黄龍二年折咸鹽賈米　（参四五一七）

19　其九斛七斗五升一合三勺襍鹽米　（参四五八九）

16～18の「漬米」・「溢米」・「折咸（減）米」は、それぞれ穀物の「収入」名目の一つであり、いずれも保管時や輸送の過程で目減りや損失が発生した際に、責任者が補塡して納入したものである。[九] 郡吏の区曾（区香）・谷某は、「塩米」を保管・輸送する過程でその一部に損失が出たため、これを補塡したのであろう。[一〇] 19の「襍鹽米」は、9～12のような責任者の異なる諸々の「塩（賈）米」を一括した表現である。

孫呉政権の塩政については、まず『三国志』「呉志」巻九・周瑜伝の裴松之注引『江表伝』に、孫権が兄孫策の後を継いだ時期の周瑜の言として、

今将軍、父兄の餘資を承け、六郡の衆を兼ね、兵は精にして糧多く、将士は命を用い、山を鑄て銅と爲し、海を煮て鹽と爲し、境内は富饒にして、人は思亂せず。

とあり、政権確立期から版図内で塩の生産を行ない、財源としていたことが分かる。また同巻三・孫休伝に、

（永安七年（二六四））七月、海賊、海鹽を破り、司鹽校尉駱秀を殺す。

『宋書』巻三五・州郡志一・南徐州晉陵太守の条に、

南沙令、本と呉縣の司鹽都尉の署なり。呉の時、沙中と名づく。呉平の後、曁陽縣を立てて割きて之に屬せしむ。晉成帝咸康七年、鹽署を罷め、立つるに以て南沙縣と爲す。

『太平寰宇記』巻一五七「嶺南道広州」条に、

呉の孫皓、甘露元年（二六五）を以て始興郡を置き、其の地を以て司鹽都尉を置く。

とあり、沿海地域に塩の管理を掌る司塩校尉（呉郡海塩県）・司塩都尉（呉郡沙中県・始興郡曲江県）を設置したことが確認できる[一二]。しかし具体的な塩政の実態は不明であり、走馬楼呉簡中の「塩米」の諸記録は、孫呉期の塩政を解明する手がかりとなろう。特に「塩賈米」の語は、官塩の販売が実施されていたことを示しており、『続漢書』百官志五に「凡郡縣出鹽多者、置鹽官、主鹽税」とある、後漢代の「塩税をかける」ことによる塩政との相違も想定される。13で「官の余塩」と明記されているように、現段階では公用に確保していた塩の余剰分を売却して財源としたことが

判明するのみであり、(一二)例えば官による塩の生産や流通の管理の状況を明らかにするものではない。とはいえ、呉簡中には断簡かつ一例のみであるが、「據言司鹽都尉宋□客□」(肆四五八一)という、「司塩都尉」に関する記録が確認でき、臨湘侯国ないし長沙郡に関わる範囲に当該官が設置されていたことが示唆される。侯旭東氏は、『元和郡県志』巻二九・江南道・潭州・湘郷県条に、県南四五里の漣水について「煮水一石、得鹽五升」とある記事を引き、孫呉の状況は不明としながらも、臨湘県付近における塩業の可能性を指摘している。(一三)

第二節　「塩米」の納入記録

本節では、「塩米」の納入記録を総合的に分析し、官塩の売却・塩米の納入業務に関連する基礎的事実を明らかにしたい。まず前掲の納入記録1を再掲し、書式を確認しておく。

1　入吏朱謙二年鹽米九斛六斗黄龍三年三月三日關邸閣郭據付倉吏監賢受(壱三〇七九)

入+身分+姓名+年度+「塩米」+数額+年月日+關+邸閣+姓名+付+倉吏+姓名+〔受〕

走馬楼呉簡中には、記録の作成主体として「州中倉」・「三州倉」の二つの穀倉がみえるが、「邸閣」郭據、倉吏監賢はともに「州中倉」を担当する吏である。既公表の「塩米」納入—受領記録は、全てこの州中倉のものである。走馬楼呉簡中には複数の書式の納入記録を確認できるが、1〜5の書式の記録は事例が多くはない。(一四)呉簡中に最も多く見られるのは、次のような納入—受領記録である。

20　入平郷嘉禾二年租米六斛冑畢〓嘉禾二年十月廿八日東丘番有關邸閣董基付三州倉吏鄭黑（壹三一一二）

21　入都郷嘉禾二年税米一斛二斗〓嘉禾三年正月十二日白石丘大男谷黑關邸閣李嵩付州中倉吏黃諱潘慮（弐三五九）

22　入都郷嘉禾二年郵卒限米四斛四斗〓嘉禾三年三月十三日林下丘陳識關邸閣李嵩付倉吏黃諱潘慮受（弐六八九）

入＋郷名＋年度＋名目＋数額〔＋冑or就or僦畢〕＋〓＋年月日＋丘名＋身分＋姓名＋關＋邸閣＋姓名＋付＋倉吏＋姓名〔受〕

23　●右西郷入租米十九斛七斗（弐一〇二）

24　●右平郷入三年税米六十五斛二斗五升（参二六五二）

これらの納入記録と「塩米」の納入記録の書式上の最大の相違は、「〓」（同文符号）と吏の署名の有無である。20などは、もともと二行に同一の文を記し（冒頭の文字は「入」と「出」）、行をまたぐ形で「同文」符号を大書した後、左右に分割する。こうして一方を受領者側、もう一方を納入者側が分有し、「莂」（券書）とした。[一五] また、受領業務に関わる「邸閣」と倉吏の名は署名である。一方、1〜5を含む「塩米」の納入記録には同文符号はなく、吏の名は署名ではない。図録本の釈文では、数点の「塩米」納入記録に「〓」がみえるが、写真図版を確認すると、いずれも編綴痕を同文符号と誤って釈しているようである。[一六] したがって、現在公表されている「塩米」の納入記録は証明書や「莂」としての機能は有しておらず、20〜22に類する納入―受領の場で作成された一次記録に基づく二次的な記録と考えられる。

両種の納入記録には、ほかにも書式上の相違がみられる。まず20〜22は冒頭に郷名が記され、23・24の集計記録も郷ごとにまとめられている。このことは、当該の「税米」・「租米」及び諸々の「限米」など田地に課せられた賦税が、郷を通じて徴収されたことを示している。一方、「塩米」の記録には郷の情報は記されていない。これは、「塩米」が官有物資の売却による収入であり、郷を通じて徴収されたものではないためであろう。

また「塩米」の納入記録では、「吏朱謙の二年鹽米」・「男子李明の二年鹽米」などと、「塩米」の担当者は確認できるが、実際の納入者の情報は明記されていない。少なくとも文の構造上、朱謙や李明が「塩米」を納入したとは読めない。「塩米」の納入記録は、納められた塩米の担当者が誰であるかを確認できればよい構造のようである。

以上の諸点は、新たに公表された次の簡によって傍証される。[一七]

25　⧄□鹽賈錢九千八百九十准入米五斛三斗〓嘉禾五年十二月十七日掾蔡忠關邸閣馬統付倉吏郭勲馬欽　（柒二九三〇）

25より、まず官塩売却の代価を「塩賈銭」、すなわち銭の形で納める場合もあったことが判明する。本簡は、それを穀物で准入した納入記録である。[一八]したがって、本来は銭で納めるべき「塩賈銭」を穀物で准入したものが「塩賈米（塩米）」である可能性も生ずるが、現段階では確定し難い。また、その納入―受領の際には、20〜22と同様に同文符号が大書され、「邸閣」と倉吏の名が署名となっている一次記録が作成されていたことが改めて明らかとなった。当該の記録では、「掾蔡忠」が穀物を納入しているが、蔡忠は「郷吏」・「典田掾」・「勧農掾」などとして呉簡中にしばしばみえる吏である。ここで問題となるのが、「塩賈銭」が郷に関わる収入であるかどうかという点である。田地に課せられた賦税である「租米」・「税米」・諸「限米」の納入記録は、冒頭に郷名が記録され、郷を通じて賦課され徴収されたことが示されている。25の写真図版を確認すると「⧄□」とされている冒頭は断簡ではなさそうであり、当該部分には二文字分の墨痕を確認できるが、少なくとも「郷」字ではないようである。断定はし難いが、「塩賈銭」もしくは「塩賈米」はやはり郷を通じて賦課され徴収された収入ではない可能性が高いといえよう。

続いて、納入—受領記録の具体的内容を分析し、「塩米」納入に関する基礎的事実を考察したい。現在確認できる五九点の「塩米」納入記録は、全て『竹簡壱』収録のものであり、以下、当該の記録を検討した侯旭東氏の論と重なる部分もあるが、改めて総合的に分析したい。

（一）「塩米」の年度と納入年月日

年度の記載がない事例、当該箇所が断簡・摩滅している簡を除くと、既公表の簡は全て「二年塩米」の記録である。納入年月日が黄龍二年・三年（・四年）[一九]・嘉禾元年であることから、これらの「塩米」は黄龍二年分のものと判明する[二〇]。黄龍三年・嘉禾元年に納入されたものも「二年塩米」と記されていることは、それらが黄龍二年分の官塩を売却した代価であることによるのであろう。その年月の分布は、表6-1の通り。

年月の部分の釈読、特に「二」・「三」・「十一」・「十二」・「正」などは簡の状態によって確定が難しいものもあるが、

表6-1　「塩米」の納入年月

年／月	黄龍二年	三年	四年	嘉禾元年
1	0	7	0	0
2	0	6	0	0
3	2	5	0	0
4	0	5	0	0
5	0	0	1	0
6	0	0	0	0
7	0	0	0	0
8	0	1	0	0
9	0	0	0	0
10	0	2	0	2
11	5	3	0	1
12	10	1	0	0
?	1	0	0	1

写真図版を確認した上で釈文に従った。表によると、まず黄龍二年の三月に二件の事例を確認できるものの、年月が確認できる五〇件のうち三八件と、七割以上が同年の一一月から翌三年の四月までに集中している。したがってまず、「塩米」の納入すなわち官塩の売却が冬から翌年の春にかけて行なわれたことが想定される。さらに時期が下るものについても、一〇月～一二月の事例が多いことから、春の段階で当該年度分の官塩の売却が完了しなかった場合、購入側の吏民に穀物の準備ができた翌秋以降に改めて売却を行なったという状況を想定できる。

(二) 担当者の身分

担当者が判明する五〇点の内訳は表6-2の通り。[二二]

表6-2 「塩米」担当者の身分

吏	郡吏	□吏	□部師	男子	大女
32	3	2	1	11	1

侯旭東氏が指摘するように、吏の割合が高く、全体の四分の三に及ぶ。「塩米」の担当者については、前掲9～12の内訳記録にも「郡吏雷済」・「郡吏谷□」・「郷吏蔡脩」・「郡司馬烝余」がみえ、吏と「塩米」の関係を確認できる。

前節で見たように、「塩米」は官塩の売却に関わる収入であり、納入記録・内訳記録中の吏は官塩の管理者もしくは売却の担当者とみることができよう。また、侯旭東氏が指摘するように、納入記録中の「吏」のうち谷能（壹五四三九・壱六六二六）と黄高（壱三一七一・壱六五三八）は他の記録中に「郡吏」としてみえる。[二二] 納入記録・内訳記録中で郡吏と明記されている事例と併せ、売却された官塩は郡と深く関係していたことを示している。

「塩米」担当者には、一般民の「男子」や「大女」の事例も確認できる。このうち、一例のみであるが「男子何春」（壱八四五九）は、別の記録に「船師何春」（壱二二七七）としてみえる。「船師」は、呉簡内では穀物運搬を担う者として見え、何春以外にも別の記録では「大男」としてみえる者がいることから、官に雇われて（あるいは役のような形で）当該の任を担った一般民と考えられる。[二三]「塩米」に関わる他の「男子」・「大女」もまた、官塩の販売に携わった一般民と推測される。

（三）納入額

数斛から数百斛までばらつきがあるが、注目すべきは黄龍二年三月の事例である。

26 入吏徐業二年鹽米五十八斛黄龍二年三月十七日關邸閣[郭]據付倉吏監賢受（壱三〇九五）

27 入男子蘇豪二年鹽米二百六斛黄龍二年三月廿日關邸閣郭據付倉吏監賢（壱九六五〇）

この二簡は、「塩米」納入記録の中で最も額が多い二例である。先に、件数の面から納入のピークは黄龍二年冬から翌年春である可能性を指摘したが、額としては三分の一近くが同月の二件で納入されていることになる（額面の部分が読めない簡もあるため、正確な割合は下がる）。また翌黄龍三年も、二月に四五斛四斗（壱九七〇〇）、三月に四七斛（壱二一三六）・三六斛（壱六一八三）と比較的高額の事例がみられる。すなわち、納入額としては春が圧倒的に多いのである。現在確認できる塩米納入記録が当該期間の事例全てではなく、また年度及び年月日の釈読の確認が困難であるという問題は残るが、現状の資料から考える限りでは、まず春に官塩の売却及び「塩米」の納入が行なわれ、夏秋を経て冬から翌春にかけ、改めて売却と塩米の納入が行なわれたとみることができる。

納入額は、担当者ごとにばらつきがある。前述の谷能や黄高ら複数の記録にみえる者もいれば、複数人による共同担当の事例（壱三一三六）もある。これに対し、7の集計記録によると、黄龍三年に納入された塩賈米は総額一一〇〇斛以上に及ぶ。また13の許迪は二五六一斛六斗九升、9（内訳記録）の郡吏雷済は一七九〇斛一斗と、膨大な額を管轄している。これらのうち許迪は、14の「所領鹽賈米」という記載から、官塩及び「塩賈米」の管理責任者であったことが分かる。雷済もまた同様の地位にあったのであろう。一方、個別の納入記録にみえる吏民は、責任者のもとで売却を分担した者たちと考えられる。[二四]

第三節　搬出記録よりみる「塩米」の財政上の位置

では、前節で確認したような形で納入された「塩米」は、穀倉内でどのような位置付けにあったのか。本節では、搬出記録の分析から「塩米」の財政上の位置付けについて検討する。まず、これまで確認されている穀物搬出記録には、次の二つのタイプがある。

（一）州中倉の搬出記録[二五]

28　出倉吏黄諱潘慮所領嘉禾元年税呉平斛米廿三斛四升爲稟斛米廿四斛被督軍糧（壱二一六九）

29　出倉吏黄諱潘慮所領黄龍三年税呉平斛米八十斛六斗四升爲稟斛米八十四斛（壱二一八四）

30　五斛一斗五升被督軍糧都尉嘉禾元年六月廿九日癸亥書給右郎中何宗所督武猛司馬陳陽所領吏□□

（壹二〇九五）

31　被督軍糧都尉嘉禾元年六月廿九日癸亥書給右郎中何宗所督別部司馬（壹二一七一）

32　領帀士十四人嘉禾元年直起九月訖十一月其三人人月三斛五斗十二人人月二斛（壹一八一〇）

33　所督軍邑君跳傳所領吏士卅三人嘉禾元年七月直人二斛嘉禾□□（壹一八一五）

34　元年九月奉嘉禾元年九月一日付右倉曹史（壹一九六三）

35　起嘉禾元年正月訖五月月五斛嘉禾元年四月六日付吏寥慮（壹二三四七）

このタイプの搬出記録は、三〜四簡にわたり文章が続く。28・29は記録の冒頭部分であり、以下直接繋がるものではないが、30・31→32・33→34・35の順に内容が続く。例として29・31を書き下すと次のようになる。

倉吏黃諱・潘慮の領する黃龍三年の税呉平斛米八十斛六斗四升を稟斛米八十四斛と爲して出だす……

……督軍糧都尉の嘉禾元年六月廿九日癸亥の書を被け、右郎中何宗の督する所の別部司馬（次簡に続く）に給す

……

記録の全体は、①搬出する穀物、②搬出に至る経緯（搬出を指示する文書）、③搬出の目的・用途、④穀物の授受に関する情報から構成されている。これらは冒頭に「出倉吏黃諱潘慮所領某年某米」とあるように、州中倉吏の黃諱・潘慮が管轄する穀物の搬出記録である。本記録の特徴としては、穀物を「呉平斛」から「稟斛」に換算した上で搬出していること、「督軍糧都尉の書」の指示をうけていることが挙げられる。

（二）三州倉から州中倉への穀物移送記録[二六]

36　出嘉禾元年税米三百斛被縣嘉禾二年正月廿一日庚申書付大男蔡理運詣州中倉理以其年四月廿二日關邸閣李嵩付掾黄諱史潘慮　参一四二五＋参一四四四

37　出嘉禾元年新吏限米四百一十七斛被縣嘉禾二年四月十三日癸卯書付大男張忠運詣州中倉忠以其年閏月七日關邸閣李嵩付掾黄諱史潘慮　参一四三〇＋参一三四四

38　出嘉禾元年租米五斛被邸閣董基勅付大男謝巳運詣州中倉巳以嘉禾二年九月十日關邸閣李嵩付掾黄諱史潘慮　参二二〇五＋参一五九二

右のタイプの搬出記録は、文が二簡にわたり、文中の穀物運搬者名の対応や筆跡から、記録全体が復元されているものもある。例として36を書き下すと、次のようになる。

嘉禾元年の税米三百斛を出だす。縣の嘉禾二年正月廿一日庚申の書を被け、大男蔡理に付し、運びて州中倉に詣らしむ。理、其の年四月廿二日を以て邸閣李嵩に關し、掾黄諱・史潘慮に付す。

これらの記録は、「某年の某米を出だす」とはじまるため、一見搬出の主体が不明であるが、後半の記載によると、穀物は吏民の手によって州中倉へ運ばれている。前述のように、呉簡中には州中倉とともに三州倉が頻見し、また36～38に類する搬出記録を構成要素とする簿の表題に「三州倉謹列所領税米出用餘見正月旦簿」（参四五五九）・「三州倉謹列所領[税]米出用餘見二月旦簿」（参四五七三）などとあることから、三州倉から州中倉への穀物移送記録であると判断される。本記録では、穀物の移送が「県の書」・「邸閣の勅」などにより行なわれている点に特徴がある。また関連記録からは、三州倉の搬出記録は右のような州中倉への移送を示すものが確認できるのみで、軍への糧穀支給など外部への穀物搬出は、専ら州中倉から行なわれたようである。

以上を踏まえ、「塩米」の搬出記録を確認したい。既公表の竹簡中には、次の五点が確認できる。

39 出郡吏雷濟黄龍三年鹽賈米三百斛被縣嘉禾二年▨（弐八二三七）

40 出郡吏雷濟黄龍三年鹽賈呉平斛米五百八十四斛二斗四升准稟斛米六百九斛被督軍（参一六二五）

41 出郡吏雷濟黄龍三年鹽賈呉平斛米二百一十一斛二斗八升准稟斛米二百卅斛八升被督軍糧（参二四九一）

42 出郡吏雷濟黄龍三年鹽賈米二百斛被縣嘉禾二年十一月十三日丁巳書付大男□□▨（参二五四六）

43 出郡吏雷濟黄龍三年鹽賈米四百一十九斛二斗准稟斛米四百……（参四六一八）

いずれも「郡吏雷済の黄龍三年塩賈米」の搬出記録である。これらのうち39・40・43の三点は、実見調査に基づき、図録本の釈文を修正した。[二七] 39の冒頭は、釈文では「▨□□雷□」（「雷」の次の字は氵のみ釈読）とされていたが、上部は冒頭の「出」字から残ることを確認し、また類例との比較から右のように読めることを確認した。40は、「呉平斛」米を「稟斛」米に換算したことを示す文字が「爲」と読まれていたが、41・43と同様「准」であることを確認した。42は、穀物の名目の部分が「黄龍三年襍税米」と読まれていたが、他の四例と同様に「鹽賈米」であることを確認した。特に42の訂正により、「郡吏雷済」は前掲9の内訳記録を含む全ての事例で「黄龍三年鹽賈米」に関連してみえることになる。[二八]

五点の「塩米」搬出記録は、いずれも続きの簡が不明であるが、うち39・42は、「県の書」により搬出が行なわれ、42では大男に穀物が「付」されていることから、（二）の穀物移送記録の類例であろう。問題となるのは、40・41・

43の三点である。「呉平斛」米を「稟斛」米に換算していること、40・41の末尾に「被督軍糧都尉……」と繋がる文字列が確認できることから、（一）の州中倉の搬出記録の類例であるとも考えられる。しかし、両者には記録の冒頭部分に大きな違いがある。州中倉の搬出記録では「倉吏黄諱・潘慮の領する所の某年某米を出だす」とあるのに対し、「郡吏雷濟の黄龍三年の鹽賈米を出だす」とあり、当該の穀物が州中倉吏の管轄下になかったかのような記載となっている。また細かな違いではあるが、「呉平斛」から「稟斛」への換算を示す文字は28・29など州中倉の搬出記録では「爲」字であるところ、40・41・43では「准」字である。既公表の呉簡中では、「倉吏黄諱・潘慮所領」の米以外で「督軍糧都尉の書」を介した搬出の事例は当該の三点のみであり、他の穀物名目についても類例はない。

　では、「郡吏雷済の塩賈米」は、州中倉や三州倉とは別の場所に集積され、そこから搬出されたのであろうか。しかし、前節でみたように、「塩米」は「邸閣郭據」・「倉吏監賢」が担当する穀倉、州中倉に納められている。また、39・42のように三州倉から州中倉への移送記録と思しきものが確認できることからも、これらが最終的に州中倉に保管されていたことは疑いない。筆者はこのような状況について、「郡吏雷済の塩賈米」は、州中倉には保管されるが、財源としては州中倉吏の管轄下に置かれなかった可能性を想定する。すなわち、官塩を管轄する郡吏雷済は、例年の業務として官塩を売却し、「塩賈米」を得る。これらは穀倉（三州倉及び州中倉）に納入・保管されるが、あくまで官塩に由来する財源であるため、「倉吏黄諱・潘慮の領する所」とはならず、その後も帳簿上では「郡吏雷済の塩賈米」として扱われたのではないだろうか[二九]。

　以上の想定は、当時の地方財政における各財源の具体的な区分や物資管理の実態、帳簿の厳密性を考える上で問題となるが、現段階では同様の類例が確認できないため、今後の関連記録の増加を俟って検証を重ねたい。

第四節　「池賈米」・「醤賈米」・「鋘賈銭」

走馬楼呉簡中には、「塩賈米」と類似する名目として、「池賈米」・「醤賈米」・「鋘賈銭」が確認できる。このうち「池賈米」については羅新氏の、「鋘賈銭」については侯旭東氏の専論がある。これらに基づき、改めて三者の内容と収入としての性格を確認したい。[三〇]

(一)「池賈米」

44　其十六斛七斗監池司馬鄧邵黄龍三年池賈米　（壱二一四八）

45　●其十二斛七斗監池司馬鄧[邵]黄龍三年池賈米　（壱二三四五）

46　其□□斛□□[監][池][司][馬][黄][升]黄龍三年池賈米　（壱二三五六）

47　其十六斛七斗監池司馬鄧邵黄龍三年池賈米　▼　（弐七四六四）

「池賈米」は、内訳記録中に確認できるのみで、具体的な納入方法などは不明である。いずれも「監池司馬」の語とともにみえ、この官が「池賈米」の管轄者であることが明らかである。[三一] 羅新氏が指摘しているように、「監池司馬」は文献中にもみえる官である。『三国志』「呉志」巻三・孫皓伝の裴松之注引『呉録』に、

（孟）仁、字は恭武、江夏の人なり。本との名は宗、（孫）皓の字を避けて焉を易う。……（中略）……除せられて監池司馬と爲る。自ら能く網を結い、手づから以て魚を捕らえ、鮓を作りて母に寄す。母、因りて以て之を還

し、曰く「汝は魚官爲り。而も鮓もて我に寄こす。嫌を避くるに非ざるなり」と。

とある。これは孝行で有名な孟仁（孟宗）の事績で、彼が就任した監池司馬は「魚官」とも呼ばれ、管轄する池の魚を捕獲することが職掌の一つであったことが見てとれる。また『太平御覧』巻四一三引『孟宗別伝』にもほぼ同様の話がみえる。

（孟）宗の母に事うること至孝たり、母も亦た能く之に訓ずるに禮を以てす。宗、初め雷池監と爲り、魚を母に奉る。母、其の寄す所を還し、遂に絶えて復た魚を食らわず。後に宗、糧穀を典知するに、乃ち表陳して曰く「臣、昔、雷池監と爲るに、母、三年魚を食らわず。臣、若し糧穀を典らば、臣の母、以て三年米を食らわざるべからず。臣、敢えて死を以て之を守らん」と。

『孟宗別伝』では、孟宗の官を「雷池監」とする。孟宗が赴任した雷池は、当時の盧江郡にあり（現在の安徽省安慶市望江県）、臨湘県の付近に置かれたと思しき呉簡中の監池司馬とは同一でない。孫呉は版図内の各池に監池司馬を設置し、管理したのであろう。呉簡中には鄧邵・黄升の二人の監池司馬がみえ、ともに「黄龍三年の池賈米」を管轄していることから、それぞれ別の池を管理していた可能性がある。[三二]

呉簡中の「池賈米」について、羅新氏は右の文献史料を引いた上で、池を貧民らに貸与し、彼らから徴収した租賦、すなわち後漢代の「仮税」に相当するものとみる。羅新氏の議論は、監池司馬を前漢以来の山林藪沢管理史に位置付ける優れた見解であり、この点については筆者も賛同する。ただし、表現の類似する「塩賈米」と同様、「池賈米」も賦税ではなく何らかの物資を販売して得た収入を指すのではないか。その物資とは、孟宗の事績にみえる、監池司馬が池の管理運営上獲得した魚などの水産物であろう。新たに公表された簡中に、監池司馬鄧邵と関連する「□魚賈米」に関する記録が確認できることは（柒二三六六・柒三四三三）[三三]、この傍証となろう。

（二）「醤賈米」

48　其卅斛吏文董所備黄龍三年醤賈米　（壹一八〇一）

49　出倉吏黄諱潘慮所領嘉禾元年官所賣醤賈呉平斛米六斛九斗被督軍糧都尉（壹一八二八）

50　其二斛嘉禾元年醤賈米　（壹二〇二六）

51　其廿五斛二斗六升黄龍三年官所賣醤賈米　（壹二二五九）

52　入黄龍三年官所賣醤賈米廿四斛　（壹二三〇六）

「醤賈米」については、「月旦簿」の構成要素など二次的な納入記録と搬出記録、内訳記録を確認できるが、やはり納入の具体的状況を示す記録はなく不明である。このうち49・51・52には「官の賣る所の醤賈米」と記されており、「塩賈米」と同様に官が醤を売却した代価であることが明らかである。49は「官所貸醤賈呉平斛米」と釈読されていたが、写真図版に基づき、「賣」に改めた。「月旦簿」の「入」簡や内訳簡には、「醤賈米」に類似する穀物名目として「肉醤米」がみえ、あるいは同一のものを指しているのかもしれない。[三四]これらの醤もしくは肉醤については、官が販売を目的として醤を製造した可能性もあるが、現段階では塩と同様、公用に確保していた醤に余剰が生じたため、民間に売却したと考えたい。

公用の醤については、戦国秦や前漢初期の事例であるが、次のような史料がある。

御史卒人使者、食粺米半斗、醤駟（四）分升一、采（菜）羹、給之韭（韮）葱。其有爵者、自官士大夫以上、爵食之。使者之従者、食糲（糲）米半斗。僕、少半斗。　傳食律

（睡虎地秦簡「秦律十八種」伝食律第一四六・一四七簡）

二千石吏食糳（糳）・粲・糯（糯）各一盛、醯・醤各二升、介（芥）一升。

（張家山漢簡「二年律令」賜律第二九八簡）

伝食律によると、公務の移動で公的宿泊施設を利用する者に対し、穀物や菜羹などとともに醤が供されている。また賜律によると、皇帝が吏に酒食を賜与する中に、醤が含まれている。

以上の「池賈米」・「醤賈米」は、「塩賈米」と同じく官有物資の売却に由来する収入であり、財政上は賦税収入と区別して管理されたと考えられる。

（三）「鋘賈銭」

53　入廣成郷嘉禾二年鋘賈銭二千≡嘉禾二年四月十三日雅丘男子唐陸付庫吏殷連受（壱二八一一）

54　入桑郷鋘銭七百≡嘉禾二年六月廿一日上薄丘男子☒（壱二八一三）

55　●右南郷入鋘賈銭二萬二千五百二☒（壱一五四八）

56　入中郷所買鋘賈錢一萬≡嘉禾二年五月廿日小赤丘男子番萇付庫吏殷連受（参三一六六）

57　入廣成郷上伻丘男子鄧主鋘賈錢一千≡嘉禾二年閏月廿六日烝弁付庫吏殷連受（参三一七九）

「鋘銭」あるいは「鋘賈銭」は、納入―受領記録及び関連の集計記録などが確認できる。侯旭東氏が提示するよう

に、「鋘」の字義については、「鉄鍬の一部分」、「土を起こすための農具」など複数の解釈があり確定し難いが、[三五]いずれも金属製農具を指していることから、「鋘買銭」は官が金属製農具を販売して得た収入と考えられる。「鋘買銭」は、「塩買米」などと名称が類似するが、その納入記録は「某郷の某年度分の鋘買銭若干を入る」という書式であり、また55の集計記録で郷ごとにまとめられていることから、郷を通じて徴収されたことが分かる。これらの点より、「塩買米」の官塩とは販売の手続きが異なっていたことが明らかである。

　この郷に関連する記載のある納入記録が用いられるのは、穀物・銭・布・獣皮いずれの場合も、そのほとんどが賦税としての性格を有している。田地に課せられた「税米」・「租米」・各種「限米」のほか、布・獣皮も「調」などの賦税の形で吏民に課せられている。[三六]「鋘買銭」のほか、これらの納入記録中にみえる銭の名目には、「口筭銭」・「蒭銭」・「財用銭」などを確認できるが、このうち「口筭銭」は口算、「蒭銭」は田地にかかる芻藁税を銭納したものである。[三七]「財用銭」も賦税の一種で、官用の雑費の財源として口算銭の不足を補う形で徴収されたものと考えられている。[三八]以上を踏まえると、「鋘買銭」もまた賦税に類する形で、郷を通じて民に農具が販売され、代価を収取されたのであろう。[三九]

「鋘買銭」と「塩米」の納入方法の相違については、以下のことが手がかりとなるかもしれない。『続漢書』百官志五に「本注曰、凡郡縣出鹽多者、置鹽官、主鹽税。出鐵多者、置鐵官、主鼓鑄」とみえるように、後漢代の塩官は塩税すなわち民間塩業への課税を行ない、鉄官は「鼓鋳」を担当した。この「鼓鋳を主る」の解釈については、鉄鉱の採掘と銑鉄の製造のみの担当（これを民間に払い下げる）とする説と、[四〇]鉄器の製作そして販売にまで及ぶとする説があるが、[四一]少なくとも鉄の生産に携わったという点では共通する。走馬楼呉簡において官が金属製農具を吏民に直に販売していること、その代価を賦税に類する形で徴収していることは、後漢代の政策を継承しているのかもしれない。

おわりに

本章の議論をまとめると、以下のようになる。

孫呉政権では、官塩を売却して財源としていた。すなわち官塩を売却し、吏民から代価として穀物(「塩米」・「塩賈米」)や銭(「塩賈銭」)を得たのである。官塩の売却は、管轄者の指示のもと個別の吏民によって行なわれ、時期としてはまず年初の春に、その後、購入側に穀物の確保ができた秋冬以降に改めて実施されたとみられる。このような官主導による塩の売却は、後漢代の「民間の塩業に課税する」という塩政と一線を画しており、文献史料中の「司塩校尉」・「司塩都尉」などとともに孫呉の塩政を明らかにする手がかりとなる。「官の余塩」を売ったという記載があるように、現段階では公用の塩の余剰分を売却したことが判明するのみであるが、その総額は数千斛にも達し、重要な財源であったことがうかがえる。また「塩米」は官有物資に由来する収入という点で、「税米」・「租米」・諸「限米」などの賦税としての収入とは性質が異なり、穀倉に納入された後も搬出に至るまで、帳簿上は責任者の名を冠して管理されたと考えられる。

孫呉政権は、「塩米」と同様に、官有の醤や監池司馬が管轄する池に由来する水産物を売却し(「醤賈米」・「池賈米」・「□魚賈米」)、財源の一つとしていた。また「鋘賈銭」は、吏民に直に金属製農具を販売した収入であり、孫呉の塩鉄政策の一端をうかがい得る。

第六章で検討した諸「限米」及び「租米」・「税米」に、本章で検討した官有物資に由来する諸名目を合わせると、呉簡中にみえる穀物収入の大要となる。次章では、これら「新規収入」とは別の穀物の流れ、穀物貸与業務について検討する。

一　呉簡中の「塩米」に関する専論としては、侯旭東「三国呉簡初見塩米初探」（『呉簡研究』第一輯、二〇〇四年七月）がある。

二　「塩米」納入記録の類例については、本章末に一覧表を提示した。

三　侯旭東氏は、前掲注一論文で「賈」を「價」と読み替え、「塩を売却して得た米」と解する。

四　本木牘は、走馬楼呉簡で最初に公表された資料の一つであり、多くの先行研究がある。例えば、王素・宋少華・羅新「新出長沙走馬楼簡牘整理簡介」（『書品』一九九九年第三期）、同「長沙走馬楼簡牘整理的新収獲」（『文物』一九九九年第五期）、胡平生「長沙走馬楼三国孫呉簡牘三文書考証」（『文物』一九九九年第五期）、王素「長沙走馬楼三国孫呉簡牘三文書新探」（『文物』一九九九年第九期）、同「〝若〟即〝諾〟可以作爲定論─長沙走馬楼簡牘研究辨誤（三）」（『光明日報』二〇〇〇年八月二五日第三版「歴史周刊」）、王子今「走馬楼簡許迪割米事文牘釈読商榷」（『鄭州大学学報（哲学社会科学版）』二〇〇一年第四期）、同「走馬楼許迪割米案文牘所見塩米比較及相関問題」（『長沙三国呉簡暨百年来簡帛発現与研究国際学術研討会論文集』中華書局、二〇〇五年）、王素・宋少華「長沙走馬樓三國呉簡的新材料與舊問題─以邸閣、許迪案、私學身份爲中心」（『中華文史論叢』二〇〇九年第一期）など。また籾山明『中国古代訴訟制度の研究』（京都大学学術出版会、二〇〇六年）では、日本語訳とともに内容が紹介されている（九七～九九頁）。釈読及び内容の解釈は宋少華主編『湖南長沙三国呉簡（四）』（重慶出版社、二〇一〇年一月）の写真図版を基本とし、写真図版を確認しつつ右の諸論文を参考に修正を加えた。

五　写真図版では、「詣」字は「詐」字のようにもみえる。「詐」に読むと、「罪の深く重きを知り、詐りて米を割用せずと言う」となり、許迪が以前の取調べの際に偽証したという内容になる。次に提示する14では、「縣前結迪斬罪、懼怖罪重、反辭、虚言以米雇擿」とあり、罪が重いことを恐れた許迪が辞を翻して偽証したことが記されている。

六　前掲注四胡平生氏論文は、前後の文意から「偪」字を「沽」・「売」の意とする。籾山氏はこの見解を踏まえ、「偪」を「博」の通仮字で「換易」の意味とする。また胡平生氏は、本木牘の塩と米及び同年の「田家莂」における米・銭・布の換算率に基づき、嘉禾四年時点の塩の価格を算出している。

一斗塩＝六・〇一斗米　　一斗米＝〇・一七斗塩

一斗塩＝九六一・六九銭　　一斗塩＝一二・〇二尺布

これによると、当時は塩が米の六倍の価格であったことが分かる。

七　本木牘は、「発掘簡報」で写真のみが掲載されていたが、二〇〇〇年当時に長沙市の平和堂五階の展示室で展示されており、その際のパネルの釈文が伊藤敏雄氏によって採録・紹介された（「長沙走馬楼簡牘調査見聞記」長沙呉簡研究会『嘉禾吏民田家莂研究――長沙呉簡研究報告・第1集』二〇〇一年七月）。その後、胡平生・李天虹『長江流域出土簡牘与研究』（湖北教育出版社、二〇〇四年一〇月）、前掲注四王素・宋少華氏論文で釈文が紹介されている。

八　宋少華主編『湖南長沙三国呉簡（三）』（重慶出版社、二〇一〇年一月）。最終行に別筆で文が記され、「然考人尚如官法不得妄加妻□」と釈読されている。

九　「折咸米」については、王子今「走馬楼簡〝折咸米〟釈義」（『国際簡牘学会会刊』第三号、二〇〇一年）、侯旭東「呉簡所見〝折咸米〟補釈―兼論倉米的転運与吏的職務行為過失補償」（『呉簡研究』第二輯、崇文書局、二〇〇六年九月）、熊曲「呉簡折咸米・漬米・没溺米及相関問題」（『呉簡研究』第三輯、中華書局、二〇一一年六月）を参照。走馬楼呉簡の範囲である長沙郡・臨湘侯国周辺では河川による物資輸送が一般的であり、「漬米」・「溢米」は運輸の過程で穀物が水に漬かってしまったことを示す。

入四年貸食嘉禾三年溢米廿斛　（参二一〇二三）

其十一斛監運掾姃度漬米　（参四三六八）

其六十七斛九斗五升船師張盖建安廿六年折咸米　（参四三九九）

一〇　写真図版から判断する限り、「曾」・「香」と釈読される文字は同一のようである。

一一　孫呉の塩政については、吉田虎雄『魏晉南北朝租税の研究』（大安、一九四三年）、佐伯富『中国塩政史の研究』（法律文化社、一九八七年）を参照した。

一二　公用の塩については、例えば戦国秦～前漢初期の法制資料である睡虎地秦簡「秦律十八種」・張家山漢簡「二年律令」の伝食律中に次のような規定が確認できる。

上造以下到官佐・史毋（無）爵者、及卜・史・司御・寺・府、糲（糲）米一斗、有采（菜）羹、鹽廿二分升二。傳食律　（「秦律十八種」第二四九簡）

丞相・御史及諸二千石官使人、若遣吏・新爲官及屬尉・佐以上徴若遷徙者、及軍吏・縣道有尤急言變事、皆得爲傳食。車大夫粺米半斗、參食、從者糲米、皆給草具。車大夫醤四分升一、鹽及從者人各廿二分升一。食馬如律、禾之

比乗傳者馬。（「二年律令」第二三二～二三七簡）

これらの規定によると、公用での移動の際、使者や従者に宿舎で穀物などとともに塩が供されている。

一三　前掲注一侯旭東氏論文。

一四　穀物納入記録の書式については、第一章を参照。当該の書式を持つ納入記録では、「塩米」のほか「吏趙野還員口漬米」がある。これは、吏の趙野が水に漬からせてしまった員口倉の穀物を返還納入したものである。

一五　当該の記録の性格・記載事項については、關尾史郎「吏民田家莂の性格と機能に関する一試論」（長沙呉簡研究会『嘉禾吏民田家莂研究――長沙呉簡研究報告』第一集、二〇〇一年七月）、伊藤敏雄「長沙走馬楼簡牘中の邸閣・州中倉・三州倉について」（『九州大学東洋史論集』第三一号、二〇〇三年四月）、同「長沙走馬楼呉簡中の「邸閣」再検討――米納入簡の書式と併せて」（太田幸男・多田狷介編『中国前近代史論集』汲古書院、二〇〇七年一二月）などを参照。このうち「邸閣」は、呉簡中では穀物の納入や移送などの場面で監査的な役割を担っており、その正式官名は「邸閣郎中」である。

一六　壱三四三六・壱五四三九・壱五九八八・壱六五三八・壱六七六〇・壱六八〇七などがこれに該当する。

一七　本簡は宋少華主編『湖南長沙三国呉簡（四）』（重慶出版社、二〇一〇年一月）で初めて公表され、後に『竹簡柒』に収録された。

一八　本記録によると、米一斗が一八六・六銭の換算となる。伊藤氏によると、嘉禾五年の「田家莂」における換算率は、一斗米＝一一〇銭前後（一〇六～一一五銭）もしくは一三〇銭前後（一二三～一三三・三銭）であり（伊藤敏雄「嘉禾吏民田家莂における米納入状況と郷・丘」『歴史研究』（大阪教育大学）第四三号、二〇〇六年三月）、本記録の方が安価で米を納入している。

一九　塩米の納入記録中に、次の「黄龍四年」の記載がある簡が確認できる。

入吏李廣二年鹽米十斛黄龍四年五月廿日關邸閣郭據□〼（壱六八〇七）

『三国志』「呉志」巻二・呉主伝の黄龍三年条に「會稽南始平言嘉禾生。十二月丁卯、大赦、改明年元也」とあるのによると、翌年は正月から嘉禾元年に改元されており、月単位でも「黄龍四年」は存在しない。本簡の写真図版を確認すると、「黄龍四年」と明確に記されている。これらの簡は納入―受領の際に作成された一次的な納入記録を基にした二次的な記録であり、誤って書き写された可能性がある。

二〇　一点のみ「三年鹽米」のものが確認できる。黄龍三年分の官塩を売却し、代価の「塩米」を納入したものが混入した可能性もあるが、納入年月日の部分に「黄龍三年正月廿一日」とあることから、黄龍二年分の事例と判断し、以下の表に加えている。

　入吏呉連三年鹽米五斛□斗五升黄龍三年正月廿一日關邸閣郭據倉吏監賢受（壱三一七三）

二一　写真図版によると、「部」は「郡」字の可能性がある。

二二　谷能は「模郷郡吏谷能故戸☐」（壱一二八八）・「入郡吏谷能二年□□三斛黄龍二年十月廿一日□□☐」（壱六五一五）、黄高は「□□郡吏黄高」（田家莂四・五六九）とみえる。このうち、谷能の壱六五一五は納入する穀物の名目が未読字であるが、書式などから当該の塩米の納入記録である可能性が高い。

二三　「入吏番觀所備船師何春建安廿七年折咸米四斛」（壱二二七七）とある。船師については、前掲注九王子今氏・侯旭東氏の論文を参照。

二四　納入記録にみえる吏民は、「塩を購入して穀物を支払った者」という可能性もある。ただし帳簿上に塩の購入者名を残しておく積極的な意義は見出せず、また春の事例は額が多く冬の事例は額が少ないという時期的側面の状況と併せるに、現段階では販売側の者と考えたい。

二五　これらの記録については、第二章を参照。

二六　これらの記録については、第三章を参照。

二七　これら五点の記録は、二〇一一年三月の調査（科学研究費補助金・基盤研究（A）「出土資料群のデータベース化とそれを用いた中国古代史上の基層社会に関する多面的分析」プロジェクト（課題番号20242019 研究代表者：關尾史郎））にて実見することができた。釈文の訂正は、本調査の成果である。

二八　このほか、参二一七九・参二五九七・参四四四三・参四五五五・参四六四三・参四六四五・参四六八四・参四七八二・参四八二二・参四九二一に「郡吏雷済」と「黄龍三年塩賈米」の対応がみられる。「塩賈米」以外で「雷済」に関連する記録として「入平郷嘉禾二年吏雷濟子弟限米五斛三斗冑畢≡☐」（壱三五九四）とあるが、本簡は雷済の子弟が賦課された「限米」の納入記録であり、雷済の職務上における「鹽賈米」との対応と齟齬するものではない。

二九　40・41・43と簡番号が近い簡の中には、三州倉に関する各種記録が散見するため、三者が三州倉の搬出記録という可能性も生ずる。ただし現在のところ、州中倉の搬出記録以外には「呉平斛」米を「稟斛」米に換算して搬出する事例、及び「督軍糧都尉の書」を受けて搬出する事例は確認できないため、可能性を指摘しておくに留める。

三〇　「池賈米」については羅新「監池司馬簡及相関問題」（『呉簡研究』第一輯所収）、「鋘賈銭」については侯旭東「三国呉簡中〝鋘銭〟」（『呉簡研究』第一輯所収）がある。また、「鋘賈銭」・「塩賈米」・「醤賈米」及び「酒租銭」に関する諸記録を概観し、孫呉の塩鉄官と酒類の専売について論じたものとして、蒋福亜「走馬楼呉簡所見塩鉄官営和酒類専売」（『史学月刊』二〇一一年第一二期、のち蒋福亜『走馬楼呉簡経済文書研究』国家図書館出版社、二〇一二年一二月の第三章第二節として収録）がある。

三一　監池司馬は、「池賈米」のほか「臨凫（居）米」・「収指米」・「限米」とも関連している。

其十斛五斗監池司馬鄧邵黄龍三年臨凫米（壹二〇〇一）

入監池司馬鄧邵黄龍三年收指米卅六斛四斗五升　中（壹二〇六八）

●其二百七斛監池司馬鄧邵黄龍二年限米（弍九〇七七）

なお、「□卒黄龍二年池賈米」（壹一九六七）と釈読される簡があり、「池賈米」と「某卒」の関連も想定できるが、簡の状態が悪く当該の文字を確認できないため、検討を留保する。

三二　ただし46は簡の状態が悪く、人名の部分が「黄升」であるか判断し難い。「黄升」が監池司馬としてみえるのはこの一例のみであり、以下の記録によると黄龍元年から三年にかけては「屯田司馬」であった。

入司馬黄升黄龍三年屯田限米二百六十二斛一斗五升　中（壹一七三九）

入屯田司馬黄升黄龍二年限米卅四斛（壹三一五九）

●其四百九十九斛六斗五□司馬黄升黄龍三年屯田限米（弍九〇七五）

三三　この二点は、ともに「月旦簿」の構成要素と考えられる。

●其……廿八斛七斗監池司馬鄧邵嘉禾元年□魚賈米（柒二三六六）

□□監池司馬鄧邵嘉禾元年□魚賈米□（柒三四三三）

三四　出土簡第三三盆（参四二六八～四九九五）中の「月旦簿」の構成要素として次のような簡がある。

入黄龍三年肉醤米二斛三斗（参四六〇九）

其二斛三斗黄龍三年肉醤米（参四八三一）

三五　『後漢書』巻八一・独行列伝の戴就伝に「又焼鋘斧、使就挾于肘腋」とあり、李賢注は「何承天『纂文』曰、「臿、今之鍥也」。張揖『字詁』云、「臿、刃也」。鍥音華、案『説文』・『字林』・『三蒼』並無「鍥」字」と、「臿」すなわち鉄鍬の頭の部分と解釈する。また『一切経音義』巻七三に「犂鏵、鏵、古文奇字作鍥」とある。

三六　布の納入記録については阿部幸信「長沙走馬楼呉簡所見調納入簡初探」（『立正史学』第一〇三号、二〇〇八年）、同「長沙走馬楼呉簡所見的「調」―以出納記録的検討為中心」（『呉簡研究』第三輯所収）、獣皮の納入記録については中村威也「獣皮納入簡から見た長沙の環境」（『長沙呉簡研究報告 第二集』長沙呉簡研究会、二〇〇四年）を参照。

三七　「口筭銭」・「蒭銭」・「財用銭」の納入記録は次の通り。

入都郷口筭錢五百一十〓嘉禾元年十一月五日僳□丘何誠付庫吏⧄（壱一六二三）

入模郷嘉禾元年蒭錢二千八百〓嘉禾二年二月三日□⧄（壱一六五九）

小武陵郷嘉禾二年財用錢六千〓嘉禾二年八月三日前渚丘男子孫直付庫吏殷連受（壱二八二八）

呉簡中の「口筭銭」については、高敏「从〈長沙走馬楼三国呉簡・竹簡［壱］〉札記之五」（『長沙走馬楼簡牘研究』広西師範大学出版社、二〇〇八年五月）、柿沼陽平「孫呉貨幣経済的結構和特点」（『中国経済史研究』二〇一三年第一期、二〇一三年三月）を参照。

蒭稾税の銭納については、漢初の例として「二年律令」田律に「入頃蒭稾、頃入蒭三石。上郡地悪、頃入二石。稾皆二石。令各入其歳所有、毋入陳、不従令者罰黄金四兩。収入蒭稾、縣各度一歳用蒭稾、足其縣用、其餘令頃入五十五錢以當蒭稾。蒭一石當十五錢、稾一石當五錢」（第二四〇簡・第二四一簡）とあり、田一頃ごとに蒭三石・藁二石が徴収され、県の一年の用を超えた分については銭納とする旨の規定がある。以降も『後漢書』巻一・光武本紀上に「訟地皇元年十二月壬寅前租二萬六千斛、蒭稾錢若干萬」とあるなど、蒭稾税が銭納されていたことが分かる。秦漢時代の蒭稾税については、吉田虎雄『両漢租税の研究』（大安、一九四二年）、山田勝芳『秦漢財政収入の研究』（汲古書院、一九九三年）を参照。

三八　孟彦弘「釋〝財用銭〟」（『呉簡研究』第一輯所収）。「財用」の語義については、『続漢書』百官志三・少府条「守宮令一人、六百石」の本注に、「主御紙筆墨、及尚書財用諸物及封泥」とある。

三九　侯旭東氏が指摘しているように、居延新簡に「墾田以鐵器爲本、北辺郡毋鐵官、仰器内郡、令郡以時博賣予細民、毋令豪富吏民得多、取販賣細民」（E.P.T52：15）とあり、官が農民に鉄器を直接かつ公平に販売するよう指示が出されている。

四〇　吉田虎雄『両漢租税の研究』一三六頁。
四一　影山剛『中国古代の商工業と専売制』（東京大学出版会、一九八四年）三五〇～三五四頁。

【参考】「塩米」納入／受納記録一覧

入吏呉健二年鹽米二斛⧄　（壹二〇五）

入吏韋周二年鹽米⧄　（壹二〇九）

入男子雷奉鹽米三斛一斗□□黄龍三年正月廿八日關邸閣郭據付倉吏監賢受　（壹三〇一二）

入□□鄧應二年鹽米卅九斛黄龍三年四月廿一日關邸閣郭據付倉吏監賢受　（壹三〇三七）

入吏朱謙二年鹽米九斛六斗黄龍三年三月三日關邸閣郭據付倉吏監賢受　（壹三〇七九）

入□部師高米鹽米十四斛黄龍三年正月十八日關邸閣郭據付倉吏監賢受　（壹三〇八二）

入男子呉起二年鹽米三斛二斗黄龍三年三月廿二日關邸閣郭據付倉吏監賢受　（壹三〇八六）

入吏徐業二年鹽米五十八斛黄龍二年三月十七日關邸閣郭據付倉吏監賢受　（壹三〇九五）

入吏番陶二年鹽米四斛三斗黄龍二年十二月十日關邸閣郭據付倉吏監賢　（壹三一〇〇）

入男子李明二年鹽米十斛黄龍三年十一月十日關邸閣郭據付倉吏監賢受　（壹三一〇三）

入男子李鳴二年鹽米廿斛黄龍三年四月十八日關邸閣郭據付倉吏監賢受　（壹三一〇五）

入吏黄諊二年鹽米四斛黄龍三年正月十八日關邸閣郭據付倉吏監賢受　（壹三一一〇）

入男子李鳴□□鹽米廿斛黄龍三年十一月十八日……　（壹三一一五）

入郡吏廖摙二年鹽米八斛黄龍三年四月一日關邸閣郭據付倉吏監賢受　（壹三一一六）

入吏謝莨二年鹽米九斛五斗黄龍二年十二月十三日關邸閣郭據付倉吏監賢受　（壹三一三五）

入男子張仵陳部張二年鹽米卌七斛黄龍三年三月廿三日關邸閣郭據付倉吏監賢　（壹三一三六）

入吏谷水二年鹽米一斛黄龍二年十二月十四日關邸閣郭據付倉吏監賢受　（壹三一三九）

入吏光錢鹽米廿斛黄龍三年正月廿二日關邸閣郭據付倉吏監賢受　（壹三一四四）

入吏石誂二年鹽米七斛黄龍二年十二月十日關邸閣郭據付倉吏監賢受　（壹三一四六）

入吏陳□二年鹽米□斛黄龍三年四月八日關邸閣郭據付倉吏監賢受　（壹三一五六）

入吏廖□二年鹽米十一斛黄龍二年十二月廿日關邸閣郭據付倉吏監賢受　（壹三一五八）

入吏雷贊二年鹽米十六斛黄龍二年十二月十日關邸閣郭據付倉吏監賢受　（壹三一六五）

入吏谷張二年鹽米十斛黄龍二年十一月九日關邸閣郭據付倉吏監賢受　（壹三一六七）

入吏□□二年鹽米六斛黄龍二年十二月十三日關邸閣郭據付倉吏監賢受　（壹三一六八）
入吏黄高二年鹽米廿二斛黄龍三年正月廿五日關邸閣郭據付倉吏監賢受　（壹三一七一）
入吏石龍二年鹽米六斛五斗黄龍二年十二月廿□日關邸閣郭據付倉吏監賢□　（壹三一七二）
入吏呉連三年鹽米五斛□斗五升黄龍三年正月廿一日關邸閣郭據倉吏監賢受　（壹三一七三）
入吏黄諱二年鹽米□斛五斗黄龍三年三月七日關邸閣郭據付倉吏監賢受　（壹三四一四）
⧄□監賢鹽米廿斛黄龍三年十月十六日關邸閣郭據付倉吏□□□　（壹三四三六）
入吏□□二年鹽米十四斛黄龍二年十二月五日關邸閣……　（壹三四六八）
入吏谷能二年鹽米七斛黄龍三年二月十九日関邸閣郭據付倉吏監　⧄　（壹五四三九）
吏雷贊二年鹽米六斛黄龍三年四月六日關邸閣□□⧄　（壹五六五三）
⧄石富二年鹽米十八斛黄龍二年十一月廿三日關邸閣郭據付倉吏監賢　⧄　（壹五九八八）
⧄□税鹽米廿二斛黄龍三年十二月十九日關⧄　（壹六〇七三）
⧄男子張付二年鹽米卌六斛黄龍三年三月十三日關邸　⧄　（壹六一八三）
入吏程願二年鹽米□□⧄　（壹六二四八）
入大女陳妾二年鹽米五斛黄龍二年十一月十四日關邸閣　⧄　（壹六三六二）
入吏黄高二年鹽米八斛嘉禾元年十月廿二⧄　（壹六五三八）
⧄吏谷能二年鹽米□斛黄龍二年三州倉關邸閣⧄　（壹六六二六）
⧄丞董謙二年鹽米卅斛黄龍三年十月廿三日關邸閣郭據付倉吏監賢受　（壹六六九七）
入吏英□等二年鹽米□斛嘉禾元年十月廿五日關邸閣郭據付倉吏監賢受　（壹六七〇〇）
入□吏番迪二年鹽米一斛八斗黄龍二年十二月廿七日關邸閣郭據付倉吏監賢受　（壹六七〇七）
入□唐□鹽米……二年三月卅日關邸閣郭據付倉吏監賢　⧄　（壹六七二一）
入吏廖賢二年鹽米四斛黄龍三年二月⧄　（壹六七二二）
⧄□龍二年鹽米十二斛七斗黄龍二年十一月七日關邸閣郭據付倉吏監賢受　（壹六七四八）
入□吏鄭漢鹽米四斛　黄龍三年正月十日⧄　（壹六七五二）
入吏周伯二年鹽米廿斛黄龍三年二月十六日關邸閣郭據⧄　（壹六七六〇）

入吏許蓑二年鹽米□斛黄龍二年十一月七日關邸閣郭據☒（壹六七八五）

入郡吏□□二年鹽米十斛黄龍三年十一月九日關邸閣郭據付倉吏監賢（壹六八〇二）

入吏李廣二年鹽米十斛黄龍四年五月廿日關邸閣郭據□☒（壹六八〇七）

入男子王項二年鹽米九斛嘉禾元年十一月廿日關邸閣□☒（壹六八五三）

□□□□二年鹽米十三□□□黄龍三年二月十六日關邸閣☒（壹六八五八）

入吏□伅鹽米十斛 ☒（壹七〇三五）

入吏毛廣二年鹽米四斛嘉禾元年 ☒（壹七一〇一）

……鹽米廿斛黄龍三年八月十八日關邸閣郭據付倉吏監賢受（壹八〇三三）

入郡吏唐施二年鹽米五斛黄☒（壹八一五三）

入男子何春二年鹽米□斛黄龍三年二月五日關邸閣郭據付倉☒（壹八四五九）

入男子蘇豪二年鹽米二百六斛黄龍二年三月廿日關邸閣郭據付倉吏監賢（壹九六五〇）

入男子王大張德二年鹽米卌五斛四斗黄龍三年二月廿□日受（壹九七〇〇）

第七章

「貸食米」と「種粮」——孫呉政権初期における穀物貸与業務

はじめに

第五章では、特定の身分や職役に従事する者に賦課された諸々の「限米」、第六章では、「塩賈米」をはじめとする官有物資売却の代価としての収入（ほかに「醬賈米」・「池賈米」など）について検討した。これらと一般吏民に賦課された「税米」・「租米」、管理上や移送時などに失われたもしくは減耗した穀物の補塡（「折咸米」・「漬米」・「没溺米」など）を合わせると、地方穀倉における穀物収入の大要となる（第五章第一節の一覧を参照）。

走馬楼呉簡中には、穀物納入記録の類例として、多くの「還所貸食米」の納入記録を確認できる。これらは、吏民が官から貸与されていた穀物を返還・納入した記録である。こうした官倉から民衆への穀物貸与及びその返還もまた、財政収支上の穀物の大きな流れである。そこで本章では、穀物貸与に関する簿・記録を分析し、孫呉政権の吏民への穀物貸与について具体的事実を明らかにしたい。
三国時代以前においては、民衆への穀物貸与に関する記事は文献史料中に散見するものの、例えば、『後漢書』巻四和帝紀・永元十三年条に、

秋八月、詔して象林の民の農桑の業を失う者には種糧を賑貸し、下貧に穀食を稟賜す。

とあり、また『三国志』「呉志」巻一三・陸遜伝に、

出でて海昌屯田都尉と爲り、並びに縣の事を領す。縣に連年亢旱あり、遜、倉を開きて穀もて貧民に振るい、農桑を勸督し、百姓頼を蒙る。

とあるなど、いずれも災異及び飢饉発生時における緊急措置としてのものであり、平常時における穀物貸与の具体的状況はうかがえない。その中で、湖北省江陵県鳳凰山の一〇号漢墓より出土した竹簡の簿籍「鄭里稟簿」は貴重な史料である。二六枚の竹簡からなる本記録の冒頭部分は、次のようなものである。

鄭里稟簿　凡六十一石七斗
戸人　聖　能田一人口一人　田八畝　⎕移越人戸　貸八斗　二年四月乙・
戸人　特　能田一人口三人　田十畝　十　⎕　貸一石
戸人　穀牛能田二人口四人　田十二畝　十　⎕　貸一石二斗

戸人　野　能田四人口八人　　田十五畝　十　卩　　貸一石五斗

本記録は、前漢景帝二年（前一五五）のものと推定されている。[二]「戸人」すなわち戸主の名に続き、「能田」（耕作作業に従事し得る者）及び戸の口数、田の面積と貸与額が記録されている。田の面積一畝ごとに一斗の割合で貸与していることから、播種用の穀物の貸与と考えられている。本簿からは、里が官の穀物貸与業務に重要な役割を担っていたことがうかがえるなど、具体的な状況を伝えるものであるが、ほぼ孤例である。[三]このような状況の中で、呉簡中に穀物貸与に関する記録がまとまって含まれていることは、大きな意義を有している。本章では呉簡中の穀物貸与について検討するとともに、その歴史的位置付けについても考えを進めたい。

第一節　「貸食」米の返還——穀物納入記録と「貸食」米簿

走馬楼呉簡中に最も多くみえる穀倉関係の記録として、第一章・第五章・第六章でも提示してきた穀物納入記録がある。

【資料①】穀物納入記録と簿の構成要素

1　入平郷嘉禾二年租米六斛冑畢☰嘉禾二年十月廿八日東丘番有關邸閣董基付三州倉吏鄭黑受（壹三二一二）

2　入都郷嘉禾二年税米一斛二斗☰嘉禾三年正月十二日白石丘大男谷黑關邸閣李嵩付州中倉吏黃諱潘慮（弐三五九）

3　●右諸郷入租米五十八斛六斗（壹二八七四）

4　●右平郷入税米廿七斛二斗　▨（壱三〇三二）

5　●集凡三州倉起九月一日訖卅日受元二三年襍米合七十九斛八升　（参三七三七）

6　倉吏鄭黒謹列故倉吏谷□所度連年襍米簿　（壱三一六九）[四]

右は穀物の納入記録（1・2）及び当該記録を列ねた穀物簿の構成要素（3・4・5は集計記録、6は表題簡）である。このうち、納入記録の書式は次のようになる。[五]

入＋某郷＋年号＋穀物の名目＋数額＋僦（冑・就）畢＋〓（同文符号）＋年月日＋某丘＋身分＋納入者名＋關＋「邸閣」姓名（名は署名）＋付＋某倉＋倉吏姓名（名は署名）＋受

簡中に大書される「〓」（「同文」を意味する符号）や納入業務に関わる吏（「邸閣」・倉吏）の名が別筆（署名）であることから、本記録は穀倉における穀物納入—受領の際に作成された証明書（「莂」として分割保存された）としての機能を有することが分かる。これら一簡一簡は納入・受領の証明書として作成されたものであるが、一定期間を経て3・4などによって集計され、6の表題簡、5の集計記録などとともに簿としてまとめられた。[六]同類の記録は、断簡を含めると五〇〇〇例以上あるが、その中に穀物貸与に関する次のような記録の一群を確認できる。[七]

【資料②】「貸食」米の納入記録と簿の構成要素

1　入樂郷嘉禾二年還所貸食黄龍三年税米四斛□畢〓嘉禾二年十二月廿一日□丘鄭□關邸閣董基▨

（壹五五七三）

2　入平郷嘉禾二年還所貸食黄龍元年私學限米四斛☰嘉禾二年十二月四日柚丘謝六關邸閣董⍁（壹五六八三）

3　入廣成郷嘉禾二年還所貸食黄龍三年税米九斛五斗就畢☰嘉禾二年十一月七日彈溲丘廖□關邸閣董基⍁（壹六〇〇八）

4　入平郷所貸三年税民還米九斛三斗就畢☰嘉禾元年十月廿九日平陽丘呂奚付三州倉吏谷漢受（参二六八三）

5　入小武陵郷三年貸食米五斗胄畢☰嘉禾二年十月廿六日□□付三州倉吏谷漢受　中（参三七六九）

6　右樂郷入民所貸三年租米一斛五斗　（壹五一六一）

7　右小武陵郷入三年貸食米三斛　中　（参三六三〇）

8　●集凡三州倉起九月一日訖卅日受嘉禾二年民所貸二三年□⍁（壹五二八八）

9　倉吏鄭黑謹列故倉吏谷漢所度民還貸食連年䅼米簿　⍁（壹六五二二）

【資料②】の諸簡は、簡の形状や書式が【資料①】に挙げた諸簡と同一であり、記録ないし簿としての機能も近いと考えられるが、納入された穀物の性格に相違がみられる。例えば【資料②】1には「嘉禾二年還所貸食黄龍元年私學限米四斛」とあるが、これは嘉禾二年分の「貸食」として貸与されていた「黄龍元年分の私学限米」四斛を返還したことを意味する。すなわち、【資料②】の諸簡は、官倉より貸与された穀物を、吏民が返還したことに関する記録である。貸与以前の官倉に納入・保管された段階での名目（「黄龍元年（二二九）分の私学限米」（1）・「黄龍三年（二三一）分の税米」（2・3）など）が明記されているのは、後述するように帳簿上の管理のためであろう。また「貸食」とあることから、これらに記録される穀物は、食糧としての目的で貸与されたことが分かる。穀物の名目の表記としては「某年還所貸食某年某米」（1・2・3）のほか、「所貸某年某米」（4）・「某年貸食米」（5）など省略した表現もみられるが、いずれも同様の形で返還された穀物の納入記録である。

【資料①】・【資料②】で注目すべきは、それぞれの簿の表題である。【資料①】6・【資料②】9は、当該記録を本文とする簿の表題簡の一つと考えられる。簿の内容はともに、倉吏鄭黒が作成した「故倉吏谷漢の「度る所の」雑米簿」（前者の故倉吏の名は未読時であるが、後者の「漢」字と墨痕が類似する）であるが、前者は「連年雑米」、後者は「民還貸食連年雑米」を対象とした簿である。両者の比較から、前者は「雑米」すなわち「税米」・「租米」・諸「限米」など諸々の名目の穀物に関する簿であり、後者は「民還貸食」としての穀物に限定された簿ということになる。「貸食」米についても「連年（貸食）雑米」と表記されるのは、貸与した穀物がもとは様々な名目であったためであろう。したがって、返還された「貸食」米は、通常の収入としての「雑米」とは別の簿にまとめられたこと、すなわち帳簿上区別して扱われたことが明らかである。

以上に確認した諸記録・簿は、吏民が穀物を返還・納入した際の記録であり、官倉が吏民へ貸与した段階の情報ではないが、数百点に及ぶ諸記録を総合することにより、「貸食」米貸与についていくつかの基礎的な事実が明らかとなる。以下、早くからまとまって確認されていた採集簡の第一二盆（壱五一三六〜七一三五）の諸簡を中心に、事項ごとに分析・検討を加える。[八]

（1）貸与の対象

記録中では多くの場合、「民還貸食」・「民所貸」などと表現されるが、壱五三一四の納入者の身分が「□吏」であるように、厳密には吏も含まれる。すなわち、「貸食」は所謂「吏民」を対象としていた。また、集計記録の一つに「●右平郷入三年貧民貸食米十一斛七斗」（参二七二七）とあるように、特に官側から「貧民」と判断された人々に対する貸与であった。「貸食」が「貧民」を対象としていたことについては、上掲の記録とは別の簿の内訳記録に「其卌七斛四斗爲黄龍三年貧民所貸米」（壱九五四九）などとあることからも確認できる。

（2）貸与額（厳密には「返還額」）

大部分の記録において、納入額は数斛～十斛未満の範囲にある。[九] また、郷ごとの集計記録も数斛～十斛程度のものが多く、一見、一郷当たりの貸与件数は多くないようである。ただし、これらの集計記録は、ひと月もしくは半月分の総額であり、中には「●右平郷入所貸米一千七十五斛四斗三升」（壱四四二六）と、大きな額の記録も確認できる。この事例について、仮に一件当たり平均三～五斛程度を貸与したと仮定すると、約二〇〇～五〇〇人（戸）に貸与したことになる。高村武幸氏によると、走馬楼呉簡における郷の戸口数は、二〇〇〇戸・一〇〇〇〇人前後であり、郷に属する大部分の人々に「貸食」米が貸与されていた計算になる。[一〇] 以上のことから、貸与の対象は「貧民」と表現されているものの、官倉は多くの吏民に少額ずつを貸与した可能性が高い。

（3）貸与の手続き

本記録は「貸食」米返還時の記録であり、貸与時の具体的手続きはうかがえないが、賦税などの納入記録と同様、郷を単位にまとめられていることから、貸与の際にも郷が介在していたと推測できる。鳳凰山漢簡「鄭里廩簿」によると、貸与業務における里の関わりが確認できる。呉簡における倉庫関係記録・簿は、みな郷以上を単位にまとめられており、里との関係は不明であるが、少なくとも穀物貸与に地方行政の基層部分である郷が中心となっていたことは疑いなく、前代の状況と共通するといえよう。

表7－1　収集簡第一二盆中の「貸食」米納入記録の月分布

一月：〇例	二月：二例	三月：一例
四月：二例	五月：一例	六月：〇例
七月：〇例	八月：〇例	九月：五例
一〇月：九例	一一月：九例	一二月：八例

（4）返還の時期

穀物の年度及び納入年月日の情報を総合すると、貸与された穀物は、もとは前年度以前に納入されたものであり、またそれらは基本的に貸与された当年内に返還されたことが分かる。例えば【資料②】2では、嘉禾二年における「貸食」として黄龍三年分の「税米」が貸与され、同年の一二月二一日に返還された。採集簡第一二盆中の「貸食」米納入記録における返還（納入）時期の月ごとの分布をまとめると、表7－1のようになる。

この他、集計記録である「集凡」簡に二月（壱五六六四）・九月（壱五二八八【資料②】8）・一二月（壱五二一七）のものが各一点ずつ確認できる。表によると、賦税の納入時期でもある九月～一二月に納入が集中する一方、六～八月の例は確認できない。「集凡」簡からうかがえるように、各記録は月ごとあるいは半月ごとに集計されて簿にまとめられているため、ある時期の記録が集中して出土し、他の時期のものは見つかっていないという可能性も否めない。ただし『竹簡弐』以降に収録された「貸食」米の納入記録においても、ほぼ同様の傾向がうかがえることから[一一]、「貸食」は食糧の不足しがちな夏期以降に貸与され、賦税と同時期に返還・納入されるという状況が推察される。

（5）利息について

最後に、利息の問題について確認しておきたい。現在のところ、貸食米の利息に関すると思しき記録として次の二点がある。

〼五年貸食息米一斛六斗‖嘉禾六年二月十六日蒷丘李完關主記梅〼（壱四六）

〼□歳伍□□□□□下俗丘民何著等三戸斛爲息五斗‖嘉禾二□〼（肆四三九七）

両簡は上下ともに断簡ではあるが、残存部分の書式が納入記録と同様であり、前者は穀物の名目部分に「貸食息米」とあることから、「貸食」米の利息分の納入記録であることが分かる。[二三]すなわち、本簡より「貸食」米の貸与には利息が生じていたことが判明する。後者には「貸食」の語はみえないが「息と爲す」とあることから、当該の利息に関する納入記録である可能性がある。元本の額が記されておらず、また三戸分の総計が五斛とあるため具体的な利率は不明である。穀物に関わる「息」の事例はこの二点のみであり、事例が少ないことから、前掲の返還時の記録において既に利息を含む額を納めていた可能性もある。

以上、返還時の記録について分析してきたが、新たに公表された発掘簡には、穀物貸与の際に作成された記録と思しき簡が含まれている。総合的な検討は後考を俟たねばならないが、数点を提示し、内容を確認しておきたい。

【資料③】 穀物貸与の記録

1 出小武陵郷嘉禾元年新吏限米十一斛一斗‖嘉禾二年四月一日勸農掾蔡忠付木氏丘歳伍□守録若□〼（肆四三三一）

2 出平郷元年雜禾十八斛四斗‖嘉禾二年四月十八日勸農掾蔡忠付舍田丘大男廖□守録（肆四三四八）

3　出平郷元年見禾米十七斛五斗（其二斛米十五斛五斗禾）||X嘉禾二年四月九日主簿郭宋付郷老當陽大男潘桐運（肆四三四九）

4　右出租税米□□卅六斛給貸貧民（肆四三五四）

右の諸記録は、納入記録とほぼ同様の書式でありかつ「||X」（同文符号）も大書されているが、「出」字よりはじまっており、穀倉からの搬出に関する記録であることが分かる。当該記録の集計簡と考えられる4によると、これらの穀物は「貧民に給貸す」る目的で搬出された。本記録の書式を確認しておくと、同文符号を挟み前半に出給先の郷名及び搬出する「米」もしくは「禾」の年度・名目と額が記され、後半に搬出の年月日と出給担当者及び受取人の情報が記されている。官側の出給担当者である蔡忠・郭宋の名（「忠」・「宋」）は別筆すなわち署名である。また、右の諸簡では途切れているが、さらに文が続くようである。当該部分が唯一完備している事例には「☑□勸農掾蔡忠付□丘比伍呉斑守録若折咸斑自備」（肆五五二〇）とあり、穀物に「折咸（減）」が生じた場合は受領者が自ら補塡すべき旨の文言が記されている。

三〇点ほどの類例には、出給担当者として「勸農掾蔡忠」（「郷吏蔡忠」とする事例もある）と「主簿郭宋」及び「主記史陳嗣」がみえる。また受領者としては、「大男」のほか「郷老」及び「歳伍」・「月伍」・「比伍」がみえる。「郷老」は、写真図版では当該部分を判読し難いが、釈文の通りであれば、漢代以来の郷三老のような基層社会をまとめる存在であろう。[一三] また「歳伍」などは、名籍中に郷里内の吏民を管轄する立場の者としてみえる。[一四] 彼らが郷里の代表として穀物を受領したのであろう。勧農掾や主簿が出給する穀物が、「郷老」・「歳伍」などといったまとめ役を通じて基層社会にもたらされる状況は、前代と通ずるものである。なお、これらの記録はみな嘉禾二年四月と五月のものであり、少なくとも両月に穀物貸与業務が行なわれていたことが分かる。

【資料③】で提示した出給の記録では、「米」と「禾」が搬出されている。これらのうち「米」は「貸食」米と関連すると考えられる。一方、呉簡中にはタネモミの貸し付けをうかがわせる記録がみられるため、次節以降で検討する。

第二節 「種粻」の貸与

唐代では、春にタネモミを貸し付け、秋に利息を付けて返却させる「出挙」が行なわれたことが知られる。呉簡中にも、タネモミとしての穀物出給に関する次のような記録が確認できる。

【資料④】「種粻」米に関する記録

1 其四斛[給][付]嘉禾二年[貸]民佃種[米]粻 （壱三一〇九）
2 ☒ 其二百二斛一斗給貸嘉禾二年☐☐佃莋種粻收[還][別]☐ （弐七一一八）
3 其九百[八]斛七斗給貸黄龍三年貧民佃種粻已[列] （弐四四八一）
4 其十六斛六斗司馬黄升還黄龍元年種粻米 （壱二〇八五）
5 入司馬黄升黄龍元年種粻米十六斛六斗 （壱三一八三）

【資料④】1～4は、帳簿中において「右」簡・「集凡」簡など穀物の総額が示される簡の後ろに置かれ、その内訳を示す記録である。1・2・3に「佃種（米）粻」・「佃莋種粻」とあることから、「種粻」は食糧ではなく播種用のタネモミとしての「米」を意味すると考えられる。李均明・宋少華両氏が『竹簡肆』収録の簡中に見える「種粮」の二字について、「粮」は「糧」に通じ、また「粻」とも書かれ、しばしば呉簡中にみえる」とするのによれば[一五]、「種粻」は本章はじめに提示した『後漢書』和帝紀など文献中に見える「種糧」のことであり、やはりタネモミの意である。このように、生産に関わる貸与である「種粻」と食料に関わる「貸食」が呉簡中に併存してみえることは、両者が別個の貸与業務として実行されていたことを示唆している。【資料④】1・2・3では「給」字とともに「貸」字も記されていることから、やはり返還を必要とする貸与であったことが明らかである。また3によると、「貸食」と同様、「貧民」に対して行なわれた政策であったことが分かる。

4・5の「司馬黄升」は、他の記録中に「屯田司馬黄升」としてみえることから、[16] 両簡は屯田司馬の黄升が屯田に関わる「種粻」米を穀倉へ返還したことについての記録であろう。これらの例から、屯田のための「種粻」も官倉から貸与されるが、後に返還されるべきものであったことが分かる。

「種粻」の語は、【資料④】に挙げた簡のほか、次のような記録にも確認できる。

【資料⑤】「種粻」に関する「君教」簡

1　君教　　丞出給民種粻掾烝　如　曹期會掾烝　録事掾谷水校
　　　　　　　嘉禾三年五月十三日付三州倉領雜米起
　　　主簿　省　嘉禾元年七月一日訖九月卅日一時簿　（弐二五七）

2　君教　□□　丞出給民種粻掾烝　潘　如曹期會掾烝　録事掾谷　校
　　　　　□□　（弐六九二一＋弐六八七一）

3　君教　已校　丞出給民種粻掾烝潘如曹□　（参二〇五六）[17]

【資料⑤】1～3の諸簡は、幅が他の竹簡の二～三倍あるなど形状が特異である。[18] 簡の性格については、上段中央に「君教」とあり、「君」の教書の形を取っていることが分かる。「教」は長官の命令を指す。[19] 内容がほぼ完備している1を例に取ると、一行目の中段から下段にかけ、「丞」字以下に「出給民種粻掾」・「期會掾」・「録事掾」と一連の官名・人名が並び、最後に「校」字が記される。三行目の中段には「主簿　省」、二行目から三行目の下段には「嘉禾三年五月十三日付三州倉領雑米起嘉禾元年七月一日訖九月卅日一時簿」とある。これらの情報を整理すると、本簡は、三州倉が領した雑米に関する嘉禾元年七月一日から九月三〇日の一時簿を、「君」の指示により丞以下の諸吏が嘉禾三年五月十三日に校閲し、主簿が「省」したことを記録したものである。[二〇] 1〜3いずれも上下三分の一辺りに編綴痕が確認でき、校閲の対象となる簿とともに編綴されていたと考えられる。「出給民種粻掾」という名称の官が設置され、穀倉の簿の校閲を担っていることは、孫呉において穀物貸与業務が重視されていたことを示している。「種粻」米については、当該の名称の穀物に関する貸与や返還の記録は確認できないが、【資料④】の諸記録にみえる額は少ないものではなく、広範に行なわれていた可能性が高い。あるいは、次節で検討する「禾」の記録がこのタネモミの貸与に関連するものであるかもしれない。

第三節　「禾」の貸与――「出禾」簿と「取禾」簿

「貸食」と「種粻」のほか、穀物貸与については、さらに次のような記録がある。

【資料⑥】「貸」禾の記録と「取」禾の記録

1　大男烝□一夫貸一斛　□□□□（参一）
2　大男謝立一夫取禾一斛　居在☒（参七）
3　大男鄭觀一夫貸一斛　☒（参二二）

4　▨□取禾一斛五斗　　居在木氏丘（参四五七）
5　大男李息一夫　　取禾二斛　　居在劉里丘（参六二九六）
6　呉昌烝金一夫　　取禾一斛　　居在平安丘（参六三〇一）

これらの簡には、戸主の身分・姓名と戸中の「夫」の数、官が貸与ないし受領した「禾」の額、居住する丘が記録されている。[二二] 冒頭の人名は、簡文中に「夫」の人数が記録されていることから、戸主と判断できよう。本記録における「夫」は、鳳凰山漢簡「鄭里廩簿」中の「能田」と同様、「農耕に従事し得る成人男性」を意味すると考えられる。[二三] 同類の簡は、数点を除きほぼ全てが断簡であるが、採集簡中に二〇〇点以上みえる。当該記録の書式は次のようになろう。

①身分＋姓名＋「夫」の人数＋貸＋禾の数額＋「居在」＋丘名
②身分＋姓名＋「夫」の人数＋取＋禾の数額＋「居在」＋丘名

「貸禾」の記録は二九点、「取禾」は五七点を確認できる。そのほかは、当該部分が断簡ないし文字が磨滅しているため判定し難い。

本記録を本文とする簿の構成要素には、次のものがある。

【資料⑥】

7　▨□廣成平模桑郷所出禾給貸民草枚數□□▨（参五七）

8　●右平郷□□□□丘三人取禾三斛　[居][在][□][丘]（壱九四一）

9　●右平郷□□□□丘五人[取][禾][三][斛]▨（壱九九五）

10　▨□[淦]丘民五人取禾五▨（弐九〇三三）

11　●[右][平]郷巾竹丘民七人　取禾七斛　▨（参六二）

7は断簡であるが、記載内容から簿の表題簡と考えられる。本簡より、当該簿が郷を単位に作成された簿であることが分かる。すなわち、「禾」の貸与・返還は郷を介して実施されたことが判明する。ただし、この簿には少なくとも広成郷・平郷・模郷・桑郷の四郷分の記録が含まれる。「所出禾給貸民」という表現からは、【資料⑥】に挙げた各簡は、「禾」を搬出して民に「給貸」したことに関する記録であることが分かる。[二三]

8～11は、集計記録である。断簡や文字の磨滅により全文を確認できるものはないが、冒頭の記述を総合すると、郷の下の行政単位である「丘」を基本単位として集計している。これは、本文に相当する記録（1～6）の最後の部分「居在某丘」の「丘」と対応する。ただし、既公表の竹簡から対応する当該記録を析出すると、10の「淦丘」は参四四二と参一一二五に見えるものの、11の「巾竹丘」のものは確認できない。

また、8～11はいずれも「取」禾に限定された集計記録であり、「貸」禾と「取」禾の記録は別々に集計されたことが明らかである。その簡番号の分布をみると、『竹簡参』の簡番号一～五〇〇前後には「貸」禾・「取」禾の記録がともにみられるものの、『竹簡壱』・『竹簡弐』所収の簡はみな「取」禾の記録である。したがって、「貸」禾と「取」禾の記録は別個の簿にまとめられた可能性が高い。なお、現在確認できる集計記録は、「取」禾に関するもののみである。[二四]

ここで、関連する記録のデータに基づき、「取」禾・「貸」禾についての基礎的な事実を確認したい。

（1）貸与の対象

各簡の情報を総合すると、表7−2のようになる。

一般農民と目される大男（＝成年男子）が六三例中五〇例と多くを占め、各二例の「□男」（恐らく「大男」）・「大女」（女性の戸主）を合わせると全体の八割以上となる。一方、僅かながら新吏・県吏などを戸主とする戸も確認できる。したがって、「貸食」と同様に「吏民」を対象とした貸与である。また、【資料⑥】5の「劉里丘」に居住する「大男李息」について、「劉里丘男子李息、佃田廿一町、凡五十三畝」（四・四六六）とあるなど、本記録における穀物貸与対象者のうち一四名が「田家莂」の記録中にもみえる。[二五] このことは、「貸」禾が「吏民」を対象としたことを傍証しよう。「郡□師」は師佐籍中にみえる手工業者の一つ、「私学」は遊学者であり、ともに税役面で優遇を受けた。「呉昌」・「呉倉」については、図版を見る限り同じ文字を釈読時に読み違えていると

表7−2 「貸」禾・「取」禾記録中の戸主身分

大男五〇例	「□男」二例	大女二例
新吏二例	県吏一例	吏一例
郡□師一例	私学一例	呉昌一例
呉倉二例（他は当該部分が断簡ないし磨滅）		

表7−3 「貸」禾・「取」禾の額

一斛：七五例
一斛五斗：二例
二斛：五例
七斗：一例

思われる。「呉昌」であれば、長沙郡内の呉昌県（現湖南省岳陽市）の可能性があるが、なぜ身分表記の部分に地名が入るのかは、現段階では不明である。

（2）貸与額

大部分の事例は、一戸当たり一斛の貸与であったことを示している（表7-3）。鳳凰山漢簡「鄭里廩簿」では、各戸人（戸主）は一畝ごとに一斗と、田の面積に応じて穀物を貸与されていたが、両者の穀物貸与はその方法が大きく異なっていたことが判明する。また、幾つかの記録では、戸内に複数の「夫」が居たことが確認されるが（「二夫」［二例］・「三夫」［一例］）、参六八二七の一例（二夫の戸に一斛を貸与）を除きみな一斛を貸与されており、「夫」の人数と貸与額とは対応していない。戸の総口数は記録されていないものの、このように「夫」の人数の増減に貸与額が対応していないことからは、食料ではなく、播種用の貸与であったと推察される。8〜11に挙げた集計記録においても、人数（戸主＝戸を一人と数えているようである）と斛数が一致することから、一戸一斛が基本的な貸与額であったといえよう。

その他の額のうち、一斛五斗の二例は同一の「丘」（木氏丘）に居住していることから、「丘」ごとに貸与額が異なっていた可能性もある。また、「貸」禾の場合も「取」禾の場合も概ね一戸一斛と記録されていることから、基本的に貸与額と返還額は同一となり、利息を取らなかった可能性が高い。

第四節　財政収支における貸米の位置づけ

以上三節にわたり、走馬楼呉簡中における穀物貸与について検討してきた。最後に、これら貸与に関わる穀物収支が地方財政中にどのように扱われたのか、穀物関係簿の記録に基づき概観しておきたい。

まず、第一節でみたように、受納記録簿の表題簡によると、「貸食」米返還の記録は、その他の受納記録とは別の簿としてまとめられていた。すなわち、新規の収入とは区別して扱われたことが明らかである。

また上記のほか、貸与に関わる穀物については次の諸簡を見出せる。


【資料⑦】「貸米」・「貸食」に関する記録

1 入四年貸食嘉禾三年税粢米十七斛　（参一八四六）
2 入四年貸食嘉禾三年火種租米五斗　（参一八五八）
3 其卌七斛四斗爲黄龍三年貧民所貸米　（壱九五四九）
4 其五斛爲黄龍三年貧民所貸米　（壱九六〇三）
5 其十五斛五斗嘉禾元年民還貸食付倉吏黄諱潘慮受　（壱三一八一）
6 其卅一斛二斗嘉禾元年民貸食付倉吏黄諱番慮　中　（壱九五六〇）
7 小武陵郷　貧民貸食今餘禾所付（正面）
小武陵郷　守録人名本簿（背面）　（簽牌J22-2620）

7の簽牌については、既公表の竹簡中には対応するものは見出せず、具体的な内容は明らかでないが（「守録」の語は【資料③】の出給記録中にみえる）、貸食者の名簿が郷によって作成され、県に提出されていたことが分かる。1・2は【資料①】・【資料②】で挙げた納入―受領記録とは異なり、「月旦簿」など収支報告中の納入部分に関わる二次的な記録である。ここでも、返還された穀物であることが明記されている。3～6は、集計記録などの後に、その内訳を示すものとして置かれる記録である。こうした書式に対応するものとして、次の二簡などが確認できる。

【資料⑦】

8　其九十斛正領　中　（壱九五五一）

9　其廿九斛正領付倉吏黄諱番慮　中　（壱九六七二）

3・4と8、5・6と9は書き出しの位置など簡の形態が同一かつ書式も類似し、また簡番号も近いことから、同性格の簿の構成要素と考えられる。そして両者の比較から、「貧民所貸」や「民（還）貸食」と「正領」とが対応すると想定できよう。「領」はここでは「倉の管轄下にある（穀物）」を意味しており、「正領」とは〝正式な収入（として倉に集積される穀物）〟、すなわち賦税などとして納められた穀物の意と解される。「正領」に対する「貸米」という位置付けはまた、「貸米」とその他の収入が厳密に区別されていたことを示している。

【資料②】の「貸食」米の納入記録では、貸与された穀物が、もともと「どの年度」の「どの名目」のものであるかが明記されていた。以上に見てきた帳簿上の状況は、「貸米」とは一度穀倉に納められたものを吏民に貸与するものであるため、返還（納入）された際に、二重の収入にならぬよう、帳簿上で区別して管理したことを示している。

おわりに

本章では、走馬楼呉簡中の穀物貸与に関する諸記録・簿を分析し、それぞれの具体的状況を明らかにすることにつとめた。その大要は、以下のようになる。

孫呉政権では、貧民に対して官倉の穀物を貸与の形で出給していた。その業務には、食糧としての「貸食」とタネモミとしての「種粮」とがあり、また現段階ではまだ性格を確定できないが、（恐らく生産目的の）「禾」の貸与も実施されていた。いずれも「支給」ではなく、返還を求められる貸与であり、貸与業務は、郷里を介して行なわれた。「貸食」は、個別の貸与額は大きくないが、例えば一郷中で二〇〇～五〇〇戸前後と、広範に行なわれた可能性がある。返還された穀物は、財政収支の帳簿上において、他の収入とは別に記録され、管理された。

資料の偏りから、貸与の場面における手続きなど明らかにできない部分は多いが、各記録を総合的に分析することにより、基礎的な状況についてはある程度明らかにできたと考える。

最後に、後の時代における穀物貸与業務との比較を行い、展望としたい。復旧唐開元令・雑令一八条に、

一八〔開二五〕諸以粟麦出舉、還爲粟麦者、任依私契。官不爲理。仍以一年爲斷。不得因舊本、更令生利、又不得廻利爲本。

とあり、[26] また、唐令を継承したとされる北宋天聖令にも、

諸以粟麦出舉、還爲粟麦者、任依私契。官不爲理。仍以一年爲斷。不得因舊本生利、又不得廻利爲本。

とほぼ同文が確認されるように、[27] 唐代では、春に播種用の穀物を貸与する「出挙」の制度が行なわれた。その具体的状況をうかがうことのできる史料として、大英博物館所蔵スタイン将来吐魯番文書「唐西州高昌県粟出挙帳断簡」がある。この文書は、八世紀の唐・西州高昌県において州倉倉督の管理のもと、民衆に粟を支給ないし貸与した記録

〔帳簿の断簡群〕であり、受領者や里長の署名などが確認できる。大津透氏は本文書を検討し、古代中国では国家による穀類貸与（出挙）は一般的業務であり、徴税・田地の収受などとともに在地行政上の郷の機能や里正の役割が大きかったと指摘する。[二八] 走馬楼呉簡においても、穀物貸与が一般的に行なわれており、かつ郷里が一定の役割を担っていたことは、本章で確認した通りである。

また、唐代以前の中国の史料中には明確には確認されないが、古代日本においては、春と夏の二季に公出挙が行なわれた。このうち、春の出挙は種稲の分与に関わり、夏の出挙は農繁期における労働力の維持を目的とした食糧支給の意味を持っていたと考えられている。[二九] さらに、二〇〇八年に韓国扶余で発見された百済「佐官貸食記」木簡には、「六月」に「貸食」が行なわれたことが記されており、百済においても食料支給としての夏出挙が行なわれていた可能性が指摘されている。[三〇] 本章で検討したように、走馬楼呉簡中に食糧としての「貸食」とタネモミとしての「種粻」の二種の穀物貸与が確認できることは、これらの淵源の具体的実例といえよう。

一　「折咸米」などについては、第三章を参照。

二　本文書の文は、池田温『中国古代籍帳研究——概観・録文』（東京大学出版会、一九七九年）に収録された録文に拠った。江陵鳳凰山一〇号漢墓出土簡牘については、弘一「江陵鳳凰山十号漢墓簡牘初探」『文物』一九七四年第六期）、裘錫圭「湖北江陵鳳凰山十号漢墓出土簡牘考釈」（『文物』一九七四年第七期）を参照した。本文書の性格について弘一氏は、官が農民に種子を貸した帳簿とする。

三　第一節で扱う「貸食」の語については、敦煌漢簡中（T5:224）に

官　告誅虜守候史裒次當候虜井上記到荘詣官候重事毋以它病爲解有　（正面）
教　●隧長西貸食　（背面）

とある。このほか、敦煌漢簡・居延漢簡には「貸穀」などの穀物貸与に関する表現がみえるが、具体的な状況は不明である。

四　釈文では「倉吏鄭黒謹列故倉吏□□還所貸連年襍米一斛」とされているが、【資料②】９を参考として図版を精査すると、このように釈読できる。
五　当該の記録の性格・記載内容については、第一章を参照。
六　簿の構成については、本書第一章及び侯旭東「長沙三国呉簡三州倉吏〝入米簿〟復原的初歩研究」（『呉簡研究』第二輯、崇文書局、二〇〇六年九月）を参照。まず郷ごとにまとめられ、さらに「諸郷」でまとめられる。「集凡」ではじまる簡は、最終的な集計の記録である。
七　本記録については、魏斌氏による体系的な検討（「走馬楼所出孫呉貸食簡初探」『魏晋南北朝隋唐史資料』第二三輯、二〇〇六年一二月）、中林隆之氏による帳簿面での網羅的な検討（「「貸米」・「貸食米」簡をめぐる予備的考察」『長沙呉簡研究報告二〇〇八年特刊』二〇〇九年三月）がある。また近年では、關尾史郎氏が文書行政システムの観点から、関連記録を総合的に検討している（「穀物の貸与と還納をめぐる文書行政システム一斑─東アジア古文書の起点としての長沙呉簡─」角谷常子編『東アジア木簡学のために』汲古書院、二〇一四年四月）。
八　魏斌氏は、『竹簡参』までの「貸食」米納入に関する記録がいずれも三州倉への納入記録であったことから、郷及び吏民と直接関わるのは専ら三州倉のみであり、もう一つの倉である州中倉は三州倉からの穀物の転運先と見る（「田家莂」において賦税の納入先として州中倉の吏がみえることについては、州中倉吏が三州倉の搬入業務を手伝ったためとする）。ただし、『竹簡肆』には、

☑曹列言入五年貸食米起六年正月一日訖十□日合二百八十四斛[二]斗[六]升與前刺通合一萬□千二百□□斛□□斗□升
　其二百八十一斛六升付州中倉吏張曼
　其三斛一斗付吏孫義
　　　　　　　　　　　　　　　　嘉禾六年正月十九日從掾位烝循白（肆一四一五）

という木製の「刺」がみえ、「貸食」米が州中倉・三州倉（孫義〔儀〕は三州倉吏）ともに納入されていたことが記されている。また『竹簡柒』には、州中倉への「貸食」米納入記録の一群が含まれており、吏民への「貸食」についても賦税納入と同様、三州倉・州中倉がともに携わったことが明らかである。

入中郷還二年所貸嘉禾元年税米三斛≡嘉禾二年十二月九日小赤丘男子謝主關邸閣李嵩付倉吏黃諱史潘慮受
（柒八五）

入平郷二年所貸食嘉禾元年私學限禾還米六斛⊠嘉禾二年十一月一日僕丘廖章關邸閣李嵩付倉吏黄諱史番慮受　（柒八六）

右諸郷入民所貸[食]嘉禾元年税米三百八十八斛四斗七升　（柒九三）

九　一点のみであるが、一件で大きな額を返還した事例として、次の記録を確認できる。

集凡中倉起十二月一日訖卅日受嘉禾二年貧民所貸嘉禾元年襍米二百廿斛一斗　（柒九四）

入樂郷嘉禾二年所貸食黄龍三年税米一百十一斛五斗冑畢⊠嘉禾二年三月廿二日下□丘□□▨　（壱五二三八）

ただし、後半部分が断絶しており納入の主体は不明である。

一〇　高村武幸「長沙走馬楼呉簡に見える郷」（『長沙呉簡研究報告』第二集、二〇〇四年七月）。

一一　『竹簡參』には、三州倉の嘉禾元年十月から二年二月にかけて、及び十月の「貸食米」納入記録が一〇点ほど散見する。その月ごとの内訳は、次のようになる。

嘉禾元年　一〇月：三例　一一月：三例　一二月：一例
嘉禾二年　正月：〇例　二月：一例　一〇月：一例

また、『竹簡肆』に収録された出土簡第五盆のＩｃ３②の塊（肆四〇九三～四三一〇）の後半には、三州倉の嘉禾二年十一月から三年五月に至る「貸食米」納入記録が三〇点ほど含まれている。月ごとの内訳は、次のようになる（上部が断簡のため「貸食米」の納入記録であるか確定できないものは除く）。

嘉禾二年　一一月：一〇例　一二月：九例
嘉禾三年　正月：二例　二月：〇例　三月：〇例　四月：四例　五月：三例

以上はいずれも三州倉の事例であるが、『竹簡柒』には州中倉の嘉禾二年九月から三年五月に至る「貸食米」納入記録が計七〇点ほど確認できる。月ごとの内訳は、次のようになる。

嘉禾二年　九月：一例　一〇月：一五例　一一月：二九例　一二月：一二例
嘉禾三年　正月：五例　二月：一例　三月：三例　四月：〇例　五月：六例

一二　当該部分の釈文は「貸直息米」であり「直」字に疑問符を付しているが、写真図版を確認すると「食」字のようにみえる。他簡の「食」と釈読されている文字と比較すると字形が同じであるため、本章では「貸食息米」と読み替えた。

一三　漢代の三老については、『漢書』巻一九・百官公卿表上に「郷有三老・有秩・嗇夫・游徼。三老掌教化。嗇夫職聽訟、收賦税。游徼徼循禁賊盜」とあるように、「教化を掌」る存在としてみえる。また同巻二四・食貨志上の代田法に関する記事の中で、「二千石遣令長・三老・力田及里父老善田者受田器、學耕種養苗狀」とあり、県の令長や力田・里父老とともに代田法の技術を習得し、民へそれを伝える役を担っている。

一四　「歳伍」については、例えば以下の資料がある。

右歳伍卒□領吏民八十八戸　（弐五一九）

☑□歳伍番祝領吏民五十五戸　（弐六一九）

●右歳伍謝胥領吏民七十五戸　☑（弐一一〇五）

入中郷所買鋘賈錢六千☰嘉禾二年五月廿四日歳伍潘蓑付庫吏殷　☑（参三一八五）

入都郷皮二枚☰嘉禾二年八月廿六日呉唐丘歳伍供便付庫吏殷連受　（弐八八八八）

阿部幸信氏はこの歳伍について、調関連の物資納入記録の分析から、担当・管理下にある民戸からの賦税納入に関与する資格を有していた可能性を指摘している（阿部幸信「長沙走馬楼呉簡所見調納入簡初探」『立正史学』第一〇三号、二〇〇八年三月）。

一五　李均明・宋少華「『長沙走馬樓呉簡』竹簡［四］内容解析八則」（『出土文献研究』第八輯、二〇〇七年一一月）。

一六　例えば次のような記録がある。

入屯田司馬黄升黄龍二年限米卅四斛　（壱三一五九）

右諸郷入屯田司馬黄松限米一百五十五斛　（弐一四八）

一七　釈文は「倉教」とするが、写真図版を確認すると、他簡と同様「君教」と読める。

一八　ほぼ完形と思しき【資料⑤】1は長さ二二・〇㎝、幅三〜三・二㎝。簡の中央に複数の縦割れが走っており、背面をみると、竹の丸い面を無理矢理平らにしようとしてできた縦割れであることが分かる。弐六八七一、弐六九二一、参二〇五六はそれぞれ同形式の簡が左右に縦割れした片側であり、弐二五七と同様の理由から破損したと考えられる。また、整理組が指摘するように、弐六八七一（左）と弐六九二一（右）は同一簡の片割れであり、両者は接合できる。各簡には上端から約三分の一、三分の二の辺りに浅い切り込みが入り、上中下の三段に分けて文字が記されているようである。これらの簡については、二〇〇九年一月における調査（科学研究費補助金・基盤研究（A）「出土資料群のデータベース化とそれを用いた中国古代史上の基層社会に関する多面的分析」プロジェクト〔課題番号20242019 研究代表

者 關尾史郎）にて実見することができた。拙稿「穀物搬出記録とその周辺」（『長沙呉簡研究報告 二〇〇八年度特刊』所収）参照。

一九　連劭名「西域木簡中的記與檄」（『文物春秋』創刊号、一九八九年）、鷹取祐司『秦漢官文書の基礎的研究』（汲古書院、二〇一五年三月）。汪桂海氏は、「教」を上級官からの下達文書である「記」の別名とする（汪桂海『漢代官文書制度』広西教育出版社、一九九九年九月、四九～五一頁）。

二〇　本章の元となる論考では、「教」書の内容を「丞に対して民への種粻を出給を指示する」ことと解していたが、改める。また、宋少華主編『湖南長沙三国呉簡（五）』（重慶出版社、二〇一〇年一月）には、本簡と書式が酷似する木牘が収録されており、伊藤敏雄氏が全体の内容を検討している。伊藤氏によると、「省」は省事負責の意である（伊藤敏雄「長沙呉簡中の生口売買と估銭徴収をめぐって――「白」文書木牘の一例として」『歴史研究』（大阪教育大学）第五〇号、二〇一三年三月）。

君教　　丞出給民種粻如曹期會　掾　烝　若　録事掾谷　水　校
　　　　主簿　　　省　嘉禾三年五月十三日白庫領品市布
　　　　　　　　　　　起嘉禾元年十二月一日訖卅日一時簿

なお、走馬楼呉簡中に「府君教」の用例（弍三六二〇）があることから、前稿以来「君」を太守と解釈してきたが、本木牘に見える烝若や谷水は、別の記録では臨湘侯国や郷の吏としてみえる。また関連記録を含め、校の対象となるのはいずれも臨湘侯国に関する簿である。したがって、これらは臨湘侯相の「教」であろう。

二一　本記録については、近年、沈剛氏が総合的な検討を行なっている（「〝取禾〟簡解析」（『長沙走馬楼三国竹簡研究』社会科学文献出版社、二〇一三年五月）。

二二　「夫」については、例えば『漢書』巻二四・食貨志上の井田制に関する記事に、「民受田、上田夫百畝、中田夫二百畝、下田夫三百畝」とあり、耕作に従事する成年男子を示す語としてみえる。

二三　「萴」字は「田家萴」の表題に「萴」字の異体字として用いられており、本簡でも同義と考えられる。ただし、その本文に相当すると思しき【資料⑥】の諸簡には、同文を示す符号は確認できず、「萴」としての機能を有していたかは確定できない。

二四　これらのほか、「貸禾」について次の集計記録が確認できる。

〼・右夫里領貧民十八人貸食官禾合十八斛□□〼　（弍九〇三六）

本簡は他の集計記録と書式が異なるため、別の簿の一部である可能性もある。特筆すべきは、郷もしくは「丘」単位の集計ではなく、里の集計であることである。この簡がもし【資料⑥】に提示した簡末に「居在某丘」とある「貸禾」簿の集計簡であるとするならば、「里」と「丘」との関係に新たな側面を示す新資料となる。すなわち、従来は、「里」と「丘」はともに郷の下に位置する行政区画とされてきたが、本記録により、「里」の下に「丘」が位置する可能性が生ずることになる。ただし、そうするとこれらの「禾」は「貸食」として貸与されたことになる。

二五　侯旭東「長沙走馬楼呉簡《竹簡》〔弐〕〝吏民人名年紀口食簿〟復原的初歩研究」（『中華文史論叢』二〇〇九年第一期）にも同様の指摘がある。各記録と「田家莂」の簡番号は以下の通り。

①烝碩…弐九〇二四　五・一二八／五・二〇五　②李息…弐九〇六五／参六二九六　四・四六六／五・一〇八
③鄭觀…参二一　五・二三四　④黄柱…参三八　四・三七七　⑤潘莨…参四一　四・五九二
⑥謝蘇…参三〇一　四・二四四／五・三二三　⑦烝金…参六三〇一　五・五七一
⑧黄赤…参六三四三　四・四七八／五・八九一　⑨張碩…参六四五五　五・六六
⑩黄諱…参六七五二　四・五七一／〇・一二　⑪黄蘭…参六八八八　五・二一三
⑫烝贇…参六八九〇　五・三〇九　⑬烝學…参六九二四　五・六五三
⑭謝雙…参七一〇四　四・二三四／五・三二二

このうち、所属丘が共通するのは②李息のみであるが、⑦烝金（平安丘／莫丘）以外は当該部分が断簡である。

このほか、「烝汝」も本記録と「田家莂」両者にみえるが、前者では大男、後者では大女であるため除外した。なお、上記の一五名を含め本記録中の人名は、名簿や穀物納入記録中にもみえる。

二六　仁井田陞『唐令拾遺』（東京大学出版会、一九三三年）、仁井田陞著・池田温編『唐令拾遺補』（東京大学出版会、一九九七年）。

二七　天一閣博物館・中国社会科学院歴史研究所天聖令整理課題組『天一閣蔵明鈔本天聖令校証　附唐令復原研究』（中華書局、二〇〇六年）。

二八　大津透「唐西州高昌県粟出挙帳断簡について――スタイン将来吐魯番文書管見」（皆川完一編『古代中世史料学研究』上、吉川弘文館、一九九八年一〇月。のち大津透『日唐律令制の財政構造』岩波書店、二〇〇六年二月に再録）。

二九　古代日本の出挙制については、多くの論考がある。本章では、三上喜孝氏の一連の論考を参考とした。三上喜孝

「古代地方社会の出挙運営と帳簿」(『民衆史研究』五八、一九九九年)、同「古代の出挙に関する二、三の考察」(『日本律令制の構造』吉川弘文館、二〇〇三年)、同「出挙・農業経営と地域社会」(『歴史学研究』七八一、二〇〇三年)、同「出挙の運用」(『文字と古代日本3　流通と文字』吉川弘文館、二〇〇五年)、同「古代東アジア出挙制度試論」(『東アジア古代出土文字資料の研究』雄山閣、二〇〇九年)。

三〇　「佐官貸食記」に関する情報ついては、鄭東俊氏よりご教授を頂いた。本木簡については、前掲注二九の三上氏「古代東アジア出挙制度試論」を参照した。

第八章

「給役」と賦税

はじめに

第五章では、賦税の一種である「限米」について検討した。これは、一般吏民に対して賦課された「税米」・「租米」と同質の賦税であり、特殊な身分や職役に従事する者の田に賦課されたものである。では「限米」を賦課された彼らは、基層社会においてどのような存在形態をとっていたのだろうか。走馬楼呉簡中の名籍には戸主・家族の身分や「給役」の情報が記録されており、早くから研究が進められているが、ある種の吏民簿には、倉庫関係簿・記録にみえる身分・職役に対応するものが数多く確認できる。したがって、名籍及び倉庫関係簿の両者を総合的に検討することで、孫呉政権における税役体系の一端を明らかにできると考える。本章では、基礎作業として先行研究に基づく名籍中の身分・職役(「給役」)を再検討し、またこれらが倉庫関係簿中にどのようにみえるかを検討することにより、孫呉政権における民衆把握・支配の一端を明らかにしたい。

第一節　吏民簿の内容と構成

走馬楼呉簡中には、吏民簿・吏簿・吏父兄簿・師佐簿・叛走人簿など、各種の名籍が含まれている。[二] これらのうち吏民簿は、表題に「小武陵郷□嘉禾四年吏民人名妻子年紀簿」（壱一〇一五三）、「廣成郷謹列嘉禾六年吏民人名年紀口食爲簿」（弐一七九八）などとあるように、臨湘侯国の各郷が吏民の姓名・年齢・口数などを記録し、まとめた名籍である。いずれも、属下の諸里の簿を郷がまとめる形で作成されている。その構成は、表題簡のもとに①戸主、②家族、③戸の集計からなる各戸の記録が列ねられ、最後に里もしくは郷全体の戸口の総計及び男女の口数や各身分の戸数など各種内訳の記録が置かれる。走馬楼呉簡中の吏民簿は、戸主の記録に本籍地（里名）が記されるか否かで二類に大別できるため、以下、便宜的に里名の記載があるものをⅠ型、ないものをⅡ型とする。[三]

①Ⅰ型　本籍地が記される「吏民簿」

戸主簡　某里＋戸人＋爵位or性別・年齢区分＋姓名＋年齢＋特記事項
家族簡　名＋続柄＋爵位or性別・年齢区分＋名＋年齢＋特記事項
集計簡…　右＋某家＋口食＋人数＋特記事項
　　　　凡＋口数＋事数＋筭数＋事数＋特記事項

戸の復元例

高遷里戸人公乘張喬年卅筭一　給縣吏　（壹一〇四一二）
喬妻大女健年廿五筭一　（壹一〇四一五）
喬子女土年二歳　（壹一〇三九九）
喬兄□年廿八筭一　刑左足　（壹一〇四〇〇）
凡口四　筭三事　訾　五　十　（壹一〇四二二）

このタイプの戸主の記録は、冒頭に里名が記され、「戸人」、爵位もしくは性別・年齢区分、姓名、年齢、特記事項の順に記される。[四] 特記事項の部分には、「筭」（算賦）や「復」（復除）、残疾状況や本章で検討する給役などが注記される。家族の記録は、続柄対象者の名と続柄、爵位もしくは性別・年齢区分、当人の名、年齢、特記事項が記される。以上が基本的な書式であるが、作成主体や年次により簡の体式や記載内容に相違もみられる。例えば右の張喬一家の記録には筭の情報が記録されるが、同類の吏民簿の中には、筭の記録がない一群も確認できる。[五]
また、基本的な書式は同じであるが、戸主簡の冒頭に年次が記されるタイプの一群がある。[六]

嘉禾六年東扶里戸人公乘李建年七十五　（肆一六九）
嘉禾四年廣成里戸人公乘郭當年廿七給習射　（肆二〇四三）

以下、年次の記載がない一群をⅠ型a、あるものをⅠ型bと区別する。

②Ⅱ型　本籍地の記載がない「吏民簿」

戸主簡　身分＋性別・年齢区分＋姓名＋年齢＋特記事項
家族簡　名＋続柄＋爵位or性別・年齢区分＋名＋年齢＋特記事項
集計簡　右＋某家＋口食＋人数

戸の復元例

1　民男子楊禿年六十　禿妻大女姑年卌九　筭一（弐一七九五）
□妻事年卅八　筭一　禿母大女妾年八十四（弐一七九六）
禿子仕伍白年四歳　禿弟公乘[期]年五十腹心病（弐一七九九）
右禿家口食九人（弐一八〇〇）※三人不明

2　郡吏鄧建年廿三（弐一六四四）
□妻大女收年十九　[建]弟仕伍川年七歳（弐一六四八）
●右建家口食三人（弐一六三七）

3　郡卒潘囊年廿三（弐一七〇八）
囊妻大女初年廿六　囊父公乘尋年六十一苦虐病（弐一六九六）
尋妻大女司年卌四踵右足　囊男弟公乘祀年十一（弐一六九四）
●右囊家口食八人（弐一六九七）※三人不明

このタイプの吏民簿は、戸主の記録の冒頭に身分が記され、姓名、年齢、特記事項の記載が続く。[七] 冒頭の戸主の身分・職役としては、「民」・「縣吏」・「郡吏」・「州吏」・「軍吏」・「縣卒」・「郡卒」・「州卒」・「郡士」・「子弟」・

「私學」を確認できる。これらは「田家別」や賦税関係の簡牘中において、賦税負担者もしくは納入者の身分、あるいは税目（例えば「子弟限米」）としてみえるものである。身分が「民」の者は性別・年齢区分も記されるが、爵位が記されることは稀である（家族の記録には爵位が記される）。特記事項の部分には、Ⅰ型と同様に算賦や残疾、給役などの情報が注記される。

このほか、戸主の記録が性別・年齢区分からはじまる一群もみられる。[八] 以下、身分からはじまる一群をⅡ型a、性別・年齢区分からはじまる一群をⅡ型bとする。

大男周沛年卌三 刑左足（肆二〇九）

大男胡萇年卅三（肆六三七）

以上、二類に大別される吏民簿の記載内容を簡潔に確認した。それでは節を改め、各吏民簿の給役について検討したい。

第二節 給吏・給卒と真吏——吏民簿中の給役（1）

Ⅰ型a吏民簿は、竹簡群の最初の図録本（『竹簡壱』）に多数収録されたため、早くから検討が進められてきた。そこでまず、先行研究に基づき当該吏民簿にみえる給役を整理しておく。

【資料①】Ⅰ型吏民簿中の給役

1　宜陽里戸人公乘謝達年廿六筭一　給縣吏　（壱七七七七）
2　高遷里戸人公乘苗覇年十七筭一　給郡吏　（壱一〇〇四八）
3　吉陽里戸人公乘區張年廿八筭一　給州吏　（壱一〇三六七）
4　東陽里戸人公乘□贊年廿一筭一　給縣卒　（壱一〇三〇八）
5　　嵩從兄誌年廿□　給縣卒　（壱九一一三）

Ｉ型ａ吏民簿の戸主・家族の記録に注記される「給」の対象としてみえるのは、県吏・郡吏・州吏・軍吏・州卒・郡卒・県卒である。いずれも、賦税納入記録などで納入者の身分としてみえる語であるが、ここでは民が当該の職役に従事したことを示している。[九] 以下、これら各級の吏・卒に関する給役を給吏・給卒と呼ぶ。韓樹峰氏・于振波氏らの検証によると、給吏・給卒負担者はみな労役負担の年齢の範囲にあり、算賦を課せられている。[一〇] また、例えば給県吏の張惕（壱一〇一八二）が「田家莂」で県の「田戸経用曹史」としてみえる（注二参照）など、給吏負担者の一部は実際に吏の職務に従事していることが確認できる。[一一] これらの給吏と対比されるのが、同類の簿にみえる「真吏」である。[一二]

当該記録中にみえる「給某」の種類および件数は、県吏一三件、郡吏一〇件、州吏八件、軍吏二件、県卒六件である。

【資料②】「真吏」の記録

1　宜陽里戸人公乘莫先年廿五　真吏　（壱九三四一）
2　宜陽里戸人公乘黄阿年八十一　真吏　（壱九三六〇）

3　宜陽里戸人公乘□禮年卅四　真吏　苦腹心病　（壱九三九六）
4　宜陽里戸人公乘陳顔年五十六　真吏　（壱九一五六）
5　顔子男格年卅一　真吏　（壱九〇八四）

真吏の注記がある者は、算賦を課せられず、2のように労役負担の年齢を超える事例もある。[一三] これらのことから、先行研究では、給吏は民が吏の役務に服する存在であるのに対し、真吏は正式な吏と理解されている。[一四]

韓樹峰氏らが早くから指摘するように、Ｉ型ａ吏民簿の真吏と給吏負担者の一部は、「田家莂」における田の耕作者かつ賦税納入者としてもみえる。例えば、真吏の徐熙（壱九〇八五）・桓彝（壱九一四三）・黄高（壱九一四六）が「州吏徐熙」（四・三一四）・「州吏桓彝」（四・五〇九）・「郡吏黄高」（四・五六九）とみえるように、真吏の者は「州吏」・「郡吏」として登記されている。このことは、真吏を正式な吏とみなす見解を裏付けるものである。一方、「給縣吏」の張惕・謝達（壱七七七七、弍四五〇四）も「縣吏張惕」（四・二一、五・八〇〇）・「縣吏謝達」（五・二三一）とみえるなど、給吏負担者も正式な吏であるかのように登記されている。[一五] すなわち「田家莂」では、吏民簿中の給吏と真吏を同様に吏として把握し、登記しているのである。以上をまとめると、Ｉ型ａ吏民簿にみえる給吏は、一般民が算賦や田に関わる賦税を負担した上で各級の吏職に従事する吏役であり、彼らは正式な吏（真吏）ではないものの、「田家莂」では吏として登記された、ということになる。

次に、Ｉ型ｂ吏民簿では、戸主と家族の記録に給役が注記されるほか、里全体の戸口の集計記録の後に置かれる内訳記録にも、「其一戸給郵卒」（肆二七三）・「其一戸給州卒」（肆二九四）などと各種の給役を負担する戸の記録が散見する。当該吏民簿にみえる給役は表８−１の通り。

表8−1　Ⅰ型b吏民簿中に見える「給」の対象

戸主・家族の記録に「給某」として注記されるもの
県吏　郡吏　州吏　軍吏　県卒　郡卒　州卒　卒　監塩兵　県帥
関父　郡医　限客　私学　州私学　習射　吏客　亭雑人（亭復人）　養□
戸の内訳記録に見えるもの
県吏　郡吏　新吏　県卒　州卒　卒　郵卒　佃吏　子弟限客　□客子弟（「給」字あり）
県吏　郡吏　郡県吏　州吏　県卒　州卒　郡県吏卒　佃帥
私学　私学新吏　郡佃卒　県市王須　私学子弟限　子弟限客　限佃民（「給」字なし）

右のように、Ⅰ型b吏民簿では、Ⅰ型aと共通する各級の給吏・給卒のほか、具体的な職名の給役が散見する。後者はⅡ型a吏民簿と共通するため、次節であわせて検討する。

本節の最後に、給役と戸品との関係について確認しておきたい。

【資料③】「給役」を負担する戸の戸品

1　其二戸 上品　（壱五三二四）
2　其一戸給度卒下品　（壱五三二七）
3　其一戸 給鍛佐下品之下　（壱五四二九）
4　其十二戸 給縣吏下品　（壱五四六七）
5　□ 其二戸 給庫吏中品　（壱五四七二）

6　其一戸 給三州倉父下品之下　（壱五四三五）

右の諸簡は、郷もしくは里内の戸の内訳記録であり、給役を負担する戸数とその品級が記される。[16] これらの記録より、孫呉では吏民の戸を上品・中品・下品と、下品之下の四つに区分して把握したことが分かるが、[17] 給役を負担する戸の品級は大半が下品ないし下品之下である。こうした給役負担と戸品との関係について、于振波氏は、税役を負担できない貧困の戸を従事させ、一部の賦税を減免する貧民救済の措置とする。[18] また張栄強氏は、唐代の色役との関係を想定した上で、上品・中品の戸にはより重い「正役」――運輸転漕や各種の修築作業などが賦課されたと推測する。[19]

【資料③】にみえる給役のうち、「庫吏」・「三州倉父」は倉庫の管理に従事する吏、「鍛佐」は手工業従事者の一種、「度卒」は、唐代の雑役の一種である渡子（往来者の渡河の用に供するため、渡船場に配備された人員）に類するものであろう。[20] これら具体的な職名の給役は、給吏・給卒の具体的内容を示すようでもあるが、同類の記録には4の県吏のほか郡吏・州吏・軍吏といった各級の給吏・給卒も併存している。したがって、両者は具体的職名と総称という関係ではなく、別種の役であることが明らかである。このことを踏まえ、最も多様なⅡ型a吏民簿の給役について検討したい。

第三節　職役と「限佃」――吏民簿中の給役（2）

Ⅱ型a吏民簿の関連記録は、特定の簡番号の範囲に集中し、その表題や集計記録より、大半が嘉禾六年（二三七）の広成郷及び属下の諸里の吏民簿であることが判明している。[21]

【資料④】Ⅱ型吏民簿中の「給役」

1　民男子周車年五十三腹心病給囷父　●車妻大女屈年五十　（弐一六八六）
2　民男子楊明年八十六　給驛兵　明妻大女敬年六十二　（弐一七七八）
3　民男子蔡指年六十四刑左手養官牛　妻大女枚年五十五刑左手　（弐二〇一一）
4　邪兄公乘炭年卌五給佃帥　炭妻大女陵年卅四　（弐一五六二）
5　豪子公乘齎年卅一給官瓦師　齎妻大女思年廿四筭一　（弐一六五七）
6　妻大女梁年七十三　子公乘世年廿五給習射　（弐一九六一）
7　兄子男公乘蒴廿雀（截）左手給子弟　（弐二〇三四）

戸主簡のうち、給役の情報が注記されるのは「民」の者だけであるため、右にはその事例のみを挙げたが、戸主の身分としてはほかに、県吏・郡吏・州吏・軍吏・県卒・郡卒・州卒・郡士・子弟がみえる。このうち「子弟」は、吏帥の男性家族を指す語であり、7のように給役の対象としても散見する。(二二)「士」は、士人あるいは軍人とする見解があるが、現段階の資料状況では確定しがたい。(二三)民と子弟を除くこれらの身分は、いずれも給吏・給卒の対象や「田家莂」中の身分と共通する。

Ⅱ型a吏民簿では、Ⅰ型bと同様、戸主・家族の記録及び戸の内訳に給役の情報が確認できる。まず注目されるのは、前節で検討した給吏・給卒は、当該簿では家族の記録に一例みえるのみという点である（内訳記録には散見する）。このことは、各級の吏卒が戸主の身分としてみえることと関連するのであろう。一方、具体的な職名の給役は、本文・内訳記録ともに事例が豊富である。例えば「駅兵」・「駅卒」は駅での業務を担う卒、「囷父」・「郡園父」は穀倉や園の管理、「官瓦師」は官用の瓦の製作、「養官牛」は官牛の飼育に従事する役務であろう。

表8-2　Ⅱ型吏民簿中に見える「給」の対象

戸主・家族の記録に「給某」として注記されるもの
［戸主］駅兵　困父　養官牛（「給」字なし）　亭復人　士限佃（「給」字の有無不明）
［家族］県卒　駅卒　官瓦師　養官牛（「給」字なし）　子弟　常佃　冢種客　佃帥　私学　習射
戸の内訳記録中にみえるもの
郡県吏　州吏　郡卒　郡県卒　県佃吏　江師　郡医師（「給」字なし）　子弟限田　□□子弟限佃限□
郡吏　郡県吏　州吏　郡県卒　駅兵　郡園父　朝丞　□乞児　子弟佃客（「給」字あり）

このうち養官牛については、一群の関連記録がある。

【資料⑤】官牛簿と「養官牛」関連記録

1　臨湘謹列官領牛頭數齒色養者數簿　（肆一四三五）
2　黄牯牛一頭齒四歳　月日左角長一尺孌烝栗色任耕民 謝張養（肆三五九四）
3　黄牯牛一頭齒六歳四月左角長一尺孌烏色任耕本蔡長牛差民張客養（肆一四四四）
4　▨角長二寸五分孌烝栗色本張［可］牛差民謝民謝張養（肆一六〇四）
5　▨□色夬鼻本蔡劉牛差民張客養（肆一五二九）
6　民男子張客年五十二刑右足養官牛　客妻大女愁年卌五（弐二四四八）
7　民男子謝張年卅八養官牛　妻大女泓年卅八（弐二二八〇）

【資料⑤】1～5は、臨湘侯国が管轄する官牛の簿の構成要素であり、1は表題、2～5の本文には牛の年齢、角や色の特徴、用途（「任耕」など）や元の所有者及び飼育担当者の姓名が記される。[二四] 飼育担当者としてみえる謝張・張客は、Ⅱ型a吏民簿（6・7）によると「養官牛」を負担する「民」であり、「差民」の語は、彼らが差役として官牛の飼育に従事したことを明示している。このように、具体的な職名の給役の多くは、実際に当該の役務に従事するものであろう。

では、具体的な職務内容を想定し難い「子弟」・「私学」や、「子弟佃客」・「士限佃」などの耕作関連の給役は、いかなる役務であろうか。手がかりとなるのは、戸主の身分としてもみえる「子弟」である。「吏子弟」すなわち吏の家族については、吏戸との関係から孟彦弘・侯旭東両氏による専論があるが、改めて資料を確認しながら論を進めたい。[二五] 子弟は、賦税納入記録に次のようにみえる。

【資料⑥】子弟限米納入記録

1 入平鄉嘉禾二年郡吏監訓子弟限米四斛胄畢〓嘉禾二年□月十六日浸頃丘監□關邸閣董⧄（壱四四九七）
2 入平鄉嘉禾二年故帥烝逑子弟限米三斛胄畢〓嘉禾二年十月廿六日杷丘男子石逑關邸閣[董]⧄（壱四八五九）
3 入東鄉縣吏謝彊黃龍三年子弟米三斛胄畢〓嘉禾元年十月十九日□丘男子謝雙付三州倉吏谷漢受中（参三六八一）
4 ⧄嘉禾二年鄉吏烝卿子弟限米一斛二斗胄畢〓嘉禾二年十一月十一日桓坪丘男子李□關⧄（壱六八三七）
5 入廣成鄉嘉禾二年郡吏黃何子弟限米廿三斛胄畢〓嘉禾二年十月廿日□丘烝□關邸閣董基付三州倉吏鄭黑受（壱七四六一）
6 入平鄉嘉禾元年縣吏何連子弟限米一斛九斗[胄]畢〓嘉禾二年正月十五日胡萇丘何朱關邸閣董基付三州倉吏谷漢

受（参五七三七）

これらの記録によると、吏帥の子弟は「子弟限米」を賦課されている。[二六] 吏の家族と限米との関係については、『三国志』呉志巻三・孫休伝永安元年（二五八）条に、第三代皇帝孫休（景帝）の詔として、

諸吏の家に五人有り、三人兼重して役と爲る。父兄は都に在り、子弟は郡縣の吏に給し、既に限米を出だし、軍出づれば又た從い、家事に經護する者無きに至る、朕甚だ之を愍む。其れ五人有りて三人役と爲らば、其の父兄の留めんと欲する所を聽き、一人を留むると爲し、其の米限を除き、軍出づれども從わざらしめよ。

とある。この詔によると、吏の家では吏本人（父兄）が都（建業）に勤め子弟が郡県で吏役に給するほか、限米供出のため耕作に従事し、軍の出動時には従軍者を出さなければならなかった。孫休は「家事に經護する者無き」状況を鑑みて穀物供出と従軍を免除したが、それまでは吏の家に限米が義務付けられ、家族が負担したことがうかがえる。呉簡には、吏の家族に関する次の文書がある。

【資料⑦】吏の家族の調査に関する文書木牘

1　廣成郷の勸農掾の區光言す、書を被け州吏の父兄子弟の伙処・人名・年紀を條列して簿と爲す。輒ち郷界を隠核するに、州吏は七人、父兄子弟は合して廿三人。其の四人は刑踵・聾・頤病。一人は病を被りて物故す。[二七] 四人は真身にして已に送られ及び本主に随いて宮に在る。十二人は細小。一人は限田。一人は先に出でて縣吏に給す。人名・年紀を隠核して相い應じ、遺脱有る無し。若し後に他官の覺る所と爲らば、光自ら坐さん。嘉

禾四年八月廿六日、破莂保據す。（J22-2546）

2　東郷の勸農掾の殷連、書を被け州吏の父兄の人名・年紀を条列して薄と爲す。輒ち郷界を科核するに、州吏は三人、父兄は二人、刑踵・叛走し、下戸民を以て自ら代う。謹みて年紀を列ね、已に審實あり、遺脱有る無し。若し他官の覺る所有らば、連自ら坐さん。嘉（禾）四年八月廿六日、破莂保据す。（J22-2543）

3　都郷の勸□掾の郭宋言す、書を被け軍吏の父兄子弟の人名・年紀を條列して簿と爲す。輒ち郷界を隱核するに、軍吏は□人、父兄弟は合して十一人。其の一人は病を被りて物故す。四人は叛走。定見は六人、其の三人は刑踵、二人は守業、下戸民を以て自ら代うもの一人。□□人名、年紀、死・叛を隱核して相い應じ、遺脱有る無し、若し他官の覺る所と爲らば、宋自ら坐さん。嘉禾四年八月廿六日、破莂す。（資料番号不明）[二八]

【資料⑦】1～3は、各郷の勧農掾が、吏の父兄子弟の調査結果を報告した文書である。[二九] 1の内訳を順に確認すると、「刑踵・聾・頤病」は残疾、「物故」は死亡を意味する。「真身已送」・「随本主在宮」は、自身も真吏（州吏か）である、もしくは州吏の本主に従って「宮」（州都の武昌宮か）に居ることを示す。「細小」は幼小の意で、呉簡では一四歳以下の者を指す。[三〇]「限佃」は、吏の家に賦課された限米を供出するため耕作に従事すること、[三一]「先出給縣吏」は既に給県吏に従事していることを意味する。[三二] また2・3の「叛走」は、逃亡して郷内に不在であることを意味する。1によると、「限佃」・「給県吏」の税役に従事するのは二三人中二人、3も「守業」は一一人中二人と僅かである。しかし1・3ともに、他は残疾や幼少、郷内に不在など、税役に従事できない要件がある。したがって、呉簡の時期においても吏の家には「給吏」と「限佃」が課せられたと考えられる。こうした想定は、2の「刑踵・叛走」について「下戸民を以て代う」とあることが傍証となる。すなわち、従事者のいない負担を「下戸民」に肩代わりさせたのである。3によると、肩代わりの者がいる場合は、死亡・逃亡ではなく「定見」の中に含まれた。前節で確認したように、給役は主に品級の低い戸が負担したが、下戸民とはこうした赤貧の戸を意味するのであろう。吏民簿中の給子弟には、彼らのようなケースが少なくなかったと考えられる。

【資料⑦】1～3などに対応する「吏父兄子弟簿」には、その個別の詳細が注記されている。[三三]

【資料⑧】吏父兄子弟簿中にみえる注記

1　入縣領州軍吏父兄子弟合三百二十八　（参一八一三）
2　儘男弟引年卅五刑右足（一名改）　（参一八六一）
3　圭叔父當年七十一老鈍踵兩足　（参一八一九）
4　囊子男欽年卅一以嘉禾三年六月廿五日被病物故　（参三〇六五）
5　儀兄子男汝年十四細小随儀在宮（一名海）中　（参二九五〇）
6　嵩男弟暉年十一細小　（参一七九〇）
7　嵩男弟恭年十九先給州吏　（参一八〇七）
8　□男姪南年卅三給限佃客以嘉禾四年八月十一日叛走　（参三〇八〇）
9　□男弟記年十七以嘉禾三年十一月七日叛走　（参一八二一）

この簿では、「限佃」に対応する注記は8のように「給限佃客」とあり、広義の「佃客」として耕作に従事したことが判明する。[三四] また侯旭東氏が指摘するように、別年度の「吏父兄子弟簿」に8と同一人物の記録「祐男姪南年卅五給祐子弟限田以嘉禾四年八月十一日叛走大男」（弐七〇四八）が確認され、「限佃」＝「給限佃客」は「給子弟限田」とも記されたこと、すなわち「吏の子弟の限田を耕作する佃客」の役務であることが分かる。[三五]

では、一般の民が担う給子弟は、具体的にいかなる役務に従事したのか。孟彦弘氏は、子弟の負担のうち給吏、侯旭東氏は限佃に従事したと推測する。手がかりとなるのは、戸口の集計記録の後に置かれる内訳に「其若干戸給子弟佃客（子弟限客）」というものが散見する一方、「給子弟」とのみあるものは確認できないことである。これらの内訳が、吏民簿本文の内容を正確に反映したであろうことを鑑みると、給子弟の正式な表記は「給子弟佃客（限客）」である可能性が高い。すなわち、一般民が担う給子弟とは、本来吏帥の子弟が担うべき限佃に従事する役務であろう。財政関連の記録によると、限米は税米と並び納入事例が最も多く、財政収入の重要な部分を占めていたと目される。中でも子弟限米は事例が特に豊富で、その収入を確保することは官にとって重大な問題であったろう。しかし【資料⑦】1～3によると、実際に限佃に従事した吏の家族は僅かである。そこで官は、従事者のいない田地を耕作する労働力として給子弟を編成したのであろう。【資料⑥】に提示したように、子弟限米の納入記録には、納入者が吏帥と同姓の事例と異姓の事例とが混在する。前者の多くは子弟本人、後者は給子弟負担者が限米を納入した具体例と考えられる。なお、Ⅱ型a吏民簿に戸主の身分としてみえる「子弟」は、吏帥の子弟自身を示す可能性もあるが、彼らが吏帥本人と戸を分けていることとなり、疑問が残る。次節で分析するように、Ⅱ型a吏民簿で子弟と登記される者が、財政関連記録では単に「男子」としてみえる事例がある。このことは、給子弟を負担する一般民の戸主が「子弟」として登記された可能性を示唆している。

以上の給子弟に対する理解を踏まえると、他の耕作関連の給役も内容を想定できる。例えば士限佃は、士に代わりその限佃を負担したのであろう。また、私学は故郷を離れて求学する者であり[三六]、職務として給役の対象となるとは考え難い。そこで想起されるのが、私学にも子弟と同様に限米が賦課されることである。Ⅰ型b吏民簿の内訳記録には「其三戸私學吏子弟限」（肆七〇一）とあり、私学と吏子弟限とが併記されるほどに近い性質を有することがうかがえる。すなわち、給私学も私学本人に代わり限佃を負担する役務と考えられる。私学限米の納入記録においても、納入者が私学の身分を有する事例と一般民（男子）の事例とが混在し、この想定を傍証してくれる。限米を負担する各身分と給役との総合的な分析は今後の課題であるが、多様な耕作関連の給役が確認されることは、官が田地耕作の労働力及び安定した穀物収入の確保につとめていたことを示している。

第四節　給役負担と賦税

Ⅰ型bやⅡ型aの吏民簿では、里の戸口の集計記録の後に各種の戸の内訳が列記され、官による民衆把握や労役編成の実状をうかがえる。そこでまず、Ⅱ型a吏民簿の「広成郷嘉禾六年吏民簿」より、その具体像を確認したい。[三七]

【資料⑨】「広成郷嘉禾六年吏民簿」の構成要素（表題と集計記録）

1　廣成郷謹列嘉禾六年吏民人名年紀口食爲簿（弐一七九八）
2　廣成里謹列領任吏民人名年紀口食爲簿（弐一七九七）
3　右廣成里領吏民五十戸口食二百九十□人（弐一六七一）
4　●右弦里領吏民五十戸口食三百卌人（弐一九四七）
5　●右□里領吏民五十戸口食……（弐二三二〇）
6　□凡廣成郷領吏民□□五十戸口食二千三百一十人（弐二五二九）

右は表題（1・2）及び集計記録（3〜6）であり、各戸の記録は、これらの簡でまとめられた。[三八] 集計記録の後には以下のような戸の内訳が列ねられる。

【資料⑨】「広成郷嘉禾六年吏民簿」の構成要素（戸の内訳記録）

7 其一戸州吏（弐二〇四九）
8 其二戸郡醫師 ⧄（弐二二一五）
9 ⧄ ●其四戸郡縣卒（弐二二九八）
10 其三戸給驛兵（弐一五七一）
11 其二戸給郡園父 ▼（弐一七〇一）
12 其一戸給朝丞（弐一七〇二）
13 ●其四戸給子弟佃客（弐一九八一）
14 ●其五戸尫羸老頓貧窮女戸（弐一七〇五）
15 其七戸尫羸老頓貧窮女戸（弐二三〇七）
16 定應役民十九戸（弐一九七三）
17 ●定應役民廿戸（弐二三〇三）

これらの記録より、官が里内の戸をどのように区分して把握したかをうかがえる。7～9は戸主が吏卒などの身分を有する戸、10～13は戸主や家族が給役を負担する戸の内訳である。[三九] 14・15は、別の簿に「其卅四戸各窮老及刑踵女戸下品之下　不任調役」（参六二二七）とあるように、労役免除の対象である。[四〇] 16・17の「應役民」戸は、以上に該当しない戸、すなわち力役などの労役を負担すべき戸である。本吏民簿より、孫呉は基層社会を①戸主が吏卒などの身分を有する戸、②戸主や家族が給役に従事する戸、③役を免除される戸、④応役民戸の四種に分けて把握し、労役を

課したことが分かる。[四一]

以上を踏まえ、各吏民簿の給役と戸主の身分との関係について改めて考えたい。Ⅰ型ａ吏民簿では、専ら各級の給吏・給卒が注記される。一方、戸主の身分が明記されるⅡ型ａ吏民簿では、具体的な職名の給役が中心である（給県卒の家族が一例確認できるのみ）。すなわち、両吏民簿に記録される給役は、明らかに内実を異にするのである。両者の相違について参考となるのは、Ⅰ型ａの給吏負担者が「田家莂」で県吏・郡吏として登記されていたことである。同様に、Ⅱ型ａにおいても、給吏・給卒負担者は当該の身分を有する者として登記されたのではないだろうか。この想定を傍証してくれるのが、給吏・給卒と具体的な職名の給役とが混在するⅠ型ｂ吏民簿である。この簿にはⅡ型ａと同一の広成里のものが含まれ、人名が共通する事例も散見する。

【資料⑩】Ⅱ型ａ吏民簿とⅠ型ｂ吏民簿の対応事例

1　嘉禾四年廣成里戸人公乘朱蒉年六十六刑左足給亭雜人（肆二〇四二）
2　民男子朱蒉年六十七□□亭復人　蒉妻大女礼年卌三筭一　▼（弐一七七三）
3　嘉禾四年廣成里戸人公乘黄張年五十二踵佐足（肆二六八四）
4　民男子黄張年五十三踵（腫）兩足　盲張妻大女庶年卌三筭一（弐一七二四）
5　☐年廣成里戸人公乘周車年五十二腹心病給關父（肆一九二四）
6　……里戸人公乘唐懸年卅□　給縣卒（肆二五五九）
7　縣卒唐懸年廿三（貳一九五〇）

1と2、3と4が対応し、5は【資料④】1と対応する。注目すべきは6と7で、6の上部が断簡かつ磨滅しているため里名は確認できないが、Ⅰ型b吏民簿で給県卒を負担する唐懸が、Ⅱ型a吏民簿では県卒として登記されているのである（年齢の「廿」と「卅」は判読困難な場合が多い）。唐懸は「田家莂」でも「縣卒唐懸」（五・四四九）としてみえている。以上を総合すると、孫呉の給役には①各級の給吏・給卒と、②具体的な職名の給役とがあり、前者は吏役、後者は職役として大別でき、前者の負担者は、簿籍によっては当該職の身分を有する者として登記されたことになる。

それでは、彼らはどの吏民簿における身分に応じて賦税を課されたのか。このことを検証するためには、名籍中の身分・給役などと各種財政関連記録のそれとを網羅的に分析しなければならないが、本章の最後に、初歩的な分析を行ない、方向性をつけておきたい。次の一覧は、「広成郷嘉禾六年吏民簿」の戸主と広成郷に関する賦税納入記録の

表8－3　Ⅱ型a吏民簿と賦税納入記録の対応事例

	吏民簿の身分姓名	吏民簿	丘	納入記録の身分	賦税	賦税納入記録
1	民男子黄鼠	弐1801	彈溲丘	男子黄鼠	助佃吏限米 新調布	弐385 壱7833
2	民男子呉遠	弐1854	孫（弦）丘	男子呉遠	調布	壱6814
3	民男子謝文	弐1762	廣成丘	男子謝文	布	壱7862
4	民男子唐宜	弐2689	孫（弦）丘	男子唐宜	布	参256
5	民男子周車（給困父）	弐1686	泊□丘	男子周車	布	壱7355
6	子弟謝狗	弐1968	平楽丘	男子謝狗	税米	参2792
7	民男子烝連	弐6594	空溲丘	烝連（身分無し）	税米	参2774
8	□□烝純	弐1997	亭丘	県吏烝純	税米	参3682

納入者を照合した結果である。広成郷に関わる賦税の納入記録は四〇〇点以上、そのうち一五〇点以上で納入者の姓名を確認できるが、吏民簿と対応するのは表8-3の八例である。

まず5の周車は、給囷父（【資料⑩】5では給関父）を負担する「民」であるが、賦税納入記録では給役を負担しない「民」と同様に「男子」として布を納入している。このことは、給役負担者も民として賦税を課せられたことを示している。次に、6の「子弟」謝狗が「男子」として見えることは、前節で指摘したように、Ⅱ型a吏民簿で「子弟」と登記される者は、給子弟を負担する「民」である――Ⅱ型a吏民簿では給子弟を負担する戸主を子弟として登記した――という可能性を傍証する。また謝狗は限米ではなく税米を納入しており、給子弟負担者は限米の他に自身の税米も供出しなければならなかったのかもしれない[四二]。

既に指摘されているように、「田家莂」もまた「広成郷嘉禾六年吏民簿」と対応する事例が多く見られる。管見の限りでは、次頁に掲載する表8-4の六〇名の姓名が合致するもしくは符合する可能性が高い[四三]。六〇件のうち五七件は、民（男子・大女）・県吏・郡吏・州吏・軍吏・県卒・郡卒・州卒の身分が一致する。両記録で身分が異なるのは、弦丘の黄澤・謝韶、平楽丘の謝狗の三件のみで、謝狗・黄澤は子弟が男子、謝韶は県吏が男子としてみえる。うち子弟については、謝狗が賦税納入記録でも男子とみえることと併せ、Ⅱ型a吏民簿の「子弟」が本来は給子弟を負担する民である可能性を傍証する。また、一覧には六件の給役負担者が含まれるが、いずれも「田家莂」では男子と登記され、あくまで民として把握されている。このことは、Ⅰ型吏民簿中の給吏・給卒との明確な違いである。以上より、Ⅱ型a吏民簿の戸主身分のうち、子弟以外は「田家莂」と完全に対応し、子弟や給役従事者は男子すなわち一般民として把握されたことが明らかである[四四]。

表8−4　田家莂とⅡ型吏民簿の身分・姓名対応

丘名	身分姓名	田家莂	吏民簿	備考	身分姓名	田家莂	吏民簿	備考	身分姓名	田家莂	吏民簿	備考
弦丘	州吏潘釘	5・466	弐1552		郡吏鄧盆	5・462	弐2047		郡吏蔡賢	5・460	弐1706	□吏
	州卒栂誌	5・443	弐1539	梅誌	郡卒潘囊	5・471	弐1708		縣卒潘囊	5・470	弐1590	⧄卒
	縣卒謝牛	5・474	弐1698		縣卒蔡庫	5・458	弐1877		縣卒唐懸	5・449	弐1950	
	縣卒呉帛	5・761	弐1550		男子黄澤	5・455	弐1815	子弟	男子栂蘭	5・442	弐2106	梅蘭・子弟
	男子蔡邠	5・456	弐1568		男子唐南	5・447	弐1582		男子鄧鼠	5・463	弐1810	
	男子栂專	5・441	弐1849	梅專	男子呉遠	5・439	弐1854		男子潘司	5・464	弐2050	
	男子郭士	5・445	弐2073	郭仕	男子謝慎	5・475	弐2113		男子王婁	5・436	弐2121	
	男子胡健	5・440	弐2125	□士限佃	男子逢平	5・444	弐2206		大女潘銀	5・467	弐2299	
	男子謝韶	5・476	弐1806	縣吏								
夢丘	郡吏區邯	5・773	弐2417		縣卒呉帛	5・761	弐1550		男子區鄧	5・776	弐1855	
	男子烝尾	5・771	弐2056		男子謝張	5・789	弐2280	養官牛	男子蔡梁	5・785	弐2404	
	大女黄情	5・778	弐2429									
彈溲丘	郡吏黄士	5・942	弐1623		男子黄張	5・944	弐1724		男子蔡若	5・946	弐1781	給駅兵
	男子黄鼠	5・944	弐1801		男子蔡喬	5・947	弐1903	給駅兵	県卒鄧雷	5・952	弐2478	鄧留
里中丘	県吏唐晊	5・288	弐1703		県吏鄧播	5・290	弐1729	鄧播	軍吏朱謙	5・283	弐1723	
	男子范宜	5・285	弐1764		男子朱賢	5・282	弐1768		男子朱萇	5・281	弐1773	
東簿丘	県吏鄧蔦	5・420	弐2152	鄧葛								
平楽丘	男子謝狗	5・181	弐1968	子弟	男子鄧斗	5・175	弐2680		男子唐宜	5・158	弐2689	
	男子烝連	5・163	弐6594		男子谷碩	5・148	弐2548	谷頌				
逢唐丘	男子張卒	5・578	弐1786									
区丘	男子廬文	5・626	弐1906		男子廬客	5・627	弐2348					
温丘	男子張客	5・728	弐2448	養官牛								
不明	県吏朱蘭	5・1012	弐1917		州卒區江	5・1061	弐2110	區汙	県卒區象	5・1063	弐2119	
	男子周車	5・1027	弐1686	給困父	男子蔡張	5・1071	弐1692		男子周明	5・1029	弐1811	

おわりに

本章では、走馬楼呉簡の各種吏民簿にみえる給役について概括的に検討し、各簿や記録中にそれらがどのようにみえるかを分析した。議論が多岐に渡ったため今一度まとめると、次のようになる。

まず、呉簡の名籍中にみえる給役は、①「給県吏」・「給郡吏」・「給州吏」など各級の吏・卒の職務に従事する給吏・給卒と、②「給駅兵」・「養官牛」・「給子弟（佃客）」など具体的な職名を有する給役とに大別でき、後者には当該の職務に従事するものと、佃客として当該の身分の者に課せられた限佃（限米を供出する限田の耕作）を負担するものとが含まれる。本章では吏の子弟について分析したが、第五章で確認したように、限米を賦課される身分・職役は多様である。耕作に関する各種の給役がみえることは、田地に対する労働力確保、ひいては安定した穀物収入の確保のための施策と位置付けられる。

また、給吏・給卒と具体的な職名の給役は、明確に区別されることも明らかとなった。給吏・給卒の負担者は、別の吏民簿や「田家莂」では当該身分を有する者として登記される一方、具体的な職名の給役負担者は、あくまで一般民として把握された。前者は所謂「吏役」、後者は職役と位置付けられる。彼らはともに自らの田地に対する地税や算賦などの税を負担したことがうかがえるが、吏民簿の末尾の内訳によると、正役の負担者とは区別された。

以上のことは、簿籍の表面的な記載に基づく見解ではあるが、それらの作成者は官であり、官がどのように吏民を把握していたかについての一端をうかがえたことになる。給役負担者の減免を含む具体的な賦税負担など、その支配の内実については、吏民簿と賦税関連記録などとのさらなる詳細な比較分析が必須であり、今後も関連資料の公表を俟ち引き続き検討してゆきたい。

一　給役に関する先行研究として以下のものがある。韓樹峰「走馬楼呉簡中的〝真吏〟与〝給吏〟」（『呉簡研究』第二輯、崇文書局、二〇〇六年）、于振波「「筭」與「事」―走馬樓戸籍簡所反映的算賦和徭役」（『走馬楼呉簡続探』文津出版社、二〇〇七年）、張栄強「孫呉簡中的戸籍文書」（『歴史研究』二〇〇六年第四期。後に同『漢唐籍帳制度研究』商務印書館、二〇一〇年三月に収録）、孟彦弘「呉簡所見的〝子弟〟与孫呉的吏戸制―兼論魏晉的以戸為役之制」（『魏晉南北朝隋唐史資料』第二四輯、二〇〇八年一〇月後に同『出土文献与漢唐典制研究』北京大学出版社、二〇一五年五月に収録）、黎虎「説〝給吏〟―从長沙走馬楼呉簡談起」（『社会科学戦線』二〇〇八年第一一期）・同「「吏戸」獻疑―従長沙走馬樓呉簡談起」（『歴史研究』二〇〇五年第三期）、王素・宋少華「長沙走馬楼三国呉簡的新材料与旧問題―以邸閣・許迪案・私学身分為中心」（『中華文史論叢』二〇〇九年第一期）、侯旭東「長沙走馬楼三国呉簡所見給吏与吏子弟―从漢代的〝給事〟説起」（『中国史研究』二〇一一年三期）、韓樹峰・王貴永「孫呉時期的〝給吏〟与〝給戸〟―以走馬楼呉簡為中心」（『呉簡研究』第三輯、中華書局、二〇一一年六月）。

二　呉簡中の表題は「〜簿」であるため「名簿」と総称すべきであるが、出土資料及び行政文書としての用語として「名籍」を用いる。

三　名籍類の基礎的な書式分類は、安部聰一郎「長沙呉簡にみえる名籍の初歩的研究」（『長沙呉簡研究報告』第二集、二〇〇四年七月）・石原遼平「長沙呉簡名籍考――書式と出土状況を中心に」（『中国出土資料研究』第一四号、二〇一〇年三月）を参考とした。

四　これらの簡は、採集簡の第一三盆（壱七二六二〜八八九〇）・第一四盆（壱八八九一〜一〇四五四）、発掘簡の第一盆（肆一〜九六〇）・第一六盆（柒一〜一三八一）・第一七盆（柒一三八二〜二三六七）・第一八盆（柒二三七七〜四二一一）・第一九盆（柒四二一二〜六〇四八）・第二〇盆（柒六〇四九〜六一五三）にまとまっている。

五　発掘簡の第一六〜二〇盆には、採集簡の第一三盆・一四盆と作成年次が異なる同一里の吏民簿が含まれるが、筭の記録があるものは稀である。また、第一三・一四盆の吏民簿は一簡に一人を記録するものが多いが、発掘簡の第一六〜二〇盆の吏民簿は二、三人を連記するものが多い。鷲尾祐子氏は、Ⅱ型の吏民簿に関して簡の長さや連記の状況から作成主体の相違を明らかにしている（「長沙走馬楼呉簡連記式名籍簡的探討―関于家族的記録」（『呉簡研究』第三輯収録）。

六　これらの簡は、発掘簡の第一盆・第三盆（肆一六八一〜三一二〇）・第一六盆にまとまってみえる。いずれの盆にも

Ⅰ型aとⅠ型bの簡が含まれるが、両者は別の里の記録である。

七　これらの簡は、採集簡の第一六盆（弐一五三六〜二八四〇）にまとまってみえる。

八　これらの簡は、発掘簡の第一盆に集中してみえる。

九　採集簡の第一三・一四盆のⅠ型a吏民簿には給郡卒・給州卒の負担者はみえないが、発掘簡の第一六〜二〇盆の一群には確認できる。各級の吏・卒は、「田家莂」のほか賦税納入記録において、納入者の身分としてみえる。

入桑郷嘉禾二年税米二斛六斗三升冑畢𠁧嘉禾二年十月廿九日唐下丘縣吏黄諱關邸閣董基付三州倉吏鄭黑受（壱七四三六）

入廣成郷嘉禾二年租米十七斛僦畢𠁧嘉禾二年十月廿五日世丘郡吏唐雷關邸閣董基付三州倉吏鄭黑受（壱三二一三）

入廣成郷嘉禾二年税米十五斛五斗冑米畢𠁧嘉禾二年九月三日撈丘州吏烝成關邸閣董基付三州倉吏谷漢受（壱三五六五）

☐嘉禾二年限米七斛冑畢𠁧嘉禾二年九月廿八日東平丘軍吏□□關邸閣董基付三州倉吏谷漢受（壱三二〇二）

☐嘉禾二年十月十三日石唐丘縣卒朱福關邸閣董基付三州倉吏鄭黑受（壱二九二七）

一〇　前掲注一韓樹峰氏論文及び于振波氏論文。于振波氏は、給役負担と算賦の記録から、当時の成丁の年齢を一五〜五九歳とする。

一一　張惕は、別の記録では「吏」（弐四六〇・肆四六六八）や「中賊曹史」（参六五八二）としてもみえ、時期によって諸々の職に従事していた。このほか、前節で例示した給県吏の張喬（壱一〇四一二）は、「☐□張喬謹列四年□佃復民□☐」（参六七八二）とみえ、文書の作成に携わっている。また給県吏の五陵（壱九四三五）は、複数の記録に「典田掾」（壱一三六一・壱五五八九・弐六五八二・参三八九二）、謝達は「吏」としてみえる（柒二九一七）。

一二　真吏は、「□陽里」とある一例（壱九三五六）を除きみな宜陽里の記録であり、宜陽里の特殊な事例である可能性も示唆されるが、1にみえるように宜陽里内には給吏負担者も併存する。また「萬歳里石人公乘董文年廿九貞吏☐」（弐三二一六）・「大男宗里年廿一貞吏腹心□」（肆三〇〇）とある「貞吏」の事例について、前者の整理組注は当該の字を「真」字の訛字と推測する。この他、真吏に類似する語として「真身」がみえる。

一三　一例のみであるが、家族の記録に「子公乘生年廿三筭一真吏復」（壱三三四六）と「筭」の注記がみえる（「真吏」

の後に「復」とも注記されている）。労役負担の年齢を超えるものとして、【資料②】2の八一歳のほか、六一歳の事例（壱九三五六）がある。また、「真吏」の黄高（壱九一四六）は、別の記録中にも「吏」としてみえ（壱三一七一・壱六五三八）、陳顔（壱九一五六）・何統（壱九三五六）は「州吏」（壱四八九一・参二九五一）、黄阿（壱九三六〇）は「軍吏」（参一八七三）としてみえる。

一四　韓樹峰氏は、給吏は官府で臨時に吏役に服する一般民であり、文献中の「假吏」に類するとする。于振波氏は、給吏・給卒は基本的に貧窮の民が担う特殊な傜役であり、一部の賦税が減免されたとする。孟彦弘氏は、「給」は服役を意味し、給吏は人を派遣して吏員を充当させ、官府に服役させることとする。これらに対し、黎虎氏は、給吏と州吏などは基本的に身分が一致し、勤務地が異なるため呼称が異なるとする。王素・宋少華両氏は、政府によって徴発された服役であり、「吏役」と総称されるものとする。また柿沼陽平氏は、漢代における半官半民の非常勤の吏「踐更の小史」に相当するとみなす（「孫呉貨幣経済的結構和特点」『中国経済史研究』二〇一三年第一期）。

真吏については、韓樹峰氏は「国家に対する正式な服役」で、一般民と同様に田租などは賦課されたが、口算など一部の税が免除された、とする。これは、吏は税を賦課されないという認識が根底にあるためである。張栄強氏は「真吏」について、三国時代に出現した、全家が服役する「吏戸」と推測する。

一五　これらのほか、給県吏の張喬が「縣吏張喬」（四・二八二）、松棐（壱一〇〇八〇）が「縣吏松棐」（四・二五〇、五・三四五）としてみえる。韓樹峰氏は、両文書作成の間に「給県吏」から「県吏」に昇進した可能性を指摘するが、文書の作成時期はともに嘉禾四年と推測され、疑問が残る。なお、I型a吏民簿中の給卒は、「田家莂」との対応事例は確認できない。

一六　同類の内訳記録は、採集簡の第一二盆（五一三六〜七一三五）にまとまってみえる。

一七　張栄強「呉簡中的〝戸品〟問題」（『漢唐籍帳制度研究』収録）、于振波「略論走馬楼呉簡中的戸品」（『走馬楼呉簡続探』収録）。呉簡中には、戸品に従って銭を徴収する「戸品出銭」の記録が多数確認できる（安部聡一郎「走馬楼呉簡中所見「戸品出銭」簡の基礎的考察」藤田勝久・松原弘宣編『東アジア出土資料と情報伝達』汲古書院、二〇一一年）。

一八　前掲注一七于振波氏論文。

一九　前掲注一七張栄強氏論文。張栄強氏はこうした現象について、『続漢書』百官志五に「（郷嗇夫）主知民善悪、爲役先後、知民貧富、爲賦多少、平其差品」、唐「賦役令」に「凡差科、先富強、後貧弱、先多丁、後少丁」とみえる、秦漢時代以来の基層社会支配のあり方との関連を指摘する。

二〇　濱口重國「唐に於ける兩稅法以前の徭役勞働」（『秦漢隋唐史の研究』上、東京大学出版会、一九六六年）。

二一　侯旭東「長沙走馬樓呉簡《竹簡》［弐］〝吏民人名年紀口食簿〟復原的初歩研究」（『中華文史論叢』二〇〇九年一月）・同「長沙走馬樓呉簡「嘉禾六年（廣成郷）弦里吏民人名年紀口食簿」集成研究—三世紀初江南郷里管理一瞥」（『第四届國際漢學會議論文集 古代庶民社會』中央研究院、二〇一三年）。前者は出土時の示意図が公表されている範囲（弐一六六一～一七九九）、後者は「田家莂」との対応から抽出した広成郷弦里の部分に関する復元研究である。

二二　本書第五章及び前掲注一の孟彦弘氏論文、侯旭東氏論文を参照。

二三　呉簡中の士について、高敏氏は「游士」（「嘉禾〈吏民田家莂〉中〝士〟和〝复民〟質疑」『文物』二〇〇〇年一〇期）、黎虎氏は「学士」とする（前掲注一黎虎氏論文）。一方、「吏民田家莂」の整理小組や蒋福亜氏は「士兵」と見る（『魏晉南北朝経済史』天津古籍出版社、二〇〇四年、三六二頁）。「田家莂」によると、士が耕作する佃田のうち熟田は「依書不收錢布」とされ、賦税負担面で優遇されている。

二四　関連記録は発掘簡の第二盆（肆九六一～一六八〇）と第四盆（肆三一二一～三九六〇）に集中する。4は「民謝」の二字が重複し、誤記と考えられる。

二五　前掲注一孟彦弘氏論文、侯旭東氏論文。

二六　個別の納入記録中にはみえないが、集計記録に「吏帥子弟限米」という表現が確認できる。限米については、第五章を参照。

二七　「病を被りて物故す」の「被」字は「夜」字に釈読されているが、類例を参考に改めた。

二八　西林昭一監修『湖南省出土古代文物展 古代中国の文字と至宝』（毎日新聞社・財団法人毎日書道会、二〇〇四年）に掲載。

二九　これらの記録の釈読については、高村武幸「長沙走馬楼呉簡にみえる郷」（『長沙呉簡研究報告』第二集）・王素「長沙呉簡勧農掾条列軍州吏等人名年紀三文書新探」（『魏晋南北朝隋唐史資料』第二五輯、二〇〇六年一二月）を参考とした。

三〇　王子今「説走馬楼簡文〝細小〟」（『江漢考古』二〇〇九年第二期）。

三一　本章第五章。

三二　黎石生「長沙市走馬楼出土〝叛走〟簡探討」（『考古』二〇〇三年第五期）、沈剛「走馬楼三国呉簡所見〝叛走〟簡牘義」（『江漢考古』二〇〇九年第一期。のち同氏『長沙走馬楼三国竹簡研究』社会科学文献出版社、二〇一三年五月に収録）。

三三　「吏父兄子弟簿」の構成要素は、採集簡の第二四盆（参一三一三～二一六六）・第二七盆（参二九七一～三一六五）にまとまってみられる。本文中で提示した記録のほか、給役情報の部分に「任給吏」とある吏の家族が多数みえる。

州吏鄧忠（参一八〇四）
　忠子男仲年十五　任　給　吏（参一八〇五）
州吏南陽黄質（参一八一七）
　質外従男弟辟年十六　任　給　吏（参一八一八）

三四　ほかに、次の三例がある。

臺姪子男唐適年卅九給限佃客以嘉禾三年九月十日被病物故（参三〇五三）
仨任子男旲年卅給限佃客以嘉禾三年十二月七日被病物故（参三八四一）
□子男□年廿一給限田客以嘉禾三年十一月十五日叛走（参三〇三九）

三五　「子弟限田（佃）」と「限佃客」の対応については、以下のことが参考となる。「子弟限田」から供出される「吏帥子弟限米」の語は、多くの納入記録中にみえるが、「月旦簿」などの二次的な記録中には全く見えない。一方、同じく「吏帥」と関連する「吏帥客限米」は、納入記録の事例は多くないものの、二次的な記録中に頻見する。これらのことを考え併せると、「吏帥子弟限米」は「月旦簿」などでは「吏帥客限米」に置き換えられた可能性が生ずる。このことについては別稿で検討するが、子弟の「限田」を耕作する者が「佃客」として注記される名籍の状況と合致するように思われる（拙稿「長沙呉簡にみえる佃客と限米」伊藤敏雄・窪添慶文・關尾史郎編『湖南出土簡牘とその社会』汲古書院、二〇一五年三月）。

三六　于振波「漢晋私学考述」（『走馬楼呉簡初探』文津出版社、二〇〇四年）。

三七　以下の部分は、前掲注二一の侯旭東氏の研究成果を参考としている。

三八　これらの集計記録によると、各里は戸数が五〇に統一されている。また、郷の合計戸数も下二桁が五〇戸であることから、この広成郷は人為的に郷・里の戸数が調整されていた可能性が高い。ただしこのような例は珍しく、他の郷の集計記録によると、小武陵郷が一九四戸（壱四九八五）、楽郷が一七三戸（壱八四八二）、里の集計記録によると、高遷里が三八戸（壱一〇二二九）、平陽里が三六戸（壱一〇二四八）、吉陽里が三六戸（壱一〇三九七）であった。

三九　前節で指摘したように、当該簿では本文中に注記される給吏・給卒は一例のみであるが、内訳記録には散見する。また、「給」字を付されない具体的職名も散見する。したがって、内訳記録では「給」字の有無に厳然とした区別があったかは判断し難い。

四〇　例示した簡のほか、「……八戸罰估不注役」（壱九五五九）などとある。張栄強氏は「罰估」を「廢痼」すなわち残疾者のこととする（「説罰估」『漢唐籍帳制度研究』所収）。なお一例のみであるが、「陽貴里戸人大女呉妾年七十六 不任役」（肆一七九二）と、老齢の女性戸主の記録に「不任役」と明記される事例がある。

四一　侯旭東氏は、本吏民簿は臨湘侯国が郷里の民戸に傜役負担を割振る依拠となったとする。

四二　照合した納入記録の多くは嘉禾元年・二年の作成、吏民簿は嘉禾六年作成の文書であり、最大四、五年の隔たりがあるため、役の負担が変更となった可能性もある。

四三　本表では、賦税納入記録などから広成郷と関連することが明らかな丘の事例を抽出した。

四四　一覧中の「田家莂」はいずれも嘉禾五年の記録、作成日は嘉禾五年末から嘉禾六年初にかけてであり、「広成郷嘉禾六年吏民簿」の状況に近いものである。

終章

走馬楼呉簡よりみる孫呉政権の地方財政

本書では、走馬楼呉簡中の諸々の倉庫関係簿・記録を基本史料とし、孫呉政権の地方財政について二つの方向から検討を進めた。第一部では、受納（納入）・移送・搬出という物資の流れや関連する諸機構の性格・関係を中心とした財政システムの面、第二部では、個別の収入名目をはじめとする具体的な税役の面である。序章で述べたように、走馬楼呉簡の大部分は、吏民の名籍や倉庫関係の簿など簿籍類であり、もともと冊書であったものが、土中で編綴が朽ち、また圧力によって積み重なった複数の簿籍を構成する簡が混在した形で出土している。したがって、まずは簡牘群の全面的な整理・分類作業が必須であり、本書では、この基礎作業の成果に基づいて各章の検討を進めてきた。

最後に、本書で明らかにしたことを今一度整理し、結語に代えたい。

（一）穀倉関係記録・簿と穀倉の管理運営、文書行政

第一章では、穀倉関係の記録や簿籍の整理・分類作業の成果に基づき、州中倉の「月旦簿」及び四時簿、移送穀物

簿などの全体像を復元した。また、文書行政の観点から、一件一件の納入記録から月ごとの出納簿である「月旦簿」に至るまでの諸記録・簿籍の作成過程を明らかにした。穀倉における諸々の業務と記録・簿の作成過程を改めて整理すると、以下のようになる。

（1）穀物の受納

各穀倉では、賦税などの穀物を受納する際に、納入―受領の記録が作成された。これらの記録は、券書であり、両行に渡って同文（冒頭が「入」字のものと「出」字のもの）を記し、また簡中に「同文」の符号を大書し、左右に裁断して作成された。このうち冒頭が「出」字の一方を納入者側に渡し、もう一方の「入」字のものを穀倉に残した。これらの記録には、同文符号を挟んで前半に、郷名、受領した穀物の収入名目と額、後半に受領（納入）の年月日、納入者の所属丘、身分もしくは性別・年齢区分と姓名、受領業務に携わった「邸閣」や倉吏の姓名などが詳細に記された。「邸閣」と倉吏の名は署名である。走馬楼呉簡中に見えるのは、穀倉側に残された一方である（納入簡Ⅰ型）。

納入簡Ⅰ型によると、穀物受納時には、倉吏が受領業務を担当するほか、「邸閣」がその報告を受けている。「邸閣」のほか、年によっては「丞」や「主記」が報告を受けることもあった。

（2）穀物の搬出

出給などのため穀物を搬出する際には、搬出記録が作成された。これらの記録には、穀物を管轄する倉吏の姓名、搬出する穀物の（帳簿上の）収入名目と額、当該の搬出を指示する機関の文書、搬出先の官及び具体的な用途、搬出が行なわれた年月日、受領者の姓名などが詳細に記される。走馬楼呉簡中に見えるものは、「月旦簿」

などの一部として作成された二次的な記録であり、受領者の名は署名ではないが、もとの記録では署名であったと考えられる。また、もとの記録は、納入―受領の記録と同様に券書として作成された可能性もある。

（3）帳簿の作成と文書行政

各穀倉では、一日もしくは数日ごとに、受納した穀物の総額と内訳を報告する文書を作成した。「賦税総帳木牘」と呼ばれるこの文書では、一行目に当該期間内に受納した穀物の総額が記され、二行目以降に収入名目ごとの内訳が列記された。内訳の部分は、個々の納入―受領記録（納入簡Ⅰ型）をもとに作成されたと考えられる。「賦税総帳木牘」は、各穀倉を管轄する県の倉曹（走馬楼呉簡では、臨湘侯国の右倉曹）に報告された。なお、県の倉曹では、一定期間ごとに県が管轄する諸倉に納められた穀物の総額と穀倉ごとの内訳を報告する文書（「刺」）を作成している。この「刺」は、「賦税総帳木牘」などをもとに作成されたと考えられる。

さらに各穀倉では、ひと月ごとに「月旦簿」を作成した。「月旦簿」は、前月の繰越から月末の帳尻に至るまでの出納簿である。収入の部分では、一簡一簡に収入名目ごとのひと月分の受納総額を記したものが連ねられている。これらは、個々の納入簡Ⅰ型などを集計して作成されたのであろう。一方、支出の部分では、一件一件の搬出ごとに搬出額、搬出を指示する機関の文書、搬出先の官及び具体的用途、搬出先の受領者の姓名などが三～四簡に渡って詳細に記されている。したがって、一次的な搬出記録をほぼそのまま写したものと考えられる。「月旦簿」は、県の倉曹に報告された。

県の倉曹は、各穀倉から報告された「月旦簿」を三ヶ月分ずつ、「四時簿」の形にまとめた。走馬楼呉簡中に見えるのは、この臨湘侯国の右倉曹に報告され、そこでまとめられた各倉の「月旦簿」・「四時簿」である。現在の史料状況から明らかにできるのはここまでであるが、倉曹はその後、これらの各倉の「月旦簿」ないし「四時簿」に基づき、県全体の穀物の出納情報をまとめ、その情報は、戸口数や墾田の面積、銭の収支などとともに、県から郡へと上申される上計の一項目となったと推察される。[二]

以上の穀倉管理業務上基本的な納入―受領記録・搬出記録・出納簿などのほか、各穀倉及び倉曹では、特定の年度や個々の名目、納入の経緯（穀倉に直接納入されたものか、移送されてきたものか）など様々な情報に重点を置いた記録や簿が作成され、上級機関に報告されており、穀物の出納は繁雑とも言える程に厳重に管理されていた。また、呉簡中には帳簿のチェックや吏の処罰に関する記録が散見し、穀物の減耗・喪失に関しても、事後に担当者の責任で補塡されたことを示す記録が確認できる。こうした事実は、睡虎地秦簡の法制史料に見られる地方穀倉及び穀物の厳密な管理、及び西北辺境出土漢簡より復元されるシステマティックな文書行政による穀倉運営を彷彿とさせ、秦漢時代以来の整備された倉庫制度を継承するものと言えよう。

（二）地方財政システム

第二章では、州中倉の「月旦簿」の構成要素でもある穀物搬出記録を分析し、地方における穀物搬出システムを明らかにした。また第三章では、三州倉の穀物搬出記録（州中倉への移送記録）を分析し、走馬楼呉簡中に見える主要な穀倉である州中倉と三州倉について、両倉の機能と関係を論じ、呉簡中に見える穀物財政システムの全体像を明らかにした。

（1）州中倉と三州倉

州中倉と三州倉は、臨湘侯国下の諸郷に属する吏民から賦税などの穀物を受領し、また貧民に対する穀物の貸与業務を行なっている。これらの点では、両倉とも臨湘侯国倉すなわち県倉としての機能を備えている。

ただし、州中倉は一部の記録中で「州中郡倉」などとも記されている。実際、州中倉に集積された穀物の用途は、①諸官への「奉」・「稟」・「直」・「食」と、②「集所」などへの輸送に大別されるが、①のうち「侯相の奉」など臨湘侯国内に関わる支出はごく一部であり、大部分は「督軍糧都尉」の指示により出給された軍の構成員に対する糧穀である。また②も「督軍糧都尉」の指示により搬出が行われていることから、軍の糧穀と見なされる。すなわち、州中倉に集積された穀物は、その大半が臨湘侯国の範囲を超える支出として用いられた。州中倉が県倉と郡倉の機能を兼ね備えていることは、臨湘侯国が長沙郡治であることに由来すると考えられる。一方、三州倉に集積された穀物は、吏民への貸与の事例を除き、全て州中倉への移送を目的として搬出されている。したがって、財政運用上、三州倉は州中倉に対する副倉のような関係にあったと考えられる。

なお州中倉は、長沙郡下の劉陽県や醴陵県、重安県などの諸県の倉、湘水と支流との合流地点である烝口や員口、醴陵漉浦に設置された諸倉など、湘水を中心とする広範な地域の穀物運用の拠点でもあった。

（2）邸閣・督軍糧都尉・節度

州中倉・三州倉と関係する財政機構として「督軍糧都尉」・「右節度府」、そして「邸閣」がある。「邸閣」（「邸閣郎中」）は州級の官であり、三州倉・州中倉を専属で担当しつつ、穀物受納の際に報告を受け、穀倉間の移送の指示を出す、いわば穀物の流れを監督する機能を有した。州中倉が軍の糧穀を出給する際には、主体的に搬出に携わることもあった。なお、文書行政の面では、各倉は県の倉曹の直接の管轄下にあり、「邸閣」はその間には介在していない。

「督軍糧都尉」は、中央政府の軍糧統括機関である「節度」と統属関係にあり、州中倉に対して軍の糧穀の搬出を指示した。このことは、地方穀倉の穀物運用に対して中央政府による監督が行なわれていたことを明らかにするものである。また、関連記録によると、「督軍糧都尉」は郡級の官である可能性がある。

以上を総合すると、各倉における穀物の受納及び三州倉（副倉）から州中倉（正倉）への穀物移送は、州級の官である「邸閣」の監督のもと行われた。また、州中倉に集積された郡県の穀物は、中央の軍糧統括機関である「節度」やその系統にある郡級の官である「督軍糧都尉」の指示により、各地に駐屯する軍などへ出給された。穀物の搬出が専ら州中倉から行われたこと、その大部分が軍の糧穀であった事実と合わせると、呉簡中に見える穀物財政のシステムは、軍糧の確保に重きを置いた運用と性格付けることができ、郡・州・中央と各級の機関による重層的な監督・統括系統は、当時の戦時体制を象徴するものと言えよう。

（3）庫の財政システム

第四章では、銭・布・獣皮などを管轄する「庫」に関連する記録や簿を分析し、物資の流れ及び財政システムについて検討した。

臨湘侯国下の諸郷に属する吏民の賦税を受領する「庫」は一ヵ所であり、県庫である。「庫」に収蔵された銭は、①獣皮・布などの物資の購入費用、②軍への支給（具体的な用途は不明）、③他県（もしくはその吏）への貸与などに用いられた。「庫」のほか、呉簡中には長沙郡に関わる「西庫」が確認でき、郡府からの指示により「庫」から「西庫」へと銭が伝送されることもあった。「西庫」が銭を受納する際には、穀倉と同様に「邸閣」が監督的な役割を担っている。

「庫」については、布・獣皮に関する搬出記録がほとんど見えないなど、関連記録の少なさから限定的な検討となった。穀物財政との比較のため、今後の史料の増加が俟たれる。

（三）走馬楼呉簡にみえる穀物の収入名目

走馬楼呉簡の穀倉関連記録や簿には、多様な穀物の収入名目が確認される。賦税を含む穀物収入の全容を把握するため、また孫呉の基層社会に対する支配の一端を明らかにするため、第五章では、「税米」・「租米」と並び重要な賦税目である「限米」について、第六章では、「塩賈米」など官有物資の売却に基づく収入名目について検討し、その実態を明らかにした。

（1）「限米」

「限米」は、穀物関連簿や記録中に「郵卒限米」「佃帥限米」など様々な身分・職役を冠して見えることから、〝「正戸」ではない者に課せられた賦税〟、〝「依付民」に課せられた賦税〟などと理解されてきた。しかし、その納入—受領記録は一般吏民に賦課された「税米」・「租米」のものと同形式であり、かつ三者が混交して同一簿にまとめられていること、「税米」・「租米」と関連する「税田」・「租田」と、「限米」に関連する諸田が併記されることなどから、三者の負担者ないし納入者や田地が同一郷里に属すること、すなわち、「税米」・「租米」が一般吏民に賦課される一方、「限米」は特殊身分・職役の者（の田）に賦課されたものであることを明らかにした。

（2）「塩米」など

「塩米」（「塩賈米」）は、「官所売塩賈米」とも表記されるように、官有の塩を売却して得た収入である。官塩の販売は、管轄者の指示のもと個別の吏民によって実施され、時期としてはまず春に、その後購入者側に穀物が確保された秋冬以降に改めて行なわれた。販売に携わっていた吏は郡吏が多いことから、郡に関わる収入と見ら

表終-1　走馬楼呉簡中にみえる穀物収入名目一覧

a「税米」・「租米」	「税米」・「租米」（「餘力租米」・「火種租米」）・「田畝布米」・「田畝銭米」など
b「限米」	「限米」・「郵卒限米」・「佃帥限米」・「佃吏限米」・「佃卒限米」・「衛士限米」・「新還民限米」・「新吏限米」・「船師限米」・「金民限米」・「私學限米」・「叛士限米」・「習射限米」・「吏帥客限米」（「吏某客限米」・「帥某客限米」）・「子弟限米」（「吏某子弟限米」・「帥某子弟限米」）・「監池司馬鄧邵限米」・「屯田限米」（「郡屯田掾利焉限米」・「屯田司馬黄松（黄升）限米」）
c官有物売却の代価としての米	「鹽（賈）米」・「醬賈米」・「肉醬米」・「池賈米」・「□魚賈米」など
d貸与返還米	「民還所貸某年某米」
e保管・移送中に喪失した穀物の補塡	「折咸米」・「没溺米」・「漬米」など

れる。文献史料によると、孫呉はその初期から塩鉄を重要な収入源とし、沿海地域には「司塩都尉」などの官を設置していた。後漢時代には、「民間の塩業に課税する」塩政が実施されていたが、走馬楼呉簡に見られる官主導の塩の販売は、それと一線を画しているようである。この「塩米」は、官有物資に由来する収入という点で、「税米」・「租米」などの賦税収入とは性質が異なり、穀倉に納入された後も搬出に至るまで、帳簿上は塩の管理責任者の名を冠して管理された。

また呉簡中には、「塩米」と同様に官有物資に由来する「池賈米」・「醬賈米」・「鋘賈銭」という収入名目がある。「池賈米」は、監池司馬が管理する池で取得された官用の水産物を販売した代価、「醬賈米」は、官用の醬を売却した代価である。「鋘賈銭」は、吏民に金属製農具を販売した代価であるが、賦税と同様に郷を通じて納められており、「塩米」とは販売の手続きを異にしていた。吏民に直に販売していることから、前代の鉄政との継承関係をうかがえる。

以上の検討や先行研究に基づき、走馬楼呉簡中にみられる穀物収入の名目を整理すると、表終-1のようになる。

(四)穀物貸与業務

第七章では、穀物貸与に関する諸記録を分析し、その実態を明らかにした。三州倉・州中倉に関連する記録や簿によると、食糧としての「貸食」と播種用の「種粻」が行なわれていた。いずれも支給ではなく返還を求められるものであった。これらの業務は郷を介して行なわれており、貸与時の記録によれば、勧農掾から郷老や吏民を管轄する役目を担う「歳伍」を通じて発給されている。個別の貸与額は大きくはないが、郷内の大半の戸が対象となるなど、広範に行なわれていたようである。

唐代では、春に播種用の穀物を貸与する「出挙」の制度が行われたが、古代中国では国家による穀類貸与(出挙)は一般的業務であり、徴税・田地の収受などとともに在地行政上の郷の機能や里正の役割が大きかった。走馬楼呉簡においても、穀物貸与が一般的に行われており、かつ郷が一定の役割を担っていたことが明らかとなった。また、唐代以前の中国の史料中には明確には確認されないが、古代日本においては、春と夏の二季に公出挙が行われた。このうち、春の出挙は種稲の分与に関わり、夏の出挙は農繁期における労働力の維持を目的とした食糧支給の意味を持っていた。さらに、百済においても食料支給としての夏出挙が行われていた可能性が指摘されている。走馬楼呉簡中に食糧としての「貸食」とタネモミとしての「種粻」の二種の穀物貸与が確認できることは、これらの淵源の具体的実例と言えよう。

なお、返還された穀物は、財政収支の帳簿上では、賦税など〝新規の収入〟とは基本的に区別して記録され、管理された。

(五)賦税と給役との関係

第八章では、穀倉関連記録や簿と名籍とを合わせて分析し、吏民の税と役との関係について検討した。

名籍によると、民の中に「給役」に従事する者が多数見られる。彼らは、先行研究により民の身分で吏役に従事するものであることが明らかとなっているが、その具体的職名の一部は、第六章で検討した「限米」納入者の身分・職名と一致する。すなわち、「限米」の一部はこうした「給役」従事者に賦課されたのである。また、「限米」負担者には吏の家族などの事例が多く含まれているが、吏の家族の調査に関する文書の中には、死亡もしくは逃亡により従事者がいなくなったことにより「下戸民を以て代う」と表現されている事例がある。一方、名籍中の「給役」には、「給限佃」など、限田耕作に従事したことを示すものがある。両者を合わせると、本来、吏の家族に賦課された「限米」について、従事者がいなくなったために「下戸民」に肩代わりさせたこと、当人の名籍ではこのことを「給限佃」と表記したことが明らかとなる。以上より、孫呉では一般吏民には「租米」・「税米」を課すが、吏役などに従事する者に対しては「限米」を課した。また、吏の家族などにも「限米」を課したが、従事者がいなくなった場合、その財源を維持・確保するため、税役負担能力の低い「下戸民」を当該の限田耕作に従事させたことが分かる。このことは、「下戸民」など貧農の救済政策としても位置づけられる。

走馬楼呉簡中には、長沙郡臨湘侯国の地方穀倉として「州中倉」と「三州倉」の二倉が見える。両倉とも、郷単位で吏民の賦税を受納し、貧民への穀物貸与を行なったが、集積された穀物の用途に大きな相違があった。州中倉の穀物は、臨湘侯相など官員の俸禄のほか、大部分が軍の糧穀などとして用いられたのに対し、三州倉の穀物は専ら州中倉への移送、すなわち州中倉を補塡する形で運用された。州中倉を正倉と見るならば、三州倉はこれに従属する関係にあった。こうした地方倉の〝通常業務〟の様相は、睡虎地秦簡や西北地域出土漢簡より復元される秦漢時代の穀倉制度、豊富な文献史料や出土紙文書史料より復元される唐代の倉庫制度と大きくは異ならない。また、同一地域にある複数の穀倉に正従の関係があり、財政的支出は一つの中心的な穀倉において行なわれるというシステムは、唐代の州県における「正倉」――「転運倉」の関係と似る。ただし、唐の転運倉は現地の民からの賦税徴収業務は行なわず、州県による設置ではなく国家的物流の拠点として中央から派出された機関であるという点などが呉簡中の地方倉と異なる。すなわち、呉簡中に見える孫呉の地方穀倉のシステムは、秦漢を継承し唐の制度へ発展する過渡期のものと位置づけられる。

また呉簡によると、地方穀倉の〝通常業務〟は、県吏・郡吏の身分を有する掾・史などの倉吏が担当していたが、各倉における穀物受領・移送すなわち穀物の流通は、州から派遣された各倉担当の「邸閣」が統御した。「邸閣」は、各地に駐屯する軍の構成員への糧穀支給など、郡県の範囲を超える穀物搬出を主体的に実施もしたが、それは孫呉独自の中央の軍糧統括機構である「節度」及びその系統官である「督軍糧都尉」の指示により行われた。このような重層的な指示系統は、秦漢代や唐代の財政システムには見られない特徴である。呉簡中の穀物財政システムは、軍糧の確保に重きを置いたものであり、軍事的政策を重視する当時を象徴する事象と言えよう。呉簡中には、基本的業務にかかわる納入―受納記録や数日ごとの受納記録、月ごとの出納簿である「月旦簿」のみならず、穀物の税目・年度別に作成された穀物移送簿などが含まれる。前後の時代と比較してもさらに繁雑に見える帳簿作成の状況からも、穀物財政に対する厳密な姿勢をうかがうことができる。

孫呉の税役については、文献史料中にほとんど記録が見えず不明であったが、走馬楼呉簡中には吏民の名籍や賦税関連の記録や簿が大量に含まれている。本書では、穀物財政における「収入」項目という観点から、特殊身分・職役に従事する民に課せられた「限米」の制度、塩鉄政策、穀物貸与政策などについて実態を明らかにした。特に「限米」は、一般吏民が納めるべき「税米」・「租米」と同じく基本的な賦税であり、給役とも密接に関わる。魏晋南北朝時代は、民が吏役をはじめとする給役に従事する事例が多く見られるようになり、やがて彼らの地位は相対的に低下、唐代の良賤制に収斂されていくとされる。呉簡における「限米」や給役の記録は、その萌芽の時代の状況を伝えるものと位置づけることができる。
本書で論じることができたのは、なお部分的な事象である。走馬楼呉簡は現在も整理・公表が進められている。本書における成果を元に研究を発展させ、孫呉政権の地方行政制度の全体像を明らかにし、地方行政制度の一つのモデルケースとして確立させていきたい。

＊　＊　＊

本書の各章が基づく初出論文及び学会発表は次の通りである。

序　章　書き下ろし

第一章　「長沙走馬楼呉簡における穀倉関係簿初探」（『民衆史研究』第七二号、二〇〇六年一一月）

第二章　「長沙走馬楼呉簡よりみる孫呉政権の穀物搬出システム」（『中国出土資料研究』第一〇号、二〇〇六年三月）

第三章　「長沙走馬楼呉簡にみえる穀物財政システム」（工藤元男・李成市編『東アジア出土文字資料の研究』雄山閣、二〇〇九年三月）
「長沙走馬楼呉簡所見孫呉政権的穀物財政補論」（二〇一一年三月、「日本呉簡研究的課題与展望」（於 中国・武漢

（武漢大学）」）

第四章 「走馬楼呉簡にみえる庫関係簿と財政系統」（『社会・経済・観念史視野中的古代中国国際青年学術会議暨第二届清華青年史学論壇論文集』北京清華大学歴史系、二〇一〇年一月）

第五章 「長沙走馬楼呉簡にみえる「限米」――孫呉政権の財政に関する一考察」（『三国志研究』第三号、二〇〇八年九月）

第六章 「長沙走馬楼呉簡にみえる「塩米」――孫呉政権の財政に関する一考察・その二」（『早稲田大学大学院文学研究科紀要』第五七輯第四分冊、二〇一二年三月）

第七章 「長沙走馬楼呉簡にみえる「貸米」と「種粻」――孫呉政権初期における穀物貸与」（『史観』第一六二冊、二〇一〇年三月）

第八章 「從長沙走馬樓呉簡看三國呉的給役與賦税」（二〇一〇年八月、『中國中古史青年學者國際研討會』第四回〔於台湾・台北（台湾大学）〕）

終　章　書き下ろし

一　例えば、次の肆一四〇二は郷に由来する諸米（「税米」・「租米」・諸「限米」）、肆一四一〇は「貸食米」の記録である。

右倉曹列言入五年郷雜米起正月九日訖十六日合六千二百一十三斛二斗八升與前刺通合四萬六千五百卌斛八斗二升
其□千斛六斗九升付州中倉吏張曼張欽□
其□千二百一十二斛五斗九升付吏孫義
嘉禾六年正月十九日從掾位烝循白（肆一四〇二）

▨曹列言入五年貸食米起六年正月一日訖十□日合二百八十四斛□斗六升與前刺通合一萬□千二百□□斛□□斗□升
其二百八十一斛六升付州中倉吏張曼
其三斛一斗付吏孫義
嘉禾六年正月十九日從掾位烝循白（肆一四一〇）

両簡には、①嘉禾六年正月の一定期間内に臨湘侯国の右倉曹が管轄する穀倉に納められた穀物の総額と「前刺」との合計額、②各穀倉の内訳が記されている。州中倉吏張曼とともに列記されている「吏孫義（儀）」は、三州倉吏である。このことから、州中倉と三州倉がともに臨湘侯国の右倉曹の管轄下にあったことが改めて確認される。

二　漢代の上計については、鎌田重雄「郡国の上計」（『秦漢政治制度の研究』日本学術振興会、一九六二年）・厳耕望『中国地方行政制度』甲部『秦漢地方行政制度』（中央研究院歴史語言研究所、一九六一年）第八章「上計」・永田英正「簿籍簡牘の諸様式の分析」（『居延漢簡の研究』同朋社出版、一九八九年）・紙屋正和「尹湾漢墓簡牘と上計・考課制度」（『漢時代における郡県制の展開』朋友書店、二〇〇九年）などを参照。県や道が作成する上計簿の内容については、『續漢書』百官志五の県・邑・道・列侯国条の劉昭注引胡広注に「秋冬歳盡、各計縣戸口・墾田、錢穀入出、盜賊多少、上其集簿」などとある。また、同百官志三の大司農条の劉昭注には、「掌諸錢穀金帛諸貨幣。郡國四時上月旦見錢穀簿、其逋未畢、各具別之」とあり、郡国から中央の大司農に対し、季節ごとに見銭と穀物の月旦簿が上申されている。したがって、県でも季節ごとに「四時簿」を郡に上申していたと考えられる。

引用参考文献一覧

■和文論著

安部聡一郎「嘉禾4年・5年吏民田家莂にみえる倉吏と丘」(『嘉禾吏民田家莂研究——長沙呉簡研究報告・第1集』二〇〇一年七月)

安部聡一郎「長沙呉簡にみえる名籍の初歩的検討」(『長沙呉簡研究報告』第2集、長沙呉簡研究会、二〇〇四年七月)

安部聡一郎「試論走馬楼呉簡所見名籍的体式」(『呉簡研究』第二輯、二〇〇六年九月)

安部聡一郎「走馬楼呉簡中所見「戸品出銭」簡の基礎的考察」(藤田勝久・松原弘宣編『東アジア出土資料と情報伝達』汲古書院、二〇一一年五月)

阿部幸信「長沙走馬楼呉簡所見田種初探」(『嘉禾吏民田家莂研究——長沙呉簡研究報告・第1集』二〇〇一年七月)

阿部幸信「嘉禾吏民田家別『丘』再攷」(『東洋史研究』六二-四、二〇〇四年三月)

阿部幸信「小型竹簡と旱敗率よりみた「丘」」(『長沙呉簡研究報告』第2集、二〇〇四年七月)

阿部幸信「長沙走馬楼呉簡所見調納入簡初探」(『立正史学』第一〇三号、二〇〇八年三月)

阿部幸信「長沙走馬楼呉簡所見的〝調〟——以出納記録的検討為中心」(『呉簡研究』第三輯、中華書局、二〇一一年六月)

池田温『中国古代籍帳研究——概観・録文』(東京大学出版会、一九七九年)

石井仁「孫呉軍制の再検討」(中国中世史研究会編『中国中世史研究続編』一九九五年一二月)

石原遼平「長沙呉簡名籍考——書式と出土状況を中心に」(『中国出土資料研究』第一四号、二〇一〇年)

市来弘志「湖南省長沙市走馬楼出土三国呉簡について」(『中国出土資料研究会会報』第五号、一九九七年二月)

伊藤敏雄編「長沙走馬楼簡牘関係文献・記事一覧」(『嘉禾吏民田家莂研究——長沙呉簡研究報告・第1集』二〇〇一年七月)

伊藤敏雄編「長沙走馬楼簡牘関係文献・記事一覧」(2)(『長沙呉簡研究報告』第2集、二〇〇四年七月)

伊藤敏雄編「長沙走馬楼簡牘関係文献・記事一覧」(3)(『長沙呉簡研究報告』第3集、二〇〇七年三月)

伊藤敏雄「長沙走馬楼簡牘調査見聞記」(『嘉禾吏民田家莂研究——長沙呉簡研究報告・第1集』、二〇〇一年七月)

伊藤敏雄「長沙走馬楼簡牘中の邸閣・州中倉・三州倉について」（『九州大学東洋史論集』第三一号、二〇〇三年四月）
伊藤敏雄「嘉禾吏民田家別における米納入状況と郷・丘」（『歴史研究』（大阪教育大学）第四三号、二〇〇六年三月）
伊藤敏雄「長沙走馬楼呉簡中の『邸閣』再検討――米納入簡の書式と併せて」（太田幸男・多田狷介編著『中国前近代史論集』（汲古書院、二〇〇七年一二月）
伊藤敏雄「長沙呉簡中の朱痕・朱筆・〃中〃字について」（『長沙呉簡研究 二〇〇九年度特刊』科学研究費補助金・基盤研究（A）「出土資料群のデータベース化とそれを用いた中国古代史上の基層社会に関する多面的分析」プロジェクト・三菱財団人文科学研究助成「新出土三国呉簡・西晋簡と地方行政システムの研究」プロジェクト、二〇一〇年二月）
伊藤敏雄「長沙呉簡中の朱痕・朱筆・〃中〃字について（その2）――二〇一一年三月の調査結果をもとに」（『長沙呉簡研究報告 二〇一〇年度特刊』科学研究費補助金・基盤研究（A）「出土資料群のデータベース化とそれを用いた中国古代史上の基層社会に関する多面的分析」プロジェクト、二〇一一年二月）。
伊藤敏雄「長沙呉簡中の邸閣・倉吏とその関係」（『歴史研究』（大阪教育大学）第四九号、二〇一二年三月）
伊藤敏雄「長沙呉簡中の生口売買と估銭徴収をめぐって――「白」文書木牘の一例として」（『歴史研究』（大阪教育大学）第五〇号、二〇一三年三月）
大川富士夫「孫呉政権の成立をめぐって」（『立正史学』第三一号、一九六七年。『六朝江南の豪族社会』雄山閣出版、一九八七年に収録）
大川富士夫「孫呉政権と士大夫」（『立正大学文学部論叢』第三三号、一九六九年。『六朝江南の豪族社会』雄山閣出版、一九八七年に収録）
大津透「唐西州高昌県粟出挙帳断簡について――スタイン将来吐魯番文書管見」（皆川完一編『古代中世史料学研究』上、吉川弘文館、一九九八年一〇月。のち大津透『日唐律令制の財政構造』岩波書店、二〇〇六年二月に再録）
柿沼陽平「孫呉貨幣経済的結構和特点」（『中国経済史研究』二〇一三年第一期、二〇一三年三月）
影山剛『中国古代の商工業と専売制』（東京大学出版会、一九八四年）
鎌田重雄「郡国の上計」（『秦漢政治制度の研究』日本学術振興会、一九六二年）
紙屋正和「尹湾漢墓簡牘と上計・考課制度」（『漢時代における郡県制の展開』朋友書店、二〇〇九年）
川勝義雄「貴族制社会と孫呉政権下の江南」（中国中世史研究会編『中国中世史研究』東海大学出版会、一九七〇年。後半部

を「孫呉政権と江南の開発領主制」として『六朝貴族制社会の研究』岩波書店、一九八二年に再録）
川勝義雄「孫呉政権の崩壊から江南貴族制へ」（『東方学報』（京都）第四四冊、一九七三年。『六朝貴族制社会の研究』岩波書店、一九八二年に収録）
窪添慶文「走馬楼呉簡の庫吏関係簡について」（『長沙走馬楼出土呉簡に関する比較史料学的研究とそのデータベース化』平成一六～一八年度科学研究費補助金研究成果報告書、二〇〇七年三月）。
小嶋茂稔「「丘」についての一試論」（『嘉禾吏民田家莂研究――長沙呉簡研究報告・第1集』二〇〇一年七月）
小林洋介「正倉院籍帳と長沙走馬楼三国呉簡」（『史観』第一五三冊、二〇〇五年九月）
佐伯富『中国塩政史の研究』（法律文化社、一九八七年）
佐久間吉也「晉代の邸閣について」（中国水利史研究会編『中国水利史論叢　佐藤博士還暦記念』国書刊行会、一九八一年三月）
關尾史郎「長沙呉簡所見「丘」をめぐる諸問題」（『嘉禾吏民田家莂研究―長沙呉簡研究報告・第1集』二〇〇一年七月）
關尾史郎「吏民田家莂の性格と機能に関する一試論」（長沙呉簡研究会『嘉禾吏民田家莂研究――長沙呉簡研究報告・第1集』二〇〇一年七月）
關尾史郎「史料群としての長沙呉簡・試論」（『木簡研究』第二七号、二〇〇五年一一月）
關尾史郎「長沙呉簡中の名籍について――史料群としての長沙呉簡・試論（2）」（『唐代史研究』九、二〇〇六年七月）
關尾史郎「長沙呉簡中の名籍について・補論―内訳簡の問題を中心として」（『人文科学研究』第一一九輯、二〇〇六年一一月）
關尾史郎「出土状況よりみた長沙呉簡――『長沙走馬楼三国呉簡　竹簡』〔肆〕所収の賦税納入簡を中心として」（『中国出土資料研究』第一七号、二〇一三年三月）
關尾史郎「長沙出土郷名不詳賦税納入簡に関する一試論――『長沙走馬楼三国呉簡　竹簡』〔肆〕所収簡を中心として」（『資料学研究』第一〇号、二〇一三年三月）
關尾史郎「穀物の貸与と還納をめぐる文書行政システム一斑――東アジア古文書の起点としての長沙呉簡」（角谷常子編『東アジア木簡学のために』汲古書院、二〇一四年三月）
關尾史郎主編、阿部幸信・伊藤敏雄編『嘉禾吏民田家別数値一覧』（Ⅰ）（平成一六年度科学研究費補助金「長沙走馬楼出土呉

簡に関する比較史料学的研究とそのデータベース化」資料叢刊、二〇〇五年三月）
關尾史郎（主編）／伊藤敏雄（編）『嘉禾吏民田家莂数値一覧』（Ⅱ）平成一八年度科学研究費補助金（基盤研究（B））「長沙走馬楼出土呉簡に関する比較史料学的研究とそのデータベース化」資料叢刊、二〇〇七年三月）
鷹取祐司『秦漢官文書の基礎的研究』（汲古書院、二〇一五年三月）
高村武幸「長沙走馬楼呉簡に見える郷」（『長沙呉簡研究報告』第2集、二〇〇四年七月）
谷口建速「竹簡の大きさについて」（長沙呉簡研究会編『長沙走馬楼出土呉簡に関する比較史料学的研究とそのデータベース化』平成一六年度~平成一八年度科学研究費補助金（基盤研究（B）16320096）研究成果報告書）、新潟大学、二〇〇七年三月）
谷口建速「穀物搬出記録とその周辺」（『長沙呉簡研究報告 二〇〇八年度特刊』科学研究費補助金・基盤研究（A）「出土資料群のデータベース化とそれを用いた中国古代史上の基層社会に関する多面的分析プロジェクト、二〇〇九年三月）
谷口建速「穀物簿における「白」簡／「庫」の搬出記録」（『長沙呉簡研究報告 二〇〇九年度特刊』科学研究費補助金・基盤研究（A）「出土資料群のデータベース化とそれを用いた中国古代史上の基層社会に関する多面的分析プロジェクト・三菱財団人文科学研究助成「新出土三国呉簡・西晉簡と地方行政システムの研究」プロジェクト、二〇一〇年二月）
谷口建速「穀物搬出記録の個別事例――「塩賈米」を中心として」（『長沙呉簡研究報告 二〇一〇年度特刊』科学研究費補助金・基盤研究（A）「出土資料群のデータベース化とそれを用いた中国古代史上の基層社会に関する多面的分析」プロジェクト、二〇一一年一二月）
冨谷至「食糧支給とその管理――漢代穀倉制度考証」（『文書行政の漢帝国』名古屋大学出版会、二〇一〇年三月　初出は「漢代穀倉制度――エチナ川流域の食糧支給より」『東方学報』第六八冊、一九九六年三月）
永田英正「居延漢簡の集成一、二」（『東方学報』（京都）四六、四七、一九七四年。のち同『居延漢簡の研究』同朋社、一九八九年に「居延漢簡の集成一」として収録）
永田英正「居延漢簡の集成三」（『東方学報』〔京都〕五一、一九七九年。のち同『居延漢簡の研究』同朋社、一九八九年に「居延漢簡の集成二」として収録）
永田英正「簿籍簡牘の諸様式の分析」（『居延漢簡の研究』収録）
中林隆之「「貸米」・「貸食米」簡をめぐる予備的考察」（『長沙呉簡研究報告 二〇〇八年度特刊』二〇〇九年三月）

中村威也「獣皮納入簡から見た長沙の環境」（『長沙呉簡研究報告』第2集所収）
中村威也「従獣皮納入簡看古代長沙之環境」（『呉簡研究』第二輯、崇文書局、二〇〇六年九月）
仁井田陞『唐令拾遺』（東京大学出版会、一九三三年）
仁井田陞著　池田温編『唐令拾遺補』（東京大学出版会、一九九七年）
毎日新聞社・（財）毎日書道会編／西林昭一総合監修『湖南省出土古代文物展　古代中国の文字と至宝』（毎日新聞社・（財）毎日書道会、二〇〇四年九月）
濱口重國「呉・蜀の兵制と兵戸制」（『山梨大学学芸学部研究報告』第九号、一九五八年。『秦漢隋唐史の研究』上、東京大学出版会、一九六六年に収録）
濱口重國「唐に於ける兩税法以前の徭役勞働（上・下）」（『東洋学報』第二〇巻第四〇号・第二一巻第一〇号、一九三二年・一九三三年。『秦漢隋唐史の研究』上、東京大学出版会、一九六六年）
日野開三郎「邸閣――三国志・東夷伝用語解の二」（『日野開三郎東洋史學論集』第九巻・北東アジア国際交流史の研究上、三一書房、一九八四年。初出は『東洋史学』第六〇号、一九五二年）
藤家禮之助「孫呉の屯田制」（『東海大学紀要文学部』第四四輯、一九八五年。『漢三国両晉南朝の田制と税制』東海大学出版会、一九八九年に収録）
三上喜孝「古代地方社会の出挙運営と帳簿」（『民衆史研究』第五八号、一九九九年）
三上喜孝「古代の出挙に関する二、三の考察」（笹山晴生編『日本律令制の構造』吉川弘文館、二〇〇三年）
三上喜孝「出挙・農業経営と地域社会」（『歴史学研究』第七八一号、二〇〇三年）
三上喜孝「出挙の運用」（平川南・沖森卓也・栄原永遠男・山中章編『文字と古代日本3　流通と文字』吉川弘文館、二〇〇五年）
三上喜孝「古代東アジア出挙制度試論」（『東アジア古代出土文字資料の研究』雄山閣、二〇〇九年）
籾山明『中国古代訴訟制度の研究』（京都大学学術出版会、二〇〇六年）
森本淳「長沙呉簡からみる孫呉の下級軍事制度考初編」（『長沙呉簡研究報告二〇〇八年度特刊』二〇〇九年三月。のち『三国軍制と長沙呉簡』汲古書院、二〇一二年二月）
山田勝芳『秦漢財政収入の研究』（汲古書院、一九九三年）

吉田虎雄『両漢租税の研究』（大阪屋號書店、一九四二年）
吉田虎雄『魏晉南北朝租税の研究』（大安、一九四三年）
鷲尾祐子「長沙走馬楼呉簡連記名籍簡の検討――家族の起源について」（中国古代史論叢編集委員会編『中国古代史論叢』第七集、立命館東洋史学会・立命館東洋史叢書、二〇一〇年）
鷲尾祐子「長沙走馬楼呉簡にみえる「限佃」名籍について」（『立命館文學』第六一九号、二〇一〇年一二月）
鷲尾祐子「長沙走馬楼呉簡連記式名籍簡的探討――関于家族的記録」（『呉簡研究』第三輯、中華書局、二〇一一年六月）

■中文論著

【C】

長沙簡牘博物館・長沙市文物考古研究所聯合発掘組「二〇〇三年長沙走馬樓西漢簡牘重大考古發現」（中國文物研究所編『出土文献研究』第七輯、二〇〇五年）
長沙市文物工作隊・中国文物研究所古文献部（李均明・宋少華・胡平生・何旭紅執筆）「関於長沙出土三国東呉簡牘的数量和内容」（『中国文物報』一九九七年二月一六日、第三版）
長沙市文物考古研究所「長沙東牌樓七號井發掘報告」（長沙市文物考古研究所編『長沙東牌樓東漢簡牘』文物出版社、二〇〇六年五月）
長沙市文物考古研究所「湖南長沙五一広場東漢簡牘發掘簡報」（『文物』二〇一三年第六期）
長沙市文物考古研究所・中國文物研究所・北京大學歴史學系、長沙走馬樓簡牘整理組「長沙走馬樓二十二號井發掘報告」（長沙市文物考古研究所・中國文物研究所・北京大學歴史學系、長沙走馬樓簡牘整理組編『長沙走馬樓三國呉簡　嘉禾吏民田家莂』（文物出版社、一九九九年九月）。長沙市文物工作隊・長沙市文物考古研究所（宋少華・何旭紅執筆）「長沙走馬樓J22發掘簡報」（『文物』一九九九年第五期）を改訂）
曹硯農「従《長沙走馬楼三国呉簡・嘉禾吏民田家莂》看呉国在長沙郡的国家〝営田〟」（長沙市文物考古研究所編『長沙三国呉簡暨百年来簡帛発現与研究国際学術研討会論文集』中華書局、二〇〇五年一二月）
陳明光「走馬楼呉簡所見孫呉官府倉庫帳簿体系試探」（『中華文史論叢』二〇〇九年第一期）
陳爽「長沙走馬樓呉簡研究論著目録（續）」（『呉簡研究』第二輯、崇文書局、二〇〇六年九月）

陳先枢・金豫北『長沙地名古跡攬勝』（中国文聯出版社、二〇〇二年一〇月）
【D】
戴衛紅「長沙走馬楼呉簡中軍糧調配問題初探」（『簡帛研究二〇〇七』広西師範大学出版社、二〇一〇年四月）
戴衛紅「長沙走馬楼呉簡所見〝直〟・〝稟〟簡及相関問題初探」（『簡帛研究二〇〇八』広西師範大学出版社、二〇一〇年九月）
戴衛紅「長沙走馬楼所見三州倉出米簡初探」（『呉簡研究』第三輯、中華書局、二〇一一年六月）
鄧瑋光「走馬樓呉簡三州倉出米簡的復原與研究―兼論〝横向比較復原法〟的可行性」（『文史』二〇一三年第一輯）
鄧瑋光「對三州倉〝月旦簿〟的復原嘗試―兼論〝縦向比較復原法〟的可行性」（『文史』二〇一四年第二輯）
【G】
高敏「論〈吏民田家莂〉的契約与凭証二重性及其意義―読長沙走馬楼簡牘札記之二」（『鄭州大学学報・社会科学版』二〇〇〇年第四期。のちに『長沙走馬楼簡牘研究』広西師範大学出版社、二〇〇八年に収録）
高敏「《吏民田家莂》中所見〝餘力田〟・〝常限田〟等名称的涵義試析―読長沙走馬楼簡牘札記之三」（『鄭州大学学報・社会科学版』二〇〇〇年第五期。のちに『長沙走馬楼簡牘研究』に収録）
高敏「従嘉禾年間《吏民田家莂》看長沙郡一帯的民情風俗与社会経済状況」（『中州月刊』二〇〇〇年第五期。のちに『長沙走馬楼簡牘研究』に収録）
高敏「嘉禾〈吏民田家莂〉中〝士〟和〝复民〟質疑」（『文物』二〇〇〇年一〇期。のちに『長沙走馬楼簡牘研究』に収録）
高敏「从〈長沙走馬楼三国呉簡・竹簡［壱］〉看孫呉時期的口銭・算賦制度―読〈長沙走馬楼三国呉簡・竹簡［壱］〉札記之五」（『長沙走馬楼簡牘研究』広西師範大学出版社、二〇〇八年五月）
弘一「江陵鳳凰山十号漢墓簡牘初探」（『文物』一九七四年第六期）
【H】
韓樹峰「呉簡中的口算銭」（『歴史研究』二〇〇一年第四期）
韓樹峰「長沙走馬楼呉簡所見師佐籍考」（『呉簡研究』第二輯、崇文書局、二〇〇六年九月）
韓樹峰「走馬楼呉簡中的〝真吏〟与〝給吏〟」（『呉簡研究』第二輯所収）
韓樹峰「論呉簡所見的州郡県吏」（『呉簡研究』第二輯所収）
韓樹峰・王貴永「孫呉時期的〝給吏〟与〝給戸〟―以走馬楼呉簡為中心」（『呉簡研究』第三輯、中華書局、二〇一一年六月。

八八－一〇八頁）
何佳「長沙走馬楼呉簡所見倉・庫及倉吏・庫吏的研究」（『簡牘学研究』第四輯、甘粛人民出版社、二〇〇四年）
何旭紅「長沙漢〝臨湘故城〟及其〝官署〟位置考析」（『南方文物』一九九八年第一期）。
侯旭東「三国呉簡両文書初探」（『歴史研究』二〇〇一年第四期）
侯旭東「三国呉簡所見塩米初探」（『呉簡研究』第一輯、崇文書局、二〇〇四年七月）
侯旭東「三国呉簡中〝鋘銭〟」（『呉簡研究』第一輯所収）
侯旭東「長沙三国呉簡三州倉吏〝入米簿〟復原的初歩研究」（『呉簡研究』第二輯、崇文書局、二〇〇六年九月）
侯旭東「呉簡所見〝折咸米〟補釈―兼論倉米的転運与吏的職務行為過失補償」（『呉簡研究』第二輯所収）
侯旭東「走馬楼竹簡的限米与田畝記録―从〝田〟的類型与納〝米〟類型的関系説起」（『呉簡研究』第二輯所収）
侯旭東「長沙走馬樓呉簡《竹簡》［貳］〝吏民人名年紀口食簿〟復原的初歩研究」（『中華文史論叢』二〇〇九年一月）
侯旭東「長沙走馬楼三国呉簡所見給吏与吏子弟―从漢代的〝給事〟説起」（『中国史研究』二〇一一年三期）
侯旭東「長沙走馬樓呉簡「嘉禾六年（廣成郷）弦里吏民人名年紀口食簿」集成研究―三世紀初江南郷里管理一瞥」（『第四届國際漢學會議論文集 古代庶民社會』中央研究院、二〇一三年）
湖南省文物考古研究所編『里耶發掘報告』（岳麓書社、二〇〇七年一月）
湖南省文物考古研究所・郴州市文物処「湖南郴州蘇仙橋J４三國呉簡」（『出土文獻研究』第七輯、二〇〇五年一一月）
湖南省文物考古研究所・郴州市文物処「湖南郴州蘇仙橋遺址發掘簡報」（『湖南考古輯刊』第八集、二〇〇九年一二月）
湖南省文物考古研究所・湘西土家族苗族自治州文物処・龍山県文物管理所「湖南龍山里耶戰國―秦代古城一号井發掘簡報」（『文物』二〇〇三年第一期）
胡平生「細説長沙走馬楼簡牘（上・下）」（『人民日報』一九九七年三月二〇日・二二日）
胡平生「長沙走馬楼三国孫呉簡牘三文書考証」（『文物』一九九九年第五期）
胡平生「嘉禾四年吏民田家莂研究」（『中国出土資料研究』第五号、二〇〇一年三月）
胡平生「読長沙走馬楼簡牘札記」（一）・（二）・（三）（『光明日報』二〇〇三年三月三一日、四月七日、四月二一日第三版「歴史周刊」）
胡平生「《長沙走馬樓三國呉簡》第二巻釋文校證」（『出土文獻研究』第七輯、二〇〇五年一一月）

胡平生・宋少華「新発現的長沙走馬楼簡牘的重大意義」（『光明日報』一九九七年一月一四日。のち、『新華文摘』一九九七年第二期に再録）
胡平生・宋少華「長沙走馬楼簡牘概述」（『伝統文化与現代化』一九九七年第三期。同時に『中国上古秦漢学会通訊』一九九七年第三期及び『中国出土資料研究会会報』第六号、一九九七年六月一一日（門田明訳）に掲載）
胡平生・李天虹『長江流域出土簡牘与研究』（湖北教育出版社、二〇〇四年一〇月）
黄綱正・周英・周翰陶『湘城滄桑之變』（湖南文藝出版社、一九九七年二月）。

【J】

蒋福亜「〈嘉禾吏民田家莂〉中的諸吏」（『文史哲』二〇〇一年第一期）
蒋福亜「有関〈嘉禾吏民田家莂〉性質的補充意見」（『南京暁庄学院学報』二〇〇二年第一期）
蒋福亜『魏晉南北朝経済史』（天津古籍出版社、二〇〇四年）
蒋福亜「走馬楼呉簡所見塩鉄官営和酒類専売」（『史学月刊』二〇一一年第一二期、のち蒋福亜『走馬楼呉簡経済文書研究』国家図書館出版社、二〇一二年一二月の第三章第二節として収録）

【L】

李進「長沙走馬樓呉簡研究論著目録」（『呉簡研究』第一輯、崇文書局、二〇〇四年）
李均明「走馬樓呉簡會計用語叢考」（『出土文献研究』第七輯、中国文物研究所、二〇〇五年一一月）
李均明・宋少華「『長沙走馬樓呉簡』竹簡〔四〕内容解析八則」（『出土文献研究』第八輯、二〇〇七年一一月）
李卿「〈長沙走馬楼三国呉簡・嘉禾吏民田家莂〉性質与内容分析」（『中国経済史研究』二〇〇二年第一期）
李天虹『居延漢簡簿籍分類研究』（科学出版社、二〇〇三年九月）
黎虎「説〝給吏〞—从長沙走馬楼呉簡談起」（『社会科学戦線』二〇〇八年第一一期）
黎虎「「吏戸」献疑—從長沙走馬樓呉簡談起」（『歴史研究』二〇〇五年三月）
黎石生「試論三国時期邸閣與關邸閣」（『鄭州大学学報』二〇〇一年第六期）
黎石生「長沙市走馬楼出土〝叛走〞簡探討」（『考古』二〇〇三年第五期）
連劭名「西域木簡中的記與檄」（『文物春秋』創刊号、一九八九年）
凌文超「走馬楼呉簡采集簡〝戸籍簿〞復元整理与研究—兼論呉簡〝戸籍簿〞的類型与功能」（『呉簡研究』第三輯、中華書局、

二〇一一年六月）
凌文超「長沙走馬樓呉簡研究論著目録（三編）」（『呉簡研究』第三輯所収）
凌文超「走馬樓呉簡庫錢帳簿體系復原整理與研究」（第五届中國中古史青年聯誼會會議論文、北京首都師範大学、二〇一一年八月二七日）
凌文超「走馬樓呉簡舉私學簿整理與研究―兼論孫呉的占募」（『文史』二〇一四年第二輯）
凌文超「走馬樓呉簡隱核新占民簿整理與研究―兼論孫呉戸籍的基本體例」（『田餘慶先生九十華誕慶壽論文集』（北京）中華書局、二〇一四年）
凌文超「走馬楼呉簡庫銭帳簿体系復原整理与研究」（『考古学報』二〇一五年第二期、二〇一五年四月）
凌文超『走馬樓呉簡采集簿書整理與研究』（広西師範大学出版社、二〇一五年四月）
劉聡「呉簡中所見〝関邸閣〟試解」（『歴史研究』二〇〇一年第四期）
劉家軍「論《走馬楼呉簡・竹簡》中「限米」的性質」（『中国社会経済史研究』二〇〇五年第五期）
羅新「呉簡中的〝督軍糧都尉〟簡」（『歴史研究』二〇〇一年第四期）
羅新「走馬樓呉簡中的建安紀年簡問題」（『文物』二〇〇二年第一〇期）
羅新「監池司馬簡及相関問題」（『呉簡研究』第一輯、崇文書局、二〇〇四年七月）
羅新「也説呉平斛」（『呉簡研究』第二輯、崇文書局、二〇〇六年九月）
【M】
孟彦弘「釈〝還民〟」（『歴史研究』二〇〇一年第四期。のち『出土文献漢唐典制研究』北京大学出版社、二〇一五年五月に収録）
孟彦弘「釈〝財用銭〟」（『呉簡研究』第一輯、崇文書局、二〇〇四年七月。のち『出土文献漢唐典制研究』に収録）
孟彦弘「呉簡所見的〝子弟〟与孫呉的吏戸制―兼論魏晉的以戸為役之制」（『魏晉南北朝隋唐史資料』第二四輯、二〇〇八年一〇月、のち『出土文献漢唐典制研究』に収録）
【Q】
邱東聯「長沙走馬楼呉簡中的佃田租税簡」（『船山学刊』一九九八年第一期）
邱東聯「長沙走馬楼佃田租税簡的初歩研究」（『江漢考古』一九九八年第四期）

邱東聯「長沙呉簡与呂壱事件―試析長沙呉簡的埋蔵原因」(『中国文物報』一九九九年一二月八日)
丘光明編著『中国歴代度量衡考』(科学出版社、一九九二年)
裘錫圭「湖北江陵鳳凰山十号漢墓出土簡牘考釈」(『文物』一九七四年第七期)
【S】
沈剛「歳伍与月伍」(『長沙走馬楼三国竹簡研究』社会科学文献出版社、二〇一三年五月)
沈剛「走馬楼呉簡所見〝具銭〟・〝行銭〟試解」『中華歴史文物』二〇〇八年第六期)
沈剛「走馬楼三国呉簡所見〝叛走〟簡騰義」(『江漢考古』二〇〇九年第一期。のち同氏『長沙走馬楼三国竹簡研究』社会科学文献出版社、二〇一三年五月に収録)
沈剛「〝取禾〟簡解析」(『長沙走馬楼三国竹簡研究』社会科学文献出版社、二〇一三年五月)
宋少華「長沙三國呉簡保護整理與研究的新進展」(長沙市文物考古研究所編『長沙三國呉簡暨百年來簡帛發現與研究國際學術研討會論文集』中華書局、二〇〇五年一二月)
宋少華主編『湖南長沙三国呉簡(一)~(六)』(重慶出版社、二〇一〇年一月)
宋少華・何旭紅「嘉禾一井傳専古―長沙走馬樓三國孫呉紀年簡牘發掘散記」(『文物天地』一九九七年第四期)
宋超「呉簡所見〝何黒錢〟・〝僦錢〟与〝地僦錢〟考」(『呉簡研究』第一輯、崇文書局、二〇〇四年七月)
宋超「長沙走馬楼呉簡中的〝丘〟与〝里〟」(『長沙三国呉簡暨百年来簡帛発現与研究国際学術研討会論文集』中華書局、二〇〇五年一二月)
孫正軍「走馬楼呉簡中的左、右郎中」(『呉簡研究』第三輯、中華書局、二〇一一年六月)
【W】
汪力工「略談長沙三国呉簡的清理与保護」(『中国文物報』二〇〇二年一二月一三日)
汪桂海『漢代官文書制度』(広西教育出版社、一九九九年九月)
王素「長沙走馬楼三国孫呉簡牘新文書新探」(『文物』一九九九年第九期)
王素「孫呉時期無〝僧人〟称謂」・「〝私学〟及〝私学弟子〟均由逃亡戸口産生」・「〝若〟即〝諾〟可以作爲定論」(『光明日報』二〇〇〇年六月二三日、七月二一日、八月二五日第三版「歴史周刊」)
王素「呉簡所見的〝調〟応是〝戸調〟」(『歴史研究』二〇〇一年第四期)

王素「長沙走馬楼三国呉簡研究的回顧与展望」（『呉簡研究』第一輯、崇文書局、二〇〇四年七月）
王素「漢末呉初長沙郡紀年」（『呉簡研究』第一輯所収）
王素「長沙呉簡勧農掾条列軍州吏等人名年紀三文書新探」（『魏晉南北朝隋唐史資料』第二五輯、二〇〇六年一二月）
王素（市来弘志訳）「日中長沙呉簡研究述評」（『長沙呉簡研究報告』第三集、長沙呉簡研究会、二〇〇七年三月）
王素「長沙呉簡中的〝月旦簿〟与〝四時簿〟」（『文物』二〇一〇年第二期）
王素「長沙呉簡中的〝要簿〟」（『呉簡研究』第三輯、中華書局、二〇一一年六月）
王素・宋少華「長沙走馬樓三國呉簡的新材料與舊問題—以邸閣、許迪案、私學身份爲中心」（『中華文史論叢』二〇〇九年第一期）
王素・宋少華・羅新「新出長沙走馬楼簡牘整理簡介」（『書品』一九九九年第三期）
王素・宋少華・羅新「長沙走馬楼簡牘整理的新収穫」（『文物』一九九九年第五期）
王素・汪力工「長沙呉簡〝戸品出銭〟簡新探」（『中国文物報』二〇〇七年四月二〇日）
汪小烜「呉簡所見〝腫足〟解」（『歴史研究』二〇〇一年第四期）
汪小烜「走馬楼呉簡戸籍初論」（『呉簡研究』第一輯、崇文書局、二〇〇四年七月）
王雲「魏晉南北朝時期的度量衡」（河南省計量局主編『中国古代度量衡論文集』中州古籍出版社、一九九〇年）
王子今「走馬楼簡許迪割米事文牘釈読商榷」（『鄭州大学学報（哲学社会科学版）』二〇〇一年第四期）
王子今「走馬楼簡〝折咸米〟釈義」（『国際簡牘学会会刊』第三号、蘭台出版社、二〇〇一年）
王子今「走馬楼簡的〝入皮〟記録」（『呉簡研究』第一輯、崇文書局、二〇〇四年七月）
王子今「走馬楼簡所見「郵卒」与「駅兵」」（『呉簡研究』第一輯、崇文書局、二〇〇四年七月）
王子今「〝烝口倉〟考」（『呉簡研究』第一輯、崇文書局、二〇〇四年七月）
王子今「走馬楼許迪割米案文牘所見鹽米比價及相關問題」（長沙市文物考古研究所編『長沙三國呉簡暨百年來簡帛發現與研究國際學術研討會論文集』中華書局、二〇〇五年一二月）
王子今「説走馬楼簡文〝細小〟」（『江漢考古』二〇〇九年第二期）。
魏斌「走馬楼所出孫呉貸食簡初探」（『魏晉南北朝隋唐史資料』第二三輯、二〇〇六年一二月）
魏斌「走馬楼孫呉「加臧米」簡試論」（『魏晋南北朝隋唐史資料』第二五輯、二〇〇九年一二月）

呉海燕「〝丘〟非〝郷〟而爲〝里〟辨」（『史学月刊』二〇〇三年第六期）
呉栄曾「孫呉佃田初探」（長沙市文物考古研究所編『長沙三国呉簡暨百年来簡帛発現与研究国際学術研討会論文集』中華書局、二〇〇五年一二月）
【X】
熊曲「呉簡折咸米・漬米・没溺米及相関問題」（『呉簡研究』第三輯所収）
【Y】
厳耕望『中国地方行政制度』甲部『秦漢地方行政制度』（中央研究院歴史語言研究所、一九六一年）
尹利民・李万寅・何旭紅・李鄂権「長沙呉簡：悰世考古大發現」（『長沙晩報』一九九六年一二月一五日第一版）
于振波『走馬楼呉簡初探』（文津出版社、二〇〇四年一〇月）
于振波『走馬楼呉簡続探』（文津出版社、二〇〇七年二月）
于振波「走馬楼呉簡中的「限米」與屯田」（『中国社会科学院研究生院学報』二〇〇四年第一期。のち『走馬楼呉簡初探』に収録）
于振波「漢晋私学考述」（『走馬楼呉簡初探』収録）
于振波「走馬樓呉簡習語考釋 二、平斛與稟斛」（『走馬楼呉簡初探』収録）
于振波「走馬楼呉簡中里与丘」（『走馬楼呉簡初探』文津出版社、二〇〇四年一〇月）
于振波「〝筭〟與〝事〟―走馬樓戸籍簡所反映的算賦和徭役」（『漢学研究』第二二巻第二号、二〇〇四年一二月。のち『走馬楼呉簡続探』に収録）
于振波「略論走馬楼呉簡中的戸品」（『史学月刊』二〇〇六年第二期。のち『走馬楼呉簡続探』に収録）
【Z】
張栄強「呉簡中的〝戸品〟問題」（『呉簡研究』第一輯、崇文書局、二〇〇四年七月。後に同『漢唐籍帳制度研究』商務印書館、二〇一〇年三月に収録）
張栄強「孫呉簡中的戸籍文書」（『歴史研究』二〇〇六年第四期。後に同『漢唐籍帳制度研究』商務印書館、二〇一〇年三月に収録）
張栄強「説罰估」（『漢唐籍帳制度研究』商務印書館、二〇一〇年三月に収録）

【不明】

「湖南益陽兔子山遺址発現楚国档案　属全国首次」（『長沙晩報』二〇一三年一一月二四日）（※記者　石月）

あとがき

本書は、二〇一四年に早稲田大学に提出した博士学位請求論文『長沙走馬楼呉簡よりみる孫呉政権の地方財政』をもとに、新たに公表された簡牘や研究成果を踏まえ、加筆・修正したものである。終章末に提示したように、序章・終章を除く主要部分は既発表の論文及び口頭発表からなるが、学位請求論文執筆時と本書執筆時の二度に渡って改稿を加えている。学位論文の審査で貴重なご意見を賜わった主査の工藤元男先生（早稲田大学教授）と副査の石見清裕先生（早稲田大学教授）、渡邉義浩先生（早稲田大学教授）にまずは御礼申し上げたい。

私が初めて走馬楼呉簡に触れたのは、大学三年の冬であった。三国時代に関する卒業論文を構想したものの、史料の少なさを痛感していた折、指導教授の福井重雅先生（現早稲田大学名誉教授）よりその存在を教えていただいた。当時は大型木簡「嘉禾吏民田家莂」の図録本が刊行されているのみであり、卒業論文で扱うことはできなかったが、『文物』誌上の発掘簡報と内容紹介の論考に目を通し、将来的な研究で明らかになる事事に期待を抱いた。この〝客観的な期待〟が〝自分で研究したい〟という思いに変わったきっかけは、四年の春、同輩の誘いで工藤先生が主催する勉強会に参加したことであった。この勉強会は、『復活的文明——一百年中国偉大考古報告』（張自成・銭冶主編、団結出版社、一九九九年）という、旧石器時代から五代十国時代にかけての諸々の考古学的発見の概要と意義を解説した本を、発掘報告や研究成果を参照しつつ、演習形式で輪読してゆくものであった。当時私は教職を目指しており、大学院進学は採用試験の結果次第、専修免許取得のためという消極的な選択肢であったが、この勉強会を通じて出土史料研究の魅力に惹かれ、いつの間にか進学して呉簡を研究することが第一の志になっていた。こうして四年の初夏より、遅ればせながら大学院進学に向けて「田家莂」の研究成果を学び、また〝豊富な内容を含む〟とされていた竹簡群の公表に備え、呉簡と同様に大量の「簿籍簡牘」を擁する西北辺境出土漢簡の研究成果を読み込みはじめた。

振り返ってみると、修士課程に進学した年に竹簡群の最初の図録本『竹簡壱』が刊行されたことは、この上ない好運であった。しかし当時の私は、なけなしの貯金をはたいて購入したこの図録本を前に、愕然とした。『竹簡壱』には一万点以上の竹簡が収録されているが、内容などによる整理はなされておらず、言わば様々な帳簿の一行一行が順不同かつ混在して提示されているような状態であった。それまで、竹簡が公表されれば研究は何とかなる、と甘い考えを抱いていた私は腹を括り、工藤先生や先輩方のご助言のもと、永田英正氏らによる居延漢簡の研究を念頭に、竹簡群の整理・分類に取り掛かった。この作業のため、まず写真図版をスキャナーで取り込み、画像ソフトで一簡一簡切り抜き、三、四ヵ月をかけて画像と釈文のデータベースを作成した。ところが、パソコンの画面上で図版を逐一参照することは思いのほか骨が折れ、これとは別に、紙にコピーした写真図版を一簡一簡切り抜き、手作業用の資料も作成した。こうして後者を主、前者を補とし、形状や文字の書かれる位置、簡文の様式などに基づいて簡の整理・分類を進めていった。修士課程の大半をこの地道な作業に費やすこととなったが、その成果が修士論文や博士後期課程進学後の研究の基盤となり、また第一に写真図版を参照すること、その簡がどのような簿籍のどのような機能を持つ記録であるのかを意識することなどが習慣付いたことは、私にとって有形無形の財産となっている。

大学院で所属した工藤先生のゼミでは、演習授業や「簡帛研究会」の場で、睡虎地秦簡、張家山漢簡、銀雀山漢簡、尹湾漢簡などの秦漢時代の簡牘史料を深く読み込む機会を得られた。発表者が毎回数十枚に及ぶ詳細な資料編を付したレジュメを準備し、参加者全員がそれを参照して議論を交わすゼミのスタイルでは、徹底的な実証に対する意識を学ばせていただいた。進学当初は出土史料研究のいろはも知らず、研究自体も遅々としていた私を、厳しくも暖かくご指導くださった工藤先生、時に先生よりも厳しく時に親身にご指導くださった先輩方、切磋琢磨した同輩、後輩たちに心より感謝申し上げたい。また、工藤先生のご紹介と先輩の水間大輔先生（現中央学院大学准教授）のお誘いにより、修士一年時から律令制研究会に出席できたことも私にとって大きかった。池田温先生（現東京大学東洋文化研究所名誉教授）、窪添慶文先生（現お茶の水女子大学名誉教授）、大津透先生（東京大学教授）を始めとする先生方の前で発表しご意見をいただくという機会は、非常に貴重であった。本研究会の日本史研究者の発表を通じて最先端の日唐律令研究を学べたことは、工藤ゼミで秦漢時代の諸制度を学んだことと共に、呉簡周辺で完結しがちな私の研究の骨幹となっている。研究会の皆様に篤く御礼申し上げたい。そして、この会で呉簡の発表をしたことをきっかけに窪添先生からお誘いいただいたのが、長沙呉簡研究会であった。

私の研究は、この研究会がなければほとんど結実していなかった。修士二年時に初めて出席して以来、幾度も発表の機会をいただき、重要なご意見やご指導をたまわり、また先生方のご発表から多大な知見を得ることができた。何よりも、手探り状態で研究を進めていた私にとって、呉簡に対する問題意識を共有できたこと自体が有り難かった。窪添先生、關尾史郎先生（現新潟大学フェロー・東洋文庫客員研究員）、伊藤敏雄先生（大阪教育大学教授）、町田隆吉先生（桜美林大学教授）を始めとするメンバーの皆様に篤く御礼申し上げたい。また關尾先生のご尽力により、二〇〇四〜〇六年度、〇八〜一一年度、一三〜一七年度の三度に渡り、長沙呉簡研究会を中心とする日本学術振興会科学研究費補助金による共同研究が行なわれており、私も研究協力者の末席に名を連ねさせていただいている。長沙簡牘博物館における実見調査では、本書内でも注記したように多くの成果が得られており、「実物を目視する」ことの重要さを痛感している。長沙簡牘博物館の宋少華先生や、故宮博物院の王素先生を始めとする北京呉簡研討班の先生方、湖南大学の于振波先生ら中国の呉簡研究者の方々と交流することができているのも、この研究会のお陰である。

恵まれた環境で研究を進めることができた私は、二〇〇六年に修士論文『長沙走馬楼呉簡よりみる孫呉政権の地方財政――倉庫関係簡牘の整理・分類と検討』を提出した。主査の工藤先生、副査の福井先生、李成市先生（早稲田大学教授）に改めて御礼申し上げたい。本書の第一・第二章はこの修士論文を基にしている。博士後期課程進学後の二〇〇八～〇九年度には、日本学術振興会の特別研究員（ＤＣ）として、「出土史料による秦漢魏晉期の地方財政史」の課題のもと研究を進めることができた。本書の第三・第四・第五・第七章は、この間の研究成果を基にしている。

走馬楼呉簡は現在も公表作業が進められており、本書で扱えなかった最新の『竹簡捌』のほか、『竹簡伍』・『竹簡陸』及び文書木簡の図録本の刊行が控えているという。したがって、本書の内容もその都度再検討を必要とすることになろう。また、本書では倉庫関係の簿籍の分析から、当時の地方財政の構造の解明を目指してきたが、検討し得たことはその一部である。例えば未畢・余逋など収支の実情や、八章で試みた名籍類との総合的な検討による税役賦課の具体的状況、田地の実態など、課題は尽きない。本書の検討をもとに、今後も研究を発展させてゆきたい。

本書刊行に当たっては、早稲田大学より出版助成を受けた。編集の過程では、早稲田大学出版部の田辺直正氏にご尽力をいただいた。原稿執筆や校正などの作業が遅々とし、多大なるご迷惑をおかけしてしまったと猛省している。この場を借りて深くお詫びするとともに、篤く感謝申し上げたい。

私の身の上を案じつつ、研究の結実を最も楽しみにしていてくれたのは両親である。特に父は、二〇一一年に私が翻訳者として携わった書籍が出版された際、自分のことのように喜んでくれた。その父が二〇一三年四月に急死し、博士論文の完成も本書の刊行も見せられなかったことが悔やまれる。父と母、陰ながら応援してくれている二人の弟、そして亡き父に代わり「儂が見届ける」と言わんばかりに長生し見守ってくれている愛猫のセナに心より感謝し、この本を捧げたい。

二〇一六年六月

谷口建速

刊行のことば

早稲田大学は、二〇〇七年、創立百二十五周年を迎えた。創立者である大隈重信が唱えた「人生百二十五歳」の節目に当たるこの年をもって、早稲田大学は「早稲田第二世紀」、すなわち次の百二十五年に向けて新たなスタートを切ったのである。それは、研究・教育いずれの面においても、日本の「早稲田」から世界の「WASEDA」への強い志向を持つものである。特に「研究の早稲田」を発信するために、出版活動の重要性に改めて注目することとなった。

出版とは人間の叡智と情操の結実を世界に広め、また後世に残す事業である。大学は、研究活動とその教授を通して社会に寄与することを使命としてきた。したがって、大学の行う出版事業とは大学の存在意義の表出であるといっても過言ではない。そこで早稲田大学では、「早稲田大学モノグラフ」、「早稲田大学学術叢書」の2種類の学術研究書シリーズを刊行し、研究の成果を広く世に問うこととした。

このうち、「早稲田大学学術叢書」は、研究成果の公開を目的としながらも、学術研究書としての質の高さを担保するために厳しい審査を行い、採択されたもののみを刊行するものである。

近年の学問の進歩はその速度を速め、専門領域が狭く囲い込まれる傾向にある。専門性の深化に意義があることは言うまでもないが、一方で、時代を画するような研究成果が出現するのは、複数の学問領域の研究成果や手法が横断的にかつ有機的に手を組んだときであろう。こうした意味においても質の高い学術研究書を世に送り出すことは、総合大学である早稲田大学に課せられた大きな使命である。

二〇〇八年一〇月

早稲田大学

著者紹介

谷口 建速（たにぐち　たけはや）

1981年　東京都生まれ
現職：早稲田大学本庄高等学院非常勤講師
専門：中国古代史・地方行政制度史・簡牘学
学歴：2003年 早稲田大学第一文学部総合人文学科東洋史学専攻卒業
2012年 早稲田大学大学院文学研究科博士後期課程単位取得退学，2014年 博士（文学）取得
職歴：2008～2010年 日本学術振興会特別研究員
2011～2015年 大東文化大学文学部非常勤講師
主要著書・論文：
「長沙呉簡に見える佃客と限米」（伊藤敏雄・窪添慶文・關尾史郎編『湖南出土簡牘とその社会』汲古書院、2015年）
河南省文物考古研究所編著・渡邉義浩監訳・谷口建速訳『曹操墓の真相』（国書刊行会・科学出版社東京、2011年）

早稲田大学学術叢書 49

長沙走馬楼呉簡の研究
倉庫関連簿よりみる孫呉政権の地方財政

2016年11月10日　初版第1刷発行

著　者…………………谷 口 建 速
発行者…………………島 田 陽 一
発行所…………………株式会社 早稲田大学出版部
〒169-0051　東京都新宿区西早稲田1-9-12
TEL03-3203-1551　　http://www.waseda-up.co.jp
装　丁 ………………笠 井 亞 子
印刷・製本……………シナノ印刷株式会社

　ISBN978-4-657-16705-7

A Study of the Wu Bamboo and Wooden slips of Zoumalou: Local Finance in the Wu Dynasty as seen in the Account books of the Storehouses

TANIGUCHI Takehaya

The Changsha Zoumalou（走馬楼）Wujian（bamboo and wooden slips）excavated at Changsha City, Hunan Province in 1996 have attracted attention as a key to understanding the local administrative and social systems during the Three Kingdoms period. This study focuses on the administrative documents of Linxiang County（臨湘侯国）and Changsha Commandery（長沙郡）such as census registers and books of the granaries and storehouses of local governments. It examines the various account books of the granaries and warehouses in the Zoumalou Wujian, and the local finance in the Wu dynasty. The following is a summary of this study.

（1）Classifying and arranging the various account books of the granaries, and document administration.

In part I（chapters 1-4）, I examine the structure of the granary and storehouse system of the local governments.

Based on the classification and arrangement of the account books, in chapter 1, I restore the YuedanBo（月旦簿, book for one month）and SishiBo（四時簿, book for three months）, and clarify the fixed form of these books. I then investigate the tax payment documents of the granaries, FushuiSongZheng（賦税総帳）wooden tablets, which are records of grains that has been housed in the granary, and the YuedanBo and, SishiBo, and also examine the preparation and management of the document administration.

In addition to these basic records and account books, the granaries and Cangcao（倉曹, the department that has jurisdiction over the granaries in Linxiang County）kept records of the transported grains, and these records focused on taxes and the year of payment. Further, there are records of compensate grains for a loss and punishment given to officials. In the Wu Dynasty, the management of the granaries was very strict.

(2) Local finance systems

In chapters 2 and 3, based on the analysis of the account books, I examine the granary system of the local governments in Linxiang County and Changsha Commandery in the Wu dynasty.

In Linxiang County, there were two granaries:, Zhouzhongcang (州中倉) and Sanzhoucang (三州倉). Sanzhoucang was a typical granary of Linxiang County, and Zhouzhongcang has had the characteristics of granaries of both Linxiang County and Changsha Commandery. A Ppart of the grains stored in Zhouzhongcang expenses as saraly for officials , and most of this part was exported to the armed forces stationed near Changsha Commandery as military foods. On the other hand, the grains stored in Sanzhoucang were exported to Zhouzhongcang for filling. Zhouzhongcang was the central granary in this region, while Sanzhoucang was a secondary granary.

A Dige (邸閣) supervised the storage of grains in the granary. A Dige was a province-level official. These officials supervised and managed the distribution of grains. Zhouzhongcang exported grains to the armed forces under the supervision of the Dujunliangduwei (督軍糧都尉). A Dujunliangduwei was a commandery-level official under the Jidu (節度), which supervised military food for the armed forces in close association with the emperor. This granary system of local governments, which was supervised by a commandery-level official, province-level official, and the central government, can be regarded as a system that aimed to secure military food, and was characteristic of this era.

In chapter 4, I analyze the various account books of Ku (庫, the storehouse contained coins, clothes, hides, etc.), and examine the storehouse system of local governments. In Linxiang State, there were two storehouses: Ku and Xiku (西庫). Ku was located in Linxiang County, which stored taxes. Xiku was the storehouse of Changsha Commandery. Ku exported coins to Xiku under the supervision of the commandery.

(3) Grains as taxes

The tax system in the Wu dynasty is the most unclear due to lack of historical documents. The Zoumalou Wujian contain tax payment documents and census registers. In part II (chapters 5-8), based on the analysis of the various items of revenue, I examine the tax system in the

Wu dynasty.

Items of revenue, as seen in the Zoumalou Wujian, can be classified as follows.

1) Land tax: Shuimi（税米）, Zumi（租米）, Xianmi（限米）
2) Revenue obtained by selling goods: Yanmi（塩米）, Jianggumi（醬賈米）, Chigumi（池賈米）
3) Compensation of loss: Shejianmi（折減米）, Zimi（漬米）, Yimi（溢米）
4) Return of loan: Daishimi（貸食米）

（4）Grains used in the government loan system

In chapter 7, I examine the system of lending grains owned by officials to farmers. In the Zoumalou Wujian, there are two items related to this loan system: Daishi and Zhongzhang（種粻）. Daishi means grains as provision, and Zhongzhang means grain seeds. These operations were carried out through Xiang（郷）. Grains were lent by Quannongyuan（勧農掾）to farmers through Xianglao（郷老）and Suiwu（歳伍）who managed the people. This loan system was one of the origins of Suiko（出挙）in the Tang Dynasty and ancient Japan.

（5）Tax and labor

In chapter 8, based on the analysis of the various census registers, I examine the corvee system. In the Zoumalou Wujian, there are two types of labor: Liyi（吏役）and Jiyi（給役）. Liyi engaged in the work of low officials; in the books, they have been registered as officers. A Jiyi is a Zhiyi（職役）of the later generations.

事項索引

人 名 索 引 （国内・国外）

◆な

◆は

◆ま

◆や・ら・わ